suhrkamp taschenbuch 981

Die Mitte der Welt

Aufsätze zu Mircea Eliade

Herausgegeben
von Hans Peter Duerr

Suhrkamp

Umschlagmotiv: Constantin Brancusi, »Endlose Säule«

suhrkamp taschenbuch 981
Erste Auflage 1984
© dieser Zusammenstellung Suhrkamp Verlag
Frankfurt am Main 1984
Suhrkamp Taschenbuch Verlag
Alle Rechte vorbehalten, insbesondere das
des öffentlichen Vortrages, der Übertragung
durch Rundfunk und Fernsehen
sowie der Übersetzung, auch einzelner Teile
Satz: Wagner, Nördlingen
Druck: Nomos Verlagsgesellschaft, Baden-Baden
Printed in Germany
Umschlag nach Entwürfen
von Willy Fleckhaus und Rolf Staudt

1 2 3 4 5 6 – 89 88 87 86 85 84

Inhalt

Der Beitrag **Paul Feyerabends**, »Wissenschaft als Kunst«, erwies sich als so umfangreich, daß es sich empfahl, ihn gesondert unter dem gleichen Titel zu veröffentlichen (edition suhrkamp. Neue Folge 1231, 1984).

Zur Mitte der Welt hast Du mich geführt und mir die Güte und Schönheit und das Geheimnisvolle der grünenden Erde gezeigt, der einzigen Mutter, und dort hast Du mir die Geistgestalt der Dinge gezeigt, wie sie sein sollten, und ich habe gesehen. In der Mitte dieses heiligen Reifs hast Du gesagt, ich solle den Baum zum Blühen bringen.

Unter Tränen, o Großer Geist, Großer Geist, mein Großvater, unter Tränen muß ich nun sagen, der Baum hat nie geblüht. Du siehst mich hier: einen armseligen alten Mann, und ich bin abgefallen und habe nichts getan. Hier in der Mitte der Welt, wohin Du mich führtest zur Zeit meiner Jugend und mich lehrtest, hier stehe ich nun als alter Mann, und der Baum ist verdorrt, Großvater, mein Großvater!

Noch einmal, und vielleicht das letzte Mal auf dieser Erde, rufe ich mir das große Gesicht zurück, das Du mir sandtest. Mag es sein, daß irgendein Würzelchen des Heiligen Baumes immer noch lebt; so nähre es denn, daß es Blätter und Blüten treibe und sich mit singenden Vögeln fülle. Höre mich, nicht um meiner selbst willen, sondern um meines Volkes willen. Ich bin alt. Höre mich, auf daß sie ein weiteres Mal in den heiligen Reif zurückgehen und die gute rote Straße finden mögen, den schützenden Baum.

Schwarzer Hirsch (Ogalalla-Sioux)

Paul Ricœur
Poetik und Symbolik

Religiöse Erfahrung, so lautet meine These, kann nicht auf religiöse Sprache reduziert werden. Ob wir die Betonung auf ein Gefühl absoluter Abhängigkeit legen, auf grenzenlose Zuversicht, auf Hoffnung ohne Sicherheit, auf unser Bewußtsein der Zugehörigkeit zu einer lebendigen Tradition oder auf eine totale ethische und politische Verpflichtung, all diese »Momente« der religiösen Erfahrung finden gleichwohl eine unabdingbare Vermittlung in der Sprache; und dies nicht nur, um eine derartige Erfahrung zu äußern, sondern auch, um sie auf der Ebene zu artikulieren, auf der sie entsteht und sich entfaltet. Eine Erfahrung, der keine Worte gegeben werden, bleibt eine blinde, konfuse und nicht mitteilbare Erfahrung. Wir können deshalb sagen, daß zwar nicht alle Momente religiöser Erfahrung sprachlich sind, es jedoch keine religiöse Erfahrung ohne Sprache gibt.

Damit die betreffende Sprache ihre Funktion der Artikulation, des Äußerns und Mitteilens erfüllen kann, muß sie nicht-spekulativ konstituiert sein oder eine begriffliche Ebene erreicht haben. Die in der Bibel veranschaulichten literarischen Gattungen beispielsweise belegen diesen Umstand, denn wir begegnen dort so unterschiedlichen Formen des Diskurses wie Erzählung, Gesetz, Prophetie, Spruchweisheit, Hymne, Brief und Gleichnis. Frühe religiöse Sprache konstituiert sich auf der Ebene dieser vorbegrifflichen literarischen Genres. Sobald sie natürlich divergierenden Interpretationen ausgeliefert wurde, also äußerer Kritik und inneren Spaltungen innerhalb der gläubigen Gemeinde, war eine derartige Sprache gezwungen, vermittels jener Doxologien und Glaubensbekenntnisse präziser zu werden, in denen wir bereits eine Begrifflichkeit am Werk sehen. Sobald sie dann mit einer philosophischen Sprache konfrontiert war, mußte das *Credo* der christlichen Kirche bislang unerkannte oder ungenutzte Hilfsquellen, gleichermaßen in Form von Entlehnungen von außerhalb wie innerer Entfaltung erschließen, um sich mit der Philosophie auf eine Stufe zu stellen. Auf diese Weise erreichte diese religiöse Sprache einen theologischen Status im eigentlichen Sinne. Ich will in diesem Beitrag eben diesen Charakteristika der vorbegrifflichen Stufe dieses religiösen Diskurses nachgehen.

Wir können diese Stufe die symbolische nennen, und zwar aus Gründen, auf die ich gleich näher eingehen werde; aber ich will bereits hier festhalten, daß ich diesen Terminus in einem weiteren Sinne gebrauche als die Logiker und Semiotiker dies tun, die von symbolischer Logik oder mathematischen und chemischen Symbolen sprechen. Nebenbei bemerkt war es Cassirer in seiner *Philosophie der symbolischen Formen,* der den Begriff »symbolisch« in diesem Sinne am extensivsten gebraucht hat, insofern er damit jene Strukturen der menschlichen Erfahrung kultureller Art meinte, die geeignet sind, die Mitglieder einer Gemeinschaft aneinander zu binden (religio!), die darin die Regeln für ihr Verhalten anerkennen. Auch ich verstehe den Begriff Symbol in einem umfassenderen Sinne als jene Autoren, die die Idee des Symbols mit etwas Verborgenem verbinden, das nur denen zugänglich ist, die in eine esoterische Lehre eingeweiht sind. In meiner Analyse werde ich versuchen, zwischen diesen beiden Extremen die Mitte zu halten.

Um diesen Zwischenbereich näher zu erkunden, werde ich mich auf eine deskriptive Disziplin stützen, die Poetik; sie erfaßt religiöse Sprache unter dem Aspekt ihrer Ähnlichkeiten mit anderen, nicht spezifisch religiösen Modi des Diskurses. Wie die griechische Wurzel dieses Wortes – *poiesis* – nahelegt, bezieht sich die Poetik auf den produktiven Charakter bestimmter Modi des Diskurses, ohne die Unterschiede zwischen Prosa und Dichtung mit ihren Versen, Reimen und Rhythmen zu berücksichtigen. Es geht mir hier also um den produktiven Aspekt der Symbolik, um ihre erfinderische und schöpferische Kraft.

Wir müssen von Anfang an erkennen, daß diese Produktivität zweifacher Art ist. Es ist sowohl ein Hervorbringen von Bedeutung im Sinne einer Ausweitung von Sprache innerhalb ihres eigenen Rahmens als auch eine Entdeckung hinsichtlich neuer Merkmale der Wirklichkeit oder »unerhörter« Aspekte der Welt. Um den ersten Aspekt zu bezeichnen, werde ich von semantischer Innovation sprechen, wobei das Adjektiv »semantisch« denselben Bedeutungsumfang hat wie das Substantiv »Bedeutung«. Was den zweiten Aspekt betrifft, so werde ich ihn als eine heuristische Funktion bezeichnen; hier deckt das Adjektiv »heuristisch« denselben Bereich ab wie die Substantive »Erfindung« und »Entdeckung«, welche, wie ich zu zeigen versuche, innerhalb der symbolischen Ordnung unterscheidbar werden.

Wir können also sagen, daß es im Bereich der Symbole die Aufgabe der Poetik ist zu beschreiben, auf welche Weise Symbole im Erzeugen von Bedeutung zugleich unsere Erfahrung erweitern; d. h., sie muß die dreifache Vermittlung von Referenz, Dialog und Reflexion beschreiben.

1. Kulturimmanente Symbolik

Zunächst werde ich die Funktionsweise von Symbolik auf einer vorliterarischen Ebene erörtern, also bevor sie zur Abfassung von fixierten Texten führt, wobei Texte genau im Sinn von schriftlichen Werken zu verstehen sind. Die von der Ethnologie beschriebenen schriftlosen Gesellschaften kennen nur diese Funktion der Symbolik. Ohne besonderen Status und eigene Existenz, enthüllt die Symbolik mündlicher Überlieferung eine Dimension von Kultur als solcher, womit ich meine, daß sie symbolisch vermittelt ist. Wenn menschliche Erfahrung in expliziten Symbolen, in Bildern, Erzählungen und Mythen geschildert, wiedererzählt und mythisiert werden kann, so darum, weil sie immer aufgrund einer immanenten oder konstitutiven Symbolik einer inneren Ordnung folgt, einer Symbolik, der die Schriftform den besonderen Status einer transzendenten oder stellvertretenden Symbolik verleiht. Wir wollen uns deshalb zunächst auf diese gemeinsame Grenzlinie zwischen Poetik und Ethnologie begeben, denn wir können unseren Ausgangspunkt gar nicht tief genug wählen, um diese immanente, implizite, konstitutive Symbolik einzukreisen.

Zunächst ist der öffentliche Charakter sinnvoller Handlungsäußerungen zu betonen. In den Worten von Clifford Geertz: »Kultur ist deshalb öffentlich, weil Bedeutung etwas Öffentliches ist«. Auch Claude Lévi Strauss hätte seinen wohlbekannten Plan nicht ohne seine – an Marcel Mauss anschließende – Behauptung durchführen können, daß nicht die Gesellschaft Symbolik hervorbringt, sondern die Symbolik die Gesellschaft. Ich sehe in diesen Äußerungen Belege für den institutionellen Charakter jener symbolischen Vermittlungen, welche die Bedeutung von Handlungen gewährleisten. Institutionen bilden Gesamtheiten, die sich nicht auf ihre Bestandteile – etwa Familie, Altersgruppe, soziale Klasse, Gesellschaften, Staaten oder Zivilisationen – zurückführen lassen, die jeweils den beteiligten Individuen bestimmte Rollen zuweisen. Somit besteht die erste Funktion der einer Gemeinschaft immanenten Symbolik in einer solchen Zuweisung von Rollen.

Als zweites möchte ich den *strukturellen* Charakter symbolischer Komplexe hervorheben. Bevor Symbole auf der Ebene der Literatur einen Text bilden, stellen sie eine bedeutungsvolle »Textur« dar. Einen Ritus verstehen bedeutet demnach, in der Lage zu sein, ihn in den Zusammenhang eines größeren, umfassenden Rituals zu stellen, und dieses Ritual zu verstehen bedeutet wiederum, es vor dem Hintergrund einer bestimmten Form von Kult und stufenweise innerhalb des Ensembles von Glaubensvorstellungen und Konventionen wahrzunehmen, die den Rahmen einer Kultur bilden, um schließlich seine soziale Rolle und seinen Einfluß auf andere soziale Strukturen zu erkennen. An dieser Stelle findet die Übertragung aus der strukturalen Linguistik in die Ethnologie ihre Rechtfertigung.

Zum dritten sind die Begriffe einer Regel oder Norm an den Begriff einer Institution geknüpft. In diesem Sinne können wir von symbolischer Regulierung sprechen und – im Anschluß an Peter Winch in seiner *Idee der Sozialwissenschaft und ihr Verhältnis zur Philosophie* – menschliches Handeln als »von Regeln beherrschtes Verhalten« benennen. Wiederum in Anlehnung an Geertz können wir außerdem die Ähnlichkeiten und Unterschiede zwischen genetischen und kulturellen Kodes hervorheben. Beide lassen sich als »Programme« auffassen, die eine Handlung verschlüsseln. Aber im Gegensatz zu genetischen Kodes werden kulturelle Kodes für jene Bereiche entwickelt, wo genetische Kodes nicht mehr greifen. Das ist auch der Grund, warum sie diese auch untergraben können, indem sie die regulativen Zwänge ererbter Kodes durch ihre Intentionalität und Zweckbestimmtheit ersetzen.

Viertens verweist uns die Idee einer Regel auf die Idee des Tauschs. In seinen frühen Schriften hat Lévi-Strauss gezeigt, wie der Austausch von Gütern, Zeichen und Frauen innerhalb einer bestimmten Kultur homogene Systeme bildet. Meiner Meinung nach erweckt die Einführung dieses Kriteriums eines Tauschs eine der ältesten Bedeutungen des Wortes »Symbol« wieder zum Leben, nach der zu einem Symbol zwei Teile gehören, wobei jeweils ein Teil Hüter eines Teils des ganzen Symbols ist. Daß ein Symbol diese beiden Teile zusammenbringt, verleiht ihm seinen Wert als

Zeichen, das etwas mit etwas anderem zusammen-bindet. So erklärt sich, warum frühe christliche Glaubensbekenntnisse gelegentlich »Symbole« genannt wurden – etwa das Symbol von Nikäa –, weil die Mitglieder der bekennenden Gemeinschaft durch diese Symbole ihre gemeinsame Teilhabe an dieser Gemeinschaft bestätigten.

Schließlich können wir sagen, daß Symbolsysteme einen Kontext liefern, mit dem sich individuelle Handlungen beschreiben lassen. Eine konkrete Verhaltensform kann dergestalt betrachtet werden, daß sie dies oder jenes »vor dem Hintergrund« oder »als eine Funktion« einer symbolischen Regel bedeutet. Das Verständnis einer Geste, z. B. einer erhobenen Hand, hängt von den jeweiligen Umständen ab und kann je nachdem einen Gruß, eine Drohung, einen Hinweis, einen Einspruch oder ein Votum bedeuten. In diesem Sinne ist ein Symbol selbst eine Interpretationsregel. Bevor Symbole selbst zu Objekten von Interpretationen werden, sind sie mit anderen Worten auch – in der Terminologie von Charles S. Peirce – kulturimmanente »Interpretanten«. Aufgrund dieser immanenten interpretierenden Operatoren »steht« ein bestimmtes Handeln »für« oder »gilt als« etwas. Kurz, es muß als »etwas« interpretiert werden.

Das bisher Gesagte läßt sich kurz so zusammenfassen. Die einer Gemeinschaft und deren Kultur immanenten Symbole verleihen dem Handeln eine fundamentale »Lesbarkeit«, sie machen aus ihm einen Quasi-Text. Diese in einer Kultur wirksamen Interpretanten werden nur im Text des Ethnologen oder Soziologen ihrerseits zu Objekten der Interpretation. Es ist der Austausch zwischen dem Quasi-Text der Kultur und dem wissenschaftlichen Text, der es den Sozialwissenschaften ermöglicht, eine Unterhaltung mit Fremden aufrechtzuerhalten, wodurch ihre Interpretanten in einen Dialog mit unseren treten. Es ist das Interesse an dieser Unterhaltung, das die Ethnologie an den Ursprung der Poetik bringt.

2. Explizite Symbolik und Mythos

In der bisherigen Analyse habe ich mich an *ein* Ende des symbolischen Spektrums begeben und den kulturellen Aspekt von Symbolen hervorgehoben. Jetzt wende ich mich dem anderen Ende zu, der analogen Struktur von Symbolen unter dem Gesichtspunkt ihrer semantischen Dimension. Diese Struktur wird erst sichtbar, wenn die Symbolik vor dem Hintergrund anderer sozialer Strukturen betrachtet wird. Sie wird dann zu einer eigenen Schicht innerhalb der kulturellen Sphäre. Zu diesem Einschnitt kommt es zweifellos mit der Literatur, der Schrift. Doch bereits in der mündlichen Phase können wir beobachten, wie sich die Symbolik in autonomen und vollständig erkennbaren Verbalhandlungen niederschlägt. Somit lassen sich die Symbole, denen ich mich nun zuwende, in zweierlei Hinsicht aufschlüsseln. Ihre analoge semantische Dimension ist deutlich erkennbar; sie verkörpert sich in einem genau bestimmten Sprachgebrauch, der von der Schrift mühelos fixiert werden kann, selbst wenn dieser Gebrauch in der gesprochenen Sprache bereits bestand, bevor irgendein Schriftkundiger ihn auf einem dauerhaften Träger niederschrieb und ihm eine Existenz in Textform verlieh. Es ist diese ausgeprägte und explizite Symbolik, die wir als eigentliche Symbolik bezeichnen.

Wir wollen fürs erste die analoge Struktur dieser Symbolik so verstehen, daß damit die Struktur von Ausdrücken mit einer Doppelbedeutung gemeint ist, wobei die erste Bedeutung auf eine zweite verweist, welche das alleinige Ziel des Verstehens ist, obwohl es nicht unmittelbar erreicht werden kann. Damit will ich sagen, daß die zweite Bedeutung nur über die erste zugänglich ist. Ich werde später an Hand der Metapher das eigentliche semantische Moment sprachlicher Innovation kenntlich machen. Hier geht es mir hingegen um die Gesamtwirkungsweise eines Symbols, insbesonders um seinen Geltungsbereich, der über den einer Metapher hinausgeht, da es mit Mythen – im Sinne von Erzählungen über den Ursprung – verknüpft ist.

Vor einigen Jahren habe ich einen Bereich symbolischer Ausdrücke erforscht, der in meinem Buch *La symbolique du mal* besonders deutlich wird. Damals habe ich zwei Hauptmerkmale dieser Symbolik festgehalten, die ich jetzt innerhalb eines größeren Rahmens neu formulieren möchte.

Das erste Merkmal dieser Symbolik ist zweifellos ihre Struktur. Tatsächlich können wir bei den Ursymbolen des offenkundigen Bösen mehrere Schichten unterscheiden. Auf der untersten Ebene begegnen wir der Symbolik des Reinen und des Unreinen, die mit Reinigungsritualen verknüpft ist, bei denen Waschung und Reinigung niemals mit dem Entfernen eines realen Schmutzflecks verwechselt wird. Befleckung ist wie ein Fleck, der in Wirklichkeit nicht existiert. Es ist die Symbolik des Reinigungsrituals, die den symbolischen Inhalt der Darstellung von Ansteckung enthüllt, lange bevor religiöse oder staatliche Gesetze die Grenzen des Reinen und des Unreinen abgesteckt haben und lange bevor literarische Texte im Griechischen wie im Hebräischen dem mit dieser Erfahrung verbundenen düsteren Gefühl mitteilbare Worte verleihen. In dieser Hinsicht ist Platos Wortspiel im *Kratylos* lehrreich: Apollo ist der Gott, »der wegwäscht« *(Apoloúon)*, und er ist der Gott, der die »einfache« oder »lautere« *(haploús)* Wahrheit sagt. Wenn Lauterkeit eine symbolische Form der Reinigung sein kann, so ist dementsprechend alles Böse ein symbolisches Mal.

Auf einer komplexeren Ebene wird das Böse als ein Vergehen »vor Gott«, als Sünde gekennzeichnet. Es ist die Leugnung des »Bundes«, dessen symbolische Mittel unermeßlich sind. Das ist der Grund, warum diese Leugnung in einer Vielzahl von Bildern Ausdruck findet, wie etwa das eigene Ziel verfehlen, krumme Wege verfolgen, sich empören, Ehebruch begehen, zu Wind oder zu heißem Lufthauch werden, zur Nichtigkeit des Nichts herabsinken etc. Alle diese Symbole haben ihr Gegenstück in der Symbolik der Vergebung, die als Wiederkehr, als Wiedergutmachung aufgefaßt wird. »Bringe uns, HERR, zu dir zurück, daß wir wieder heimkommen.« (Jer 5,21)

Schließlich ist, auf einem wiederum komplexeren Niveau, das Böse als die Verinnerlichung des Vergehens gekennzeichnet. Es wird zur Schuld innerhalb eines Kontextes der Strafe. Wiederum treten neue Symbole auf: die Last der Sünde, Gewissensbisse, der Urteilsspruch durch den Richter, verhängnisvolle Blindheit, Maßlosigkeit.

Das zweite Merkmal expliziter Symbolik ist nicht weniger wichtig für unsere spätere Analyse, und ich werde darauf zurückkommen, wenn ich die Beziehung zwischen Symbol und Erzählung erörtere. Wir können jedoch an dieser Stelle bereits festhalten, daß die primäre Ebene der Symbolik uns nur durch eine Symbolik der zweiten Stufe zugänglich ist, die im wesentlichen erzählender Natur ist; ich spreche von Mythen über den Anfang und das Ende aller Zeiten. Den Begriff des Mythos gebrauche ich im selben Sinne wie Eliade: Es ist eine Erzählung über die Ursprungsgeschehnisse, die sich *in illo tempore* ereignet haben, und darum habe ich sie oben als Erzählung über die Ursprünge bezeichnet.

Nun trifft es zu, daß ein so verstandener Mythos nur für uns Moderne ein Mythos ist, die wir die Vorstellung einer historischen Zeit entwickelt haben, die auf einer anderen Ebene liegt als die Zeit des Ursprungs, so wie für uns der Schauplatz der Ursprungsereignisse nicht mehr dem physikalischen und geographischen Raum entspricht, wie er empirisch erfaßt ist. Doch gerade der Verlust dieser erklärenden oder ätiologischen Funktion der Mythen fördert deren symbolische Funktion zutage, die in ihrer klarsten Form erst dem postkritischen Bewußtsein zugänglich wird. Den Mythos als Mythos verstehen heißt verstehen, was er dank seiner Erzählstruktur zur Offenbarungsfunktion der Ursymbole hinzufügt. Deshalb besteht eine der ersten Funktionen der Mythen über Chaos, Sündenfall, göttliche Blindheit und Ungehorsam wie auch über deren Gegenstücke, also Mythen der Ordnung, Erhöhung, Erleuchtung und Versöhnung, darin, der Menschheit die Einheit eines konkreten Universalen zu vermitteln. Die Erzählung führt zudem Bewegung, Dynamik und Gerichtetheit vor Augen, wenn wir z. B. in der Bibel von der Genesis zur Offenbarung Johannis fortschreiten. Unsere einzelnen Geschichten werden von einer fundamentalen Geschichte durchzogen. Noch grundlegender ist der Umstand, daß der Mythos dem Rätsel der Existenz eine erzählende Deutung verleiht; damit meine ich die Kluft zwischen der ursprünglichen Sündenlosigkeit der Geschöpfe Gottes und der geschichtlichen Verworfenheit, die von den Weisen beklagt wird. Der Mythos erzählt das Vergehen, das menschliche Weisheit erforschen will, als ein Geschehnis am Anfang der Zeit.

Nun sind die im Mythos vermittelten Symbole ebensowenig in eine unmittelbare und schriftliche Sprache übertragbar wie die Ursymbole. Das unterscheidet den Mythos von der Allegorie, denn es ist prinzipiell möglich, eine Allegorie durch einen direkten Diskurs zu ersetzen, der für sich sinnvoll wäre; sobald dieser unmittelbare Text erstellt ist, wird die Allegorie überflüssig. Es verhält sich damit, wenn man so will, wie mit Wittgensteins Leiter, derer man sich entledigt, nachdem man sie hochgeklettert ist. Demgegenüber läßt der Mythos durch seine dreifache Funktion des konkreten Univeralen, der zeitlichen Orientierung und der existentiellen wie ontologischen Erforschung Wesenszüge der *con-*

ditio humana sichtbar werden, die keine Übersetzung jemals erreichen oder ersetzen kann. Wie Schelling gesagt hat, bedeutet der Mythos das, was er aussagt. Er ist »tautegorisch«, nicht allegorisch.

Wenn wir die allegorische Interpretation zurückweisen, so heißt das nicht, daß wir damit zugleich jede andere Interpretationsform zurückweisen, sei es jene, derzufolge der Mythos neue narrative Entwicklungen ins Leben ruft, die ihrerseits den Wert von Interpretationen haben, wie Frank Kermode in *The Genesis of Secrecy* vorschlägt, oder daß manche Mythen zur Konfrontation mit Mythen aus einem anderen Mythenkreis führen, wie z. B. zwischen dem biblischen Mythos des Ungehorsams und den orphisch-platonischen Schilderungen des Sündenfalls; oder daß die Mühe der Interpretation eine quasi-begriffliche Ebene des Diskurses entstehen läßt, wie in der Lehre des Hl. Augustinus von der Erbsünde; oder schließlich auch jene Interpretation, die in der Erforschung des durch den Mythos erschlossenen Erfahrungsbereichs besteht und diesem dadurch eine existentielle Bestätigung ähnlich der Kantschen transzendentalen Ableitung der Erkenntniskategorien liefert. Eines dürfen wir jedoch von Interpretationen keinesfalls erwarten: daß sie jene Fülle an Erfahrung wiederherstellen, die der Mythos nur als Rätsel benennen kann. Man kann sagen, daß der Mythos Zeugnis ablegt von einer engen Übereinstimmung zwischen der Menschheit und dem Sein insgesamt, zwischen dem Natürlichen und dem Übernatürlichen oder, kurz, von einem Sein vor jeder Spaltung. Aber gerade weil diese Ungeteiltheit der Intuition nicht vorgegeben ist, kann sie bezeichnet und erzählt werden. Vielleicht ist der Mythos selbst in mehrfache Zyklen oder unterschiedliche narrative Verdichtungen aufgeteilt, von denen aus demselben Grund keine der vollständigen Intention des Mythos entspricht.

3. Metapher als Moment semantischer Innovation

Bislang hat der von mir gewählte Ansatz im Hinblick auf Symbole noch keine Möglichkeit geboten, jene beiden Funktionen der Poetik zu erklären, die ich als ihre semantische Innovation und ihre heuristische Funktion bezeichnet habe. Ich möchte nun etwas systematischer auf die Funktion der semantischen Innovation eingehen und die Frage nach deren heuristischer Funktion bis zum Schluß zurückstellen.

Metaphern sind jene vereinbarten Diskursstrategien, die uns ermöglichen, das Prinzip der semantischen Innovation zu beschreiben und dessen fruchtbare Dynamik explizit zu machen. Nicht daß ein Symbol sich auf eine Metapher reduzieren ließe; es ist vielmehr eine Metapher, die dessen semantischen Kern bildet.

Die Theorie der Metapher ist für eine Erforschung der Symbolik so lange nutzlos geblieben, als eine Metapher in der Tradition klassischer Rhetorik als einfache Extension der Bedeutung einzelner Worte begriffen wurde, als Verfahren, einer Sache den Namen einer anderen zu geben, wie Aristoteles es in seiner *Poetik* ausgedrückt hat, und zwar auf der Grundlage einer beobachteten Ähnlichkeit zwischen den beiden Dingen. So verstanden diente die Metapher keinem anderen Zweck als dem, die Leere eines fehlenden Namens zu füllen, oder die Sprache auszuschmücken, um sie überzeugender zu machen. Aus diesem rein dekorativen Verständnis, das der Metapher einzig einen emotionalen und keinen informativen Wert beimißt, entwickelt sich die Theorie der Metapher aus einer Pragmatik der Sprache, die keinen semantischen Einfluß hat. Der innovative Charakter der Metapher, ihr Vermögen, Bedeutung zu schaffen, tritt erst zutage, wenn sie in den Rahmen der Attribution oder besser: der Prädikation statt in den der Denomination gestellt wird. »Die Natur ist ein Tempel, wo lebende Säulen . . .« Der ganze Satz stellt die Metapher dar. Sie besteht aus der seltsamen Aussage, durch welche Begriffe, die an sich miteinander unvereinbar sind, solange wir unseren gewohnten Kategorien folgen, miteinander in Verbindung gebracht werden und eine bislang ungeankte Bedeutung erzeugen.

Wie vollzieht sich dieser Vorgang? Mindestens drei Bedingungen müssen erfüllt sein.

Erstens muß das Ungewöhnliche an der Aussage – das Ungeheuerliche – trotz der Entstehung einer neuartigen Bedeutung immer noch bemerkt werden können. In dieser Hinsicht bildet die Absurdität die extreme Form einer semantischen Ungeheuerlichkeit, wenn jemand etwa von einem »finsteren Licht« oder einem »lebendigen Tod« spricht. Diese erste Bedingung gilt für den Fall toter Metaphern wie »Stuhlbein« oder »Bergsattel« nicht mehr, wo der Konflikt zwischen wörtlichen und übertragenen Bedeutungen heute nicht mehr wahrgenommen wird.

Zum zweiten muß das eigentlich schöpferische Moment der Metapher im Auftreten eines neuen Geltungsbereiches auf den Trümmern der ungeheuerlichen Aussage bestehen. Begriffe, die im logischen Raum weit voneinander entfernt liegen, erscheinen mit einem Mal als »eng verwandt«. Hier kommt die Ähnlichkeit zu ihrem Recht, wenngleich es weniger eine Frage ist, ob diese als solche bereits wahrgenommen wurde, bevor man ihr Worte verlieh, oder ob sie durch die Annäherung selbst zustandekam. So gesehen wäre es besser, von prädikativer Angleichung als von einer Ähnlichkeit zwischen dem Gegebenen zu sprechen, um so die Wirkung der seltsamen Aussage deutlich zu machen.

Drittens ist es schließlich der neue Geltungsbereich, der auf der Ebene des Satzes als Ganzes erzeugt wird, welcher Bedeutungserweiterung auf der Ebene isolierter Wörter ermöglicht, jene Extension, die für die klassische Rhetorik das Kriterium der Metapher darstellte.

Eine wörtliche Ungeheuerlichkeit, ein neuer prädikativer Geltungsbereich und eine Wortverdrehung – das sind die Kennzeichen einer lebendigen Metapher.

Es liegt auf der Hand, daß das zweite Merkmal das Moment semantischer Innovation darstellt. Wir können durchaus dieses Merkmal der Phantasie zuordnen, wenn wir das philosophische Problem der Einbildungskraft von dem des Bildes trennen, im Sinne eines Überrests der Wahrnehmung oder eines abgeschwächten Sinneseindrucks, und wenn wir mit Kant zwischen produktiver und lediglich reproduktiver Einbildungskraft unterscheiden. Die Funktion produktiver Einbildungskraft, um die es hier geht, besteht nicht darin, von etwas Abwesendem einen gegenwärtigen Eindruck zu vermitteln, sondern vielmehr, neue bildliche Zusammenfügungen vorzunehmen. In dieser Hinsicht nämlich besteht der Kern produktiver Phantasie in dem, was Kant »das Schema der Einbildungskraft« nannte, das er als Regel definierte, einem Begriff Anschauung zu verleihen. Es ist damit die Matrix kategorialer Synthesen auf der Ebene des Verstehens.

Diese Verbindung von Metapher und Schematismus ist der Schlüssel zur semantischen Innovation einer lebendigen Metapher. Die Phantasie kommt zu ihrer spezifischen Vermittlungsform, wenn eine neue Bedeutung aus den Trümmern einer buchstäblichen Aussage entsteht. Sie besteht im wesentlichen darin, die Ähnlichkeit, die der neuen semantischen Geltung zugrunde liegt, rasch zu erfassen.

»Denn gut zu übertragen«, sagt Aristoteles, »bedeutet das Verwandte erkennen zu können«. Wenn also Ähnlichkeit das Ergebnis prädikativer Angleichung ist, so ist Phantasie das Vermögen, diese neue semantische Geltung zu schematisieren. Sich etwas vorzustellen, ist eine Form dessen, was Wittgenstein »sehen als« nannte, etwa das Alter als den Lebensabend.

Wenn die Metapher den Punkt erreicht, an dem die Wirkung der Sprache von Alltagserfahrungen vollkommen losgelöst erscheint, wie das Gegenteil von Symbolik in der Kultur einer bestimmten Gemeinschaft, verdient das Symbol die Bezeichnung »Fiktion«. Hier beruht es auf dem Bruch mit der Ordnung der Realität, den die Phantasie im Sinne ihrer aufhebenden Funktion erzeugt. Die Bedeutungen, die der Prozeß semantischer Innovation hervorbringt, sind vorgetäuscht und simuliert. Ich werde noch darauf hinweisen, wie sie gleichwohl die Wirklichkeit ausdrücken können.

4. Symbol und Metapher

Nach diesem Ausflug in die Theorie der Metapher will ich nun zum Problem von Symbol und Symbolik zurückkehren. Eine Metapher stellt, wie erwähnt, den eigentlichen semantischen Aspekt eines Symbols dar, sofern wir unter Symbol einen Ausdruck mit doppelter Bedeutung verstehen. Es war daher einleuchtend, daß wir die Eignung eines Symbols, Bedeutung zu erzeugen, vom Funktionieren lebendiger Metaphern abhängig machten. Die genaue Analyse der Symbolik beruht allerdings auf einer Menge anderer neuerer Forschungszweige, von der Psychoanalyse über die Literaturkritik bis hin zur Religionsphänomenologie, wohingegen die Theorie der Metapher innerhalb der Grenzen einer einzigen, jahrhundertealten Disziplin, der Rhetorik, entstand. Wir müssen daher auch die Frage stellen, worin das nicht-semantische Moment eines Symbols besteht, und wie beide Momente, das semantische wie das nicht-semantische, innerhalb der Einheit des Symbols zum Ausdruck kommen.

Die Dunkelheit eines Symbols zeugt von seinem Widerstand gegenüber jeglichem Versuch, das Symbol auf eine Diskursstrategie zu reduzieren, insbesondere auf jene, die so gut beherrscht wird wie die poetische Dichtung. Ein Symbol ist immer mehr als eine literarische Metapher. Ein Symbol ist eine gebundene Metapher, da sie in einem vorlinguistischen Boden verwurzelt ist, dessen Klärung von nicht-rhetorischen Disziplinen abhängig ist. In der Unterschiedlichkeit dieser Disziplinen kommt meines Erachtens zum Ausdruck, wie unterschiedlich die Formen vorsprachlicher Verwurzelung der Symbolik sind.

Am einen Skalenende dieser Disziplin findet sich die Psychoanalyse. Ihr zufolge ist der Traum das Urmodell oder das erste Analogon einer unbegrenzten Serie substituierter oder entstellter Repräsentanzen, die allmählich den gesamten Bereich des *Phantasierens* (dt. im Orig.) abdeckt; mit diesem Terminus bezeichnet Freud nicht allein die mehr oder weniger pathologischen Phantasien, sondern auch Tagträume, Märchen, Sprichwörter, literarische Werke und mythische Vorstellungen. Wenn Freud dieses Paradigma wählt, so ist dies für unsere Überlegungen insofern sehr aufschlußreich, als es die Welt der »Symbole« unmittelbar an der Grenze von Trieb und Sprache und, in einem weitergefaßten Sinn, von Instinkt und Kultur ansiedelt. Hinsichtlich der Psychoanalyse ist darüberhinaus das Erzeugen dieser Repräsentanzen an eine Erscheinung gekoppelt, für die sich ein sprachliches Äquivalent finden läßt, das aber kein Teil der Sprache ist; ich meine »Verdrängung«. Urverdrängung beeinflußt den allerersten Zeugen unserer Triebe; Nachverdrängung, also Verdrängung im eigentlichen Wortsinne, das, was für die abgeleiteten Folgen der Urverdrängung und ihr unbestimmtes Abgleiten in Ersatzzeichen verantwortlich ist. Die Annahme dieses psychoanalytischen Zeichens der Grenze von Trieb und Sprache erklärt den Umstand, warum die Psychoanalyse eine Mischsprache entwickelt, die vom Triebkonflikt in energetischen wie linguistischen Termini äquivalent spricht. Ausdrücke wie Verdrängung, Zensur, Verschiebung und Verdichtung belegen dies, insofern sie aus einem Traum eine *Einstellung* (dt. im Orig.) machen, also gleichzeitig eine Verdrehung von Kräften und eine Bedeutungsverschiebung. Jedem einzelnen Terminus können wir eine ökonomische Erklärung im Sinne blockierter Energien, die auf anderem Weg zur Entladung kommen, zuordnen und ebenso eine linguistische Interpretation, in der wir Metapher und Metonomie wiedererkennen. Wenn sich aber das Kräftespiel, auf das die ökonomische Interpretation die Psychoanalyse reduzieren möchte, nur im Spiel der Repräsentanzen erreichen läßt, die den Traum zu einem überladenen, unterbrochenen oder verdeckten Text machen, von dem Freud als einem Palimpsest oder einer Hieroglyphe sprach, dann erschöpft sich der Ersatz der Bezeichnungen, womit die linguistische Interpretation dieses Kräftespiel vergleichen will, nicht in dem, was Freud sehr passend »Traumarbeit« nannte. Ganz ähnlich will der Psychoanalytiker die Metapher nicht auf die rhetorische Metapher reduziert wissen. Die »Last«, mit der die Bezeichnung vom Bezeichneten unterschieden wird, ist mehr als die Feststellung einer bestimmten Korrespondenzbeziehung. Hier zeigt sich die zwangsläufige Spaltung, die Freud an anderer Stelle als »Zensur« bezeichnete. Zensur wird am Text ausgeübt, aber sie ist und markiert zugleich Ausübung von Gewalt auf der Ebene der Erzeugung des Texts. Daraus ergibt sich, daß die Psychoanalyse jenen unklaren epistemologischen Status annehmen muß, den derartige hybride Begriffe ihr auferlegen; dies zumindest in dem Maße, in dem diese tiefliegenden Konflikte jeglicher Reduktion auf sprachliche Prozesse widerstehen, wenngleich sie sich an anderer Stelle, außerhalb des Traumtextes, vielleicht »lesen« lassen.

Dieser kurze Hinweis auf Verdrängung, auf tief verwurzelte Konflikte, läßt uns einen der Gründe dafür verstehen, warum Symbole nicht vollständig in Metaphern übergehen. Zur Metapher kommt es im bereits gereinigten Reich des *Logos,* während das Symbol an der Gabelung von Gewalt und Bedeutung, von Trieb und Diskurs entsteht, kurz: an der Grenze zwischen *Bios* und *Logos.*

Am anderen Ende des Spektrums symbolischen Ausdrucks findet sich das Heilige. Es stellt ebenfalls eine Mischform dar, die der von der Psychoanalyse erforschten Struktur vergleichbar ist, wenngleich die hier in Frage kommende Disziplin die Religionsphänomenologie ist. In seinem berühmten Werk *Die Idee des Heiligen* hat Rudolf Otto den Aspekt von Macht und Wirkung, den das Heilige manifestiert, betont. Was auch immer man gegen diese Darstellung des Heiligen ins Feld führen kann, sie läßt uns vorsichtig werden gegenüber Versuchen, die Mythologie auf eine lediglich sprachliche Sicht zu reduzieren. Wir überschreiten hier die Schwelle einer Erfahrung, die sich nicht gänzlich innerhalb der

Kategorien des *Logos* oder der Verkündung beschreiben läßt; sie läßt sich auch nicht im Sinne einer Übermittlung der Interpretation einer bestimmten Mitteilung betrachten. Das »numinose« Element dieser Erfahrung nimmt nicht völlige sprachliche Form an, wenn es der Sprache auch Kraft verleiht. Es ist durchaus zutreffend, wie Georges Dumézil in seiner Einführung zur französischen Ausgabe von Eliades *Patterns in Comparative Religion* feststellt, daß der Begriff »Hierophanie«, wodurch Eliade den des »Numinosen« ersetzt, voraussetzt, daß die Manifestationen des Heiligen in der Tat eine Form oder Struktur haben. Gleichwohl kommt selbst dann dem Diskurs kein besonderes Privileg zu. Statt dessen sind es Eliade zufolge kosmische Gegebenheiten wie Himmel, Wasser, Berge und Vegetation, die die Ausdrucksformen des Heiligen sind. Modulierungen von Raum und Zeit, wie wir sie in der Gestaltung eines Tempels erkennen, die Form eines Hauses mit seiner Schwelle und seinem Dach, die Gesten eines Rituals usw., all dies stellt die Verkörperung des Heiligen in den gestalteten Werten des Kosmos dar. In dieser Verkörperung liegt der Unterschied zwischen einem religiösen Symbol und einer literarischen Metapher. Eine Metapher ist eine freie Erfindung des Diskurses, ein Symbol dagegen ist an den Kosmos gebunden. Innerhalb des heiligen Universums beruht sogar die Fähigkeit zur Sprache auf der Fähigkeit des Kosmos, Bedeutung zu verleihen. Die Logik von Korrespondenzen, die die vergleichende Religionsgeschichte zutage fördert, bringt diese vermischte Eigenart der Symbolik des Heiligen zum Ausdruck. Sie ist sprachlich und kosmisch zugleich. So beziehen sich die Fruchtbarkeit des Bodens, der Überfluß der Vegetation, das Gedeihen der Herden und die weibliche Fruchtbarkeit alle aufeinander; das gilt gleichermaßen für die Bahnen der Gestirne, das jährliche Wiedererwachen der Vegetation, den Wechsel von Liebe und Tod; die Hierogamie von Himmel und Erde, die sexuelle Vereinigung; die Aussaat des Getreides und das Begräbnis der Toten; den Kosmos, den Tempel, das Haus und den Bau des menschlichen Körpers usw.

Man kann sagen, daß die Logik von Korrespondenzen sich immer in sprachlicher Vermittlung ausdrückt und artikuliert und daß die Symbolik des Heiligen unbestimmt und gänzlich dunkel bliebe, hätte man niemals den Mythos von der Entstehung der Welt erzählt, hätten keine Worte der Liturgie die Rituale festgelegt, in denen diese Geburt der Welt sich erneut ereignet, lehrte uns kein Tabu, Raum und Zeit zu ordnen, den Grundriß des Tempels zu zeichnen, die Schwelle unseres Hauses zu legen und auszurechnen, wann inmitten unserer Tage und Werke Feste zu feiern seien. Es gilt jedoch festzuhalten, daß diese Artikulation in der und durch die Sprache die Verknüpfung der Symbolik mit den Gegebenheiten des Kosmos nicht lockert, sondern im Gegenteil voraussetzt. Das heilige Wesen der Natur eröffnet sich, wenn es symbolische Sprachform findet. Aber seine Manifestation ermöglicht diese Sprachform, nicht umgekehrt.

Zwischen den beiden Extremen Psychoanalyse und Religionsphänomenologie leistet schließlich auch die Literaturkritik zur Beziehung zwischen Symbol und Metapher einen Beitrag. Sie tut dies in Kenntnis der beiden verwandten Disziplinen, mit denen wir uns auseinandergesetzt haben. Mit gebotener Vorsicht läßt sich behaupten, daß poetische Tätigkeit – was die Deutschen *dichten* oder *Dichtung* (dt. im Orig.) nennen – ebenfalls den Wechsel in die Erfahrungssprache darstellt, die nicht gänzlich im Sprachspiel der Metapher aufgeht, wenn sie sich auch nicht unabhängig von diesem Sprachspiel äußert. Was wir Gefühl nennen, läßt sich nicht auf Emotion oder Leidenschaft reduzieren; es ist vielmehr ein angeborenes Verhältnis zur Welt, das Sprache »bindet« und sie gewissermaßen der Begleichung einer Schuld ähnlich werden läßt, die im Blick auf das, was gesagt werden muß, eingegangen worden ist. Wäre dies nicht der Fall, wie sollte man eine Erklärung finden für die Qualen und Leiden jener Dichter, denen es nicht vollkommen gelingen will, »wiederzugeben«, wie die Dinge wirklich sind, und die sich immer in Schuld gegenüber diesen Qualen finden, wenngleich sie sich auf etwas beziehen, was man mit Fug und Recht ihre eigene Schöpfung nennen kann? Schuld und Begleichung dieser Art werfen ein Licht auf die Wirkung einer Metapher und zeigen, daß literarische Metaphern den Status von Symbolen haben können.

Bislang habe ich von der Metapher als einer spontanen und vorübergehenden Sprachschöpfung gesprochen. Ohne jeden Status innerhalb der Normalsprache ist eine lebendige Metapher im strikten Wortsinn ein Diskursereignis. Erst wenn die Sprachgemeinschaft die Metapher aufgenommen und akzeptiert hat, wird sie tendenziell in den Erweiterungsbereich der Polysemie absorbiert. Dann aber wird sie als Metapher trivial und verliert schließlich ihre Lebendigkeit. Die Normalsprache ist sozusagen ein Friedhof voller toter Metaphern. Lebendige Metaphern gibt es nur im Augenblick ihrer semantischen Innovation, weshalb sie übrigens im Moment der erneuten Innovation, wenn man sie hört oder liest, ebenfalls existieren. Symbole dagegen scheinen eine erstaunliche Langlebigkeit zu besitzen, weil sie in den dauerhaften Gegebenheiten des Lebens, des Gefühls und des Universums tief verwurzelt sind. Symbole, so hat es Eliade formuliert, sterben nicht, sie werden umgewandelt.

5. Symbol und Erzählung

Läßt sich die Poetik in unserer Beschreibung von Symbolik wiederfinden? Die Antwort ist »nein«, wenn wir die große Vielfalt von Diskursmodi in Betracht ziehen, worin wir ein Erzeugen von Bedeutung erkennen, ohne daß dieses Erzeugen jener Art von semantischer Innovation gleichkommt, die für den metaphorischen Prozeß charakteristisch ist. Die Antwort lautet aber »ja«, falls diese anderen Diskursmodi gleichwohl eine Dynamik aufweisen, die derjenigen der Metapher entspricht, wodurch es uns möglich wäre, den Begriff der symbolischen Funktion über den metaphorischen Symboltyp auszuweiten.

Dies trifft im höchsten Maße für Erzählungen jeglicher Art zu, vom Märchen bis zum klassischen und modernen Drama, Roman, Biographie, historische Darstellung usw. Diese Ausweitung des symbolischen Bereichs sollte nicht überraschen, denn mein anfangs zitiertes Beispiel der Symbolik des Bösen enthielt bereits eine symbolische Ebene mit einer typisch narrativen Form: Die Ebene des Mythos. Wenngleich der Mythos lediglich eine besondere narrative Kategorie, wie die Erzählung von den Ursprüngen, darstellt, so bleibt doch unbestritten, daß es gerade die mythische Erzählung ist, die die symbolische Funktion ausübt, insofern sie einen Bereich fundamentaler Erfahrung meint; etwa den des Widerspruchs zwischen der guten Kreatur und der traurigen Existenz der historischen Menschheit, wie wir ihn aus der Geschichte eines Sündenfalls *in illo tempore* kennen. Der Mythos ist in der Tat nur ein Beispiel unter vielen auch noch so grundlegenden Formen der Erzählung.

Welche narrativen Aspekte lassen ein Erzeugen von Bedeutung, das der semantischen Innovation in der Metapher vergleichbar wäre, unerkannt?

Man sollte sich daran erinnern, daß Aristoteles, um die Art von schriftlicher Zusammenfügung, wodurch ein Text in der Tat narrativ wird, zu bezeichnen, den Terminus »Mythos« wählte, den wir mit »Fabel« oder »Hergang« übersetzen können. Die Bedeutungen beider Termini sind gleichermaßen wichtig. Einerseits sind Epos, Tragödie und Kommödie, also die drei Gattungen der Dichtkunst oder *Poiesis,* die Aristoteles in seiner *Poetik* untersuchte, Fiktionen, die keine wirklichen Handlungen abbilden, sondern lediglich »nachgeahmte«. Mit anderen Worten, sie werden erzählt, *wie* sie sich ereigneten. Andererseits verdient das dichterische Werk, das diese *Poiesis* hervorbringt, die Bezeichnung »Hergang«, insofern die wiedergegebene Geschichte nach Regeln dergestalt zusammengefügt ist, daß sie eine Handlung darstellt, die »vollständig« und »von einer bestimmten Länge« ist. Aristoteles' grundlegende Definition von »Mythos« macht diese zweite Bedeutung besonders deutlich: »Ich verstehe hier unter Mythos die Zusammensetzung der Handlungen.« Mit dieser Definition meint er mehr als einen Aufbau im statischen Sinne des Wortes, denn er bezieht sich auf die Strukturierung, einen Vorgang somit, der uns das Recht gibt, eher von einem »Hergang«, einem »Handlungsablauf« zu sprechen als von einer »Handlung« im eng gefaßten Sinne einer beschreibenden Zusammenfassung des Handlungsfadens. Erst durch diese Handlungsstrukturierung erhält eine erzählte Geschichte jene zeitliche Einheit, die in Anfang, Mitte und Ende besteht. Das bedeutet umgekehrt, daß keine Handlung aus sich selbst heraus ein Anfang ist. Sie stellt nur dann einen Anfang dar, wenn sie Teil einer nachfolgenden Geschichte ist. Ebensowenig ist irgendeine Handlung die Mitte einer Geschichte, es sei denn, sie führt zu einem Umschlag des Glücks, einer Knüpfung und Lösung, einem erstaunlichen Umschlag der Handlung als Folge klärender Entdeckung und einer Fortführung »mitleiderregender« oder »furchtbarer« Ereignisse. Eine Handlung bildet schließlich aus sich selbst heraus kein Ende, außer, sie führt in einer Geschichte den Handlungsablauf zu Ende, indem sie das Schicksal des Helden durch ein letztes Ereignis beschließt, das die Gesamthandlung der Geschichte klärt und eine Katharsis von Mitleid und Furcht im Zuschauer oder Zuhörer bewirkt.

Kurz gesagt, durch diese aktive Handlungsstrukturierung ergibt sich die Parallele zwischen Erzählung und semantischer Innovation, die der metaphorischen Symbolik eignet, und allein deswegen dürfen wir im weitgefaßten Sinne von narrativer Symbolik sprechen.

Wir dürfen sogar sagen, daß eine Art semantischer Innovation die Handlungsstrukturierung konstituiert, sofern wir seine Dynamik in Betracht ziehen. Diese semantische Innovation besteht nicht in der plötzlichen Annäherung bislang getrennter semantischer Felder. Wie beim Zusammenfügen heterogener Vorfälle in eine einzige Geschichte formt sie vielmehr diese verstreuten Ereignisse in eine Geschichte um, während sie umgekehrt die Geschichte aus diesen Ereignissen ableitet. Als Vermittler von Ereignis und Geschichte stellt der Handlungsablauf das narrative Gegenstück jener neuen Aussagegeltung dar, die, wie gesagt, die semantische Innovation, die der Metapher innewohnt, erklärt. Der Handlungsablauf besteht ebenfalls im »Zusammenhalten« jener Einzelheiten menschlichen Handelns, die in der Alltagserfahrung heterogen und widersprüchlich bleiben.

Diese Synthese des Heterogenen, die sichtbar wird im Zusammenfügen von Ereignissen in einer Handlung, die »vollständig« und »von einer bestimmten Länge« ist, findet sich ebenfalls in anderen Aspekten des Narrativen. Auf zwei will ich mich im folgenden begrenzen.

Zunächst vereint unter zeitlichem Gesichtspunkt der Handlungsablauf einen einfachen episodischen und einen konfigurativen Aspekt. Betrachten wir den ersten Aspekt, so folgt die Erzählung den Bedingungen der einfachen, unabgeschlossenen Folge. Der zweite Aspekt verleiht der Erzählung hingegen eine Form, die der einfachen Folge entbehrt und in die Erzählung ein Prinzip der Abschließung einführt, das es uns ermöglicht, das erzählerische Ganze auf der Grundlage des Endes zu begreifen, indem wir der inneren Teleologie seines Gefüges folgen. Die Handlungsstrukturierung ist zudem eine Synthese des Heterogenen, insofern sie äußere Umstände, Absichten, Mittel und Wege, Wechselwirkungen sowie unbeabsichtigte oder sogar verkehrte Ergebnisse vereint. Aus alledem macht sie ein Ganzes, das wir trotz seiner Zufälligkeiten und Lücken als einen kohärenten Prozeß verstehen. Von diesem Verständnis müssen wir das behaupten, was bereits im metaphorischen Prozeß als »sehen als« zur Sprache kam. Damit erhält die erzählte Geschichte fraglos eine Verständlichkeit, die sich mit jener neuen Kategorisierung vergleichen läßt, die die prädikative Gleichsetzung in der lebendigen Metapher hervorruft. Diese Verständlichkeit steht eher mit dem Schematismus und daher mit der produktiven Phantasie in Verbindung als mit logischer oder legislativer Rationalität. Wir könnten in diesem Sinne sogar von einem narrativen Schematismus oder einer Typologie der Handlungsstrukturierung sprechen. Diese Typologie läßt sich allerdings nicht in der Art eines bestimmten axiomatischen Kombinationssystems *a priori* aufstellen. Sie entsteht vielmehr aus unserer Vertrautheit mit der Vielfalt von Handlungsabläufen, die im Laufe der Jahrhunderte erfunden worden sind.

Diese Vertrautheit zeigt selbst ihre eigenen »historischen« Züge in dem Maße, in dem sie immer innerhalb einer Tradition aufkommt, die die Paradigmen des Handlungsablaufs, die sich der sklavischen Imitation oder schematischen Konfrontation anbieten, vermittels jeder Schattierung geregelter Umformung weitergibt. Innerhalb dieser Beziehung von Traditionalität, sei sie nun kontinuierlich oder unterbrochen, erscheint Innovation als das dialektische Gegenstück zur Sedimentierung. Sedimentierung und Innovation bilden somit gemeinsam die der narrativen Tradition eigentümliche »Historizität« und zeugen von dem Umstand, daß das narrative Verständnis in die Sphäre der produktiven Phantasie gehört.

Ein zusätzlicher Beleg dafür, daß literarische Erzählungen aus einer großen symbolischen Funktion entstehen – abgesehen von der lyrischen Dichtung, in der Innovation qua Metapher vorherrscht –, findet sich in den unterschiedlichen Kombinationen von Erzählung und Metapher. Einen Fall habe ich bereits in Betracht gezogen, nämlich den des Mythos, worin die Erzählung selbst die symbolische Funktion ausübt und wie eine Metapher wirkt. In diesem Fall ersetzt und vermittelt die Erzählung die metaphorische Kraft der Ursymbole. Es gibt auch den anderen, umgekehrten Fall. Ich denke an Parabeln, etwa jene im Neuen Testament, worin gerade die Metapher die Symbolkraft, die der zugrundeliegenden Erzählung innewohnt, vermittelt. Eine Parabel ist somit eine kurze Erzählung, deren narrative Struktur der Struktur von Volksmärchen verwandt ist, die aber aufgrund der Anziehungskraft von Ausdrücken wie »das Reich Gottes« metaphorisch in einen Erfahrungsbereich verlagert ist, der sich vom erzählten Erfahrungsbereich unterscheidet. Das Reich Gottes, so heißt es in Christi Parabeln, ist wie; wie ein König, der; oder eine Frau, die; ein Hausherr, der ... Hier finden sich also eine narrative Struktur und ein metaphorischer Prozeß in einem einfachen literarischen Genre vereinigt, wobei diese Verbindung durch den Grenzausdruck gesichert ist, der das Narrative gegenüber jedem anderen polarisiert. Mythos und Parabel sind daher einander im Hinblick auf das Verhältnis von Erzählung und beiden eigener Metapher entgegengesetzt, wobei im ersten Fall die Erzählung die Metapher, im zweiten Fall die Metapher die Erzählung vermittelt.

6. Das heuristische Moment: Symbol und Modell

Ich habe bereits darauf hingewiesen, daß das Symbol von Fiktion nicht mehr zu unterscheiden ist, wenn die Phantasie ein Symbol an den Punkt führt, wo die Wirklichkeit aufgehoben ist. Es mag daher der Eindruck entstehen, daß, entgegen dem vorher Gesagten, das Symbol seine heuristische Bedeutung verliert, wenn die im Symbol wirkende semantische Innovation von der kulturellen Grundlage, der sie entstammt, losgelöst wird und den eigentlichen literarischen Status erreicht. Nach meiner Meinung trügt dieser Eindruck. Wenn die Metapher weiterhin unser Führer bei der Erkundung der Symbolfunktion sein soll, so müssen wir davon ausgehen, daß in der metaphorischen Äußerung Sinn und Referenz immer vereint sind, wenngleich dies auch komplexer und indirekter geschieht als im Fall von beschreibenden Feststellungen im normalen oder wissenschaftlichen Diskurs.

Mehrere Autoren haben die Verwandtschaft von Metapher und Modell festgestellt. Sie spielt z. B. im Werk der Philosophen Max Black und Mary Hesse eine entscheidende Rolle. Unter theologischem Gesichtspunkt hat der englische Theologe Ian Ramsey den Versuch gemacht, die Funktion religiöser Sprache zu klären, indem er Blacks Theorie in angemessener Weise revidierte. In der Wissenschaftssprache gilt ein Modell hauptsächlich als ein heuristisches Verfahren, das darauf abzielt, eine unangemessene Erklärung zu verwerfen und den Weg zu einer angemesseneren zu ebnen. Um Mary Hesses Bezeichnung zu verwenden, ist das Modell ein Instrument, um Dinge neu zu beschreiben. Mit dieser Einsicht geht sie weiter als Max Black, der der Ansicht ist, daß die Konstruktion eines Modells darin besteht, eine imaginäre Entität zu schaffen, die der Beschreibung eher zugänglich ist, um somit einen Realitätsbereich festzuhalten, dessen Eigenschaften denjenigen des Modells entsprechen oder ihnen isomorph sind. Einen bestimmten Realitätsbereich in Form eines imaginären theoretischen Modells zu beschreiben bedeutet mit anderen Worten, Dinge anders zu sehen, indem wir unsere Sprache im Blick auf den Forschungsgegenstand ändern.

Die Anwendung dieses Modellbegriffs auf die Metapher beruht auf der Parallele zwischen der Neubeschreibung, die aus dem Übergang von Fiktion in Realität in den Wissenschaften entsteht, und des Vermögens, die Realität neu zu konfigurieren, wie es die poetische Sprache bewirkt. Wie ein Modell ist auch die Metapher eine heuristische Funktion. Mit ihrer Hilfe nehmen wir neuartige Beziehungen zwischen Dingen wahr, und zwar aufgrund jenes Isomorphismus, der definitorisch zwischen dem Modell und seinem Anwendungsbereich gilt. In beiden Fällen sprechen wir mit Black von der »analogen Übertragung eines Vokabulars«.

Man könnte einwenden, daß diese Parallelität von Neubeschreibung in einem Modell und der Neukonfiguration durch die Metapher den Unterschied zwischen wissenschaftlicher und poetischer Sprache unterschlägt. Poetische Sprache, so könnte man sagen, bezieht sich auf sich selbst und nicht auf Dinge. In einem Gedicht, um Roland Barthes bekannten Satz anzuführen, feiert die Sprache sich selbst. Wir sollten daher die Metapher als Neubeschreibung bezeichnen, insofern poetische Sprache nicht in erster Linie beschreibende Sprache ist. Dieser Einwand beruht allerdings auf einer unvollständigen Analyse der referentiellen Funktion poetischer Sprache. Es trifft durchaus zu, daß poetische Sprache die Ausschaltung direkter Referenz der Normalsprache impliziert. Diese Ausschaltung ist, wie bereits gesagt, eine der Konsequenzen des Umstandes, daß die produktive Phantasie zur Genese metaphorischer Bedeutung gehört. Diese Ausschaltung ist allerdings, wie mir scheint, genau die umgekehrte Seite oder die negative Bedingung einer weniger offenkundigen referentiellen Funktion des Diskurses, einer Funktion, die frei ist von der Ausschaltung des normalen Beschreibungswertes unserer Äußerungen. Damit bereichert die poetische Sprache die Sprache mit Aspekten, Eigenschaften und Werten der Wirklichkeit, die sich ansonsten der direkt deskriptiven Sprache entzögen und nur zum

Ausdruck kämen aufgrund des komplexen Zusammenspiels, das zwischen einer metaphorischen Feststellung und dem geregelten Überschreiten der gewöhnlichen Wortbedeutungen in unserer Sprache stattfindet. In meinem Buch *La métaphore vive* bin ich so weit gegangen, nicht nur von einem metaphorischen Sinn, sondern auch von einer metaphorischen Referenz zu sprechen, um jenes Vermögen einer metaphorischen Äußerung zu bezeichnen, eine Realität neu zu konfigurieren, die der direkten Beschreibung unerreichbar ist. Ich habe sogar den Vorschlag gemacht, jenes »sehen als«, das dies Vermögen einer lebendigen Metapher umfaßt, solle als erkennendes Moment des »sein als« auf radikalster ontologischer Stufe gelten. »Das Reich Gottes ist wie ein . . .« Es ist der eigentliche Kern der Wirklichkeit, den man analog erreicht aufgrund dessen, was ich die Referenzspaltung, die der poetischen Sprache eignet, nenne. Wie die wörtliche Bedeutung den Weg zu einer metaphorischen Bedeutung erschließt, den ich die neue Aussagegeltung genannt habe, insofern sich die wörtliche Bedeutung infolge der Inkongruität der metaphorischen Aussage zerstört, so bricht ebenso die wörtliche Referenz aufgrund ihrer Unangemessenheit zusammen; sie macht eine metaphorische Referenz frei, aufgrund derer die poetische Sprache nicht ausdrückt, wie die Dinge sind, sondern wem sie gleichen, wem sie ähnlich sind.

Die Metapher erschöpft indessen die heuristischen Ressourcen der Symbolik nicht völlig. Gerade wie eine Erzählung im Blick auf den Handlungsablauf darin besteht, Bedeutung zu erzeugen, die der für die Metapher charakteristischen semantischen Innovation vergleichbar ist, so läßt sich auch die mimetische Kraft der Erzählung mit der Kraft der Neubeschreibung von Modellen und Metaphern vergleichen. Die mimetische Funktion der Erzählung stellt in der Tat eine weitere Anwendung der metaphorischen Referenz auf den Bereich menschlicher Handlung dar. Diese neue Parallelität hebt unser Verständnis der Mimesis tragischer oder epischer Dichtung als einer Imitations-Imitation auf. Es ist vielmehr eine Frage der kreativen Nachahmung, die das, was sie repräsentiert, erfindet und entdeckt. Mimesis bedeutet gleichermaßen, daß die imitierte Handlung nachgeahmt, also nur vorgetäuscht wird, und daß die Fiktion uns lehrt, den Bereich tatsächlicher Handlung so zu sehen, wie er in poetischer Fiktion dargestellt wird. In dem Maße, wie die Handlung vorgetäuscht ist, hat sie die Kraft, Handlung neu zu konfigurieren.

Auf diese Weise, so hoffe ich, können wir daran gehen, die umfassende Einheit der Symbolik, einschließlich Metapher und Erzählung, wiederentstehen zu sehen. Diese umfassende Einheit ist in heuristischer Hinsicht ebenso stark wie hinsichtlich der semantischen Innovation. Vermöge von Metapher und Erzählung erzeugt die Symbolfunktion der Sprache weiterhin Bedeutung und erneuert unser Seinsgefühl.

Übersetzt von Christoph Groffy

Guilford Dudley III
Eliade und Jung
Der Geist von Eranos

Mircea Eliade gehört zu einer Gattung von Wissenschaftlern, die im Aussterben begriffen ist. Ihm ist das schon länger bewußt. Die Gelehrten der Jahrhundertwende, die etwas vorgelegt haben, was er als »großartige und kühne Synthesen« bezeichnet – Müller, Lang und Frazer z. B. –, haben in der Anthropologie wie in der Religionsgeschichte ein schwindendes Vermächtnis hinterlassen.[1] Unter den Religionshistorikern ist Eliade die Ausnahme *par excellence*. Der Trend zur Spezialisierung hat die Mehrzahl der Religionshistoriker in winzige Bastionen des Expertentums getrieben, von denen aus wir über die umfassenderen Fragen westlicher Kultur einfach keine Gespräche mehr führen. Wo Eliade durch Erkundung bislang übersehener religiöser Welten eine Planetarisierung der Kultur angestrebt hat, wo er in interdisziplinären Diskussionen nach Material gesucht hat, das die Religionshistoriker in einen größeren Zusammenhang stellen könnten, da ist er auf »übergroße Scheu« gestoßen.[2] Wir als gelehrte Religionshistoriker haben nicht nur die Neigung gezeigt, auf einem Spezialgebiet sicher vor Anker zu gehen und uns in eine Sprache zu flüchten, die nur von wenigen verstanden wird, sondern unsere Haltung gegenüber den Ansätzen anderer Disziplinen zur Religionsforschung war überhaupt defensiv.

Religionshistoriker haben hart gerungen, um die Autonomie ihres Forschungsfeldes gegen das zu behaupten, was als Übergriffe der Sozialwissenschaften auf der einen und der Philosophie und Theologie auf der anderen Seite erschien. Zuweilen hatte es den Anschein, als beanspruchten wir für die Religionsgeschichte sogar noch mehr Autonomie als sie der Religionswissenschaft allgemein zugeschrieben werden kann. Der Anlaß eines Bandes zum Werk Mircea Eliades, des hervorragendsten Religionshistorikers, den es zur Zeit gibt, verschafft uns einen Orientierungspunkt, von dem aus der Wald ebensogut zu sehen ist wie die einzelnen Bäume. Unter dem weitergefaßten Aspekt der Wissenschaft und des potentiellen Beitrags der Religionsgeschichte haben wir in meinen Augen mehr zu gewinnen, wenn wir die Übereinstimmungen und nicht die Differenzen anführen, die zwischen diesem und anderen Ansätzen innerhalb der Religionswissenschaft bestehen. Niemand hat dies nachdrücklicher hervorgehoben als Eliade selbst.[3]

Eliades Verhältnis zu C. G. Jung ist ein Beispiel für die gegenseitige Erforschung eines breiten Spektrums von geistigen und kulturellen Fragen. Es ist in vieler Hinsicht die Verwirklichung des von ihm vertretenen Ideals. In Eliades Vorwort zur englischen Ausgabe seines Tagebuchs aus den Jahren 1957–1969 schildert er die interdisziplinäre Eranos-Tagung in Ascona, die 1950 stattfand und zu der er als Redner eingeladen war. Organisiert wurden diese Tagungen von Freunden und Kollegen Jungs, und die Teilnehmer waren Gelehrte aus den unterschiedlichsten Disziplinen, die bereit waren, die Grenzen ihres Fachs zu überschreiten und sich darauf einzulassen, gemeinsam eine tiefere Erkenntnis zu gewinnen. Über Jung selbst sagt Eliade, »obgleich meine Kenntnisse in Tiefenpsychologie auf sehr schwachen Füßen standen, haben mich diese Gespräche mit Jung in höchstem Maße beeindruckt.« Noch tiefer beeindruckte ihn allerdings der Geist der Offenheit und Gegenseitigkeit zwischen den Gelehrten so unterschiedlicher Disziplinen. Er schreibt darüber:

Jung war der *Spiritus rector* von Eranos, doch kann man nicht sagen, daß die Vortragenden ausschließlich Jungianer gewesen wären. Die meisten von ihnen waren nur sehr oberflächlich mit den Problemen der modernen Psychologie vertraut. Doch aus der Gruppe erhob sich etwas, das man als den »Geist von Eranos« bezeichnen könnte, eine der schöpferischsten Kulturerfahrungen in der modernen westlichen Welt. An keinem anderen Ort findet man ein vergleichbares anhaltendes Bemühen von Gelehrten, den Fortschritt, der auf den verschiedensten Fachgebieten errungen wird, in einer alles umfassenden Perspektive zu integrieren.[4]

Aus Anlaß dieses Bandes scheint es durchaus angebracht, auf Eliades Ruf nach einer Planetarisierung in einer Antwort einen Dialog zwischen Religionshistorikern und Jungianern in Gang zu setzen. Über 30 Jahre sind seit dieser Eranos-Konferenz vergangen, und die Versuche einer Fortführung des Dialogs zwischen Eliades Ansatz und der Theorie Jungs waren in der Tat von »übergroßer Scheu« gekennzeichnet. Es ist mittlerweise an der Zeit, daß die Anhänger Eliades ihre Furcht aufgeben, gegen Eliades Theorien könnte ein heimlicher »Jungianismus« ins Feld geführt werden. Diese Furcht kann die von Eliade ermutigte interdisziplinäre Diskussion nur vereiteln. Schließlich ist die Existenz von Archetypen der Eckpfeiler der gesamten Psychologie Jungs, und sie ist ebenso wesentlich für Eliades Begriff einer archaischen Ontologie: die »ewige Wiederkehr« zu einer vorgeschichtlichen oder mythischen Realität. Sicherlich bestehen Unterschiede in der Verwendung des Terminus durch die beiden Gelehrten, doch vom Ansatz her »wohnen beide auf derselben Seite der Straße«. Sie sind Nachbarn, deren Kinder eigentlich imstande sein müßten, dieselbe Sprache zu sprechen und noch aus ihren Meinungsverschiedenheiten etwas zu lernen. Wir wollen einen Anfang machen, im »Geist von Eranos« miteinander zu reden.

Mit der Theorie der Archetypen befreite Jung die Tiefenpsychologie ebenso aus den Beschränkungen der linearen Geschichte des klassischen Ansatzes von Freud, wie Eliade versucht hat, die Religionsgeschichte vom Historismus zu befreien. Freuds psychoanalytische Methode war retrospektiv, auf die Wiedergewinnung der Lebensgeschichte des Patienten gerichtet. Die Rekonstruktion eines Kausalzusammenhangs zur Erklärung einer Neurose ist in derselben Weise die Aufgabe des Psychoanalytikers, wie die Rekonstruktion eines Kausalzusammenhangs zur Erklärung eines Krieges oder einer Wirtschaftsdepression die Aufgabe des Historikers ist. Selbst Freuds Nutzbarmachung der freien Assoziation beruhte auf der Annahme, daß die Assoziationen nie zufällig sind, sondern bestimmten psychischen Gesetzmäßigkeiten unterliegen, die sie mit der Kausalkette verknüpfen, in der die Neurose eingebettet ist. Die Assoziationen sind Hinweise auf eine Verkettung, die ununterbrochene *Verknüpfung* psychischer Ereignisse. In der Psychoanalyse kann der Patient seine Lebensgeschichte erneut durchleben, wobei sich die Abwehrmechanismen, die zu seiner Neurose geführt haben, allmählich abschwächen. Die Psychoanalyse Freuds verweist uns auf die individuelle Lebensgeschichte zurück, als ob deren abermaliges Erleben mit einer verminderten Abwehr die einzige Hoffnung böte, uns aus der Neurose zu befreien. Die persönliche Geschichte des einzelnen hat für Freud eine absolut überragende Bedeutung. Das Ziel der Psychoanalyse bestand darin, die psychische Kausalitätskette in der tatsächlichen Geschichte des Patienten aufzuspüren. Freud sah den Patienten unter einem diachronischen Blickwinkel.

Jungs Entdeckung einer archetypischen, nicht an die einzelne Person gebundenen und ahistorischen Schicht des Unbewußten führte über der Frage der Bedeutung von Kausalketten zum Bruch mit Freud. Jung lenkte das Hauptaugenmerk nicht auf einen in der individuellen Lebensgeschichte verankerten Kausalnexus, sondern auf autonome Komplexe, die sich aus zeitlosen Archetypen speisen. Diese Lebensgeschichte war nach Jung zwar nicht ohne jede Bedeutung, doch hielt er psychische Kausalverkettungen gegenüber bestimmten Komplexen für zweitrangig, die ihren Urgrund in archetypischem Material haben. Er gab Freuds Methode der freien Einfälle auf zugunsten seiner eigenen Methode der Amplifikation. Damit wurde die diachronische zugunsten einer synchronischen Betrachtungsweise aufgegeben. In einer vergleichenden Untersuchung über Freud und Jung heißt es hierzu: »Während (die Technik des freien Einfalls) den Erinnerungsketten folgte, um vom manifesten zum latenten Inhalt, zur Ursache, vorzustoßen, war das Amplikationsverfahren wesentlich *radiärer* Natur.«[5] Das Bild in einem Traum oder einer Phantasie wird zur Nabe eines Rades, dessen Speichen zu den miteinander verknüpften Einfällen radiär verlaufen. Diese Einfälle verknüpfen historische Erinnerungen mit ahistorischem Material aus Mythen und Märchen. Ziel der Amplifikation ist Synthese und Totalität und nicht Reduktion auf Kausalität.

»Synchronizität« ist ein Wort, mit dem Jung seine synchrone Betrachtungsweise hervorheben möchte. Für ihn wirkt das Unbewußte in einem einheitlichen Feld, in dem der Mikrokosmos auf immer den Makrokosmos widerspiegelt. Das Unbewußte lebt nach dem Gesetz des Zusammenhangs, nicht nach dem von Ursache und Wirkung. Jung entscheidet sich bewußt für eine östliche, insbesondere taoistische Anschauung zur Erklärung der unbewußten Vorgänge, im Gegensatz zur westlichen, naturwissenschaftlichen Auffassung, die sich so sehr der Kausalität als Erklärungsrahmen verpflichtet weiß. Er schreibt dazu:

Das Kausalprinzip sagt aus, daß die Verbindung von causa und effectus eine notwendige sei. Das Synchronizitätsprinzip sagt aus, daß die Glieder einer sinngemäßen Koinzidenz durch *Gleichzeitigkeit* und durch den *Sinn* verbunden seien ... Man muß nämlich in Betracht ziehen, daß unsere okzidentale Verstandeseinstellung nicht die einzig mögliche oder die allumfassende ist, sondern sie stellt in gewisser Hinsicht eine Voreingenommenheit und eine Einseitigkeit dar, welche möglicherweise zu korrigieren wären. Das sehr viel ältere Kulturvolk der Chinesen hat von jeher in dieser Hinsicht anders gedacht als wir ...[6]

Jung führt Vorläufer seiner Synchronizitätstheorie an, unter anderem den taoistischen Weisen aus dem vierten vorchristlichen Jahrhundert, Ch'uang Tse, um das Synchronizitätsprinzip umfassender zu erklären. Im Zusammenhang mit Ch'uang Tses rezeptiv-intuitivem Wissen sagt Jung:

Damit wird offenbar auf das absolute Wissen des Unbewußten hingewiesen, resp. auf das mikrokosmische Vorhandensein makrokosmischer Ereignisse.
  Diese taoistische Anschauung ist typisch für chinesisches Denken überhaupt. Es ist, wenn irgend möglich, *ganzheitlich* . . .[7]

Das Unbewußte ist gleich der »überbewußten« Betrachtungsweise, die Eliade dem *homo religiosus* zuschreibt, nicht durch die linear ablaufende Zeit beschränkt. Das Unbewußte vermag die Bedeutung eines Ereignisses in einer so totalen und vollkommenen Perspektive zu erfassen, daß es dabei die Grenzen der chronologischen Geschichte überschreitet. Geschehnisse, die sich in der Zeit noch nicht ereignet haben, finden sich in dieser holistischen Gesamtschau schon vorgezeichnet, freilich nicht im Sinn einer Divination oder einer echten Vorhersage, sondern im Sinn einer Totalität, die nicht durch eine aufeinanderfolgende Entfaltung von Ereignissen in der Geschichte begrenzt ist. Die Phänomene der außersinnlichen Wahrnehmung und der psychischen Vorhersagen in der Parapsychologie sind schlichtweg Ausdrucksformen einer synchronizistischen Weise, in der das Unbewußte das Leben als ganzes erfaßt. Es ist eine ganzheitliche Struktur oder Bedeutung, die uns das Unbewußte darbietet, es sind keine einzelnen Glieder in einer Kette. In diesem Sinne ist das Unbewußte mythenbildender Natur, wenn es die grundlegenden Polaritäten des Lebens zum Vorschein bringt wie Yin und Yang (jene Polarität, auf die Jung mit seinen Begriffen »feminin« und »maskulin« abzielt), jung und alt, Persona und Schatten, Individuum und Kollektiv, Leben und Tod. Diese Polaritäten entstehen innerhalb des Teppichs einer mandalaähnlichen Ganzheit. Tagesereignisse und -gefühle sind Fäden, mit denen Einzelheiten sich ausfüllen lassen, doch ist ihre chronologische Einordnung stets dem Gesamtbild untergeordnet, das von Jung das »Selbst« genannt wird. Das Unbewußte ist insofern mythenbildend, als es das Bewußtsein auf den symbolischen Bereich bezieht, innerhalb dessen eine solche Ganzheit wahrgenommen werden kann. Das Ordnungsprinzip ist das Muster, das Gewebe von Verknüpfungen zwischen Traumbild und Wachzustand, inneren und äußeren Ansprüchen. Die leitende Kraft ist eine Teleologie der Integration, in der das Vertiefen des Symbolbewußtseins den Verknüpfungen ermöglicht, ins Bewußtsein durchzusickern. Es ist das allmähliche Sichtbarwerden des Musters und nicht die Rekonstruktion einer Kausalkette, worin Jung die Arbeit einer Analyse sieht.

Eliade verdankt zahlreiche normative Elemente in seinen Theorien, insbesondere seine archaische Ontologie, einer anderen östlichen Anschauung: der Schau des indischen Yogin in der Deutung des Patandschali. Nach dieser Anschauung ist das Lebenswerk »Totalisierung« und »Einung«. Das Ziel ist die »Aufhebung des Vielfältigen und Fragmentarischen, Reintegration, Einung, Zusammenfügung.«[8] Eliade zufolge ist dieses Ziel für den *homo religiosus* jeglicher religiösen Tradition verbindlich, so wie für Jung die Individuation für alle Menschen das Erreichen der größtmöglichen Ganzheit bedeutet. Der Unterschied zwischen beiden liegt in ihrer Vorstellung von dem, was diese Ganzheit ausmacht. Für Eliade ist es eine Rückkehr zu einer ursprünglich undifferenzierten Einheit, die mythologisch in Vorstellungen vom Paradies zum Ausdruck kommt. Für Jung ist es das Bild vom Stein der Weisen, der die Beteiligung der bewußten wie der unbewußten Psyche erfordert. Die Ganzheit ist ein Ziel, das sowohl den archaischen Bereich der Archetypen als auch die Differenzierung umfassen muß, die sich durch die Entwicklung im Bewußten und im Unbewußten vollzogen hat.

Daß es diesen Unterschied gibt, erhöht noch die Bedeutung eines Dialogs zwischen Religionshistorikern und Psychologen in der Nachfolge Jungs. Für die Tiefenpsychologie ist eine Rückkehr zu einer Ganzheit, die *nur* eine Rückkehr zum Unbewußten in dessen undifferenziertem Zustand ist, eine Regression, bei der das Ich vom Unbewußten aufgesaugt wird. Im Extremfall führt diese regressive Bewegung zur Psychose. Vom Standpunkt Jungs aus ist das Ziel der seelischen Entwicklung eine Totalität, welche die Polaritäten in sich aufnimmt, statt sie zu tilgen. Zu diesen Polaritäten zählen die der bewußten und der unbewußten Psyche und die des Ichs und des Selbst. Gleich den religiösen Kosmographien in Gestalt der Mandalas beschreibt Jungs Bild einer Ganzheit die wesentlichen Polaritäten in einem Zustand der schöpferischen Spannung und nicht als eine freie Fläche, auf der die Polaritäten entweder ausradiert (Psychose) oder unausgebildet (Kleinkindalter oder intrauterine Phase) sind. Diese Unterscheidung bedeutet die Erforschung des psychologischen Korrelates zu Eliades Begriff eines *regressus ad originem,* was etwa gleichbedeutend ist mit einer Rückkehr zu den Anfängen und zu einer heiligen Zeit.[9]

Zweifellos bietet Eliade eine Analogie zwischen Psychoanalyse und Religion an. Diese besteht darin, daß die therapeutische Regression in der Psychoanalyse Freuds den Patienten in die heilige Zeit der Kindheit zurückversetzt, so daß er die Zeit eines Urtraumas erneut durchleben kann. Allerdings ist diese Analogie aus zwei Gründen unbefriedigend. Zum einen gibt es für Freud keine heilige Zeit; statt dessen werden Mythos und Religion entzaubert. Die Zeit der Kindheit ist für Freud um kein Jota weniger profan als die des Erwachsenendaseins. Tatsächlich hat Freud die Kindheit als die Zeit der polymorphen Perversion bezeichnet. Zum zweiten schließt Eliades eigene Darstellung der mythischen oder heiligen Zeit, der paradiesischen Zeit der Ursprünge, Trauma und Leiden *per definitionem* aus. Einzig das Verlassen des Paradieses, der Sündenfall, führt zu Trauma und Schmerz. Eine engere Analogie wäre die zwischen Eliades heiliger oder mythischer Zeit und der Zeit der ursprünglichen Ganzheit, wie sie von Jung der Kindheit und primitiven Völkern zugeschrieben worden ist. Auch für Jung ist dies eine paradiesische Zeit. Es ist die Zeit einer vollständigen Identität zwischen dem Ich und dem archetypischen Selbst, was wiederum in Analogie steht zu einer Identität zwischen dem einzelnen und Gott. Das Ich hat sich noch nicht aus einer archetypischen, ursprünglichen Ganzheit herausgebildet. Sobald diese Trennung eintritt, ist es ein »Sündenfall« aus dem Paradies, ganz wie für Eliade. Ein Nachfolger Jungs hat dies so ausgedrückt:

Im paradiesischen Zeitalter sind die Menschen mit den Göttern vereint. Es repräsentiert den Zustand eines Ichs, das noch nicht geboren ist, sich noch nicht aus dem Schoß des Unbewußten gelöst hat und darum noch an der göttlichen Fülle und Totalität teilhat.[10]

Doch weil es eine Zeit der vollständigen Identität zwischen Ich und Archetypus ist, ist es zwangsläufig eine Zeit der extremen Überschwemmung von Reizen. Sie ist beim Kleinkind eine notwendige Phase, doch die Rückkehr zu einer uneingeschränkten Überschwemmung bei einem Erwachsenen ist gefährlich, da sie ihn in eine Psychose führen kann. Jung nennt Nietzsche als das tragische Beispiel einer Rückkehr in einen Zustand der völligen

Überschwemmung, in dem dieser sich mit der göttlichen Totalität identifizierte. Das Ziel ist ein ausgewogenes Verhältnis zwischen Ich und Archetypus, zwischen einem historisch geprägten Bewußtsein und zeitlosen Archetypen des kollektiven Unbewußten.

Obgleich Eliade vorwiegend von der Rückkehr zu einem *ursprünglichen* mythischen Bewußtsein spricht und sich der Begriffe *illud tempus* und *regressus ad originem* bedient, um diese Vorstellung zu bekräftigen, kommt es an wichtigen Stellen zu Ambivalenzen. In seinem Buch *Yoga. Unsterblichkeit und Freiheit* heißt es, im Falle des Yogin spreche er nicht von einem »simplen Rückschritt zum anfänglichen Unbestimmten«. Der Yogin ist nach seinen Worten »der im Leben Befreite«; er trägt eine »Erkenntnis« der ursprünglichen Einheit und Seligkeit in sich und tritt nicht in den Zustand eines ursprünglichen mythischen Bewußtseins wieder ein. Der Yogin »reintegriert die ursprüngliche Fülle, nachdem er eine unbekannte und paradoxe Seinsweise eingeführt hat«.[11] Obgleich die ganze ontologische Tendenz der Schriften Eliades sich gegen die profane, geschichtliche Existenz wendet (das Reich des sinnlosen Leidens, des Nicht-Seins und der Unwirklichkeit) und uneingeschränkt für das Reich des Mythischen und Archetypischen eintritt, besteht für den Religionshistoriker die Möglichkeit, seine Theorien ohne deren ontologische Stoßrichtung zu prüfen, um auf diese Weise die Dialektik zwischen dem Heiligen und dem Profanen besser ins Blickfeld zu bekommen. Letzten Endes beruht die gesamte Theorie der Hierophanie auf einer derartigen Dialektik. Allein der profane Gegenstand kann uns das Heilige erschließen, und umgekehrt verkörpert sich das Heilige stets im Reich des Profanen. Da das Heilige in einer notwendigen, dialektischen Beziehung zum Profanen steht, ist jeder Pol dieser Beziehung unverzichtbar. Damit verlagert sich der Schwerpunkt der Aufmerksamkeit von den beiden Polen der dialektischen Beziehung zu dieser Beziehung selbst. Mit anderen Worten, ein offener, nicht defensiv geführter Dialog zwischen Eliade- und Jungschülern kann dazu beitragen, das Interesse der Religionshistoriker stärker auf das gegenseitige *Verhältnis* und die Interdependenz von Mythos und Geschichte, Heiligem und Profanem zu lenken, so wie es der Psychologie Jungs letztlich um das Verhältnis zwischen dem Ich und den Archetypen zu tun ist.

Dieser Dialog könnte der Entwicklung der Jungschen Psychologie neue Impulse verleihen. Im allgemeinen sind die Schriften Eliades von Jungianern positiv aufgenommen worden. Man hat seine Theorien häufig erwähnt und in die Jungsche Gedankenwelt einbezogen. Eines der jüngsten Beispiele dafür ist die von Nathan Schwartz gezogene Parallele zwischen Eliades Begriff der profanen Zeit, dem Prinzip der Entropie in der Physik und den mit einem Komplex verbundenen psychischen Ereignissen in der Lebensgeschichte eines Menschen. Indem man den Archetypus im Innersten des Komplexes entdecke, sagt Schwartz, entdecke man »heilige Zeit«. Die heilige Zeit des Archetypus hat die Macht, die ansonsten unumkehrbare profane Zeit, d. h. die lineare Aneinanderreihung psychischer Ereignisse in der Lebensgeschichte des Patienten »umzukehren«. Diese »Umkehrung« geschieht durch Jungs Methode der aktiven Phantasie. Schwartz erläutert diesen Vorgang:

Der an dem Komplex beteiligte Anteil an »profaner Zeit« kann in seinem Ablauf umgekehrt werden. In der aktiven Phantasie bedient sich das Ich seiner ungebundenen Energie, um die Bilder eines Komplexes langsamer erscheinen und schließlich stillstehen zu lassen, und beginnt damit einen Dialog mit einer Person des Unbewußten. Durch die Verlangsamung des zeitlichen Flusses des unbewußter Bilder bewegt es sich gegen die »profane Zeit«. In der aktiven Phantasie werden die Komplexe differenzierter und verlieren ihre zwanghafte, autonome Qualität, da sie einen *Sinn* freilegen. Dies ist ein Prozeß, bei dem sich Negentropie, deren Quelle vermutlich die »Opferung« der freischwebenden Energie durch das Ich an das Unbewußte ist, *und* aus dem archetypischen Prozeß bezogene Energie verbinden, um die Auswirkungen der »profanen«, der »Komplexzeit« umzukehren.[12]

Aber nicht nur Schwartz, die meisten der bekanntesten Autoren auf dem Gebiet der Jungschen Psychologie haben die Arbeiten Eliades gelesen und so ihre psychologischen Theorien erweitert und bereichert. Jungianer wie Marie-Louise von Franz, Edward F. Edinger und John W. Perry, die zu den führenden Theoretikern auf diesem Gebiet zählen, haben umfangreichen Gebrauch von Eliades Arbeiten gemacht und sich nicht davon abhalten lassen, daß man in ihrer Formulierung der Jungschen Theorie einen »Eliadismus« sehen könnte. Auf dieser Seite scheinen die Pforten offen für eine Rückkehr zum »Geist von Eranos«.

Doch wenn der Geist von Eranos wiedererweckt würde, über

welche Gegenstände wäre ein Dialog besonders fruchtbar, abgesehen von den Beziehungen zwischen Ich und Archetypus, dem Heiligen und dem Profanen, Mythos und Geschichte? Auf der Seite der Jungschen Psychologie wäre es sinnvoll, John Perrys Erforschung psychotischer Zustände bei schizophrenen Patienten fortzusetzen und dabei Eliades Phänomenologie der schamanischen Initiation ebenso heranzuziehen wie sein allgemeineres Konzept des *regressus ad originem*. Eliade wie Perry sehen die »Wahnvorstellungen« als einen Prozeß der Erneuerung, der zu Genesung und Ganzheit führt, und nicht als die Manifestation einer »Krankheit«, die durch antipsychotische Medikation unter Kontrolle gebracht werden müßte. Perry versteht Psychose als einen Traumzustand und nicht als pathologische Störung, und in diesem Zustand sind die Bilder durchgängig den im antiken Mythos und Kult aufzufindenden Symbolen ähnlich. Perry ordnet diese religiösen Symbole zehn Aspekten der rituellen Erneuerungshandlung zu, die allesamt eine starke Affinität zu Eliades Phänomenologie aufweisen: Symbolik der Mitte, Tod, die Rückkehr zu den Anfängen, der Zusammenprall der Gegensätze, die Umkehrung der Gegensätze, Apotheose, die Vereinigung der Gegensätze, Wiedergeburt, erneuerte Gesellschaft oder Utopia und die viergeteilte Welt.[13] Ein solcher Ansatz ließe sich durch die Erforschung der Analogie zwischen psychischer Desintegration und Auflösung und der Phantasie der Zerstückelung im Schamanismus weiterverfolgen. Eliade schildert die Initiationsprüfung des Jakutenschamanen, bei dem der Neophyt sich von den Geistern der Unterwelt zerstückelt fühlt: »Nur unter dieser Bedingung erlangt der künftige Schamane die Macht zu heilen.«[14] Mit anderen Worten, die schamanische Erfahrung der Zerstückelung verweist auf einen Heilungsvorgang. Durch das Erlebnis der Zerstückelung wird der Schamane befähigt, sich und anderen Heilung und Ganzheit zu bringen.

Es wäre ebenfalls wertvoll, die Bedeutung der Körperbilder für die Einleitung eines archetypischen Prozesses der Wandlung und der Wiedergeburt zu erforschen. Eliade zufolge läßt sich bei den Religionen auf der ganzen Welt eine bemerkenswerte Übereinstimmung insofern feststellen, als die heilige Zeit als menschliche Geburt und Kleinkindalter dargestellt wird. Die Wiedergewinnung der Körperbilder der Mutter bedeutet die Wiedererlangung der Weltschöpfung und die Rückkehr zur mythischen Zeit der

Anfänge. So beschreibt beispielsweise der von Eliade ausführlich behandelte Zuni-Mythos vom Auftauchen die Bildung des Embryos auf dessen verschiedenen Stufen in vormenschlicher Gestalt. Das Bild der Erde entspricht dem der Mutter samt ihrem Mutterschoß, der als Höhle in der Erde dargestellt wird.[15] In den Religionen auf der ganzen Erde wird die heilige Mitte der Erde abgebildet, einmal als Nabel, einmal als Vagina. In Babylon bedeutet das Wort für die heilige »Quelle eines Flusses« zugleich »Vagina«; im Ägyptischen hat das Wort für »Bergwerksstollen« auch die Bedeutung »Vagina«, und die Förderung der Erze aus dem Bergwerk war ein heiliges Werk, das mit der Extraktion eines Embryos verglichen wurde.[16] In einem berühmten japanischen Schöpfungsmythos, dem *Nihonji*, wird die Tochter der Erdmutter vom Mondgott umgebracht, »und aus ihrem Leichnam sind alle Tier- und Pflanzenarten entsprungen: Rind und Pferd gingen aus ihrem Scheitel hervor, die Hirse aus ihrer Stirne, die Seidenraupen aus ihren Augenbrauen ... und verschiedene Bohnensorten aus ihrem Schoß«.[17] Und so finden sich in jedem neuen Buch Eliades immer neue Beispiele.

Obgleich Jung selbst der Darstellung des Mutterleibes einen wichtigen Platz einräumt, insbesondere in seinem Aufsatz »Symbole der Wandlung«[18], ist die geistige Umsetzung eines expliziten Körperbildes in einen abstrakten Begriff der Wiedergeburt in der gegenwärtigen Jungschen Analyse ein berufliches Wagnis. Für den Analytiker ist es naheliegend, die irdischen Bilder des Körpers zugunsten der erhabeneren Deutungen der Wiedergeburt als eines vergeistigten Vorgangs zu umgehen, den wir unter Berufung auf Alchemie, griechische Mythologie oder die Bibel erklären. Darüber hinaus hat sich eine Zweiteilung herausgebildet zwischen Analytikern, die das Schwergewicht auf eine eher abstrakte Behandlung von Archetypen legen, und den Analytikern der »Londoner Schule«, die die frühen Kindheitserlebnisse stärker betonen. Michael Fordham und andere Analytiker dieser Schule sehen sich von orthodoxen Jungianern kritisiert, weil sie sich in »freudianischer« Weise auf die Entdeckung eines Urtraumas in der Kindheit als des entscheidenden Bindeglieds in der Kausalkette der Ereignisse verlegten. Eliades Hervorhebung der *archetypischen* Bedeutung der Kindheitserfahrung des Geboren- und Gestilltwerdens, eine Bedeutung, in die Erwachsene wiedereintreten können, kann dazu verhelfen, die Kluft zwischen zeitlosen Archetypen auf der einen und den aktuellen lebensgeschichtlichen Erfahrungen bei der Geburt und in der frühen Kindheit auf der anderen Seite zu überbrücken. Auch Fordham sieht die Dimension des Archetypischen, allerdings nicht in der Breite, wie sie uns im religionsgeschichtlichen Werk Eliades entgegentritt.

Eine Möglichkeit zur Überwindung der genannten Kluft liegt in der irdischen, expliziten Darstellung des Mutterleibes. Der Lebensabschnitt, bei dem die archetypische Welt besonders intensiv und umfassend erfahren wird, ist die Zeit, in der der Mutterleib die Welt ist. Während dieser Zeitspanne ist er das All, er ist gänzlich heilig, das Paradies. Der Leib der Mutter wird unmittelbar erfahren, und über diese sinnliche Erfahrung wird die Welt der Archetypen dem Kind erstmals vermittelt. Fordham behauptet sogar, das erste Mandala sei die Brust.[19] Wie auch immer, die archetypische Welt des Kleinkindes wird berührt, gerochen und geschmeckt. Sie wird als irdische und nicht als abstrakte Wirklichkeit wahrgenommen. Wenn die archetypische Welt zunächst als ein menschlicher Leib eingeführt wird, dann verdient die Metapher vom menschlichen Leib und seinen Gliedern insofern unsere Aufmerksamkeit, als sie eine archetypische Wirklichkeit zu evozieren und zu beschreiben vermag.

Der gesamte Prozeß des intrauterinen Lebensabschnitts, der Geburt, des Stillens und Entwöhnens ist ein reichhaltiges und komplexes System. Er beinhaltet eine tiefgreifende Wandlung, das Drama von Anhänglichkeit und Verlust, Bindung und Trennung, Seligkeit und Schrecken. Dieses Drama oder »System« hallt in der Psyche ebenso mächtig wider wie die griechische Mythologie oder die Bibel, jene Quellen für die archetypische Sprache, mit denen Jungianer am besten vertraut sind. Da die Parameter dieses Systems der Uterus, die Vagina, die Nabelschnur und die Arme und Brüste der Mutter sind, sind es auch diese irdischen Metaphern, die archetypische Vorgänge so machtvoll heraufbeschwören können, und das ist mehr als eine vergeistigte Vorstellung der Wiedergeburt wie im modernen Christentum.[20] Ironischerweise blieb es der Religionsgeschichte vorbehalten, die Vorrangstellung des Leibes als eine Metapher für eine archetypische Wirklichkeit wiederzuentdecken, während dem Christentum die Vernachlässigung und häufig Abwertung des Körpers in der modernen westlichen Gesellschaft vorgeworfen wird. Gerade weil sich die christliche Kultur eine solche Zurückhaltung in der Verwendung körperlicher Abbildungen zur Vermittlung eines Bereichs des Heiligen auferlegt, kommt es um so mehr darauf an, die Psychologie in der Nachfolge Jungs auf die umfassendere Perspektive der Religionsgeschichte einzustimmen. Ein Dialog zwischen den Disziplinen Jungs und Eliades ist für beide Seiten von wesentlicher Bedeutung.

Ein echter Dialog ist immer dort fruchtbarer, wo es eine gemeinsame Basis gibt. Die Präsenz und Bedeutung von Archetypen in der menschlichen Psyche, der feste und häufig soteriologische Platz, den die Religion im menschlichen Leben einnimmt, die wichtige Rolle von Mythen und Symbolen für die Vermittlung der Archetypen und die Förderung von Heilung und Ganzheit – all dies gehört zu der gemeinsamen Basis, auf der die Arbeiten von Jung und Eliade aufbauen. Daneben bestehen freilich auch Unterschiede der Perspektive und der Gewichtung, insbesondere in den beiden fachspezifischen Bezugsrahmen. Diese Differenzen machen eine Kritik möglich, die sich für die immer neue Aufgabe der Modifizierung und Erweiterung unserer Erkenntnis als hilfreich und erhellend erweisen kann.

Vor drei Jahrzehnten war die Atmosphäre, in der sich beide Männer begegneten, unbeengt und einladend. Seither blieb der gemeinsame Boden, auf dem beide standen, weitgehend brachliegen. Er ist noch fruchtbar. Der »Geist von Eranos« wartet auf Erneuerung.

Aus dem Englischen von Udo Rennert

Anmerkungen

1 Vgl. Mircea Eliade, *Die Sehnsucht nach dem Ursprung*, Frankfurt 1977, S. 81 f.
2 Ibid., S. 86.
3 Ibid. und S. 17-29.
4 M. Eliade, *No Souvenirs: Journal, 1957-1969*, New York 1977, S. xiii. [Diese Passage ist in der (gekürzten) deutschen Ausgabe nicht enthalten: *Im Mittelpunkt*, Wien 1977. A. d. Ü.]
5 Liliane Frey-Rohn, *Von Freud zu Jung*, Zürich 1981, S. 266.
6 C. G. Jung, *Synchronizität als ein Prinzip akausaler Zusammenhänge*, Zürich 1952, S. 69 f.

7   Ibid., S. 73 f.

8   M. Eliade, *Yoga. Unsterblichkeit und Freiheit*, Stuttgart 1960, S. 106.

9   M. Eliade, *Mythen, Träume und Mysterien*, Salzburg 1961, S. 52 ff.

10 Edward F. Edinger, *Ego and Archetype*, Baltimore 1974, S. 8.

11 M. Eliade, *Yoga*, S. 108 f.

12 Nathan J. Schwartz und Sandra Ross-Schwartz, »On the Coupling of Psychic Entropy and Negentropy«, *Spring* (1970), S. 69.

13 John Weir Perry, *Roots of Renewal and Madness*, San Francisco 1976, S. 79 ff.

14 M. Eliade, *Schamanismus und archaische Ekstasetechnik*, Zürich 1957, S. 47.

15 M. Eliade, *Mythen, Träume und Mysterien*, S. 223-227.

16 Ibid., S. 239.

17 Ibid., S. 256.

18 C. G. Jung, »Symbole der Wandlung«, in Gesammelte Werke 5 (*Symbole der Mutter und der Wiedergeburt*), S. 261 ff.

19 In einer Vorlesung am C. G. Jung Institute Los Angeles am 4. März 1982.

20 Unveröffentlichtes Manuskript von Betty Meador, San Diego Society of Jungian Analysts.

Kurt Rudolph
Eliade und die »Religionsgeschichte«

Mircea Eliade ist ein faszinierender Autor, daran besteht kein Zweifel. Er gehört zu den weit über das Fachgebiet der Religionswissenschaft (abgekürzt: Rw) hinaus wirksamen Gelehrten. Als Schriftsteller in seiner Muttersprache, dem Rumänischen, anerkannt – seine »Phantastische Prosa« konnte 1969 auch in Bukarest erscheinen – hat er Literatur und Mythologie wieder in eine enge Symbiose verwandelt, bei der man nicht weiß, ob man mehr den Dichter mit seiner Phantasie bewundern soll, oder den Gelehrten, der sich seines Stoffes auch in dieser ungewöhnlichen Art versicherte, besser »anwandte«. Eines der fesselndsten Beispiele dieser »modernen« Mythologie ist die Erzählung *Auf der Mântuleasa-Straße,* m. W. die einzige in deutscher Sprache vorliegende literarische Arbeit Eliades (in der »Bibliothek Suhrkamp«, Frankfurt/M 1972).* Es ist sicherlich unumgänglich, diese Seite seiner Produktion in Beziehung zu seiner wissenschaftlichen zu setzen, doch fehlen dem des Rumänischen nicht Mächtigen dafür die Möglichkeiten, ganz abgesehen davon, daß diese Werke, wie *Fôret interdite* (Paris 1955), nicht leicht verfügbar sind. Die seit etwa 1930 einsetzende literarische Tätigkeit ist offensichtlich recht belangvoll für die religionswissenschaftliche, doch bisher wenig dafür ausgewertet worden.[1] Die Wurzeln Eliades im Rumänischen, einer der vielen kleinen Kulturen des Balkan, auf die er auch in seinen religionsphänomenologischen Arbeiten mitunter anspielt – besonders prononciert im »Mythos der ewigen Wiederkehr« (1953, [2]1966)[2] – schlagen wahrscheinlich mehr zu Buche als bisher bekannt ist. Eine »Entwicklungsgeschichte« seiner Gedankenwelt ist eine zukünftige, nicht leichte Aufgabe, zu der uns der Jubilar selbst noch viel eröffnen könnte.[3] Seine religionswissenschaftlichen Ideen, wie sie uns nach dem 2. Weltkrieg (zuerst 1949) in einer immer umfangreicher werdenden Produktion sichtbar werden, lassen sich allerdings leichter in die Tradition der europäischen Rw verankern: hier setzt Eliade bestimmte Konzeptionen, mehr oder weniger abgewandelt und originell geprägt,

---

* Soweit ich sehe, sind bislang acht literarische Werke Eliades auf deutsch erschienen (Anm. d. Hg.).

fort. Damit wollen wir uns in diesem Beitrag zu seinen Ehren beschäftigen, durchaus in kritischer Reflexion.[4]

I

Eliade versteht sich als Religionshistoriker. Über sein Verständnis von Religionsgeschichte (abgekürzt: Rg) finden sich u. a. in der Einleitung zu *Schamanismus und archaische Ekstasetechnik,* einem seiner Hauptwerke, nähere Angaben.[5] Ausgehend davon, daß ein »religiöses Phänomen« historisch bedingt und eingebettet ist, sucht Eliade darüber hinaus seinen »übergeschichtlichen« Sinn, denn »die Geschichte eines religiösen Phänomens kann uns nicht alles mitteilen, was dieses Phänomen, einfach durch sein Offenbarwerden, uns zeigen will« (4). »Immer bleibt am Ende der Erklärung ein nicht zurückführbarer Kern, und dieses unzurückführbare Etwas kann uns vielleicht die wahre Situation des Menschen im Kosmos entdecken, die – ich werde nie müde, das zu wiederholen – nicht einzig eine ›historische‹ ist« (ebd.). Um diese zunächst unerklärbaren Seiten religiöser Sachverhalte geht es Eliade: sie »enthüllen Grenzsituationen des Menschen«, die allein von der Rg rechtmäßig »entziffert« werden können. »Der Religionshistoriker wird am meisten Gültiges sagen über das religiöse Faktum, sofern es religiöses Faktum ist – und nicht soweit psychologisches, soziales, ethnisches, philosophisches oder selbst theologisches Faktum« (5). Eliade unterscheidet ihn gerade an diesem Punkt von dem »Phänomenologen«, der sich der Arbeit des Vergleichens versagt, sondern sich dem Phänomen nur »nähert«, um »seinen Sinn zu erahnen« (ebd.). Der Religionshistoriker dagegen »gelangt zum Begreifen eines Phänomens erst nach gehörigem Vergleich mit Tausenden von ähnlichen oder verschiedenen Phänomenen und entsprechender Einordnung . . .« Er wird sich daher nicht »auf eine Typologie oder Morphologie der religiösen Fakten beschränken: er weiß sehr wohl, daß die ›Geschichte‹ den Gehalt eines religiösen Faktums nicht erschöpft, doch er vergißt deswegen nicht, daß nur in der Geschichte – im weiten Sinne des Wortes – ein religiöses Faktum alle seine Seiten entwickelt, alle seine Bedeutungen offenbart. Mit anderen Worten, der Religionshistoriker benützt alle historischen Kundgebungen eines religiösen Phänomens, um zu entdecken, was dieses Phänomen ›sagen will‹; er hält sich einerseits an das historisch Konkrete, aber er bemüht sich andererseits um die Entzifferung dessen, was ein religiöses Faktum durch die Geschichte hindurch an Übergeschichtlichem offenbart« (5).

Rg ist demnach für Eliade sowohl für den historischen als auch den überhistorischen (den eigentlich religiösen) Aspekt religiöser Sachverhalte zuständig, und da für ihn Rg in erster Linie komparativ tätig ist, eben um auch den religiösen Sinn eines »Phänomens«[6] zu erfassen, vereinigt sie für ihn – quasi in einem Arbeitsgang – historische, religionsphänomenologische (i. S. vergleichend-systematischer) und auch religionsphilosophische (i. S. von »Wesenserfassung«) Methoden. »Religionshistorie ist nicht immer und nicht notwendig Historiographie der Religionen .. man ist nicht verpflichtet, Historiographie zu treiben, wenn man Religionsgeschichte schreiben will« (6). Die Schuld an diesem Mißverständnis schreibt Eliade der Mehrdeutigkeit des Terminus »Geschichte« zu. Er möchte der Rg den »philosophischen und allgemeinen Sinn von ›Geschichte‹« zuschreiben (ebd.).[7] Die »spezifische Manifestationsebene« aller religiösen Fakten ist »immer geschichtlich, konkret, existentiell«, auch wenn diese »nicht völlig auf Geschichte zurückzuführen sind« (6). Dieser »Rest« ist es, den der Religionshistoriker im Unterschied zum bloßen Historiker, Ethnologen, Soziologen und Psychologen beachten muß, d. h. er muß »die eigentlich religiöse Bedeutung eines Faktums entziffern« (7). Eliade wirft den heutigen Vertretern des Faches vor, daß sie beim Begriff Rg mehr den Bedeutungsakzent von »Geschichte« als von »Religion« hervorgehoben haben.[8] Von daher legt Eliade auch kein großes Gewicht auf das chronologische Moment, da für ihn dieser unreduzierbare »Kern« die Geschichte übersteigt und, wie er es bezeichnet, als »Hierophanie« jederzeit wiederholbar (ebd.) und »umkehrbar« ist (8). »Obwohl es eine Geschichte der Religion gibt, ist sie nicht unumkehrbar wie jede andere Geschichte« (7). Es ist der ahistorische Begriff des »Heiligen«, der bei Eliade das »übergeschichtliche Element« besetzt hat; seine Manifestationen sind der eigentliche Gegenstand der Rg. »Man könnte sagen«, heißt es an anderer Stelle, »daß die Geschichte der Religionen – von den primitivsten bis zu den hochentwickelten – sich aus einer großen Anzahl von Hierophanien, d. h. Manifestationen heiliger Realitäten, zusammensetzt«.[9]

Es ist diese zeitunabhängige Verwirklichung des »Heiligen«, die Eliades Auffassung von Rg grundlegend bestimmt. In sich kennt sie keine Entwicklungsstufen: »die Manifestationen des Heiligen« (ob in einem Stein, Baum oder Gott!) sind überall gleich, »nur die Form, welche der Prozeß der Heiligung im religiösen Bewußtsein der Menschen annimmt, ist verschieden« (7). Wir haben es dabei mit einem objektiven und subjektiven Prozeß zu tun: die Geschichte kann ihn nicht groß beeinflussen; sie »vermag die Spontaneität der Hierophanien nicht zu lähmen« (9). Sie können unabhängig überall und zu jeder Zeit auftreten; das historische Moment offenbart nur »eine Situation des Menschen« in bezug auf »das Sakrale«, während die Hierophanie »eine Modalität des Sakralen« ausdrückt.[10] Eliade spricht zwar häufig vom »Einfluß des historischen Moments« und davon, »daß jede Hierophanie historisch ist«[11], schon deshalb, »weil man sich angesichts einer Hierophanie auch angesichts eines historischen Zeugnisses befindet«[12], aber im Grunde genommen ist diese für ihn zweitrangig, »vordergründig«. »Das den Religionshistoriker von einem ›Nur-Historiker‹ unterscheidende Merkmal ist sein inniger Zusammenhang mit Tatbeständen, die – bei all ihrem geschichtlichen Charakter – doch auch nur-geschichtliche Verhaltensweisen des Menschen weit übertreffende Verhaltensarten enthüllen.«[13] Diese »über die geschichtliche Bedingtheit hinausreichenden Situationen« sind es, die Eliade in der Rg zu erfassen und zu beschreiben sucht; sie gehören ebenso zum »Menschen als ein Ganzheitswesen« wie die zeitlichen Umstände.[14] Der Begriff des Heiligen rechtfertigt es, den ahistorischen Teil religiöser Tatbestände darzustellen: »Die Dialektik des Heiligen erlaubt jede Umkehrung: keine ›Form‹ ist dem Absinken und der Zersetzung entrückt, keine ›Geschichte‹ endgültig«.[15] Gemeinschaften und Individuen sind in gleicher Weise von dieser Dialektik ergreifbar; sie sind immer und überall Orte möglicher Manifestationen (»Offenbarungen«) des Heiligen. Unabhängig vom »Kulturmoment« kann man »die vollständigste Offenbarung des Heiligen haben, die der menschlichen Verfassung zugänglich ist« (ebd.). Daß sie nicht immer (in ihrer reinen Form!) feststellbar sind (für den Religionshistoriker?), liegt an den »menschlichen Verhaltensweisen ihnen gegenüber«. Das Studium derselben aber ist nicht Aufgabe des Religionshistorikers, sondern des Soziologen, Psychologen, Moralisten oder Philosophen (ebd.). Ihm genügt die Feststellung,

»daß die Dialektik des Heiligen die spontane Umkehrbarkeit einer jeden religiösen Position erlaubt« (ebd.). Kulturhistorische Ergebnisse der Ethnologie sind dafür nicht ausschlaggebend; »die Spontaneität und letzten Endes die *Ungeschichtlichkeit des religiösen Lebens*« ist davon unabhängig (Hervorhebung von mir). »Denn jede Geschichte ist irgendwie ein Absturz des Heiligen, eine Beschränkung und Minderung«.[16]

Man erkennt aus diesen Zitaten sehr schnell und gut, in welcher Weise Eliade die traditionelle Auffassung von Rg verläßt, ohne allerdings den Begriff als solchen aufzugeben. »The history of religions is not merely a historical discipline, as, for example, are archeology or numismatics. It is equally a total hermeneutics, being called to decipher and explicate every kind of encounter of man with the sacred, from prehistory to our day.«[17] Mit dieser Aufnahme des Terminus »Hermeneutik« (Interpretationskunst) in den jüngeren Arbeiten hat Eliade besser zum Ausdruck gebracht, um was es ihm geht: nicht um die historische Arbeit als solche – sie wird nur vorausgesetzt und ausgiebig genutzt –, sondern um die Interpretation des eigentlich »Religiösen«, sofern es uns in den Überlieferungen und Aussagen entgegentritt; er möchte die Arbeit des Religionshistorikers erweitern oder neu bestimmen, sie durch eine bisher unterschätze Dimension bereichern, um sie auf diese Weise von den anderen Disziplinen, wie der Ethnologie, Soziologie oder Psychologie, grundsätzlich zu unterscheiden. Da die Hierophanien »Grenzsituationen« des Menschen zum Ausdruck bringen, ist der Religionshistoriker »hauptsächlich mit der Aufhellung dieser Grenzsituation erfüllt«.[18] Rg ist als Rw damit nicht nur durch ihren Gegenstandsbereich »Religionen und religiöse Sachverhalte« charakterisiert, sondern auch durch einen besonderen Zugang zu deren religiös-überzeitlichem Gehalt oder »Sinn«; diesem »Inhalt« gilt ihre Hermeneutik.

Darüber hinaus verfolgt Eliade bekanntlich das Ziel, die Disziplin der Rg zu einer Art Universalwissenschaft zu machen, die aufgrund ihres Anspruches das Wesentliche des Humanen in Gestalt des Religiösen, des »homo religiosus« als eigentlichen Menschen[19], zu entdecken, zu einem »neuen Humanismus«, zu einer »Erneuerung« des Menschen von heute beitragen kann.[20] Zu diesem Zweck hat sie nicht nur als »totale Disziplin« die Ergebnisse aller relevanten Wissenschaften zu integrieren und zu artikulieren, sondern sie ist mit der »Religionsphänomenologie« eng zu verbinden, wobei Eliade auf die entsprechende Meinung von R. Pettazzoni verweist.[21] Auf diese Weise kann sie den Weg zu einer philosophischen Anthropologie eröffnen, die das »Sein in der Welt« nicht ohne die »Erfahrung des Heiligen«, nicht ohne das »religiöse Bewußtsein« und seine Strukturen zum Ausdruck bringt.[22] Daß dabei Eliade vor allem an die »vorsystematischen Ontologien« der frühen Menschheit denkt, wird uns noch beschäftigen.

Bemerkenswert sind die Vorbilder, auf die Eliade für sein Programm einer neuartigen Rw zurückgreift:[23]
— die moderne Literaturkritik, die ein Kunstwerk als autonomes Gebilde mit eigenen Gesetzen und Strukturen erkennt, seine »verborgene Botschaft« und »transpersonale Wirklichkeitserfahrung« freilegt[24],
— die Kunst als Mittel der Bewußtseinsveränderung, wie es z. B. der Surrealismus beabsichtigte[25],
— die Entdeckung Indiens durch A. Schopenhauer, die eine »zweite Renaissance« Europas einleitete[26],
— die »schöpferische Hermeneutik« eines Erasmus von Rotterdam, Jacob Burckhardt und Friedrich Nietzsche[27],
— die »geistige Technik« der religionswissenschaftlichen Hermeneutik eines Walter F. Otto und Rudolf Otto[28],
— schließlich die großen Synthesen und schöpferischen Arbeiten aus den Anfängen der Rw im 19. Jh., wie die von F. Max Müller, A. Lang, J. G. Frazer, R. R. Marrett, L. Lévy-Bruhl.[29]

Diese recht bunt gewürfelte Ahnengalerie, die hier vor uns ausgebreitet wird und die sich ohne weiteres noch erweitern ließe (z. B. durch die Tiefen- und Ganzheitspsychologie), besitzt für Eliade einen legitimierenden Impetus, die Rg als »Pädagogik«, »Mäeutik« und als »Quelle schöpferischer Werke« zu betrachten[30], wobei er auch auf ihre latente kulturkritische Kraft aufmerksam macht.[31] Sie hat aufgrund ihrer universalen Weite das Privileg, die geistige Einheit der Menschheit von der Archaik bis heute zu erkennen, ja am tiefsten und höchsten zu greifen.[32] Insofern kann sie der entstehenden Weltkultur, der »Planetarisierung der Kultur« dienen; sie sollte nicht nur »Beiträge« dazu liefern, sondern selbst Kulturwerte schaffen. Eliade sagt daher dem Spezialistentum in der Rw den Kampf an und hält die philologisch-historische Tradition in ihr für einen Abweg, der ihrem eigentlichen Sinn widerspricht. Aber auch Dilettantismus, Reduktionismus und Journalismus verfallen seinem Spott.[33] Er beschwört die »schöpferische Synthese«, wie sie allen großen Werken innewohnt (daß dazu auch die philologischen und historischen gehören, wie sie das 19. Jh. in reicher Auswahl hervorgebracht hatte, erwähnt Eliade dabei nicht). Nur dadurch bliebe die Rw davor bewahrt, zunehmend eine Angelegenheit von Spezialisten zu werden und ihre Autonomie zu verlieren.[34] Mit seinen eigenen Werken, die in der Mehrzahl solche Synthesen (eben auf der Grundlage der von »Spezialisten« geschaffenen Basis) bieten, zuletzt mit der mehrbändigen *Geschichte der religiösen Ideen* (1976-1980), hat er selbst dafür Beispiele, ja gewisse Maßstäbe gesetzt.

Das Programm Eliades sprengt natürlich den Rahmen der bisherigen Rg bzw. Rw in vielfacher Hinsicht. Da er selbst kein methodologisches Werk oder eine »wissenschaftstheoretische Grundlegung«, wie sie J. Wach in seiner Leipziger Habilitationsschrift *Religionswissenschaft* von 1924 schuf, vorlegte, ist es nicht einfach, über das Verhältnis von Rw, Rg und Religionsphänomenologie (abgekürzt: Rph) bzw. Vergleichender oder Systematischer Rw (abgekürzt: VglRw, SystRw) in seinen Arbeiten Auskunft zu erhalten. Er verwendet fast durchweg, wie schon aus dem Zitierten ersichtlich, den Begriff Rg, der sich offensichtlich von der französischen »histoire des religions« ableitet. Die deutsche Bezeichnung Rw ist im Romanischen (»sience des religions« oder gar »science religieuse«) nicht sehr verbreitet, ganz zu schweigen von der in der englischsprachigen Welt bestehenden terminologischen Unklarheit mit ihrer Verwendung des deutschen Terminus Rw als Fremdwort, das neuerdings (in Wiederaufnahme älterer Vorbilder) als »science of religion« wiedergegeben wird, obwohl es einen Traditionsbruch im Englischen einschließt.[35] Beliebt, aber recht verschwommenen ist auch die Titulierung »religious studies« (wozu vornehmlich auch die Theologie zählt). Bei Eliade ist m. E. mit Rg auch die Rw als Disziplinbezeichnung gemeint (auch die von ihm ins Leben gerufene Zeitschrift trägt den Titel »History of Religions«). Nicht von ihr geschieden, oder genauer gesagt, in sie integriert wird bei ihm die VglRw oder Rph. Denn sie betreibt Eliade im höchsten Maße, wie wir gesehen haben; insofern ist er von seinen Arbeiten her primär ein »Religionsphänomenologe« oder vergleichender (systematischer) Religionswissenschaftler, der die Rg dafür in Anspruch nimmt. Setzt man in diesem Zusammenhang die prägende Konzeption G. van der Leeuws mit seiner Rph voraus, so wird dies noch deutlicher: auch van der Leeuw betrachtete als Aufgabe der Rph »to illumine the inner structures of religious phenomena«.[36] Eliade setzt sich zwar von ihm insofern ab, als er ihm gerade Desinteresse an der »Geschichte der religiösen Strukturen« vorwirft (ebd.), aber dabei ist seine besondere Auffassung von »Geschichte« wirksam, die er ja selbst mehr »philosophisch« (nicht »historizistisch«!) versteht. An diesem seinem Geschichtsbegriff, den er selbst für mißdeutbar hält[37], wird seine eigenwillige Verwendung von Rg am deutlichsten sichtbar: sie ist einerseits nicht historischer Prozeß im Kontext politischer, ökonomischer, kultureller und sozialer Vorgänge, sondern »Geschichte« der transhistorischen Strukturen religiöser Sinngebungen, der »Hiero-« oder »Kratophanien«, man könnte auch sagen der religiösen »Ideen«: also »Ideengeschichte« im alten Sinne (wie ja auch sein letztes Werk betitelt ist: *Geschichte der religiösen Ideen*). Andererseits, als wissenschaftliche Fachrichtung, ist Rg für Eliade damit nicht mehr philologisch-historische Arbeit (»Historiographie«), wie sie seit ihrer Begründung (von dem Philologen Max Müller!) aufgefaßt worden ist, sondern »Strukturanalyse des religiösen Bewußtseins«, das den »Manifestationen des Heiligen« seit Menschheitsgedenken ausgesetzt war oder ist; sie soll den »Modalitäten des Sakralen« nachgehen, nicht in den spezifisch historisch-kulturellen Kontexten, sondern in ihren überzeitlichen, transhistorischen und -kulturellen Aussagen. Dazu dient Eliade zunächst die komparative Methode, wie sie der Rw von Anfang an (als Erbe der Sprachwissenschaft) eigen war, aber er weist auch ihr eine neue Aufgabe zu: eben die Eruierung religiöser Sinnelemente als Ziel religionswissenschaftlicher Arbeit. »Religion« oder »religiöse Sachverhalte« sollen ihres zeitlichen, historischen und kulturellen Charakters entkleidet und in ihrer eigentlichen, überzeitlichen religiösen Bedeutung sichtbar gemacht werden. Es ist eine Art »Wesensschau« ihrer Grundstrukturen, die hier von Eliade angestrebt wird, wie sie phänomenologischer Betrachtung eigen ist.[38] Alle Arbeiten von ihm dienen diesem Prinzip; die in ihnen vorgelegten Ergebnisse sind ein Vielfaches dessen, was Religionen und ihre »Phänomene« bis heute an überzeitlichen Werten und »Ideen« zu bieten haben. Wie wir schon bemerkten, ist dafür die (ahistorische) Kategorie des »Heiligen« mitverantwortlich, die verhindert, daß Eliade die Rg als historisch-kulturellen Prozeß im strengen Sinne in den Blick bekommt, worauf noch zurückzukommen ist.

Es spielt aber noch ein anders Movens in dieser Konzeption eine entscheidende Rolle, ein zutiefst weltanschauliches: Eliades Abneigung gegen Geschichte, insbesondere gegen den »Historismus«, wie er sie am eindringlichsten schon 1949 in seinem genialen Buch *Der Mythos der ewigen Wiederkehr* beschrieben hat, das er 1959 in 2. Auflage unter dem Titel *Kosmos und Geschichte* herausgab und damit den eigentlichen Sinn der Argumentation stärker artikulierte.[39] Dieser »Schrecken der Geschichte«, den er hier beschrieben hat, ist sicherlich eine arge Sperre in seinem Geschichtsverständnis, auf das wir nicht näher eingehen können. Es speist sich einerseits aus persönlichen Erlebnissen, wozu der Aufenthalt in Indien und die tiefe Aufnahme indischen Denkens (über die Yogapraxis hinaus) in seine Weltauffassung ebenso beigetragen hat[40] wie die überpersönliche (»völkische«) Tradition seiner rumänischen Heimat, andererseits durch die vielleicht damit verursachte Neigung zu F. Nietzsches antihistorischem »Mythos der ewigen Wiederkehr des Gleichen«[41]. Es ist die Müdigkeit am historischen Geschichtsverständnis der europäischen Nachkriegsgeneration nach 1918, die hier bei Eliade zu Buche schlägt. In diese Zeit der antihistoristischen Versuche, eine neue Sinndeutung der Geschichte aus dem »Kairos«, der »Ganzheit« und »Gestalt«, aber auch des »Mythos«, zu konzipieren, fällt der Ausbildungsweg Eliades (eine nähere Untersuchung darüber ist notwendig). Es berührt nun merkwürdig, daß gerade er, der die »Aufhebung« und »Verachtung« der Geschichte durch den archaischen Menschen preist, sich als Religionshistoriker verstehen möchte.[42] Seine Inanspruchnahme der Rg für die Rückgewinnung des »Archaischen«, des »Vorhistorischen« oder »Ahistorischen« im Gewande einer kosmisch-orientierten Agrarreligiosität (s. u.), ist ein Versuch, die Disziplin der Rw an ein Programm zu binden, welches sie letztlich nicht nur ihrer festen philologisch-historischen Basis berauben würde, sondern sie an eine einseitige Sicht des Menschen und der Welt bände, an die verengte Optik einer kryptoreligiösen und romantischen Vision, die gerade nicht ihrer angestrebten Universalität und als Wissenschaft ihrer kritischen (auch ideologiekritischen) Distanz entspräche.[43]

II

Die Konzeption Eliades wird nun bekanntlich durch einige charakteristische Elemente gestützt, die schon in seinen frühen Arbeiten zur Rw auftreten und offensichtlich auch grundlegende Aussagen seines Weltbildes sind. Dazu gehören:
— der Gegensatz von »Heilig« und »Profan« als religiöses Grundphänomen und durchgängiger Grundzug der Rg,
— die Symbolik als Mittel primärer religiöser Aussage,
— die Urzeit (Archaik) als grundlegende, ja ausschlaggebende Epoche der Rg,
— der homo religiosus als vorgegebener Idealtyp des Menschen.
Ein kurzer kritischer Durchgang wird zeigen, daß die ahistorische Grundtendenz bei Eliade von diesen vier Auffassungen getragen wird und sein Konzept von Rw prägt, ja eine bestimmte philosophische Anthropologie und Ontologie schon beinhaltet.

Die Aufteilung der Welt in »Heilig« und »Profan« als Kennzeichen von Religion hatte schon Émile Durkheim festgestellt, worauf Eliade merkwürdigerweise bei seinen Erwähnungen Durkheims nicht Bezug nimmt.[44] Die soziologische »Reduktion« auf das »kollektive Denken«, die dabei eine beherrschende Rolle spielt, kann hier außer Betracht bleiben; entscheidend ist, daß »Heilig« und »Profan« Angelegenheit der Gemeinschaft, nicht des individuellen Beliebens ist. Auch bei Eliade handelt es sich um eine »Reduktion« größten Ausmaßes: die Rg wird auf den Dualismus von »Heilig« und »Profan«, »Mythos« und »Geschichte«, »Ordnung« und »Unordnung«, »Realität« und »Irrealität« und wie die Bestimmungen dieser Gegensatzpaare in den Arbeiten Eliades noch lauten, »reduziert« (wobei man sich oft an die binären Operationen C. Lévi-Strauss' erinnert fühlt). Doch ist für ihn weniger das »Profane« von Interesse als vielmehr das »Heilige« oder »Sakrale«. Hier steht ohne Zweifel die von N. Söderblom und vor allem von R. Otto verwandte Kategorie als Kernbestimmung des Religiösen Pate[45], auch wenn gewisse Unterschiede in der näheren Ausführung und Anwendung festzustellen sind[46]. Diese Reduktion von Religion auf das »Heilige« hat eine umstrittene Stellung in der Rw. Einerseits versuchte sie, langwierige Definitionsprobleme aus der Welt zu schaffen, andererseits leistete sie religionsphilosophisch-theologischen und apologetischen Tendenzen Vorschub.[47] Die Wiederaufnahme durch Eliade hat daher von vornherein diese Probleme mit sich gebracht: was ist unter dem Schlagwort »Heilig« zu verstehen? Läßt sich Religion derart in ihrer Vielfalt reduziert beschreiben und definieren? Bedarf es nicht sofort einer weiteren Erläuterung und wird damit nicht die angestrebte »Vereinfachung« ad absurdum geführt, da sie eben nicht genügt, um »religiös« und »nichtreligiös« zu scheiden? Nun, bei Eliade werden wir nicht im Unklaren gelassen, was damit gemeint ist. Er verwendet dafür auch – in Wiederaufnahme älterer Bildungen J. Revilles und E. Goblet d'Alviellas – häufig Hierophanie (»Erscheinungsweise des Heiligen«). Mit ihr werden die »Modalitäten des Sakralen« beschrieben, die sich in den unterschiedlichsten Gegenständen »manifestieren« oder »zeigen« (phainomai) (nach Eliade ist jeder dafür geeignet oder möglich). Dieses »Heilige« – ein singuläres, übernatürliches, transhistorisches Etwas[48] – ist für die religiöse Sicht, die hier mit der Eliades zusammenfällt, »Kraft«, »Realität schlechthin«, »Ewigkeit und Wirkungskraft«.[49] Im Gegensatz zum »Profanen« gilt es als real, als das vom »religiösen Menschen« mit seinem Tun und Denken Erstrebte. Vor allem ist es verbunden mit der Strukturierung des Kosmos, seiner Ordnung oder »Ortung«. Eliade legt Wert darauf, daß die »Hierophanien« dem Menschen Sicherheit und Ordnung im Chaos der nichtsakralisierten, profanen Welt gegeben haben und noch immer geben. Er spricht daher von dem »Bruch«, den das Heilige in die Homogenität von Raum und Zeit bringt; die »Öffnung«, die es bewirkt, nämlich den Zugang zu einer anderen Sphäre (die nicht nur transzendent aufgefaßt werden kann). Das Phänomen des Schamanismus hat daher für Eliade eine besondere Anziehungskraft ausgeübt: als eine frühzeitliche Technik der Durchbrechung von Zeit und Raum mit Hilfe der Ekstase; ihre Wirkung geht auch ideologisch weit über ihren Tatbestand als solchen hinaus (in Gestalt der Symbolik des »Aufstiegs«, »Weltbaums« usw.).[50] Eliade beschreibt und analysiert die Hierophanien in räumlichen, zeitlichen, naturhaften und menschlich-existentiellen Manifestationen, getreu seiner Devise, daß sie im Kern die *eine* Wirklichkeit zum Ausdruck bringen, auch wenn sie in ihrer Gestalt von Geschichte und Kultur beeinflußt worden sind und so wenigstens eine »unauslotbare« Vielfalt von Ausdrucksformen darstellen.[51] Dabei bevorzugt er möglichst einprägsame Begriffe, die eine Ebene der Abstraktion über die der »Bilderwelt« ausmachen und so universal anwendbar sind (Aufstieg, Abstieg,

Zentrum), aber auch bestimmte Metaphern werden entsprechend verwendet (Weltbaum, Hitze, Knoten usw.). Es fällt weiterhin auf, daß dabei die Natur in ihrer Gesamterscheinung dominiert: ein sichtbares Erbe des naturmythologischen und -philosophischen Denkens des 19. Jhs. Die Geschichte als Ort der Hierophanie wird eigentlich nur im jüdisch-christlichen Bereich anvisiert[52], spielt aber keine Rolle: auch hier ist das eigentlich Religiöse in der Überwindung der Geschichte im Zyklus der Liturgie und des Rückbezuges zum Symbol des Gekreuzigten gesehen oder in der Wiederaufnahme bzw. Fortsetzung archaischer Symbolik[53]. Einen Bruch mit der bloßen Naturreligiosität beschreibt Eliade mit der Erfindung des Ackerbaus, der die wichtigste Zäsur vor dem Industriezeitalter bedeute.[54] Aber auch hier herrscht die Perspektive der Fruchtbarkeit von Natur und Mensch vor. Für Eliade sind die wesentlichsten Hierophanien und »Kratophanien« (eine von ihm bevorzugte Beschreibung des »Dynamismus« oder »Präanimismus«) schon in der Archaik erfolgt (s. u.).

Dieser objektiven Seite des Sakralen begegnet eine deutlich subjektive: die des Bewußtseins. Das »Heilige« ist für Eliade ebenso »ein Element der Struktur des Bewußtseins und nicht ein Stadium in der Geschichte des Bewußtseins«.[55] Es ist der Inhalt des religiösen Erlebnisses, und seine summierte Erfahrung durch die Jahrtausende. Sie befähigt den Menschen, das sich »offenbarende« Heilige zu entdecken, es vom Profanen zu unterscheiden und in seinen Erfahrungsschatz aufzunehmen. Die Weise, in der sich »Objekt« und »Subjekt« begegnen, ist bei Eliade allerdings nirgends deutlich und klar gemacht, was mit seiner mangelnden Neigung zur theoretischen Reflexion zusammenhängt.[56] Es ist ein Akt der Intuition, den nun nicht nur der »Religiöse« besitzt und realisieren muß, sondern eigentlich auch der Religionshistoriker, wie ihn Eliade darstellt, nämlich bei seiner »Entzifferung« der religiös-mythischen Symbolwelt (s. u.). Die (verborgene) »Gegenwart« des Heiligen im Bewußtsein erklärt auch, wie es für Eliade, trotz des Prozesses der »Entheiligung«, der als Weg des Abfalls, der »Profanisierung«, Historisierung« und »Entmythologisierung« verstanden wird, immer zu den Neu- oder Wiederentdeckungen des »Heiligen« und seiner »hierophantischen« Strukturen kommen kann. Eliade spricht verschiedentlich in diesem Zusammenhang von »Archetypen«, vom »Über-« oder »Unterbewußtsein« und ist dabei nicht unbeeinflußt von C. G. Jung, ihm aber nicht völlig verfallen.[57] Eine klare Antwort ist darauf schwer zu finden: Ist es die religiöse Anlage, das alte religiöse *a priori,* das wir hier vor uns haben? Auch bei R. Otto haben wir die gleiche Schwierigkeit der Unterscheidung von objektivem und subjektivem Faktor des »Heiligen«.

Streng genommen kann es nach der Auffassung Eliades keine wirklich durchgehende Desakralisierung, Säkularisierung oder Profanität geben: Das Heilige ist als Teil des Bewußtseins eben nicht nur ein (frühes) Stadium (das »Archaische« hält sich durch; der Mensch bleibt immer sein »Gefangener«).[58] Daher besteht die Möglichkeit des immer wieder »Durchbrechens« des »Profanen«, des »Aufdeckens« des »Religiösen« oder »Heiligen« auch in säkularen Strömungen der Moderne.[59] Es gibt hier weder ein Aufhören des »Heiligen« noch des »Profanen«, höchstens, wie es heißt, »die völlige Verschleierung des ›Heiligen‹, genauer, seiner Identifikation mit dem ›Profanen‹«, die nun wieder als »die einzige, aber bedeutende religiöse Innovation der modernen weltlichen (wohl: westlichen) Welt zu beurteilen« ist.[60] Die Gegensätze sind also dialektische Seiten eines welthistorischen Prozesses, der

Die Welt des Religiösen nach Eliade

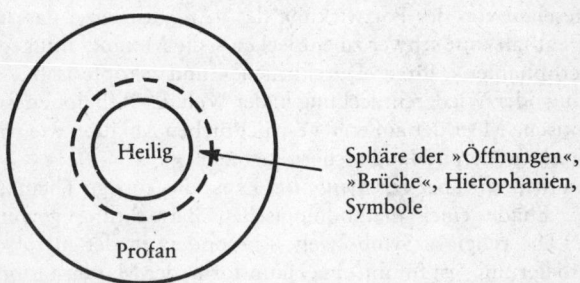

Sphäre der »Öffnungen«, »Brüche«, Hierophanien, Symbole

Sein Realität Kraft Heilig	Bruch Öffnung	Manifestationen des Heiligen (Hierophanien): Symbole, Mythen, Riten	Archaische Mentalität, *homo religiosus,* Überbewußtsein
Nichtsein Irrealität Profanität		»Schrecken der Geschichte« und der (linearen) Zeit	Moderner Mensch *homo historicus* Historismus

eine gewisse Kontinuität besitzt, ohne daß damit eine wirkliche Religionsgeschichte daraus entwickelt werden kann. Die Diskontinuität, das »Schöpferische« der Entdeckung des »Heiligen« und seine Entheiligung (Profanisierung), ist ebenso darin eingebunden. Die abstrakte Kategorie des Heiligen verträgt eben keine Geschichte, nur eine Schau und Intuition. Sieht man sich diese Konzeption graphisch an, so bildet das Heilige den Kern des Seins und des Bewußtseins; ihre Verbindung entspricht nur einer Pseudogeschichte: die ihrer horizontalen und vertikalen Beziehung im »Inneren« der eigentlichen »äußeren« Geschichte. Die Rg ist eine diskontinuierliche Aufzählung der Hiero-, Krato- und Theophanien (mehr kann nach Eliade eine »magisch-religiöse Tatsache« nicht sein) in chronologischer Reihenfolge unter Voranstellung der »schöpferischen Momente« der jeweiligen Traditionen.[61] Dies ist die Geschichte des homo religiosus, in seiner Offenheit und Verborgenheit (s. u.). Die Abfolge, wie sie Eliade in seiner *Geschichte der religiösen Ideen* durchführt, zeigt dies jetzt sehr deutlich: Es ist der vergebliche Versuch, eine historische Kontinuität zu bieten; es bleibt bei einer Beschreibung der Entstehung und Geschichte der religiösen Glaubenslehren und -handlungen im Rahmen der einzelnen Kulturen und Völker; eine Klammer ist (abgesehen von der Fortwirkung des »Archaischen«, das schon alles enthält) nur schwer zu entdecken – die Mannigfaltigkeit der »Hierophanien«, ihrer »Durchbrüche« und schöpferischen Entfaltung oder Wiederentdeckung in der Welt der Religionen ist das chaotische Meer der äußeren geschichtlichen Abläufe, wie wir sie auch aus anderen Handbüchern kennen.

Kommen wir aber zur *Symbolik*. Es ist das einzige Thema, das m. E. Eliade einer methodologischen Betrachtung gewürdigt hat.[62] Die religiöse Symbolwelt – besonders in der mythischen Überlieferung – ist für ihn eine Hauptform, der Manifestation des Heiligen nachzukommen. »Symbolisierung« und »Hierophanisierung« sind im Grunde zwei Seiten einer Sache. Daher sind die Symbole als Chiffren der (religiösen) »Wirklichkeit« Hauptgegenstand der Religionswissenschaft; für Eliade ist dabei die Hermeneutik ihre primäre Arbeitsweise, unter Einsatz aller historischer, soziologischer, philologischer und psychologischer Methoden. Angestrebt wird aber die Erfassung ihrer Tiefenstruktur, d. h. ihres überzeitlichen Sinns, der den Kern der jeweiligen Hierophanie enthält. Die Symbolerkenntnis eröffnet einen Zugang zur religiösen »Wirklichkeit«, eben dem »Heiligen« in seiner Vielfalt (»Modalität«), aber auch, worauf Eliade viel Wert legt, der darin zum Ausdruck kommenden Existenzerfahrung und »Existenzerhellung«. Es sind »Grenzsituationen des Menschseins«, die die Symbole ausdrücken: daher sind sie überzeitlich gültig und immer wieder belebbar und anwendbar.[63] Indem die Symbole dem Menschen einen Zugang zum Kosmos öffnen (Symbolisierung und »Kosmisierung« können füreinander stehen!), geben sie ihm Sinn und befreien ihn aus der bloßen Subjektivität. Man sieht sehr deutlich, welchen hohen Stellenwert das Symbol im Gedankengebäude Eliades hat. Der homo religiosus ist bei ihm gleichzeitig »symbolisierender Mensch«; mit und durch das Symbol – das auch das Ritual einschließt – kommuniziert er mit dem »Heiligen«. Der Hauptinhalt der Bücher Eliades ist daher den »ewigen Bildern und Sinnbildern«[64] gewidmet; sie bilden ihm die Hauptquelle für die Analyse des religiösen Weltbildes und eröffnen ihm den Zugang zu der verborgenen »Geschichte« der Hierophanien und der »religiösen Ideen«. »Die unserem Blick erschlossenen Kulturen werden bewahrt durch die Anwesenheit der Bilder, der Symbole . . .«[65]

Es ist hier nicht einzutreten in die religionsgeschichtliche Problematik des Symbols bzw. der Symbolforschung.[66] Eliade erinnert uns daran, daß sie nicht im positivistischen Verstande zu unterschätzen ist, nur weitet er ihre Bedeutung zu sehr aus, ja beschränkt eigentlich die Religionswissenschaft auf eine »Symbolhermeneutik«. Der Begriff des Symbols ist bei ihm nicht deutlich genug (gegenüber Zeichen, Bild, Metapher) abgegrenzt, ja umfaßt eigentlich nahezu alle religiösen Ausdrucksformen; auch das Ritual wird primär zur symbolischen Handlung, ganz abgesehen vom Mythos. Dabei wird oft nicht zwischen ursprünglicher Bedeutung, späterer Interpretation und Erklärung unterschieden; die Tradition der Symbole, ihre wirkliche Geschichte, spielt nur eine untergeordnete Rolle. Begleitet wird die »Universalisierung« (um nicht zu sagen »Kosmisierung«) des Symbols mit einer Auseinanderreißung von Form und Inhalt: Der historische Kontext ist eigentlich zweitrangig, obwohl er doch gerade das Symbol »ortet« und den spezifischen Gehalt verleiht (etwa entsprechend den Kulturstufen aller Kulturgebiete). Eliade ist vornehmlich an dem (oft nur scheinbaren) überzeitlichen, überhistorischen »Inhalt« seiner religiösen Struktur interessiert, obwohl er um den historischen Zusammenhang, etwa der Agrarsymbolik, sehr gut weiß. Ohne die dynamische Beziehung zwischen historisch-individueller und überzeitlich-universeller Struktur hat das religiöse Symbol auch für den homo religiosus wenig Wert: Er ist auf beides existentiell bezogen.[67] Keine nähere Erörterung findet sich bei Eliade über die Gründe für das Absterben und Erlöschen von religiösen Symbolen oder ihre völlige Umprägung zu areligiösen, profanen Bildern; für ihn gibt es (wie für das »Heilige«) nur ein »Absinken der Symbole«. Die Rolle des »Wertbewußtseins«, das mit der Gültigkeit von Symbolen verbunden ist und bei dessen Änderung oder Verschwinden auch die Symbolwelt entsprechend endet, ist dabei ebenso ausschlaggebend wie der Wandel sozialer und kulturell-historischer Strukturen.[68] Die von Eliade aufgeworfenen Probleme der »Logik der Symbole«, ihre Multivalenz und Integrationskraft[69] bieten Ansätze für eine zukünftige Symbolforschung, gehen jedoch oft über das unmittelbare Arbeitsfeld der Religionswissenschaft hinaus oder schränken es, wie schon gesagt, ein. Keinesfalls kann sie im Sinn einer »Mäeutik« oder »Metapsychoanalyse« der Wiederentdeckung oder -aktualisierung mythisch-archaischer Symbole dienen, um auf diese Weise den Zugang »zur wahrhaftigen Wirklichkeit der Welt« zu finden.[70] Mit H. Biezais muß man feststellen, »daß die religionswissenschaftliche Forschung ein Spaziergang auf dem Friedhof der toten religiösen Symbole ist«[71].

Wie schon bemerkt, liegt für Eliade der Schwerpunkt auf der »*archaischen Zeit*«, die er als Zeit der frühen, noch mythischreligiös eingestellten Menschheit versteht: die Welt des eigentlichen homo religiosus (s. u.).[72] Sie wird von ihm eigentlich nie deutlich abgegrenzt, da sie nicht nur eine »historische« Kategorie ist, sondern auch eine strukturelle, ja ontologisch-philosophische.[73] Aus dem 1. Band der *Geschichte der religiösen Ideen* geht hervor, daß es sich im wesentlichen um die Steinzeit (Paläolithikum bis Neolithikum) handelt (Kap. 1 u. 2: S. 15-61). In ihr sind die wesentlichsten Züge der »Modalitäten des Heiligen« schon sichtbar geworden. Mit der »Hominisation« beginnt auch die »Strukturierung« des Raumes durch die Vorgabe des »aufrechten Ganges« des Menschen (15). Der prähistorische Mensch ist Vollmensch mit Träumen, Visionen und Phantasien in recht intensiver Form (16). Anhand der erhaltenen Reste, Zeichnungen und Bestattungen läßt sich das religiöse Weltbild dieser Zeit in etwa nachzeichnen, das von der Jägermentalität gekennzeichnet wird: Tieropfer, Fortleben nach dem Tode, Wiedergeburt, Rituale, Feste, Schamanismus bzw. Ekstasen (als religiöses Urphänomen!), Mythen, die Rolle des Weiblichen, des Mondzyklus, ja Erfahrungen von Transzendenz durch die »Erkenntnis« der Sakralität des Himmels und der Atmosphäre (36). Eliade weiß auch um die Rolle von Arbeit, Werkzeug, Technik und Arbeitsteilung (15 f., 18 f.); sie haben im Prozeß der Sakralisierung keine dominierende Bedeutung, sind aber an der Konzeption von »Kratophanien« beteiligt (18). Die bereits komplexe Gestalt der frühmenschlichen Gedankenwelt ist auch von den vorhandenen psychologischen Unterschieden bedingt (37). Entscheidende Änderungen oder Erweiterungen des religiösen Erfahrungsbereiches werden durch die »längste Revolution, die Entdeckung des Akkerbaus« eingeleitet (Kap. 2: 38 ff.). Auch hier verweist Eliade auf die Rolle von Arbeit und Technologie (41 ff.). Tierzähmung, Handwerk, Ackerbau und die Metallgewinnung bestimmen die neuen »Hierophanien«: Ursprungsmythen vom »Urmord« und »Urraub«, die Parallelisierung von Frau und Vegetation, Mensch und Pflanze, die »Mutter Erde« – die ganze Welt der »Agrarreligiosität«, die für Eliade als »kosmische Religion« (48) mit dem Kerngedanken der periodischen Erneuerung und Wiederholung (als Nachahmung der Pflanzenwelt), ihren »biokosmischen« Konzeptionen und religiösen Wertungen des Raumes bis heute im Bereich des Bauerntums streckenweise fortlebt und die ein Wesentliches seiner »archaischen Religion« ausmacht.[74] »Die Kosmologien, Eschatologien und Messianismen, die zwei Jahrtausende hindurch den Orient und die Mittelmeerländer beherrschen, haben ihre Wurzeln in den Auffassungen des Jungsteinzeitmenschen« (50). Die Zeit vom Neolithikum bis zur Eisenzeit ist die Zeit der Vermischung von religiösen Ideen mit der Kulturgeschichte. »Jede technische Entdeckung, jede wirtschaftliche und soziale Neuerung scheint mit einer religiösen Bedeutung, einem religiösen Wert gekoppelt zu sein« (51). Die »grandiose neolithische Spiritualität« (57) beherrscht die europäischen Frühkulturen, vor allem auch Südost-Europa (die Heimat Eliades!), ist aber nur fragmentarisch durchschaubar. Erst die Schriftkultur bringt ganz andere, neue Züge, die um Stadt, Königtum und Priester kreisen (57). Der Beitrag der Eisenzeit ist die Metall-Mythologie (58 ff.), vor allem die Entdeckung der »tellurischen Sakralität«

(59) und der »Herrschaft über die Zeit« durch die Veränderung der Natur im Vorgang des Schmelzens (60).

Diese kurze Zusammenfassung beleuchtet nicht nur das Verhältnis Eliades zur Geschichtsforschung, sondern zeigt auch, wie er bemüht ist, die »Archaik« durchaus historisch aufzuarbeiten. Trotzdem erhält man kein solch festumrissenes Bild, wenn man die vorausgehenden Arbeiten – etwa die zum *Mythos der ewigen Wiederkehr* oder die *Elemente der Religionsgeschichte* – damit vergleicht. Das »Archaische« verschwimmt zwar in die Zukunft, hält sich aber stellenweise (historisch!) durch bis in unsere Zeit (bei den schriftlosen Stammesgesellschaften und im orientalisch-asiatischen und südosteuropäischen Bauerntum). Es wird bereichert oder umgeprägt durch die »Kulturreligionen« der alten Völker, worüber die folgenden Kapitel der *Geschichte der religiösen Ideen* berichten, und ist so eine schwer, am ehesten noch mit dem Beginn der Schrift- und Stadtkultur der antiken »Klassengesellschaften«, abgrenzbaren Periode. »Eine jede Kultur ist«, nach Eliade, »ein ›Absturz in die Geschichte‹: damit zugleich ist sie ein Begrenztes.«[75] Der Grund liegt darin, daß der Ausdruck »Archaik« bei Eliade noch in anderer Weise verwendet wird: als ontologisches Gegenüber zur »Moderne«; dies bestimmt auch seine Grenze. Der »moderne Mensch« ist ebenso wie der »archaische« ein Idealtyp; beide existieren bei Eliade in einer Art »dialektischer Beziehung«[76] und drücken zwei grundlegende Seinsweisen des Menschen aus, die sich gegenseitig ausschließen. Der Übergang ist von Eliade auch nicht näher angegeben: Es ist die Neuzeit, die mit Reformation, Humanismus, Renaissance und Historismus einsetzt[77], aber der »Fall« aus der paradiesischen Archaik[78] setzt stellenweise schon früher ein: mit der Aufgabe archaischer Denk- und Verhaltensweisen, vor allem mit dem »Sturz« in das historische Bewußtsein, in die »Unumstößlichkeit der Zeit«, in den unaufhebbaren Fortschritt, die »Nichtwiederholbarkeit« oder Linearität der historischen Zeit, die eiserne Notwendigkeit, die Individualität, in den Verlust der »ewigen Sinnbilder« von Mythos und Religion, eben in die Profanität.[79] Der befreiende und sinnstiftende Rückbezug auf die vorbildhafte »Urzeit« (illud tempus) in Mythos und Ritual, der der »Aufhebung« von Zeit und Geschichte dient und so eigentlich die Zeitlosigkeit und Ahistorizität des archaischen Menschen, des homo religiosus beinhaltet, ist die Folie, die Eliade dem homo historicus gegenüberstellt. Dies ist sein Fazit aus der Rg und eine Art persönlichen Bekenntnisses. Der Aufdeckung dieser Dualität oder Polarität, ja Antinomie dient sein Bemühen. Er steht auf der Seite des »Archaischen« und hält die »Moderne« für einen falschen, verhängnisvollen Weg des Sinnverlustes, dem nur durch die Flucht zurück zu entkommen ist (wobei seine indischen Erfahrungen des »Eintauchens« in die Ursprünge des Seins aus der »Welt des Werdens« und der »schrecklichen Zeit« Pate stehen).[80]

Kann diese Sicht der »Geschichte« von der Rw begründet oder verantwortet werden? Hier wird wiederum deutlich, daß Eliade bestimmte Wertvorstellungen in seine religionshistorische Arbeit einfließen läßt, die im Grunde genommen dem voranstehenden Weltbild dient. Eine Eingrenzung des Religiösen auf die (naturreligiöse) Archaik und ihre Bilder-(Symbol-)Welt, der die Ausgrenzung der »Geschichte« entspricht (als ob sie nicht auch Gegenstand der Sakralisierung ist[81]), ist eine von der Rw und Rg nicht gedeckte Konzeption. Es ist mit C. Colpe daran zu erinnern: »nachdem die Geschichtlichkeit der Phänomene einmal gewonnen ist, dürfen sie nicht in Einzelfällen wieder archaisch interpretiert werden«[82], wie es auch die »Pattern-« oder »Myth and Ritual-School« versucht hat (auf die Beziehung zu ihr gibt Eliade wenig Auskunft!). Die undifferenzierte Gegenüberstellung von »Archaik« und »Moderne« bedarf eben einer historischen Korrektur; sie ist ein wertbehaftetes, statisches, ahistorisches Konzept. »Das Archaische darf als Sakrales nicht nur insofern als geschichtliches Phänomen erfaßt werden, als der Mensch in einem bestimmten, historisch bedingten Verhältnis zu ihm gesehen wird, sondern auch insofern, als es selbst nur zu oft geschichtlich ist und häufig als eine Velleität entlarvt werden muß, welche unbewußt in graue Vorzeit reprojiziert und je und dann zur Wiedergewinnung von Religion regeneriert wird.«[83]

Bleibt noch die Schlüsselfigur des schon häufig zitierten *homo religiosus* zu besprechen. Dieser Idealtyp in Eliades Weltbild lebt nicht nur von der archaischen Religiosität, sondern vor allem von seinem antithetischen Gegenüber, dem homo areligiosus oder historicus. Schon R. Pettazzoni hat in seinen nachgelassenen Papieren zu Eliade dessen Menschenbild in Parallele zu ähnlichen älteren Versuchen, den »frühen« oder »Urmenschen« einlinig festzulegen und als Gegenbild zum modernen heutigen Menschen zu zeichnen, gesetzt[84]:

J. G. Frazer: der magische, präreligiöse Mensch
W. Schmidt: der vormythische Mensch
Lévy-Bruhl: der prälogische Mensch
C. G. Jung: der Mensch der Archetypen
M. Eliade: der präkulturelle, kosmische Mensch.

Für Eliade ist dieser homo religiosus der wahre Mensch: Um ihn kreist sein Denken, seiner Wiederbelebung mit Hilfe der Rw gilt sein Streben. So wie das archaische Bewußtsein als Domäne des Heiligen sich durchhält (mit allen grundlegenden Strukturen des Religiösen), so hält sich auch der homo religiosus im Verborgenen durch. Es ist fast ein gnostisches Konzept, das uns hier entgegentritt: der wahre göttliche Mensch, der »Urmensch« wartet im gefallenen irdischen, profanisierten Menschen auf seine Wiederbelebung durch den übergöttlichen »Ruf« der befreienden »Erkenntnis« (Gnosis). Bei Eliade ist es die Stimme der alten Symbole und deren Wiederentzifferung durch die Rw, die auf diese Weise praktisch (zur »Mäeutik«) wird.[85]

Als typischer Vertreter des homo religiosus gilt Eliade der Schamane, der durch Ekstase die Sperren zur Transzendenz »durchbrechen« kann, so wie der gnostische Erlöser die Mauern der siderischen Weltebenen von oben her. Auch sonst sind die schöpferischen religiösen Personen Repräsentanten dieses Menschentyps, die das Heilige entdecken, aktualisieren und realisieren.[86] Wir finden hier die von manchen Religionshistorikern, vor allem der R. Otto-Schule, vorgetragene Beschränkung der eigentlichen, wahren Religion auf die Elite: die Propheten, Mystiker, Religionsstifter und -heroen wieder, eine Auffassung, die in der Rw verhängnisvoll gewirkt und zur Verzeichnung der Rg geführt hat: nämlich zu einer Geschichte der großen Personen. Dieser Wertmaßstab ist ein vorgegebener, voreingenommener Standpunkt, der der Objektivität abträglich und dem historischen Tatbestand nicht gerecht wird. Eliade identifiziert den »religiösen Menschen« darüber hinaus mit einer ganzen Epoche, der Archaik, wie es vor ihm schon andere Theoretiker getan haben, wobei der biblische Gedanke des paradiesischen Urzustandes Pate steht oder die von Rousseau bestimmte Vorstellung vom »guten Wilden«. Eliade ist sich dieses Erbes durchaus bewußt[87], wie er auch den homo faber nicht völlig übersieht und die Verschiedenheit von psychologischen Menschentypen schon im Paläolithikum feststellt, die den Erkenntnissen Paul Radins über die eben nicht so homogenen

Stammesgesellschaften entsprechen[88]; doch dies hat nicht zu einer Abwandlung seines schematischen Konzepts geführt. Einen homo religiosus, der völlig in der kosmischen Sakralität aufgeht, um »Geschichte« und »Zeit« aufzuheben, hat es nie gegeben und wird es nie geben.[89] Der Mensch ist vieles, dies ist sein wahres Geheimnis: homo faber, sociologicus, politicus, religiosus, historicus – eine Seite zu einem überzeitlichen Typ, einem »Idealtyp«, zu stilisieren, verträgt sich nicht mit der Universalität und Komplexität menschlicher Möglichkeiten und Eigenschaften. Darum weiß auch die Rw inzwischen mehr als genug, gerade dank der von Eliade oft attackierten soziologischen, psychologischen und ethnologischen Forschung; ihre Unterschätzung und Übergehung führt in jedem Fall zu falschen Alternativen.

III

Es wird klar ersichtlich, daß sich in Eliades Rw bestimmte Wertgesichtspunkte und eine philosophische Anthropologie und Ontologie wiederfinden, die das Programm einer empirisch arbeitenden Wissenschaft sprengen, zu der Rg und Rph gehören. Das Wechseln und Vermengen der verschiedenen Ebenen der Betrachtung: der Analyse, Sinnfindung, Wesenserfassung und Bewertung, zeichnen die Darlegungen Eliades aus, machen sie aber dadurch angreifbar und verwirren den Leser.[90] Schon in der Analyse, ja der Darbietung des Quellenmaterials, verschlingen sich philosophisch-normative Urteile mit den deskriptiven Feststellungen: Die Interpretationsebenen werden bei ihm nicht deutlich geschieden und methodologisch reflektiert. Erst der »normative Hintergrund« macht seine Arbeiten wirklich verständlich und lehrt, daß strenggenommen die Rg als Illustration dieser vorgegebenen Ontologie, Anthropologie und Soteriologie dient.[91] Subjektive Urteile, persönliche Erfahrungen und Bekenntnisse fließen in seine Daten ein[92] und führen zu »Reduktionen«, die er eigentlich ablehnt und bekämpft.[93] Er identifiziert sich mit der von ihm dargestellten religiösen Perspektive: Der homo religiosus als der wahre Mensch in Vergangenheit, Gegenwart und Zukunft ist Ziel seines Denkens. Die Rg wird bei ihm – trotz gegenteiligen Beteuerns – zum Mittel, dieses Ziel zu realisieren; sie dient der Schaffung einer neuen religionsphilosophischen Anthropologie, hinter der eine verborgene Soteriologie sichtbar wird, die den Menschen zum wahren Humanum befreien soll.[94] Daß dabei nur bestimmte Seiten der Rg, wie die östliche und naturvölkische Spiritualität, Yoga und andere mystisch-ekstatische Erfahrungen, platonische (bes. neuplatonische) Lehren, theologische Auffassungen von »Fall« und »Erlösung«, Inkarnation als Begrenzung des »Heiligen«, ausgewählt und normativ zu einem universalgültigen Religionskonzept verabsolutiert werden, ist schon verschiedentlich beobachtet worden und bedarf einer näheren Untersuchung.[95] Getragen von einem nicht nur ahistorischen, sondern antihistorischen (exakter: antihistoristischen) und insofern auch kulturpessimistischen Zug, einer »Flucht aus dem Sein« (im Unterschied zu P. Tillichs »Mut zum Sein«)[96], legt Eliade ein Bekenntnis gegen die Moderne ab und sieht Rettung aus ihren Zwängen, dem »Schrecken der Geschichte«, nur in der Rückkehr zu einer ewig gegenwärtigen, aber verborgenen archaischen, religiösen Geisteshaltung der Kosmosheiligung und der Versenkung in die ewigen Wahrheiten ihrer Bilderwelt.

Es ist ohne Zweifel ein faszinierendes Vorhaben, vor allem, weil es nicht abstrakt philosophisch und theoretisch vorgetragen, sondern in literarisch hoher Qualität monographisch dargeboten wird: als Beiträge zur Rw. Sie wird durch Eliade literarisch aufgewertet, damit stärker publikumswirksam, wie er es selber eingedenk älterer Vorbilder angestrebt hat, aber sie wird zugleich auch mit philosophischen, theologischen und religiösen Fragestellungen und Konzeptionen überlastet, aus denen sie sich erst mühsam befreit hatte. Eliades Arbeiten sind Dokumente eines eindrucksvollen, von einer erstaunlichen Kenntnis und Belesenheit zeugenden Bemühens, den universalen Anspruch und Charakter der Rw zu wahren, ihren Zerfall in Schulen, Forschungsrichtungen, Philologien, Soziologien und Psychologien aufzuhalten: darin sehe ich ihren Hauptverdienst. Auch darin, der Rw einen eigenen Standort im Kosmos der Humanwissenschaften zu sichern durch den Versuch, das »Eigentliche« ihres Gegenstandes in den Griff zu bekommen, an dessen Beantwortung aber eben die Geister sich immer wieder scheiden werden: Die Diskussion darum hat Eliade unüberhörbar wieder ins Bewußtsein der Rw gehoben. Es ist dem Jubilar zu wünschen und zu gönnen, seine reiche Ernte weiter einzubringen; sie gehört schon heute zu einem unübersehbaren und unumgehbaren Monument leidenschaftlichen Engagements für eine neue Sicht des Menschen aus religiösen Wurzeln.

Anmerkungen

1 Vgl. Calinescu, »Imagination and Meaning: Aesthetic Attitudes and Ideas in M. Eliade's Thought«, in: *Journal of Religion 57*, 1977, S. 1-15; G. Dudley III, *Religion on Trial. M. Eliade & His Critics*, Philadelphia 1977, S. 27 ff.

2 M. Eliade, *Der Mythos der ewigen Wiederkehr*, Düsseldorf 1953, S. 250 Anm. 7; 2. Aufl u. d. T.: *Kosmos und Geschichte. Der Mythos der ewigen Wiederkehr*, Hamburg (rowohlt) 1966, S. 123 Anm. 12.

3 Einen Anfang machte: D. A. Doeing, *A Biography of Mircea Eliade's Spiritual and Intellectual Development from 1917 to 1940*. Ph. D. Univ. of Ottawa 1975.

4 Im folgenden sind Ergebnisse eines postgradualen Seminars über »Eliade und die Religionswissenschaft« zusammengefaßt, das ich im Herbstsemester 1981 an meinem Leipziger Lehrstuhl veranstaltete. Dank schulde ich den Teilnehmern für mancherlei Anregungen, insbes. den Herren Dr. K. Nowak, Ass. H. Mürmel und D. Pollack. Eine Berücksichtigung aller Arbeiten Eliades ist nicht beabsichtigt. Zur Bibliographie vgl. D. Allen/D. Doeing, *Mircea Eliade. An Annotated Bibliography*, New York/London 1980 (Garland Reference Library of the Humanities 128); *Mircea Eliade*, cahier dir. par C. Tacou avec la collab. de G. Banu et G. Ch. Demersay, Paris 1978, S. 391-409.

5 *Le Chamanisme et les techniques archaïques de l'extase*, Paris (Payot) 1951, [2]1968; deutsch: Zürich 1957; Taschenbuchausgabe: Frankfurt/M. 1975 (Suhrkamp taschenbuch wissenschaft 126), s. 3 ff. Vgl. auch die ähnlichen Ausführungen in: *Ewige Bilder und Sinnbilder*, Freiburg/Br. 1958 (franz. Original 1952), S. 27 ff.

6 Dieser langtradierte Ausdruck der Rw entstammt der idealistischen und phänomenologischen Philosophie und Wissenschaftssprache; er setzt stets den Dualismus von »Wesen« und »Erscheinung«, »Innen« und »Außen«, »Kern« und »Schale« voraus und entspricht daher ganz der Religionsphänomenologie Eliades. M. E. ist er dem historischen Charakter der Rw nicht angemessen und setzt sofort mehr oder weniger philosophische »Wesensfragen« in Gang, die über den unmittelbaren Arbeitsbereich der Rw hinausführen. Aus alter unreflektierter Gewohnheit behält man den term. techn. weiter bei. Ich bevorzuge »religiöser Sachverhalt« oder »Tatsache«, Bezeichnungen, die auch Eliade mitunter benutzt (vgl. *Ewige Bilder*, S. 30 u. ö.; *Schamanismus*, S. 3 ff., wo häufig von »Fakten« die Rede ist). Vgl. zum Problem H. Seiwert, *Über den Gegenstand der RW* (unpubl. Mskr.); *»Religiöse Bedeutung« als wissenschaftliche Kategorie*, in: *Annual Review for the Social Sciences of Religion 5*, 1981, S. 57-99.

7 Vgl. auch *Ewige Bilder*, S. 30 f.

8 Ebd. S. 30.

9 *Das Heilige und das Profane. Vom Wesen des Religiösen*. Hamburg (rowohlt) 1957, S. 8; fast gleichlautend in: *Mythen, Träume und Mysterien*, Salzburg 1961 (franz. *Mythes, rêves et mystères*, Paris 1956), S. 179.

10 *Die Religionen und das Heilige. Elemente der Religionsgeschichte,* Salzburg 1954 (franz. *Traité d' histoire des religions,* Paris 1949), S. 21.

11 Ebd. S. 21, 22, 522 ff. Vgl. auch *The Quest. History and Meaning in Religion,* Chicago/London 1969, S. 7 (»There is no such thing as a ›pure‹ religious datum, outside of history . . . Every religious experience is expressed and transmitted in a particular historical context«); *Ewige Bilder,* S. 33 ff. (u. a.: »Es gibt in der Welt keinen ausschließlich religiösen Tatbestand: keinen, der außerhalb der Zeit wäre, außerhalb der Geschichte«); *Die Religionen,* S. 522, 524. Daraus wäre eigentlich die Konsequenz zu ziehen, die z. B. Richard von Dülmen vertritt (in: *Geschichte und Gesellschaft 6,* 1980, S. 40): »Religion ist außerhalb des sozialen Handelns des Menschen und seiner Gesellschaft nicht denkbar, dementsprechend kann sie auch nur aus dem jeweiligen Kontext der gesellschaftlichen Formation und ihrer Voraussetzungen begriffen werden, in dem sie entstand oder in dem sie soziale und politische Bedeutung erlangt.« »Eine historische Religionsforschung thematisiert Religion als soziales Phänomen und analysiert Religion auf dem Hintergrund der sie tragenden sozialen Interessen.« Sie operiert nicht mit »einer dem Wesen des Menschen mitgegebenen Größe von Religion«, um »die religiösen Phänomene nur als religiös, als heilig und numinös« zu begreifen, nicht »ihre zentrale Funktion als Weltorientierungsmittel im gesellschaftlichen Prozeß« (ebd.). Historische Betrachtung kommt um solche »Reduktionen« eben nicht herum!

12 *The Quest,* S. 22.

13 *Ewige Bilder,* S. 35.

14 Ebd. S. 35 f.

15 *Schamanismus,* S. 8. »Jede Zeit ist auf eine heilige Zeit hin ›offen‹, sie kann . . . das Absolute offenbaren, das Übernatürliche, Übermenschliche, Überhistorische« (*Die Religionen,* S. 439, ähnlich 525). Daher können »wirtschaftliche und gesellschaftliche Veränderungen und historische Ereignisse . . . an sich keineswegs religiöse Phänomene als solche erklären . . .« (ebd. S. 524).

16 *Schamanismus,* S. 8; *Mythen* S. 180 f. (hier wird die historische Beschränkung, die das Heilige durch seine »Vergeschichtlichung« erfährt, mit dem christlichen Gedanken der Inkarnation Christi verglichen und damit der ideologische Hintergrund dieser Idee Eliades offengelegt: es ist eine theologische Vorstellung, die hier Pate steht).

17 *The Quest,* S. 58.

18 *Ewige Bilder,* S. 38. Dem entspricht die Überzeugung Eliades, daß es eine »objektive Geschichte der Religionen« nicht gibt; sie sei ein subjektives Vorurteil. »Objektivität« sei ein »Sich-Einfügen in die Denkgewohnheiten unseres Zeitalters« (ebd. S. 29).

19 *The Quest,* S. 8.

20 Vgl. bes. die beiden Aufsätze »A New Humanism« (ursprünglich in: *Hist. of Religions 1,* 1961, S. 1-8) und »Crisis and Renewal« (ebd. 5, 1965, S. 1-17), die in *The Quest,* S. 1 ff. und 54 ff. wiederabgedruckt sind. Aufschlußreich dafür auch: *Ewige Bilder,* S. 38 ff., 41 f., wo der Rw eine »Geburtshilfe«- und »Maieutik«-Funktion zugeschrieben wird, nämlich, »zur ›Entbindung‹ eines neuen, wesentlicheren, vollkommeneren Menschen« (39) und »zur Befreiung des modernen Menschen aus seinem kulturellen Provinzlertum – und besonders auch aus seinem historizistischen und existenzialistischen Relativismus« (40).

21 *The Quest,* S. 8 f.

22 Ebd. S. 9.

23 Ebd. S. 4 f., 61 ff.

24 Ebd. S. 4.

25 Ebd. S. 65 f.

26 Ebd. S. 55 f.

27 Ebd. S. 60, 64.

28 Ebd. S. 61 f.

29 Ebd. S. 58, ausführlich dazu S. 12-36 (»The History of Religions in Retrospect: 1912 and After«).

30 Ebd. S. 66 ff.; *Ewige Bilder,* S. 39 ff.

31 *The Quest,* S. 67 f.

32 Ebd. S. 69.

33 Ebd. S. 70.

34 Ebd. S. 71. Vgl. zu dieser Problematik meine Ausführungen »Autonomie und Integrität der Religionswissenschaft«, in: *Ned. Theol. Tijdschr. 27,* 1973, S. 105-131.

35 Allerdings schon verwendet von F. Max Müller, *Chips from a German Workshop I,* 1897, Preface; dt.: *Essays I,* Leipzig 1869, S. 17; *Introduction to the Science of Religion,* London 1873. Dies hängt mit Müllers Neigung zusammen, eine »naturalistisch-empirische Methode« zu treiben à la Naturwissenschaft (vgl. W. Schmidt, *Kritik der Theorie der Religion bei Max Müller,* phil. Diss. Leipzig 1896, S. 9 f.). E. Burnoufs *La science des religions,* Paris ²1872, wurde Englisch mit *The Science of Religion* (London 1888) wiedergegeben.

36 *The Quest,* S. 35. *Ewige Bilder,* S. 30, wird ausdrücklich auf »die hohe Bedeutung des Lebenswerkes von Professor van der Leeuw« hingewiesen; er leistete »überaus Wertvolles« und half zur »Wiedergeburt des Interesses an allgemeiner Religionsgeschichte beim gebildeten Publikum«.

37 *Schamanismus,* S. 7 f.

38 Vgl. D. Allen, Mircea Eliade's Phenomenological Analysis of Religious Experience, in: *Journal of Religion 52,* 1972, S. 170-186 (bes. 186!); *Structure and Creativity in Religion,* The Hague 1978 (Religion and Reason 14), S. 196 ff., bes. 202. Es ist nur ein gradweiser Unterschied, wenn sich Eliade von philosophischen Phänomenologen (z. B. Merleau-Ponty) absetzt. Die Rg achtet auf die »Bedeutung« der Phänomene »und trachtet, um sie besser zu verstehen, die Ideologie wiederherzustellen, in die jene Phänomene einbezogen und von der her sie gewertet werden« (*Mythen* S. 129). Das ahistorische, phänomenologische Geschäft Eliades wird aus der kleinen Notiz in: *Die Religionen,* S. 171 Anm., deutlich: »Vor Geschichte, Evolution, Verbreitung, Entstellung der Hierophanie gibt es eine Struktur der Hierophanie«. Die »Spärlichkeit der Belege« (an dieser Stelle für die Sonnenmythologie) macht es schwierig, diese Behauptung zu präzisieren; es geht ja nicht um »historische Beziehungen«, sondern um »typologische Symmetrien« (ebd.).

39 Vgl. bes. *Kosmos und Geschichte* (s. o. Anm. 2), S. 114 ff. Eliade nennt das Buch ausdrücklich im Vorwort eine »Einleitung zu einer Philosophie der Geschichte« (1. Aufl. S. 5; 2. Aufl. S. 7). Diese hier vertretene Ansicht läßt sich schon in *Die Religionen,* Kap. 11 und 12 (438 ff., 463 ff.) nachlesen. Dem »geschichtlichen Bewußtsein« wird »eine äußerst bescheidene Rolle« in der Geschichte des menschlichen Bewußtseins zugeschrieben (*Ewige Bilder,* S. 36). »Je mehr ein Bewußtsein zum Leben erweckt ist, um so stärker sprengt es den Rahmen der ihm zukommenden Geschichtlichkeit« (ebd.).

40 Vgl. z. B. *Ewige Bilder,* S. 91 ff., wo von der »Schrecklichkeit der Zeit« in der

Sicht indischen Denkens die Rede ist, wie überhaupt das ganze 3. Kapitel über »Indische Zeit- und Ewigkeitssymbolik« (70-120) höchst aufschlußreich für Eliades Weltauffassung ist. Das gleiche gilt vom 3. Kap. in *Mythen, Träume u. Mysterien* über »die religiöse Symbolik und die Aufwertung der Angst« (S. 65-67, bes. 78 ff.) und ebd. S. 218 f., wo der Zusammenhang von christlicher und indischer Geschichtsauffassung betont wird. Grundlegend ist dafür natürlich das Yoga-Buch (Paris 1954; deutsch: Zürich 1960), das eine Schlüsselstellung in seinem Werk einnimmt. Er bekennt selbst im Vorwort zu Allen, *Structure*, S. ix: »By way of conclusion, I must add that my understanding of religious symbolism was greatly enhanced by my stay in India.« Vgl. zum indischen Einfluß auf sein Denken bes. Dudley, *Religion on Trial*, S. 105 ff.

41 Vgl. K. Löwith, *Nietzsches Philosophie der ewigen Wiederkehr des Gleichen*, Stuttgart 1956. Zum Einfluß Nietzsches auf Eliade s. Th. J. J. Altizer, *Mircea Eliade and the Dialectic of the Sacred*, Philadelphia 1963, S. 89 ff. u. 176 ff.

42 Vgl. Fr. Engel-Janosi, in: *Denken über Geschichte*, Wien 1974 (Wiener Beiträge zur Geschichte der Neuzeit Bd. 1), S. 22 ff.

43 Vgl. K. Rudolph, Die ›ideologiekritische‹ Funktion der Religionswissenschaft, in: *Numen* 25, 1978, S. 17-39.

44 Vgl. *The Quest*, S. 12 f., 14 f., 19, 127 f.; *Ewige Bilder*, S. 232 Anm. Von Dudley wird eine gewisse Nähe Eliades mit seinem strukturbestimmten »Heiligen« zu Durkheim festgestellt (*Religion*, S. 139 f.). Zu Durkheim in dieser Beziehung vgl. R. A. Nisbet, *The Sociology of E. Durkheim*, New York 1974, S. 172 ff.; *Les formes élémentaires de la vie religieuse*, Paris 1912, S. 118 ff. (engl. Übers.: *The Elementary Forms of the Religious Life*, New York/London 1965, S. 44 ff., deutsch: Frankfurt/M. 1981).

45 Vgl. *The Quest*, S. 23, 34, 46; *Das Heilige u. das Profane*, S. 7; *Mythen*, S. 175 ff. (wo die Nähe zu Otto bes. deutlich wird und von den »tiefschürfenden Analysen Rudolf Ottos« die Rede ist); Altizer S. 24; Dudley S. 64, 85, 139 f., Allen S. 61, 120 f.; ferner S. S. Acquaviva, *Der Untergang des Heiligen in der industriellen Gesellschaft*, Essen 1964, S. 24 ff. (betont den Zusammenhang).

46 Vgl. bes. Dudley S. 140; Allen S. 218 f. (mit Verweis auf M. L. Ricketts). Es bedarf einer näheren Untersuchung dieser Unterschiede zu und Übereinstimmungen mit R. Otto. Eliade betont, daß die »Räson« auch in den archaischsten Hierophanien nicht fehlt, »daß religiöse Erfahrung nicht a priori mit dem Verstande (intelligibilité) unvereinbar sein muß« (*Die Religionen* S. 149).

47 Vgl. den Sammelband von C. Colpe, *Die Diskussion um das »Heilige«*, Darmstadt 1977 (Wege der Forschung 305); ferner die thematische Bibliographie von R. Courtas et F.-A. Isambert, La notion de »sacré«, in: *Arch. Sc. soc. des Rel.* 44/1, 1977, S. 119-138. Zur Kritik aus jüngerer Zeit vgl. bes. G. Schmid, *Interessant und heilig*, Zürich 1971.

48 Vgl. *Das Heilige*, S. 8: »Wir stehen immer demselben geheimnisvollen Vorgang gegenüber: das ›ganz andere‹, eine Realität, die nicht von unserer Welt ist, manifestiert sich in Gegenständen, die integrierende Bestandteile unserer ›natürlichen‹, ›profanen‹ Welt sind.« *Mythen*, S. 180: »Das große Mysterium besteht gerade in der Tatsache, daß sich das Heilige kundgibt; denn ... indem es sich kundgibt, beschränkt sich das Heilige und ›vergeschichtlicht‹ sich.« Es hört damit auf, »absolut zu sein« (an gleicher Stelle wird dafür als Beispiel auf die Inkarnation Christi verwiesen!). *Die Religionen*, S. 519: »Das Heilige ist vornehmlich real. Je religiöser der Mensch ist, desto realer ist es« (so statt: er).

49 *Das Heilige*, S. 9; *Die Religionen*, S. 149 (»Das religiöse Leben ist ... das Er-

lebnis von Kratophanien, Hierophanien und Theophanien und bewegt das Ganze der menschlichen Existenz«); *Mythen*, S. 181 (»Jede Hierophanie ist eine Kratophanie, eine Kraftoffenbarung«).

50 Vgl. *Schamanismus*, S. 430 ff.; *Ewige Bilder*, S. 54 ff., 56 ff., 206 ff. (Schamanistische und christliche Symbole gehören zusammen).

51 *Das Heilige*, S. 11 f.

52 Vgl. ebd. S. 66 f.; *Mythen* S. 216 ff. (sehr aufschlußreich der Gedanke, daß durch die »Fleischwerdung in Jesus Christus« die »Geschichte selber Theophanie« wird). In den bisherigen Bänden 1 und 2 der *Geschichte der religiösen Ideen* (Freiburg/Br. 1978, 1979) sind zu vergleichen: Kap. 14.25.28. Der »Schrecken der Geschichte« wird von den Propheten religiös gedeutet (I, 324 ff.). Gerade in diesem Teil der Rg zeigt sich das mangelnde Verständnis Eliades für das Verhältnis von Geschichte und Religion, das gerade in Israel in neuartiger Weise gestellt und beantwortet worden ist. Vgl. dazu auch Ugo Bianchi, *The History of Religions*, Leiden 1975, S. 187 f.

53 Vgl. dazu *Das Heilige*, S. 66 f.; *Kosmos u. Geschichte,* S. 86 ff.; *Ewige Bilder,* S. 189 ff. (christliche Symbolik wurzelt in der archaischen); *Mythen*, S. 27 ff. (über mythische Elemente in der christlichen Liturgie, die dem archaischen Zeitverständnis entspricht); *Hist. of Rel. 20, 1/2,* 1980, S. 11 ff. (Archaic Elements in the Ritual Christmas Carols); Altizer, S. 59 ff.

54 *Das Heilige*, S. 73; *Geschichte d. rel. Ideen* I, Kap. 1 (S. 39 ff.).

55 *Geschichte* I, S. 7.

56 Vgl. Dudley, *Religion on Trial*, S. 50 ff.

57 Zu diesem Problem s. M. L. Rickett, In defence of Eliade, in: *Religion* 3/1, Spring 1973, S. 13-34, bes. 24 ff.; Dudley S. 63 ff.; Allen S. 210 f.; die Abhängigkeit wird sehr von E. Sharpe, *Comparative Religion*, New York 1975, S. 214 ff. betont. Material dazu in: *Ewige Bilder*, Kap. 1 (S. 12-43), wo die Rg zur »Metapsychoanalyse« gemacht wird (39). Vom »Über- und Unterbewußten« ist bereits in: *Die Religionen*, S. 515, die Rede, ebenso von der »unschwierigen Nachahmung des Archetypus« in der Rg, womit der Rückbezug auf das Vorbild der Urzeit gemeint ist, das auch im »Überbewußtsein« gegenwärtig sein kann.

58 Vgl. *Das Heilige*, S. 109; *Die Religionen*, S. 490 ff.

59 Vgl. bes. *Mythen*, S. 19-40 (über die Mythen der modernen Welt) und *Das Okkulte und die moderne Welt*, Salzburg 1979, wo eine Reihe zeitgenössischer Modeströmungen analysiert und auf »sakrale« Untergründe zurückgeführt wird.

60 *Geschichte* I, S. 10. Dies ist im Grunde genommen eine Konsequenz des bei Eliade angelegten »Pansakralismus«, der auch versucht, den »harten Kern« der Säkularisierung aufzubrechen und zu vereinnahmen. Das Archaisch-Religiöse wirkt im Unter- oder Überbewußtsein hinter dem Rücken der säkularen Welt als innerster, unangreifbarer Rest weiter. Der Mensch bleibt »immer der Gefangene seiner archetypischen Vorstellungen . . . Das Absolute kann nicht ausgelöscht, sondern nur herabgewürdigt werden« (*Die Religionen*, S. 493). Die Rg umgreift auch diese verborgene Bewußtseinsstruktur und wird eben zu einer Psychologie (vgl. Anm. 57!). Nach Eliade ist der moderne Mensch wider Willen antihistorisch eingestellt, »ja selbst dann, wenn er gar nichts anderes als Geschichte sein will« (*Ewige Bilder,* S. 40). Die Selbstverwirklichung des Menschen »als ein ganzheitliches, als ein allumfassendes Wesen« erfolgt durch die bewußte oder unbewußte »Wiederverlebendigung der Archetypen« (ebd.). Durch den »Beistand der Reli-

gionsgeschichte« wäre jeder Mensch in der Lage, diesen Weg schon auf Grund seiner Körper-Symbolik als »ein Anthropos-Kosmos« zu gehen (ebd.). Eliade setzt diesen Gedanken auch an den Anfang seiner »Geschichte der religiösen Ideen«: der menschliche Körper ist Urbild der Orientierung und damit Beginn der Religionsgeschichte (I, 15 f.).

61 Die *Religionen*, S. 494; *Geschichte* I, S. 7.

62 In: *Grundfragen der Religionswissenschaft*. Hrsg. von M. Eliade und J. M. Kitagawa, Salzburg 1963, S. 106-135; engl. Originalausgabe: *The History of Religions. Essays in Methodology*, Chicago 1959, S. 86-107. Vgl. dazu auch Dudley S. 55 ff. und Allen S. 140 ff. Zum Zusammenhang von der literarischen Konzeption Eliades mit seiner Symbol- bzw. Mythosdeutung s. bes. Calinescu (s. o. Anm. 1), S. 7 ff. (»symbolischer Realismus«; Kontinuität zwischen Mythos und literarischer Fiktion).

63 *Ewige Bilder*, S. 219, 223. Dank dem Symbol ist die echte Existenz des archaischen Menschen »noch nicht reduziert auf die fragmentarische, sich selbst fremd gewordene Existenz des Zivilisationsmenschen unserer Tage« (*Die Religionen*, S. 517). Der Kontext solcher Worte ist die Blütezeit des französischen Existentialismus der Nachkriegszeit.

64 Der franz. Titel dieses für das Symbolverständnis Eliades sehr aufschlußreichen Buches lautet *Images et symboles* (Paris 1952). Vgl. auch das diesbezügliche Schlußkapitel von *Die Religionen*, S. 494-517, über die »Strukturen der Symbole«.

65 *Ewige Bilder*, S. 219.

66 Vgl. O. F. Bollnow, Religionswissenschaft als hermeneutische Disziplin. Methodenprobleme der Rw, die Welt der Symbole, in: *Symbolon. Jb. f. Symbolforschung N. F. 4*, 1978, S. 23-48, bes. 35 ff. (40 ff. Kritik an Eliade); H. Biezais (Hg.), *Religious Symbols and their Functions*, Stockholm 1979 *(Scripta Inst. Donn. Aboensis x)*, darin verdient bes. der einleitende Beitrag des Hrsg. über »die Hauptprobleme der religiösen Symbolik« (S. VII-XXIX) Beachtung (Eliade wird nur am Rande gestreift). Noch nicht verfügbar war mir: E. Neumann, *Herrschafts- und Sexualsymbolik. Grundlagen einer alternativen Symbolforschung*, Stuttgart 1980. Eine Kritik am Pansymbolismus Eliades findet sich bei J. M. Kitagawa in: *Hist. of. Rel. 20/1-2*, 1980, 29 ff. (im alten Japan gab es ein »nonsymbolic understanding of symbols«).

67 Das wird m. R. von Allen, S. 169, betont; ähnlich Bollnow, a.a.O. S. 41 f.

68 Vgl. Biezais, a.a.O. S. xx ff., bes. xxvII; R. Holte, Gottessymbol und soziale Struktur, ebd. S. 1-14, bes. 11 f.; S. Acquaviva, *Der Untergang des Heiligen* (s. o. Anm. 45), pass. Über das »Absinken von Symbolen« handelt Eliade in: *Die Religionen*, S. 498 ff., aber es heißt dort (510) ebenso deutlich: »Ein Symbolismus ist unabhängig davon, ob er verstanden wird oder nicht, mehr, er bewahrt seinen Bestand trotz jeden Absinkens und er bewahrt ihn sogar, wenn er ganz vergessen ist ...« Das erinnert an eine Art platonischer Ideenlehre! U. Bianchi sieht darin einen der schwersten Fehler Eliades (*The History of Religions*, S. 188). Es geht eben nicht anders: »Religion, Religiosität bzw. religiöse Phänomene lassen sich inhaltlich und formal also nicht generell aus sich selbst bestimmen, sondern nur in der sozialen Ordnung adäquat beschreiben und analysieren, in der sie konkrete Erscheinungsformen hervorbringen und in der sie für den Menschen und die Gesellschaft Wirklichkeit sind als religiöse Institution und gesellschaftliches Bewußtsein ... Struktur, Lehre und Relevanz von Religion wandeln sich entsprechend der Entwicklung gesellschaftlicher Systeme und der Bedürfnisstruktur und Bewußtseinslage der Menschen; erweisen sie sich doch als

deren Artikulation« (R. von Dülmen, *Gesellschaft u. Geschichte* 6, 1980, S. 42).

69 Näher diskutiert bei Allen, S. 159-169, wozu *Die Religionen*, Kap. 13, heranzuziehen ist, in dem Eliade seine Symboltheorie formuliert. Schon für die spätantike Philosophie gilt: »Die Neigung, Äußerungen der Kultur auf eine einzige Bedeutung zu reduzieren, führt notwendig zu einer Wissenschaft vom Symbol, in der die Hermeneutik eine entscheidende Rolle spielt« (R. Mortley, *Gnosis* I, in: *RAC XI*, Sp. 495).

70 *Ewige Bilder*, S. 39 ff. u. 221 ff.

71 A.a.O. S. XXVI.

72 Dazu vgl. Altizer S. 41 ff. u. 58; Dudley S. 67 f. u. 78 ff.

73 73 Vgl. *Ewige Bilder*, S. 37, wo »urzeitliche« und »ganzheitliche Verhaltensarten des Menschen« gleichgesetzt wird, die der Religionshistoriker zu erkennen hat.

74 Vgl. ebd. S. 41 u. 220 f. über die »uralte Erbmasse Europas«, die vom Christentum umgeprägt, aber nicht beseitigt wurde. History of Religions and ›Popular‹ Cultures, in: *Hist. of Rel.* 20, 1/2, 1980, S. 1-26.

75 *Ewige Bilder*, S. 218.

76 Altizer S. 58.

77 Vgl. *The Quest*, S. 37 ff.; *Geschichte d. rel. Ideen III*. Über die Renaissancephilosophie von Ficino bis Bruno hatte Eliade 1928 in Bukarest promoviert; daran interessierte ihn schon damals der religiöse Rückbezug auf die spätplatonische und hermetische Literatur.

78 Vgl. *Kosmos u. Geschichte*, S. 78 f.; *Mythen*, S. 88 ff.

79 Vgl. *Kosmos*, pass.; *Das Heilige*, S. 119 ff.; *Mythen*, S. 218 f. »Wir nennen ›Fall in die Geschichte‹ das Bewußtwerden des modernen Menschen hinsichtlich der vielfältigen geschichtlichen Bedingtheiten, denen er unterworfen ist.«

80 Vgl. die Belege bei Dudley S. 105 ff.; bes. klar ausgedrückt in *Mythen*, S. 218 f.

81 Vgl. *Geschichte* I, Kap. 14, bes. 324 ff. über die religiöse Wertung des »Schrekkens der Geschichte«. Nach S. Acquaviva »fehlt jede Möglichkeit, das sakrale Erlebnis mit Sicherheit als antigeschichtlich oder als geschichtlich verankert zu bezeichnen« (*Der Untergang des Heiligen*, S. 166). Er hält daher die Gegenüberstellung von heilig/religiös als antihistorische Einstellung und profan/areligiös als historische für unzutreffend.

82 C. Colpe, *Theologie, Ideologie, Religionswissenschaft*, München 1980 (Theolog. Bücherei 68), S. 36. Da für Eliade »fast alle religiösen Haltungen des Menschen seit ältester Zeit gegeben sind«, gibt es eigentlich »keinen Bruch der Kontinuität zwischen den ›Primitiven‹ und dem Christentum. Die Dialektik der Hierophanie ist dieselbe, ob es sich um ein australisches *chirunga* oder um die Inkarnation des Logos handelt« (*Die Religionen*, S. 523). In beiden Fällen handelt es sich um eine »Manifestation des Sakralen«, dessen ahistorischer, abstrakter Charakter damit sehr deutlich wird.

83 Colpe, a.a.O. (= *Neue Ztschr. f. Syst. Theol. u. Relphil.* 6, 1964, S. 66).

84 In: *Studi e Materiali di Storia delle Religioni* 31, 1960, S. 53. Diese Papiere, die A. Brelich ebd. S. 23-55 herausgab, sind kritische und recht erhellende Lesefrüchte zu Eliades Büchern: *Mythos, Ewige Bilder, Mythen*. Vgl. dazu auch Bianchi, *The History of Religions*, S. 185 ff.

85 Eine Einschränkung macht Eliade zwar in der Hinsicht, daß das »mit Verstandeskraft betriebene Studium der Religionsgeschichte« nicht die »Stellvertretung der eigentlichen religiösen Erfahrung übernehmen« oder gar ersetzen kann,

»doch wird sogar für eine christliche Bewußtheit die – urzeitliche Symbolik übersetzende – Maieutik Frucht bringen« (*Ewige Bilder,* S. 41).

86 *Ewige Bilder,* S. 36: Die Mystiker, Weisen aus allen Zeiten, vor allem die des Orients sind diejenigen, die den Rahmen des historischen Bewußtseins sprengen und zur »Ganzheit des Lebens« durchdringen. Mit einigen eingangs gemachten Einschränkungen findet sich dieser Tatbestand bei Eliade auch in *Mythen, Träume u. Mysterien,* S. 108 ff. (»Sinnliche und mystische Erfahrung bei den Primitiven«).

87 *Mythen,* S. 41-64. Vgl. auch H. Plischke, *Von den Barbaren zu den Primitiven,* Leipzig 1925.

88 *Primitive Man as Philosopher,* New York 1927; 2. revid. u. erg. Aufl. 1927 (Dover-Ed.); *Gott und Mensch in der Primitiven Welt,* Zürich o. J. (1953), bes. Kap. 3 u. 4; *Die religiöse Erfahrung der Naturvölker,* Zürich 1951.

89 Vgl. die ethnologische Kritik von J. A. Saliba, ›*Homo religiosus*‹ *in Mircea Eliade,* Leiden 1976, bes. Kap. 3 u. 4; meine Bemerkungen dazu in der *ThLZ* 104, 1979, Sp. 16-18. »Der scheinbar unheilbare religiöse Mensch der Vergangenheit und sogenannter primitiver Kulturen hat wohl nie existiert.« (G. Kehrer, in B. Gladigow [Hrsg.], *Religion und Moral,* Düsseldorf 1976, S. 80 f. Völlig übergangen werden die ideologiekritischen Beiträge von E. Topitsch, bes. *Vom Ursprung und Ende der Metaphysik,* Wien 1958 (Taschenbuchausgabe: München 1972), das die Denkstrukturen des frühen Menschen in ihrer Abhängigkeit von Welt, Natur und Gesellschaft gleichermaßen aufweist und kritisch reflektiert; ferner: *Mythos, Philosophie, Politik. Zur Naturgeschichte der Illusion,* Freiburg/Br. ²1969.

90 Darauf hat vor allem D. Allen in seiner scharfsinnigen Analyse, unter Berücksichtigung von P. Ricoeurs Hermeneutik, hingewiesen (op. cit. Kap. 7: S. 201 ff; schon in: *Journal of Religion* 52, 1972, 170-186, bes. 182 ff.). Vgl. auch bereits Dudley S. 84 ff. über »The Normative Thrust«. Nicht verfügbar war mir: G. Evangelista, *Ideologia e falsa coscienza in M. Eliade.* Thesis Univ. Siena. Fac. di Magistero 1974/75 (Freundl. Hinweis von R. J. Zwi Werblowsky, Jerusalem).

91 Zuerst von Altizer S. 18 f. und 23 ff. aufgewiesen, wozu jetzt Allen S. 223 ff. zu vergleichen ist. Schon im *Traité d'histoire des religions* (Dt. *Die Religionen und das Heilige*) meint Eliade, daß es klüger wäre, das Problem des Phänomens *mana* »mit ontologischen Begriffen zu bezeichnen« (48). Diese ontologisch-philosophische Umschreibung beherrscht seitdem seine ganzen Darstellungen; er nannte es selbst einen »Panontismus« (ebd. S. 519). Calinescu (s. o. Anm. 1) spricht von einer ästhetischen Weltanschauung, einer ästhetischen Sicht von Religion und einer ästhetischen Ontologie bei Eliade (S. 14 f.).

92 Allen S. 238 f.; *Journal of Religion* 52, 1972, S. 185.

93 Vgl. Dudley S. 132 ff.; Allen S. 242. Dazu auch J. Y. Fenton, Reductionism in the Study of Religions, in: *Soundings* 53, 1970, 61-76, bes. 68 f.

94 Vgl. Allen S. 243 ff. (Versuche, in diesem Sinne weiterzukommen).

95 Altizer pass.; Dudley S. 84 ff., bes. 91 ff., 105 ff. (Indien); Allen S. 220 ff.; Saliba (s. Anm. 89), S. 164 ff.; auch Bianchi, S. 190.

96 Dudley S. 89. Eliade sieht im Christentum einen Weg dazu, »die Hindernisse auf dem Weg zum Heil«, die »die Geschichte, der Schrecken der Geschichte« für den heutigen Christen seien, zu überwinden, nämlich durch Leiden, »Zittern und Angst«, eben in der Geschichte; es sei denn man entzieht sich »dem Räderwerk der Geschichte nur durch das Wagnis völligen Abstandnehmens« (*Mythen,* S. 219).

Ninian Smart
Eliade und die Analyse von Weltbildern

Wenn wir das Geistige in der menschlichen Geschichte und Gesellschaft verstehen wollen, dann müssen wir unter anderem in der Lage sein, die äußere Gestalt von Weltbildern zusammenzusetzen und deren Struktur und Macht zu analysieren. Eine solche *Weltbildanalyse,* wie man sie bezeichnen könnte, ist offenkundig ein Bestandteil der Religionsgeschichte, obgleich sie über deren herkömmlichen Rahmen hinausgeht. Denn Weltbilder können nicht nur religiös im traditionellen Sinne sein, sondern auch profan, etwa Spielarten des Marxismus als Systeme des Glaubens und der Praxis. So erfaßt die Weltbildanalyse ein ziemlich breites Spektrum unterschiedlichster Weltanschauungen, etwa den Zurvanismus, Mussolinis Vision einer faschistischen Welt, den Schia-Islam im Iran, die Struktur des römischen Katholizismus eines Iren, die Gestalt der Welt eines Buddhisten aus Sri Lanka usw.

Untersuchungen von Weltbildern finden sich in Politikwissenschaft, Anthropologie, Wissenssoziologie, Ideengeschichte, Philosophie, altphilologischen Untersuchungen, Asienkunde und anderen Kultur- und Regionalforschungen, auf dem Gebiet der Geschichte und andernorts. Aber der größere Teil solcher systematischen Untersuchungen von Weltbildern wird in der Religionswissenschaft betrieben, da es zum einen der Religionswissenschaftler mit Glaubens- und Wertsystemen zu tun hat und zum anderen praktisch alle prämodernen Weltbilder erkennbar und im herkömmlichen Sinne religiös waren. Überdies ist der Religionswissenschaftler gezwungen, beharrlicher als mancher seiner akademischen Kollegen über die Probleme einer objektiven und dennoch einfühlsamen Beschreibung von Glaubensvorstellungen und Werten nachzudenken. Der Grund hierfür liegt natürlich darin, daß es der Religionshistoriker für notwendig erachtet, diesen Bereich gegenüber den verschiedenen Formen theologischer oder auf Glauben beruhender Disziplinen der traditionellen Religionswissenschaft klar abzugrenzen. Er muß lavieren zwischen dem Rationalisten auf der einen Seite, dessen säkulare Ideologie die Religion als wirksame Macht im Leben des Menschen unterschätzt, und dem auf einen Glauben verpflichteten Theologen auf der anderen, der möglicherweise der unvoreingenommenen Frage zu wenig Bedeutung beimißt, wie Glaubensvorstellungen tatsächlich wirksam werden.

Es gibt gute Gründe für die Behauptung, daß der »phänomenologische« Ansatz des Religionshistorikers mindestens zum Teil mit strukturierter oder informierter Empathie arbeitet. Um ein religiöses Weltbild zu verstehen, müssen wir uns nicht nur in das Denken, sondern auch in das Fühlen der Gläubigen versetzen, und das ist nichts anderes als Empathie. Aber eine solche Empathie ist wiederum schlecht beraten, solange sie sich nicht über die genauen Strukturen des Glaubens, der Ideale, des Symbolismus und des geschichtlichen Bewußtseins der Gläubigen unterrichtet. Damit hätten wir eine Bedeutung von »Phänomenologie« gewonnen: strukturierte Empathie. Sie ist fraglos ein wesentlicher Bestandteil einer Weltbildanalyse.

Strukturierte Empathie ist eine unterschätzte Methode. Es ist erstaunlich, wie wenig Aufmerksamkeit ihr in der Erziehung und Bildung ganz allgemein geschenkt wird. Insbesondere ist es noch immer ein recht neuartiger Gedanke, Glaubensvorstellungen und religiöse Handlungen unter einem wissenschaftlichen und relativ neutralen Blickwinkel zu sehen. Den meisten fällt es nach wie vor schwer, das Ausklammern eigener Wertungen als Notwendigkeit zu verstehen und zu praktizieren. Noch immer trifft man häufig auf hochgebildete Menschen innerhalb und außerhalb der Universitäten, die lieber ihre Werturteile einfließen lassen als sich um ein empathisches Verständnis zu bemühen. Da jedoch keine Abfolge von Handlungen und Ereignissen in der Geschichte oder in unserer heutigen Welt ohne ein Weltbild denkbar ist, können wir auf die Erkundung der Natur dieses Weltbildes für eine Beschreibung und Erklärung dieser Handlungen und Ereignisse nicht verzichten. Gleich anderen Aspekten der geistigen Seite des Menschseins sind Weltbilder ebenso Bestandteil der Realität wie Moleküle, Gras, Monde oder Gase. Soweit eine Erkenntnis von der Natur der Dinge für jedes Handeln und theoretische Denken wesentlich ist, so weit ist auch eine Erkenntnis von Weltbildern in ihrem eigenen Kontext von Bedeutung. Aber nicht die Wahrheit oder Annehmbarkeit von Weltbildern ist Teil der Wirklichkeit: was zur Wirklichkeit gehört, ist ihre Macht sowie die Tatsache, daß sie von denen geglaubt werden, die sie für wahr und annehmbar halten. Deshalb gehören der Verzicht auf Wertungen und insbesondere eine strukturierte Empathie notwendig zu einer wissenschaftlichen Erforschung der menschlichen Wirklichkeit.

Und in gewisser Hinsicht nicht allein der menschlichen Wirklichkeit. Die Annahme kann gelegentlich in die Irre führen, die Religionswissenschaft und allgemeiner die Weltbildanalyse hätten es einfach mit menschlichen Reaktionen, menschlichen Gefühlen, menschlichen Glaubensvorstellungen usw. zu tun. Denn diese sind nach außen gerichtet: ein Weltbild enthält unter anderem eine Kosmologie und ein Gesellschaftsbild. Ist es von traditionell religiöser Art, so verknüpft sich mit ihm ein Glaube an etwas Unsichtbares oder Transzendentes – den Schöpfer, Vischnu, Christus, das Tao, Brahma, das Nirvana usw. Solche transzendentalen Wesenheiten verpflichten den Gläubigen: auf diese bezieht er sich in seiner Orientierung. Ich habe sie an anderer Stelle als Brennpunkte *(foci)* des Glaubens und Handelns bezeichnet.[1] Ich gebrauche das Wort »Brennpunkt«, um die Position des neutralen Beobachters zu kennzeichnen. Mag sein, daß kein Vischnu existiert, aber für den Gläubigen ist Vischnu *wirklich.* So umfaßt Wirklichkeit jene Dinge, die für Gläubige, für Menschen wirklich sind, selbst wenn jene Wesen oder Aspekte des Seins nicht tatsächlich (wie *wir* sagen) existieren. Wenn wir also behaupten, eine Weltbildanalyse sei Bestandteil einer wissenschaftlichen Erforschung der menschlichen Wirklichkeit, so müssen wir darin auch jene Wesenheiten einbeziehen, die in gewisser Hinsicht, phänomenologisch gesehen, außerhalb der Menschen selbst liegen. Man kann mit einem Geist in Beziehung treten, selbst wenn der Geist nicht existiert.

Es kann sich natürlich herausstellen, daß die Brennpunkte religiösen Erlebens Projektionen sind. Aber unsere *Darstellung* von Projektionen sollte nicht mit deren *Theorie* vermischt werden. Das ist die Schwierigkeit, wenn man zu früh einer Durkheimschen oder Freudschen Schlußfolgerung zustrebt. Denn solche soziologischen oder psychologischen Theorien müssen anhand von Fakten geprüft werden, und die Fakten müssen auch das geistige Element berücksichtigen, insbesondere die religiösen und anderen Weltbilder samt der Orientierung auf verschiedene Brennpunkte.

Wie gesagt bestehen gegenüber dieser Haltung eines neutralen Beobachters bestimmte Widerstände: denn in vielen von uns steckt eine tiefverwurzelte Neigung, andere Formen der Weltsicht und Welterfahrung als die eigene nicht ernst zu nehmen. So fällt es einem westlichen Humanisten gar nicht schwer, über einen iranischen Moslem etwa folgende Überlegungen anzustellen: »Für mich und andere rationale und wissenschaftlich gebildete Personen steht außer Frage, daß es keinen Gott gibt; und es ist noch weniger vernünftig, an jene Art von Gott zu glauben, wie er im Koran gezeigt wird. Deshalb ist ein iranischer Moslem, der sich vor Allah auf den Boden wirft und Losungen in den Straßen ausruft, leider eben nicht rational.« Aber auch wenn unser Moslem möglicherweise fanatisch ist, was auf ein gutes Stück Irrationalität schließen ließe, wäre es absurd, sein Denken allein nach Maßstäben zu beurteilen, die von außen herangetragen werden. Seine Rationalität ist einzig aus der Weltsicht heraus zu verstehen, die sein Handeln mitbestimmt. Nun kann sich natürlich herausstellen, daß ich in einer Diskussion mit einem Moslem, der jene Weltsicht vertritt, aus diesem oder jenem Grund beweisen möchte, daß seine Auffassung falsch ist, nicht mit dem modernen Denken in Einklang steht usw. Aber das ist ein unmittelbares Streitgespräch über Wahrheit. Um was es bei der Analyse von Weltbildern zunächst geht, ist ein Verstehen der betreffenden Weltanschauung, und zwar deshalb, weil wir vor allem an einer Deskription der Wirklichkeit interessiert sind. Erst in einem zweiten Schritt können wir darüber theoretische Erwägungen anstellen oder uns auf die Ebene einer zwischenmenschlichen Diskussion begeben. Aber das ist eine spätere, andere Aufgabe. Und ich halte es für das Wesen der Religionsgeschichte (im Unterschied zu zahlreichen Formen der Theologie und Religionsphilosophie), die Wirklichkeiten des menschlichen Glaubens und Handelns und zweifellos auch einige darin verborgene Strukturen zutage zu fördern.

An dieser Stelle müssen wir im übrigen eine Unterscheidung treffen zwischen der Beschreibung und dem Vergleich von Weltanschauungen. Ich kann die Weltsicht des iranischen Moslems beschreiben. In gleicher Weise könnte ich das Weltbild des Baptisten aus den Südstaaten und das des Buddhisten des reinen Landes deskriptiv erfassen. Ich kann einige bedeutsame Ähnlichkeiten, aber auch Gegensätze feststellen. Dieses Vorhaben, Vergleiche zu ziehen, ist natürlich und wichtig: daraus ergeben sich möglicherweise neue Anregungen. Wenn es Themen gibt, die in unterschiedlichen religiösen Überlieferungen wiederkehren, so können wir daraus etwas über die menschliche Natur oder über die Natur der religiösen Erfahrung lernen. Sofern wir christliche, jüdische oder sonst eine Theologie betreiben, könnte dies sogar ein Licht darauf werfen, in welcher Weise Gott in der Welt wirkt. Aber solche Vergleiche und Gegenüberstellungen sind mit Vorsicht zu handhaben. Das liegt zum Teil daran, daß die Begriffe der einen Kultur nicht einfach auf eine andere übertragen werden dürfen: Ist es angemessen, im Islam oder im schottischen Calvinismus von *Priestern* zu sprechen? Ein weiterer Grund ist, daß sich in den Vergleichen und Gegenüberstellungen möglicherweise ein bewußter oder unbewußter Kulturimperialismus verbirgt, da manche Begriffe mit starken positiven oder negativen Wertungen befrachtet sind. So halten wir es z. B. für untunlich, bei transkulturellen Vergleichen das Wort *Idole* zu gebrauchen. In jedem Einzelfall muß ein Vergleich kontextbedingte Besonderheiten berücksichtigen. Ein Begriff oder Gegenstand innerhalb einer kulturellen oder religiösen Überlieferung bezieht einen Teil seiner Bedeutung aus der Gesamtheit seiner Umwelt. Der Schöpfer im Johannesevangelium stellt bereits einen anderen Brennpunkt dar als der Schöpfer der *Genesis,* und zwar aufgrund des neuen religiösen und begrifflichen Gesamtzusammenhangs, der durch die Behauptungen des Verfassers über Christus geschaffen wurde. Natürlich muß man einen Gegenstand in einer lebendigen Umwelt sehen, zu der solche Handlungen zählen wie andächtige Verehrung, sakramentale Riten usw., und diese praktischen Dimensionen der Religion machen tatsächlich einen Teil der Bedeutung der Mythen und Lehren aus. Kurzum, Bedeutung ist kontextabhängig, und so sollten Vergleiche stets einen Hinweis auf die unterschiedlichen Kontexte enthalten. Noch einmal: Vergleiche können Entstellungen sein, sofern man nicht wirklich umsichtig mit ihnen verfährt. Und sobald wir Vergleiche anstellen, verlassen wir die Ebene der Beschreibung und sind im Begriff, uns auf die Ebene der Theoriebildung zu begeben.

Damit sind wir bereits bei einem zweiten Begriffsinhalt von »Phänomenologie« angelangt. Zum einen ist ein »phänomenologischer Ansatz«, wie wir gesehen haben, nur eine andere Bezeichnung für die Praxis, religiöse Erscheinungen sowie Weltbilder vermittels einer strukturierten oder informierten Empathie zu beschreiben. Andererseits impliziert der Begriff eine Typologisierung und damit auch eine Form des Vergleichens. Diese Bedeutung hat »Religionsphänomenologie« bei Gerardus van der

Leeuw und, auf eine andere Weise, bei Eliade. Außerdem enthält eine solche Phänomenologie, die wie bei den genannten beiden Autoren mit Typologien arbeitet, implizit häufig bereits eine Theorie. So übernimmt Eliade unter anderem auch Motive von C. G. Jung in die Weltanschauung, die seiner Darstellung religiöser Phänomene zugrundeliegt. Man kann demnach die Arbeiten Eliades auf der einen Ebene als die Klassifizierung und Erhellung religiöser Tatsachen in einem transkulturellen und komparativen Kontext sehen. Von einem anderen Blickwinkel aus betrachtet hat Eliade eine Theorie der Religion, und diese Theorie paßt in eine bestimmte Weltanschauung, d. h. in Eliades allgemeine Philosophie. Es ist natürlich eine wichtige Frage, wie weit seine Typologie sich von seiner Theorie und Theologie des »Schreckens der Geschichte« trennen läßt. So können wir uns beispielsweise kaum vorstellen, daß ein Theravadin-Buddhist aus Sri Lanka jene bewegenden und doch zugleich zurechtfrisierten Zeilen ernsthaft zu akzeptieren vermag, mit denen Eliade sein Buch *Kosmos und Geschichte* beschließt:

In diesem Betracht erweist sich das Christentum *zweifellos* [Hervorhebung N. S.] als die Religion des »gefallenen Menschen«: und zwar insofern, als der moderne Mensch unrettbar der *Geschichte* und der *Fortentwicklung* angehört und als die Geschichte und die Fortentwicklung einen Fall bedeuten und beide das endgültige Verlassen des Paradieses der Archetypen und der Wiederholung einschließen.[2]

Dennoch könnte derselbe Buddhist als Religionswissenschaftler möglicherweise aus Eliades Typologie großen Nutzen ziehen.

Doch zurück zur Frage der Deskription von Weltbildern. Wie gesagt, handelt es sich dabei insofern um ein phänomenologisches Verfahren, als es mit strukturierter Empathie verbunden ist. Aber es erhebt sich die Frage, in welcher Weise sich der Einfluß des Geistigen und insbesondere von Weltbildern in der menschlichen Geschichte auswirkt. Denn für den typischen Religionswissenschaftler wäre es unklug, das Geistige und vor allem das Religiöse im menschlichen Leben außer acht zu lassen, da es einer eigenen Dynamik folgt. Es ist kein bloßes Epiphänomen und keine wirkungslose Projektion, die fundamentaleren ökonomischen oder anderen materiellen Kräften entspringt. Auf ihre eigene komplexe Weise ist dies eine empirische Behauptung, die sich wissenschaftlich allerdings schwer überprüfen läßt. Intuitiv scheint es jedoch gerechtfertigt, sich das geistige Element in einem Wechselspiel mit anderen Aspekten des Daseins und der Gesellschaft vorzustellen. Konkreter ausgedrückt, es mag sein, daß zuweilen ein religiöses Weltbild und die Institutionen, die es verkörpern, in ihrer Gestalt weitgehend von außen bestimmt sind, daß sie jedoch zu anderen Zeiten eine wesentliche Ursache des geschichtlichen Wandels darstellen. Natürlich sind die geistigen mit den anderen Aspekten tatsächlich eng miteinander verwoben, doch im Interesse größerer Klarheit ist es zweckmäßig, sie aus diesem Zusammenhang herauszulösen. Nicht anders verfahren wir letzten Endes mit der Ökonomie und der Politik. Diese Untersuchungen beruhen gerade darauf, daß ein Aspekt menschlicher Verhaltensweisen und Institutionen, nämlich der ökonomische oder politische, herausgelöst wird, um zu sehen, wie sein Mechanismus arbeitet. Ebenso können wir auch bei Religionen und weitergehenden Weltanschauungen vorgehen.

Sobald wir also beginnen, über religiöse Systeme theoretische Überlegungen anzustellen, erhebt sich auch die Frage, was diesen ihre Macht verleiht. Warum haben sie so nachhaltige Auswirkungen auf die Gesellschaft? Warum üben sie auf den einzelnen Macht aus? Das sind natürlich ziemlich vorläufige und allgemeine Fragen, aber mit ihrer Hilfe können wir grob ein ganzes Forschungsfeld abstecken, das einen Teil der Religionssoziologie und -anthropologie bildet und mit der Psychologie verwandt ist, aber auch im Mittelpunkt der Religionsgeschichte stehen muß.

Die Antwort auf die Frage nach dem Grund für die Wirkung von Weltbildern hat zum Teil etwas mit Symbolen zu tun. Denn erst durch deren Vermittlung können Ideen die Menschen zu Handlungen und Reaktionen veranlassen: Das Bewußtsein wird durch sie gelenkt, die Gefühle werden durch sie verstärkt und geleitet. Die Strukturen der symbolischen Wahrnehmung liegen der Entschlüsselung der tieferen Strukturen von Weltbildern und Religionen zugrunde. Unter diesem Blickwinkel können wir die Aufgabe, die Wirkungskräfte des religiösen und weltlichen Symbolismus zu erfassen, zu vergleichen und zu verstehen, über die *Weltbildanalyse* hinaus als *Symbolanalyse* bezeichnen. Und auf diesem Gebiet hat Eliade seinen großen Beitrag geleistet. Denn mit Ausnahme seines Buches über *Schamanismus und archaische Ekstasetechnik* und seiner *Geschichte der religiösen Ideen* beschreibt er keine Weltbilder, sondern Themen.[3] Tatsächlich hat man ihn dafür kritisiert (z. B. Edmund Leach), daß er den spezifischen und organischen Kontexten der von ihm beschriebenen Themen nicht genügend Aufmerksamkeit schenkt. Dessen ungeachtet hat Eliade sicherlich wesentliche Erkenntnisse zur Grammatik der Symbolik auf dem Gebiet der Religionen beigetragen und kann darum als Schlüsselfigur auf dem Gebiet der Symbolanalyse angesehen werden.

Ist jedoch Eliades Enträtselung der Symbolik selbst von nur noch nostalgischer Bedeutung? Denn wie er selbst sagt, gelten seine Analysen des sakralen Raums und der sakralen Zeit, des Weltenmittelpunkts und des *illud tempus* in erster Linie für den archaischen und nicht für den »modernen Menschen«. Der »moderne Mensch« hat ein Bewußtsein von Geschichte und ihrem Schrecken. Nicht einmal jene, die in der Nachfolge von Hegel und Marx den historischen Abläufen einen Rhythmus und eine Bedeutung zuschreiben, können diesem Schrecken ganz entgehen, obgleich für Eliade die wahren philosophischen Vertreter des Historismus Nietzsche und Heidegger sind. Doch »die Freiheit, Geschichte zu machen, deren sich der moderne Mensch rühmt, ist für fast alle Menschen illusorisch.«[4] Mag sein: aber dessen ungeachtet entdecken wir tatsächlich ein Muster neuer »Mythen«, die mit dazu beitragen, soziale und politische Änderungen anzuregen und oftmals in Verbindung mit den alten Religionen oder an deren Stelle dazu dienen, dem menschlichen Streben einen Sinn zu verleihen. Der vielleicht wichtigste Mythos von allen war die Lehre des Nationalismus: jede Nation müsse über ihre eigene Autonomie verfügen. All diese Freiheitsparteien und Befreiungsbewegungen in der Dritten Welt von heute sind in der einen oder anderen Weise vom nationalistischen Ideal beseelt und können auch andere Anteile enthalten, etwa marxistische Ideen, da die sozialen Ungerechtigkeiten zum Teil mit einer Ausbeutung durch Fremdherrschaft und Fremdkapital verknüpft sind, jedenfalls in den Köpfen der »Freiheitskämpfer«. Wenn es ein modernes Symbol gibt, das den modernen Emotionen zugrunde liegt, dann ist es das der Freiheit oder Befreiung. Überdies befinden sich die traditionellen Religionen in einem Wandlungsprozeß – sie werden privatisiert, weiterverbreitet und modernisiert.

Die Privatisierung geht in zwei Formen vor sich: individuell und in Gruppen (darauf werde ich noch zurückkommen). Zu einer Weiterverbreitung kommt es, da in der Begegnung und Vermischung älterer Religionen neue Synkretismen entstehen, und in der Strömung des modernen sozialen Wandels erfassen neue Mythen und Führergestalten schmale Schichten von Anhängern – wir erleben hier die neuen religiösen Bewegungen der westlichen Welt, die neuen Religionen eines Großteils der Dritten Welt und die Unabhängigen Kirchen in Afrika und andernorts. Traditionelle Religionen erleben eine Modernisierung in dem Sinne, daß sie versuchen, sich den Hauptelementen der modernen säkularen Ideologie anzupassen oder diese sogar in wesentlichen Teilen in sich aufzunehmen – z. B. naturwissenschaftliches Denken, moderne Auffassungen vom Sozialstaat usw. Was die Privatisierung anlangt, so erfolgt diese in der Hauptsache individuell, weil aus ganz unterschiedlichen Gründen die Gesellschaften der nördlichen Hemisphäre Religion für den einzelnen vorwiegend zur Privatangelegenheit machen. In einer liberalen, pluralistischen Gesellschaft mit ihrer praktischen Trennung von Kirche und Staat führt die Atomisierung von Gruppen zu einer beträchtlichen Wahlfreiheit im Hinblick auf Religion und andere Bereiche. In einem marxistischen Staat ist die neue Kirche die Partei, und wer eine überkommene Religion praktiziert, muß dies im Privaten (und manchmal sogar im Geheimen) tun. Aber es gibt noch eine zweite Form der Privatisierung, bei der Religion als Gruppenangelegenheit gilt und innerhalb eines größeren, pluralistischen Rahmens mit der Gruppenidentität zusammenhängt. Eine solche Religion ist der Katholizismus für den irischstämmigen Einwohner Bostons, die Orthodoxie für im Exil lebende Rumänen, der Judaismus für eine bestimmte Minorität usw. In einer zusammengewürfelten Welt gibt es eine stets wachsende Zahl von Gruppen in der Diaspora: Vietnamesen in den USA, Sikhs in England, Algerier in Frankreich, Samoaner in Neuseeland, Japaner in Brasilien und andere. In vielen Fällen wird Religion teilweise zum Kennzeichen für Identität, wobei die Wahl eher von der Gruppe als vom einzelnen getroffen wird.

Ich halte es für wichtig, daß sich der Religionsforscher nicht auf die tiefe Vergangenheit und archaische Denkweisen beschränkt. Hier ist Eliades Position bei all ihrer Fruchtbarkeit vielleicht doch zu negativ, zu nostalgisch, um als Erklärung der modernen Entwicklungen in der Welt zu dienen. Es ist wichtig, wie er in *Die Sehnsucht nach dem Ursprung* sagt, der modernen Welt die geistigen Welten Afrikas, Ozeaniens, Südostasiens usw. interpretierend nahezubringen (»die sich leider mit schwindelerregender

Eile verändern, vielleicht schon verschwinden«)[5] – aber davon bleibt das Problem unberührt, die neuen Symbolwelten zu verstehen, die gegenwärtig aus dem Schoß und jenseits dieser archaischen Traditionen entstehen.

Ich möchte einige der Möglichkeiten andeuten, von Eliades Sichtweise ausgehend die geistigen Bewegungen unserer Zeit zu verstehen. Es ist meine Absicht, ein Licht auf künftige Richtungen der Religionsgeschichte im Sinne einer Weltbild- und Symbolanalyse zu werfen, mit deren Hilfe sich die Wirkung des Geistigen in der menschlichen Gesellschaft und Geschichte vielleicht besser erkennen läßt. (Es gibt jedoch eine andere Seite bei Eliade: seine von C. G. Jung beeinflußte Sympathie für Archetypen, woraus sich einige theoretische Fragen im Hinblick darauf ergeben, wie Symbole tatsächlich wirksam werden).

Zum ersten wären jene Fragen zu nennen, die sich bereits aus dem besonderen Interesse an Geschichte ableiten, das für die moderne Kultur des Westens und zunehmend der Welt überhaupt kennzeichnend ist. In welchem Verhältnis stehen moderne historische Texte und das moderne historische Bewußtsein zur älteren Welt des Mythos?

In einer wichtigen Hinsicht ist Geschichte inzwischen selbst ein Mythos. Die Geschichtsschreibung ist seit dem 19. Jahrhundert stark vom Nationalismus beeinflußt worden. Das läßt sich implizit bereits an Titeln wie »Deutsche Geschichte«, »Amerikanische Geschichte«, »Geschichte Englands« usw. ablesen. Die Wirkung der Geschichtsschreibung bestand darin, ein neues Bewußtsein einer nationalen Vergangenheit zu schaffen und hierbei die familiäre durch die nationale Ahnenreihe zu ersetzen. Die Vergangenheit wurde bis zu einem bestimmten Grad mythisch aufgeladen, weil sie als solche dazu beitrug, die Identität der Nation zu bestimmen, und weil ihre Tragödien und ruhmvollen Ereignisse der Substanz der Nation mehr Gestalt und Gewicht verleihen konnten. Aber sehr häufig war es die Jetztzeit, die das Idealbild bot, und weniger irgendwelche archetypischen Helden der goldenen Vergangenheit oder *illud tempus*. Das war nicht immer so: Z. B. diente das römische Imperium dem italienischen Nationalismus in bedeutsamer Weise als *illud tempus,* so daß Mussolini sich als eine Art Reinkarnation der Cäsaren betrachten konnte. Aber oftmals war diese entfernte Vergangenheit alles andere als heroisch. So war der moderne Nationalismus an sich schon revolutionär und konnte dies gelegentlich auch nach außen sichtbar werden lassen. Für das China Maos war die alte Geschichte eine einzige Geschichte der Unterdrückung und Konfuzius der Gegenspieler. Die Revolution selbst wurde zur neuen Schöpfung, und man betonte die böse Vergangenheit, um das neue Licht um so heller strahlen zu lassen.[5]

Eliade selbst hat sich darüber geäußert, wie der Marxismus das »Heil« in die Zukunft verlegt.[6] Das *illud tempus* liegt in Gestalt einer irdischen Utopie vor uns. In gewissem Maße mußte das Christentum in unserer Zeit denselben Weg einschlagen; das ist dem Umstand zu verdanken, daß die Geschichte heute eine unbestimmte und ziemlich dunkle Herkunft aufweist. Die moderne Wissenschaft und die biologische Theorie haben die alten Symmetrien zum Einsturz gebracht. Natürlich gibt es auch einen Rückschlag zugunsten mittelalterlicher Anschauungen: Es macht sich ein Fundamentalismus bemerkbar, der die alten Verhältnisse wieder zur Geltung zu bringen versucht; aber selbst dort, wo ihm dies zu gelingen scheint, sind es nicht mehr die alten Verhältnisse, weil inzwischen der Kontext ein ganz anderer ist. Konservatismus ist so zu einem bewußten Akt geworden. Doch der »liberale« Christ oder Jude sieht heute die *Genesis* in einem ganz anderen Licht. Die Leistung der Evolutionstheorie bestand darin, der Vergangenheit ein anderes Raster überzustreifen, bei dem (sofern man eine Mythifizierung vorzieht) eine Art Aufstieg der Menschheit oder im Sinne Teilhard de Chardins ein Entwicklungsdrama den Rahmen bildet. Theologisch gesehen wird das Gewicht auf eine neue Schöpfung (mit Christus) und eine neue Eschatologie und weniger auf eine paradiesische Vergangenheit gelegt. Wir bemerken darin eine Ähnlichkeit mit dem weltlichen Mythos. In Theorien der Befreiung liegt die Betonung mittlerweile auf einer neuen Schöpfung und einer paradiesischen Zukunft.

Die moderne Erforschung der Geschichte liefert zwar Material für einen neuen Nationalismus oder eine ganze Reihe von Nationalismen, doch sie hat noch eine weitere symbolische Funktion. Sobald die Methoden einer »wissenschaftlichen Geschichte« – Text- und Quellenkritik, die Erarbeitung formkritischer und anderer Ansätze, die Synthetisierung archäologischer Entdeckungen usw. – auf das Heilige angewandt werden, beginnen sie, dessen Wirkung zu untergraben. Das gilt selbst im Hinblick auf die säkulare Geschichte, denn die Helden der Vergangenheit, die der

Nation zu Substanz und ihren Fahnen zu Ruhm verhelfen, werden unter der Lupe des unsentimentalen Biographen anfällig und verletzlich. Zur symbolischen Kraft von Modernität gehört demnach eine Offenheit, ein forschender und kritischer Geist und eine Neigung zum Freidenken, die sich oftmals schlecht mit der Rigidität und Autorität vereinbaren lassen, wie sie von einem althergebrachten Gefühl für das Heilige repräsentiert werden. Ein Teil der neuen Suche nach Substanz liegt in dem Versuch, sie in dieser fremdartigen und gefahrvollen Offenheit zu suchen.

Damit sind wir bei einem weiteren Aspekt der Frage angelangt, an welcher Stelle moderne Weltanschauungen über jene Traditionen hinausgegangen sind, auf die sich Eliades Analysen eigentlich beziehen. In der archaischen Welt bewegen sich Substanz oder Macht kreisförmig. Gott versorgt die ersten Menschen und deren Nachkommenschaft, aber seine Macht ist erschöpft und wird durch ihm dargebrachte Opfer wiederhergestellt. Die materiellen Dinge sind für den Menschen geschaffen, die dafür Gott im Geiste preisen. Dieser ständige Austausch von Macht und Stoff hängt natürlich zum Teil schon allein von der Vorstellung ab, daß Mächte und Stoffe tatsächlich existieren. Der Ritus dient als Medium, sie zu kommunizieren: So wird die Macht Christi den Gläubigen durch das Sakrament kommuniziert (die »Transsubstantiation« von Brot und Wein, d. h. die Umwandlung in göttliche Substanz). Aber solche Vorstellungen von Macht sind entweder ganz verdrängt oder in bestimmte Kosmologien, insbesondere die der modernen Naturwissenschaft, umgeformt worden. So besteht für uns heute die Welt aus unstofflichen Partikeln und Elementarteilchen, und das Ritual gilt nicht länger umstandslos als Mittel zur Übertragung von Macht. Es öffnet sich anscheinend ein Riß zwischen dem natürlichen Kosmos, dem Riten nichts mehr anhaben, und der menschlichen Welt, in der Handlungen und sprachliche Äußerungen noch immer an die alten Substanzen erinnern.

Doch auch dieser Schritt ist bereits in alter Zeit getan worden, im Buddhismus. Die Lehren Buddhas, wie sie im Pali-Kanon und andernorts festgehalten sind, beinhalten die Entstofflichung der Welt und die Ablehnung des brahmanischen Opfersystems. Riten haben bestenfalls eine vorläufige und traditionelle Funktion und gelten als Mittel zur Änderung von Einstellungen. Das steht weitgehend in Einklang mit vielen gegenwärtigen Denkhaltungen und ist einer der Gründe dafür, daß manche eine Übereinstimmung zwischen Buddhismus und moderner Wissenschaft gesehen haben. (Das führt uns nebenbei zu der Frage, wie weit Eliades Vorstellungen für die Hauptströmung des Buddhismus überhaupt zutreffen, denn obgleich der Buddhismus die ältere bäuerliche Religion nicht unmittelbar angriff, in welcher er sich entwickelte, sprach er ihr eine geringere Bedeutung zu und entleerte sie letztlich jeder wirklichen Bedeutung: und selbst der symbolischen Welt des Buddhismus kam nur eine niedrigere, vorläufige Existenz zu).

So zielen die modernen Interessen an der Geschichte offenbar in verschiedene Richtungen: In der einen liegt ein neues Bewußtsein von der Vergangenheit, die nunmehr die mythische Funktion hat, der Gruppe und ihren Handlungen Identität und Bedeutung zu verleihen, während in der anderen das Verblassen der Vorstellung einer rituallen Übertragung von Macht durch das bilderstürmerische Odium der wissenschaftlichen Geschichte noch verstärkt wird.

Diese Tendenzen stellen die traditionellen Religionen vor unterschiedliche Herausforderungen. Das neue Geschichtsbewußtsein drängt letztlich jeden Glauben dazu, seinen Platz innerhalb der Weltgeschichte sowie seine Beziehung zu den geschichtlichen Überlieferungen der anderen Glaubenssysteme und Ideologien zu definieren. Weltraumforschung und Mondraketen haben die Menschen bereits an ein anderes Symbol als das der Mitte gewöhnt, an das der Sphäre – jene blaue, wolkenumhüllte Kugel, wie sie vom Satelliten aus zu sehen ist, symbolisiert eine neue Einheit der menschlichen Gattung, wo die Mitte überall und nirgendwo ist. Es verhält sich damit ähnlich wie mit der Krümmung des Raumes in der Einsteinschen Kosmologie: Wir befinden uns alle auf einer einzigen Oberfläche, nur daß diese dreidimensional ist wie bei einer Kugel. Der Effekt ist derselbe, tatsächlich liegt der Mittelpunkt der Oberfläche überall und nirgendwo. Die neue symbolische Symmetrie der räumlichen Ortsbestimmung wirft gegenüber der Unverrückbarkeit und letztlich Naivität der archaischen Kosmologie neue Probleme des Selbstverständnisses auf. Dieser neue Symbolismus muß von den älteren Glaubenssystemen erst noch verdaut werden.

Wir können nebenbei selbst feststellen, wie archaische Vorstellungen von anderen verdrängt worden sind, wenn wir uns einige der Themen ansehen, die Eliade in *Die Religionen und das Heilige* behandelt hat – Himmel, Sonne, Mond, Wasser, Steine, Erde, Pflanzenwuchs, Fruchtbarkeit etc.[7] Einerseits werden sie von Astronomie, Solarphysik, Mondwissenschaften, Hydrologie, Geologie, landwirtschaftlicher Pflanzenkunde etc. verdrängt, andererseits, wie Eliade bemerkt, durch literarische Bearbeitungen und Bilder, z. B. durch Science-Fiction, ersetzt. In keinem Fall kommt es zu einer Erneuerung der älteren rituellen Welt. Die Ritualisierung des Lebens erfordert unter dem neuen Blickwinkel der gegenwärtigen Weltbilder die Vorstellung von der Möglichkeit unterschiedlicher Aspekte oder Lebensformen.

So läßt sich die Trennung zwischen Wissenschaft und symbolischem Weltbild ganz einfach dadurch erreichen, daß sowohl der Wissenschaft als auch der persönlichen Existenz und der religiösen Erfahrung die Aufdeckung je eines Aspekts der Wirklichkeit zugewiesen wird. Zugleich nimmt eine Weltanschauung das wissenschaftliche Bild des Kosmos in sich auf, während das Göttliche, sofern es überhaupt existiert, »jenseits« des Kosmos und/oder »jenseits« der Psychologie in den inneren Tiefen der menschlichen Erfahrung liegt. Dennoch wird Natur nicht schlichtweg als etwas gesehen, das sich mit wissenschaftlichen Begriffen allein beschreiben ließe, da es gleichzeitig etwas ist, das von menschlichen Wesen in seiner Schönheit, seinem Geheimnis, seiner strahlenden Leere betrachtend angeschaut werden kann. Selbst die Natur hat demnach zwei Aspekte.

Angesichts dieser Verschiebungen kann es kaum wundernehmen, wenn in der westlichen Religion manche Grundthemen des traditionellen Buddhismus widerzuhallen scheinen. Der Buddhismus mit seiner Theorie der zwei Aspekte der Wahrheit läßt eine Religion innerhalb und jenseits der Grenzen einer entsakralisierten Natur zu. Was noch wichtiger ist, der Buddhismus legt die Betonung auf Erfahrung und Einsicht statt auf den Ritus (falls der letztere von Bedeutung ist, so nur als Diener der Erfahrung). Diese Verschiebung wird an den modernen religiösen Entwicklungen sichtbar, ob in den visionären Talenten der Gründer neuer Bewegungen, in der Suche nach einem erneuerten Leben der Kontemplation (durch Zen, katholische Meditation, Sufismus etc.) oder auch in dem Gefühl, »wiedergeboren« zu sein, wie wir es vom konservativen Christentum kennen. Nach und nach tritt an die Stelle der Transsubstantiation die »Transsignifikation«.

Zunehmend werden in der privaten Erfahrung Theophanien bzw. das entdeckt, was man vielleicht als Heterophanien bezeichnen könnte, nämlich Manifestationen der »anderen Welt«, die entweder als Wohnsitz eines persönlichen Gottes oder als unpersönliche Leere oder das Absolute gedacht wird. Das liegt auf derselben Linie wie die fortschreitende Privatisierung von Religion, und selbst dort, wo die religiösen Belange im wesentlichen von der Gruppe her bestimmt werden, gelingt die Vermittlung einer kollektiven Identität in der Regel über eine prophetische oder schamanische Person, der sich die Himmel in besonderen Erlebnissen öffnen. Das ist selbstverständlich seit jeher ein mächtiges Motiv in der Religion gewesen, wie sich in den Arbeiten Ottos, Eliades und anderer zur Genüge zeigt.

Ein weiterer Ort der Heterophanie, der durchaus Beachtung verdiente, da die älteren Symbole im Wandel oder im Niedergang begriffen sind, ist das Heilige Buch. Das Offenbarungsbuch hatte natürlich einen tiefen Einfluß auf zuvor schriftlose Kulturen, und es hat in unterschiedlicher Weise eine Anzahl bedeutender Gesellschaften geformt, allen voran die islamische. Es lohnt sich, den Weg zu verfolgen, auf dem allein die Technik die symbolische Macht solcher Bücher so einschneidend verändert hat: Indem sie die heiligen Silben zu gedruckten Buchstaben erstarren ließ, untergrub sie zum Teil das Monopol der Brahmanen in Indien und ebnete den Weg für einen neuen Hinduismus, dessen Lehren hauptsächlich in englischer Sprache niedergelegt wurden; die Technik verkleinerte das Format der Bücher, so daß man diese mit sich führen konnte, und machte damit die Bibel zu einem Werkzeug für den Wanderprediger; indem sie zur Veröffentlichung religiöser Werke ermutigte, hat sie den Austausch von Ideen und spirituellen Techniken zwischen verschiedenen Kulturen beschleunigt. Interessanterweise hat in der islamischen Tradition gerade das Beharren darauf, daß der echte Koran auf Arabisch geschrieben sein muß, mit dazu beigetragen, ihn vor Auflösungserscheinungen zu schützen, denen er andernfalls im Umfeld der Modernität ausgesetzt gewesen wäre. Doch mit neu auftretenden Konservatismen als Reaktion auf einige andere Entwicklungen, von denen ich gesprochen habe, erlebte das kraftvolle Buch eine Neubelebung, und dies ist wiederum ein Phänomen, in dem ein Durchbruch von Oben erkennbar wird, allerdings nicht an einem bestimmten Ort, sondern raumlos, durch die Augen und

Ohren der Leser und Hörer, die vom Glauben erfüllt sind.

Das sind einige der Veränderungen, die sich innerhalb oder im Umkreis von modernen – religiösen oder weltlichen – Weltbildern vollziehen. Ich habe einige Schwerpunkte der Forschung skizziert, auf die es ankommt, sofern wir davon überzeugt sind, daß die gegenwärtige Relevanz der Religionsgeschichte in der Analyse von Weltbildern liegt, wie sie heute in Umgestaltung begriffen sind. Unter religiösem Blickwinkel hat es in der gesamten menschlichen Geschichte keine erregendere Epoche gegeben als die unsrige, mit ihrem Widerhall jener faszinierenden Unruhe und Mannigfaltigkeit, die man im römischen Imperium vor 2000 Jahren erleben konnte, oder jener außergewöhnlichen Epoche der Auseinandersetzungen und sozialen Veränderungen zur Zeit Buddhas. Es ist wichtig, daß wir in unserem Zugang zu den Glaubensvorstellungen und Werten, welche so sehr verbreitet sind, von den maßgebenden Arbeiten Eliades Gebrauch machen, die uns in so fruchtbarer Weise den Weg zur Analyse von Symbolen weisen. In dieser Hinsicht will Eliade zuwenig und bleibt hinter den Möglichkeiten seiner eigenen Erkenntnisse zurück, wenn er in der Religionsgeschichte vorrangig ein Mittel sieht, die geistigen Werte einer archaischen Denk- und Empfindungsweise weiterzugeben. Natürlich ist es von Bedeutung für die menschliche Gattung, die Botschaften ihrer Vorväter zu kennen, aber es ist gleichermaßen wichtig, daß der Religionshistoriker ein Licht auf die Werte wirft, die in unserer Zeit Geltung erlangen. Um dem »Schrecken der Geschichte« zu begegnen, sind diese weit bedeutsamer.

Aus dem Englischen von Udo Rennert

Anmerkungen

1 Ninian Smart, »The Philosophy of Worldviews – that is – The Philosophy of Religions Transformed«, in: *Neue Zeitschrift für systematische Philosophie und Religionsphilosophie*, 23 (1981), S. 212-224.

2 *Kosmos und Geschichte*, Reinbek 1966, S. 131.

3 *Schamanismus und archaische Ekstasetechnik*, Zürich 1957; *Geschichte der religiösen Ideen*, 2 Bde., Freiburg 1979.

4 *Kosmos und Geschichte*, S. 127.

5 *Die Sehnsucht nach dem Ursprung*, Frankfurt 1976, S. 102.

6 *Kosmos und Geschichte*, S. 120.

7 *Die Religionen und das Heilige*, München 1954.

Ugo Bianchi
Einige methodologische Überlegungen zu Mircea Eliade als Religionshistoriker

Es ist eine anerkannte Tatsache – und der vorliegende Band ist dafür nur ein Beweis von vielen –, daß Mircea Eliade unter den zeitgenössischen Religionshistorikern in mehrfacher Hinsicht eine Sonderstellung einnimmt. Mehr noch, er nimmt diesen Platz bereits seit seinen allerersten großangelegten Arbeiten ein (*Kosmos und Geschichte, Die Religionen und das Heilige, Schamanismus und archaische Ekstasetechnik*) und dies mit gutem Recht. Diese Ausnahmestellung läßt sich wohl nur damit erklären, daß wir hier einen echten Gelehrten vor uns haben, der imstande ist, eine sehr weitverzweigte Problematik zur Einheit zurückzuführen oder doch zumindest durch eine persönliche Hermeneutik sich anzueignen, die zugleich eine existentielle Wertung darstellt. Daneben ist er ein Gelehrter, der über die wissenschaftliche Redlichkeit, sprich Objektivität verfügt, den Tatsachen dort nachzuspüren, wo sie »angesiedelt« sind, und sich dabei vor der Anmaßung hütet, sie durch willkürliche Auswahl und mangelhafte Informierung (z. B. eine auf eine oder zwei Sprachen beschränkte unzureichende Bibliographie) »herbeizuzitieren«.

Es sei mir, der ich selbst Religionsgeschichte auf der Grundlage eines historisch-komparatistischen Ansatzes lehre, erlaubt, einige Bemerkungen zum wissenschaftlichen Projekt Eliades vorzutragen, dem Projekt des Komparatisten und des Hermeneutikers.

Der methodologische Zugang Eliades zu den religiösen Tatsachen, wie sie uns von der Philologie und der Phänomenologie vorgelegt werden, läßt sich am besten als Verweigerung, genauer gesagt als Ablehnung jeder Interpretation charakterisieren, die reduktiv verfährt, d. h., die von der eigentlich »religiösen« Qualität der betreffenden Tatsachen abstrahiert. Diese antireduktionistische Position, die sich bei Eliade zugleich als Postulat und Intuition findet, rührt aus seinem Verständnis des Religiösen. Die Sakralität der *primordia* und die Primordialität (oder der arche- und prototypische Charakter) der *sacra* sind für Eliade Forschungsinstrument und zugleich Kennzeichen einer spirituellen Initiation, die – durch eine Art wechselseitiger Erkenntnis der

Gleichartigkeit – das Gegenstück zu einer fast endlosen Reihe von Typologien der Hierophanie und Initiation bildet, welche die Religionswissenschaft unermüdlich zutage fördert, indem sie ihre verborgenen Strukturen bloßlegt, sie von jedem Anschein eines undurchdringlichen Exotismus befreit und sie hinter den vom Laizismus der Modernen erdachten Vermittlungen entdeckt.

Wir hatten an anderer Stelle Gelegenheit, einige Bemerkungen über diese antireduktionistische Haltung Eliades vorzutragen, die insofern völlig berechtigt ist, als sie ihm erlaubt, den selektiven (programmatisch-ideologischen) Zugang zum religiösen Gegenstand zu kritisieren, d. h. die irreversible Beschneidung der Fülle von Bedeutungen und Implikationen, die eben diesen Gegenstand als religiösen kennzeichnen. Eine Beschränkung in der Gültigkeit dieser Position Eliades als Religionshistoriker liegt nach unserer Meinung in dem Postulatscharakter, der auf sein Verständnis vom Heiligen und Primordialen zurückgeht. Wir halten einen dritten Weg für gangbar, der sowohl die reduktionistischen Postulate der Soziologen und Psychologen, überhaupt der Evolutionisten, als auch die in der von Rudolf Otto entwickelten Theorie des Heiligen impliziten Postulate vermeidet, die Eliade sich in gewisser Hinsicht zu eigen macht. Wir stellen uns eine historisch-komparative Forschung vor, die keinen Gegensatz zwischen dem Religiösen und dem Geschichtlichen sieht; eine Forschung, die offen ist gegenüber allen Nuancen, Unterschieden und »Analogien« (im aristotelischen Sinne des Wortes als Alternative sowohl zur Eindeutigkeit als auch zur Mehrdeutigkeit), die das Merkmal jener Tatsachen bilden, die wir als »religiöse« bezeichnen; – Unterschiede, die tatsächlich bestehen und dennoch nicht diese Art von Familienähnlichkeit aufheben, wie sie für Verwandtschaftsreihen charakteristisch ist; Analogien, die nicht stets dieselben sind und die, sich an mehreren Knotenpunkten überkreuzend, die äußerst unebene Typologie des religiösen Geländes bilden. Ganz besonders aber können wir unmöglich ein Vorverständnis akzeptieren, dem zufolge die von der Religionsgeschichte untersuchten Tatsachen aus der Inkarnation einer religiösen Eigenschaft rühren, die trotz der Vielfalt der historischen und kulturellen Situationen a priori als eindeutig betrachtet wird. Unserer Ansicht nach genügt es nicht, mit Eliade einzuräumen, daß die religiöse Qualität sich in den Tatsachen niemals im Reinzustand manifestiert und daß sie durch die Besonderheiten (beinahe die Zufälle) der Kulturen und der Geschichte bedingt und vermittelt ist. Der Religionshistoriker, so scheint es uns, kann unmöglich ausschließen, daß der historische und kulturelle Charakter den religiösen Fakten als solchen unmittelbar zukommt. Diese weisen häufig Unterschiede auf, die nicht weniger gravierend sind als die Ähnlichkeiten. Anders gesagt, sie antworten nicht notwendig auf dieselben Fragen, obgleich sie in den Kontext einer partiellen Verwandtschaft eingebettet sein können, was wir mit dem Begriff der »Analogie« zum Ausdruck bringen. Nun sind es gerade diese immanenten Unterschiede, die zur religiösen Qualität der Tatsachen gehören (können); sie können sich in der religiösen Neuartigkeit oder Originalität einer solchen »Botschaft« äußern, und dies in den primitiven Religionen ebenso wie in den modernen. Angesichts dieser Lage der Dinge erscheint der Begriff der »historischen Bedingtheit« als zu allgemein, zu anfällig für die Aufwertungen der Historiker oder die Abwertungen (echte »Reduktionen«) der Phänomenologen in der Religionswissenschaft.

Doch das historisch-religiöse Interesse der Analysen und Interpretationen Eliades geht weit über diese Fragen hinaus. Wie bereits erwähnt, stützt sich sein komparatistischer Ansatz auf eine extrem breite Datengrundlage und eine eingehende Kenntnis der Klassiker der Religionsgeschichte im Kontext ihrer historisch-kulturellen Epoche; insbesondere beruht er auf der persönlichen Vertiefung wesentlicher Kategorien der religiösen Erfahrung in unterschiedlichen und repräsentativen Umwelten. Eliades Analyse wäre somit niemals auf die Position Rudolf Ottos reduzierbar. Das Statische und arbiträr Eindeutige in einer Hierophanie, die den Menschen »versetzt«, indem sie ihn zu Boden drückt und im Hinblick auf ein »ganz Anderes«, das sich unmittelbar kundgibt, erhebt, gewinnt eine mächtige Dynamik. Es fügt in die Bewegung und das Leben, d. h. in die geschichtliche Komplexität, jene von Eliade so bezeichnete »primordiale« Zeit ein, die zugleich eine Umkehrung und Reaktualisierung durch das erfährt, was man einen »Willen zur Sehnsucht« nennen könnte, wobei die Erfahrung des Heiligen aufhört, ein Phänomen reiner Passivität zu sein. Eliade unternimmt nun den Versuch, einen »zusätzlichen Sinn« herauszuarbeiten, der dem »Heiligen« eine neue Dimension hinzufügt, während dieses noch bei Otto einzig durch seine Qualität des »gänzlich Anderen« bestimmt ist. Dieses bewußte Element, dieser Wille zur Sehnsucht, diese implizite »Kreativität«

in der religiösen Erfahrung (Denken und Fühlen) verleihen ihr zwangsläufig ein Stück »Intentionalität«, die der bewußten Verarbeitung, d. h. in bestimmter Hinsicht der menschlichen Rationalität, nicht äußerlich ist, ohne deshalb der Erfahrung den Charakter des Spontanen zu nehmen.

Bekanntlich ist Rudolf Otto von verschiedenen Seiten kritisiert worden, weil er zu sehr auf dem eindeutigen Charakter der Erfahrung des Heiligen beharrte, trotz der historischen Milieuunterschiede und obwohl diese Erfahrung notwendig Abweichungen unterliegt, und dies nicht nur hinsichtlich ihrer Intensität. Es erhebt sich nun die Frage, ob dieselben Vorbehalte auch gegenüber dem »primordialen« Heiligen am Platze sind, von dem Eliade spricht. Es soll sogleich gesagt sein, daß uns die äußerst kohärente und kontextbezogene Analyse Eliades (sein letztes Werk *Geschichte der religiösen Ideen* liefert hierfür den endgültigen Beweis) ermöglicht, die wirkliche Bedeutung der untersuchten religiösen Vorstellungen und Praktiken weit besser zu erschließen als vermittels der allgemeinen Verfahren bestimmter Religionsphänomenologien; anders ausgedrückt, die Analyse Eliades entwirft eine historische Typologie der Religion und kommt damit einer dringenden Aufgabe der Forschung nach.

Lassen wir hierzu Eliade selbst zu Worte kommen:

Wenn der Religionswissenschaftler australische, afrikanische oder ozeanische Mythen und Rituale, einen Kommentar der Hymnen Zarathustras, taoistischer Texte oder der schamanischen Mythologien und Techniken darstellt und analysiert, enthüllt er existentielle Situationen, die dem modernen Leser unbekannt sind oder die er sich nur mit größter Schwierigkeit vorstellen kann.[1]
Ich habe schon oft betont: Die westliche Philosophie kann sich nicht endlos nur innerhalb ihrer eigenen Tradition bewegen, ohne provinziell zu werden. Die Religionswissenschaft ist nun imstande, eine beträchtliche Zahl von »signifikanten Situationen« zu erforschen und zu erhellen, Seinsweisen, die auf andere Art nicht erschlossen werden können. Es ist nicht nur eine Frage der Präsentierung von »Rohmaterial«, denn die Philosophen wüßten mit Dokumenten, die sich auf ein Verhalten und auf Ideen beziehen, die von den ihnen vertrauten so verschieden sind, nichts anzufangen. Die hermeneutische Arbeit muß vom Religionswissenschaftler selbst geleistet werden, denn nur er ist vorbereitet, die semantische Vieldeutigkeit seiner Dokumente zu verstehen und einzuschätzen.[2]
Die Orignalität und Bedeutung solcher Beiträge liegt in eben der Tatsache, daß sie geistige Universen erforschen und erhellen, die untergegangen

oder nur unter größten Schwierigkeiten zugänglich sind. Es wäre nicht nur unzulässig, sondern auch ganz wirkungslos, wenn man archaische und exotische Symbole, Mythen und Ideen in Formen verkleidet, die den zeitgenössischen Philosophen bereits vertraut sind.[3]

Diese Überlegungen sind unter epistemologischem Blickwinkel von wesentlicher Bedeutung. Sie erlösen den Religionshistoriker von jener unausweichlichen *deminutio,* die er zu dulden hätte, wäre ihm einzig die Aufgabe übertragen, die »nackten« Tatsachen zu sammeln und zu »beschreiben« und den Rest der philosophischen Spekulation und Systematik oder gar der Hermeneutik einer Phänomenologie zu überlassen, deren epistemologischer Status alles andere als geklärt ist. Eliade nimmt die »Kompetenz« des Religionshistorikers in Anspruch. Dieser hat eine lange Zeit darauf verwendet, menschliche Bereiche und Verhaltensweisen zu erforschen, die von jedem anderen, der mit dieser zweifellos schwierigen und ganz speziellen Methode nicht vertraut ist, leicht als exotisch, unbedeutend, barbarisch, kurz als kulturell nichtexistent angesehen werden. Am anderen Extrem, behauptet Eliade, steht der Spezialist, dessen Vorgehensweise in bestimmten Fällen darauf hinauslaufen kann, die religiösen Formen, denen er begegnet, widersinnig zu banalisieren und deren Bedeutungen auszulöschen[4], eine durchaus zutreffende Beobachtung, wenn wir an bestimmte Orientalisten und Anthropologen denken, deren extreme Spezialisierung auf dem Gebiet der Philologie bzw. der funktionalen Forschung sich gelegentlich mit theoretischen Überlegungen über die Religion und das Heilige verbindet, die eindeutig ihrem Gegenstand nicht gerecht werden und sich aus der schlichten Übernahme gängiger Vorstellungen erklären.

Ich möchte nunmehr einige besondere Überlegungen zum wissenschaftlichen Projekt Eliades vortragen. Dessen Absicht ist es, eine Religionsgeschichte zu schaffen, die auf ihre eigene Art zum Selbstbewußtsein des heutigen Menschen beiträgt und sich an die moderne westliche Kultur richtet, indem sie in deren »Heiligtümer« eindringt, um dort, wenngleich nur im Negativen — allerdings um so evidenter — die geistigen Dimensionen des Menschen aller Zeiten zu entdecken. Dieses Vorgehen hat etwas Paradoxes an sich. Diese stolze Kultur, die mit allen ihr zu Gebote stehenden Mitteln die »anderen« Kulturen durchdrungen und in einer Weise gedeutet hat, daß sie für sie verständlich wurden, sieht sich ihrerseits »besucht«, analysiert und gedeutet, und dies von einem westlichen Gelehrten, dem die Erfordernisse der historischen Forschung durchaus bekannt sind, und auf der Grundlage einer Sensibilität, die sich aus der Kenntnis höchst exotischer und »primitiv« anmutender kultureller Milieus speist. Mehr noch, diese Untersuchung geschieht weder vor dem Hintergrund eines Antikolonialismus, der dem politischen Aspekt den Vorrang einräumen würde, noch vor dem eines »Kulturrelativismus« anthropologischer Prägung, der Gefahr liefe, die nichteuropäischen Kulturen in die Ghettos der Randbezirke einzuschließen.

Die Art und Weise, wie Eliade das Problem des Dualismus und allgemeiner das der Dualitäten und Polaritäten stellt, geht weit hinaus über die begrenzten Perspektiven des soziologischen Ansatzes eines Durkheim, des panägyptianistischen oder des strukturalen Ansatzes, insbesondere jener historischen Spezialerklärungen, die sich auf die Hypothese von der »Überlagerung« beziehen. Wir müssen jedoch hinzufügen, daß sich Eliade einer Deutung dieser Gegensatzpaare widersetzt, dieser Dualitäten und Dualismen, die sich auf den Gegensatz »heilig«/»profan«, von dem sich seine Hermeneutik häufig leiten läßt, beschränken würde:

Wir finden ... die exemplarische Opposition des Heiligen und des Profanen in der endlosen Linie binärer Antagonismen, zusammen mit den Oppositionen männlich-weiblich, Himmel-Erde, und anderem. Wenn man näher hinsieht, wird offensichtlich, daß es sich, wenn der sexuelle Antagonismus in einem religiösen Zusammenhang ausgedrückt wird, weniger um ein Problem der Opposition heilig-profan als um eines des Antagonismus zwischen zwei Arten der Heiligkeit handelt, deren eine ausschließlich den Männern gehört, die andere den Frauen.[5]

Wir werden auf diese Unterscheidung noch zurückkommen und sie vorerst durch eine weitere ergänzen, die Eliade zwischen diesen Oppositionen und dem Dualismus trifft:

Eine große Zahl der Dichotomien und Polaritäten (*bedingen*) *einander wechselseitig*, wie die kosmischen Polaritäten und die sexuelle oder die religiöse Dichotomie. Sie drücken letzten Endes die in Rhythmus und Rotation zusammengefaßten Möglichkeiten des Lebens aus ... In diesem Stadium kann man nicht von einem religiösen oder moralischen »Dualismus« sprechen, da der Antagonismus nicht das »Böse« oder das »Dämonische« voraussetzt. Rigoros dualistische Ideen entstehen aus jenen Gegensatzpaaren, in denen die beiden Antagonisten einander nicht gegenseitig bedingen.[6]

Eliade führt einige kalifornische Mythen des Coyote als Gegenspieler Gottes und den Algonkinmythos von Mänäbush an und folgert:

Es wird interessant sein, genau zu bestimmen, in welchen Kulturen und in welchen Epochen die negativen Aspekte des Lebens, die bis dahin als konstitutive Momente der kosmischen Ganzheit ohne Anstoß hingenommen worden waren, ihre ursprüngliche Funktion verloren haben, und wann begonnen wurde, sie als Manifestationen des »Bösen« zu interpretieren. Es scheint, daß in den Religionen, die von einem System der Polaritäten beherrscht werden, die Idee des Bösen sich nur langsam und mit einiger Mühe ausgebildet hat. In manchen Fällen läßt der Begriff des Bösen sogar viele negative Aspekte des Lebens ... außerhalb seiner Sphäre.[7]

Schließlich kennzeichnet Eliade das Eigentümliche zumindest des »radikalen« Dualismus als die Verweigerung eines jeden Ausgleichs zwischen den Gegensätzen, während die Oppositionen einen Ausgleich implizieren, der ein »Tertium« produziert, die Koexistenz in einer *coincidentia oppositorum* zuläßt oder eine Transzendenz und Aufhebung des Konflikts auf der metaphysischen Ebene oder durch »mystische« (indische) Techniken.[8]

Ich hatte an anderer Stelle Gelegenheit, eine historische Typologie des Dualismus zu erstellen, und habe dabei andere Kategorien hervorgehoben. Insbesondere habe ich den Dualismus nicht in herausragender Beziehung zum Bösen definiert, vor allem, wenn man das Böse als einen moralischen Begriff ansieht (es mag unversöhnliche Feinde des Bösen geben und sogar Fanatiker, die nicht dualistisch sind). Ich habe das Charakteristische des Dualismus vielmehr dort gesehen, wo es sich um eine Schöpfungslehre, einen Ursprungsmythos handelt, der die Existenz zweier Prinzipien – ob gleichewig oder nicht – unterstellt, welche die Existenz dessen, was in der Welt ist (oder zu sein »scheint«, wie in der *maya* der Weda), begründen. Es kann hier weniger von einem ethischen als von einem ontologischen Dualismus die Rede sein, selbst dort, wo es sich um einen »abgemilderten« Dualismus handelt, der zwar die Gleichewigkeit der beiden Prinzipien ausschließt, aber dennoch ein zweites Prinzip setzt, das ontologischer Natur ist (z. B. Satan als Bildner des menschlichen Körpers bei den Bogomilen oder der Demiurg Archont bei den Gnostikern). Unter diesen Umständen müßte sich die Frage der Grenzen zwischen Dualität und Dualismus oder zwischen Polarität und Dualismus in etwas anderer Form als bei Eliade stellen. Es kann Dualitäten oder Polaritäten geben, die den Dualismus selbst da implizieren, wo es nicht vordringlich um das Böse als Kategorie der Ethik oder der Theodizee geht (die mit der Ethik in einem evidenten Verhältnis steht, da sie die »Rechtfertigung« Gottes zum Gegenstand hat, des an der Existenz des Bösen unschuldigen Gottes). So ist beispielsweise die Theorie des Empedokles über Streit *(neikos)* und Liebe *(philia)* aufgrund der Bedeutung, die wir dem Begriff Dualismus beilegen, vollkommen dualistisch, da sie sich primär auf die Ontologie bezieht, auch wenn sie sich auf den Bereich des Ethischen auswirkt. Ein anderes Beispiel: die platonische Opposition zwischen den beiden Ebenen oder Bereichen des Unsichtbaren und ewig Gleichbleibenden und des Sinnlichen und Werdenden; während dieser Gegensatz einerseits das Thema des Absturzes der Seele in die sinnlich erfahrbare Welt als Folge eines Umstandes enthält, der ihr in der oberen Welt widerfahren ist[9], konfrontiert er uns zugleich mit einem Optimismus oder Kosmismus, der impliziert, daß die sichtbare Welt von allen Arten bewohnt sein muß, welche die ideale Welt in sich einschließt. Mit anderen Worten, die Seele hat auf dieser Welt einen Auftrag zu erfüllen, obgleich sie danach streben muß, gemäß dem göttlichen Befehl wieder in die höhere Welt zurückzukehren.[10] Selbstverständlich ergibt sich der dualistische Charakter dieser platonischen Opposition nicht aus der einfachen Tatsache einer Unterscheidung, nämlich der Gegenüberstellung zwischen unserer Welt und einer anderen, die diese transzendiert, sondern aus der platonischen Ontologie und der darin implizierten Schöpfungslehre: eine Ontologie und eine Lehre, die von der Dualität, dem irreduziblen Charakter der Prinzipien (hier: *eide*) ausgehen (*idea* und *chora* und der, als zwischen beiden vermittelnde, Demiurg).[11]

Es zeigt sich also, daß der von Eliade gesehene Gegensatz zwischen »konstitutiven Momenten der kosmischen Ganzheit« und »Manifestationen des Bösen« nicht so entscheidend ist, als daß sich damit der dualistische oder auch nur duale oder polare Charakter einer Lehre oder eines Mythos begründen ließe. Ebenso können »die in Rhythmus und Rotation zusammengefaßten Möglichkeiten des Lebens« durchaus einen Dualismus manifestieren, der eine Lehre von zwei (kosmogonischen und anthropogonischen) Prinzipien impliziert, wie bei Empedokles oder in der orphischen Vorstellung (die dem »Mousaios« zugeschrieben wird) von einer Zyklizität, die in periodischen Abständen die Vielfalt zur Einheit zurückführt.[12] Nun läßt sich der Übergang von der Einheit zur Vielfalt in den orphischen Texten entweder als positive Entwicklung verstehen (Phanes, der dem Weltei entspringt, dessen Schalenhälften den Himmel und die Erde darstellen)[13] oder als verhängnisvolle Spaltung (die Trennung der Elemente aufgrund der »zerstörerischen Zwietracht«).[14] Gerade diese Ambivalenz ist ein Zeichen dafür, daß wir es mit einer gewissen Form dualistischen Denkens zu tun haben, das seine Spuren auch in den Lehren Platons und Plotins hinterlassen hat, soweit es dort um die Inkarnation der Seele geht (s. u.).

Nach diesen Unterscheidungen müssen wir nunmehr die wesentliche Aussage Eliades hervorheben, daß zwischen dem Gegensatz »heilig«/»profan« und jeder beliebigen anderen Dualität oder Polarität, z. B. dem Antagonismus »männlich«/»weiblich«, soweit dieser innnerhalb eines religiösen Kontextes zum Ausdruck kommt, keine Äquivalenzbeziehung besteht. Im letzteren Fall handelt es sich Eliade zufolge vielmehr um einen Antagonismus zwischen zwei Typen der Sakralität, was gegenüber dem Begriff des Heiligen bei Otto eine Neuerung darstellt, der solche Unterscheidungen nicht zuläßt.

Eliade bezieht sich hier auf die bekannten Initiationsinstitutionen von primitiven Gesellschaften. In den Kulturen der Jäger erlangen die jungen Männer erst durch den Initiationsritus das Recht zur uneingeschränkten und anerkannten Übernahme jener Rollen, von denen ihr Dasein bestimmt ist. Es liegt auf der Hand, daß in diesem Fall die Situation des »Profanen« im Sinn des Nichtinitiierten viel Ähnlichkeit aufweist mit der des Profanen in der Bedeutung des Ausgeschlossenseins vom Heiligen. Eliade macht jedoch darauf aufmerksam, daß bei den Naturvölkern auch die Frauen eigene initiatorische Institutionen kennen, wenngleich anderer Art und schwieriger zu erforschen. Im übrigen ist die Initiation nicht der einzige Ausdruck eines (komplementären) Antagonismus im Heiligen. Hier sind auch andere Unterscheidungen denkbar, etwa die zwischen einer hauptsächlich irdisch und einer vorrangig »himmlisch« orientierten Religiosität. Sie führen in die allzu univoke und statische Auffassung R. Ottos vom Heiligen ein dynamisches und sogar dialektisches Moment ein, dessen historische Dimension nicht nur die Frage der Diachronie betrifft (man muß sich hier vor einem evolutionistischen oder psychologistischen und intuitionistischen Vorverständnis wie bei Bachofen bzw. W. Otto hüten).

Ähnliches gilt zum Teil für eine weitere wichtige Unterscheidung, die Eliade in seine Vorstellung vom Heiligen als etwas Uranfänglichem einführt, nämlich die zwischen »zwei Urzeitaltern« und »zwei Arten religiöser Nostalgie«. Nachdem er im Kontext zweier Kosmogonien an den Gegensatz zwischen der Herrschaft von Tiamat und Uranos einerseits und der von Marduk und Zeus andererseits erinnert hat (die letzteren sind die Götter der neuen Generation, die mit dem Werk des Demiurgen oder der Ordnung verbunden ist, die nach dem Chaos des Urzeitalters höchste Prinzipien einführt), gelangt Eliade zu dem Schluß:

> »Wir können daher zwei Urzeitalter unterscheiden: ein präkosmisches, unhistorisches und ein kosmogonisches oder historisches. Der kosmogonische Mythos eröffnet die Heilsgeschichte, er ist ein historischer Mythos ... Wir können auch zwei Arten von religiöser Nostalgie unterscheiden: das Verlangen, die urzeitliche Ganzheit, die vor der Schöpfung bestand, wieder zu integrieren ... und das Verlangen, jene Urzeit wiederzuerlangen, die unmittelbar nach der Schöpfung begann ... Im letzteren Fall gilt das Verlangen der Heilsgeschichte eines Stammes ...«[15]

Diese Unterscheidung ist höchst bedeutsam, denn sie verleiht der Vorstellung, genauer gesagt den Vorstellungen von den *primordia* eine konkrete Wirklichkeit, die es erlaubt, die unterschiedliche Bedeutung der Themen zu beurteilen, welche sich mit den Beziehungen zwischen Zeitenanfang und Geschichte und den verschiedenen göttlichen oder präkosmischen Gestalten beschäftigen, die in diesen Beziehungen eine Rolle spielen.

Zum Schluß erhebt sich angesichts der fast vollkommenen Gleichsetzung des Heiligen mit dem Uranfänglichen bei Eliade die Frage, ob die beiden Unterscheidungen – zwischen den beiden Formen der Sakralität und den zwei Urzeitaltern – nicht miteinander in Beziehung gebracht oder gar gleichgesetzt werden können. Die Antwort darauf liegt natürlich bei Eliade selbst. Uns geht es hier um die Hervorhebung dieses Elements der Unterscheidung, der Dynamik, der Historizität (nicht des reduktionistischen oder relativistischen Historismus), das Eliade eingeführt hat, während er mit einem hermeneutischen Schlüssel arbeitet, der ansonsten Gefahr liefe, die Möglichkeiten einer Analyse des Religiösen und demnach dessen adäquates Verständnis einzuschränken. Noch wichtiger, da diese typologischen Unterscheidungen in enger Verbindung mit dem Konkreten der Geschichte stehen, weisen sie dem Denken Eliades einen Ort weit jenseits der Tendenz zu, mit dem Begriff der »Ambivalenz« zu prunken, auf den man nur allzuoft zurückgegriffen hat, um die Mannigfaltigkeit zu »erklären«, wo es den Anschein hatte, als müsse alles in der vorgeblichen Einförmigkeit einer Erfahrung versinken.

Aus dem Französischen von Udo Rennert

Anmerkungen

1 Eliade, *Die Sehnsucht nach dem Ursprung*, Frankfurt 1977, S. 91.
2 Ibid., S. 92 f.
3 Ibid., S. 93.
4 Ibid., S. 92.
5 Ibid., S. 179 f.
6 Ibid., S. 228; Hervorh. U. Bianchi.
7 Ibid., S. 228 f.
8 Ibid., S. 229.
9 Platon, *Phaidros*, 246 A ff.
10 Vgl. a. Philon v. Alexandria, *de fuga* 63; Plotin, *Enneaden*, IV, 8.
11 Platon, *Timaios*, 49 A ff.
12 Diogenes Laertius, *Prooem.* 3.
13 Vgl. Kern, *Orphicorum fragmenta*, 54-58, mit dem synkretistischen Relief in Modena (hierzu M. Guarducci, *»Natus prima luce«*, in Ugo Bianchi (ed.), *Mysteria Mithrae*, Leiden/Rom 1979, S. 161, Abb. 5).
14 Vgl. die orphische Kosmogonie bei Apollon. Rhod. *Argon.* I 496 ff. = Kern, *Orph. fragm.* 29. (Vgl. a. Eurip., fragm. 484 N²).
15 Eliade, a.a.O., S. 125.

Douglas Allen
Ist Eliade antihistorisch?

Die Mehrzahl der Religionsforscher in der Ethnologie und anderen Bereichen der Anthropologie, Soziologie und selbst der Religionsgeschichte haben die Arbeiten von Mircea Eliade entweder ignoriert oder kurzerhand verworfen.[1] Damit soll nicht bestritten werden, daß es bedeutende Gelehrte gibt, die Eliade für den einflußreichsten Religionshistoriker halten, den es heute auf der Welt gibt. Und in meinem Buch *Structure and Creativity in Religion* habe ich die Auffassung vertreten, daß Eliade einen methodologischen Fortschritt gegenüber früheren Religionsphänomenologen darstellt.

Die vielleicht am häufigsten von Religionswissenschaftlern geäußerte Kritik lautet, Eliade sei methodologisch unkritisch, willkürlich und subjektiv. Kritiker behaupten, seine Arbeiten seien höchst normativ und verließen die rein deskriptive Ebene der Religionswissenschaft und anderer empirischer und naturwissenschaftlicher Ansätze.

Eine besondere Form dieser allgemeinen Kritik ist die Behauptung, Eliade sei »antihistorisch«. So liest man bei Eliade etwa:

Ohne es eigentlich zu bemerken, fand sich der Religionshistoriker in einem kulturellen Milieu, das ganz verschieden von dem eines Max Müller oder Tylor, oder sogar eines Frazer und eines Marett war. Es war eine neue Umgebung, die ihre geistige Nahrung von Nietzsche, Marx, Dilthey, Croce und Ortega empfing und in der das Modewort nicht Natur, sondern Geschichte lautete.[2]

Gelehrte des 20. Jahrhunderts, die sich mit ihren Ansätzen gegenüber Frazer, Tylor und anderen frühen Forschern abgrenzen, heben häufig die unreduzierbar historische Dimension ihrer Belege hervor; religiöse Daten sind historische Daten; um Religion zu verstehen, muß man den besonderen Bedingungen jeder historischen Manifestation gerecht werden.

Deshalb erfolgt der Angriff auf Eliade, er sei methodologisch unkritisch und subjektiv, oft als Vorwurf, der konkreten, besonderen und historischen Natur der Daten nicht gerecht zu werden. Überraschenderweise scheinen einige Anhänger Eliades seinen Kritikern darin sogar zuzustimmen.

Die Kritiker

Die meisten Gelehrten, die das Antihistorische des Eliadeschen Ansatzes hervorgehoben haben, äußerten sich kritisch dazu: geschichtsbewußte Religionshistoriker, etwa Wissenschaftler der europäischen historisch-vergleichenden Schule, verschiedene Spezialisten, die sich gegen universelle Strukturen und umfassende Verallgemeinerungen wenden, und einige zeitgenössische amerikanische Kritiker; ein paar christliche Theologen und viele Anthropologen wie Wallace, Raglan, Lessa, Leach und Saliba.[3]

Nach Meinung des historisch orientierten Empirikers Robert D. Baird unterstellt Eliade für jede religiöse Erfahrung ein archaisches ahistorisches Modell; in ihrem Streben nach Strukturen sei seine Methode historisch nicht falsifizierbar und werde zu einem »Hindernis für jede authentische religiös-geschichtliche Erkenntnis«; seine Phänomenologie sei »so normativ wie die Theologie, da sie auf einer angenommenen Ontologie beruht, die weder historisch abgeleitet noch deskriptiv verifizierbar ist.«[4]

Etliche Gelehrte, hauptsächlich Theologen wie Kenneth Hamilton, haben angenommen, Eliades Ansatz sei theologisch. Sie behaupten, seine Theologie werde zwar in weiten Teilen der archaischen Religion gerecht, sei jedoch für ein Verständnis des Christentums und anderer »geschichtlicher Religionen« unzureichend. Für Thomas Altizer ist Eliades Methode »mystisch« und »romantisch«, nicht »rational« und »wissenschaftlich«. Seine Deutungen der archaischen Religion hätten ihre Verdienste, aber seine Phänomenologie reiche für eine Deutung der »höheren Religionen« und religiöser Erscheinungen in der modernen westlichen Welt nicht aus. Altizer meint, Eliades Ansatz, der mit dem historischen Christentum nichts im Sinn hat, befürworte eine Rückkehr zu einer archaischen Seinsweise und sei darum mit seiner »christlichen Herkunft« unvereinbar.[5]

Es läßt sich unschwer zeigen, daß Eliades Ansatz nicht auf einer christlich-theologischen oder normativen Position beruht[6], aber die Frage bleibt, ob seine Religionsgeschichte dem Christentum und anderen »historischen« Religionen gerecht wird.[7] Hat Eliade eine unhistorische archaische Ontologie als Norm für jede Religion verallgemeinert und damit eine Deutung z. B. des Christentums geliefert, die »kosmische«, unhistorische, vorchristliche und vielleicht sogar nichtchristliche Ursprünge, Einflüsse und Strukturen in den Vordergrund der Betrachtung rückt?

Nach Ivan Strenski »werden (die zahlreichen Äußerungen Eliades), die den Eindruck vermitteln, die Religionsgeschichte sei induktive Forschung, die ihre Schlußfolgerungen auf historische Taten stützt, am Ende wertlos«. Eliades Religionsgeschichte beruhe auf apriorischen Wahrheiten, die logisch wie chronologisch zu den historischen Daten in einer a-priori-Beziehung stünden. Diese »Wahrheiten« können gelegentlich »durch historisches Material (bestätigt werden), aber eine Falsifizierung durch dieses Material scheint von vornherein ausgeschlossen«.[8]

In seiner gutbegründeten und ausgiebig belegten Kritik behauptet Strenski, Eliade reduziere zunächst »Geschichte« auf falsche, beschränkte und inhaltsleere Begriffe, um nach der Formulierung eines derart leichten und verwundbaren Angriffszieles für die Notwendigkeit zu plädieren, in der Forschung über eine solche »Geschichte« des Heiligen hinauszugehen.[9] Eliade verwendet drei Begriffe von Geschichte, die er kritisiert. Erstens gibt es Geschichte als eine reine »Chronik«, als ob die Aufgabe des Geschichtsschreibers allein darin bestünde, Ereignisse oder Ereignisreihen zusammenzustellen. Zweitens gibt es die »positivistische Geschichte«, die menschliche Absicht und innere Bedeutung außer acht läßt, was zu Eliades falscher Dichotomie führt zwischen der Lieferung eines geschichtlichen Berichts und der Interpretation von Bedeutung. Am interessantesten ist der dritte Begriff einer »umfassenden Geschichte«, die erklärend und sinnstiftend, aber nur von begrenztem Wert ist, da sie uns nur helfen kann, den besonderen geschichtlichen Sinn des Heiligen zu erfassen, wie er in einer bestimmten Kultur verstanden und gelebt wurde. Auch eine solche Geschichte ist unzureichend, da sie dem Religionshistoriker nicht gestattet, die primären »transhistorischen« Bedeutungen des Heiligen zu entschlüsseln; sie verfehlt die transzendenten »vorgeschichtlichen« Bedeutungen, die »die unteren oder historischen Bedeutungen bedingen«.

In seiner Kritik der antihistorischen Position Eliades behauptet Strenski, dieser zwinge seinen Lesern immer wieder »falsche Dilemmata« auf und schlage anschließend »falsche Lösungen« vor, um diese zu umgehen.

Obwohl weder die positivistische noch die erzählende Geschichte zur Erklärung religiöser Erscheinungen ausreichen, und obwohl das Bruchstückhafte historischer Belege in bestimmten Bereichen (insbesondere jenen, denen das Hauptinteresse Eliades gilt) einer umfassenden transkulturellen Generalisierung im Wege steht, bedeutet dies noch nicht die Absage an eine eigene historische Sichtweise. Das Problem einer Erklärung und Bedeutungsentschlüsselung von religiösen Phänomenen bzw. Mythen und Symbolen wird nicht dadurch dem Bereich des Historischen entzogen, daß wir *tatsächlich* nur unzureichende Mittel zur Lösung der historischen Probleme zur Verfügung haben.[10]

Es kann z. B. sein, daß wir bestimmte transkulturelle Ähnlichkeiten zwischen verschiedenen Mythen unmöglich durch den Hinweis auf einen gemeinsamen historischen oder geographischen Ursprung erklären können; aber dieses »Dilemma« berechtigt uns nicht zu der Annahme eines Ursprungs und einer Erklärung »außerhalb der Geschichte«, einer ontologisch transzendenten Bedingung (unhistorische Archetypen) solcher geschichtlich nicht erklärbaren Ähnlichkeiten. Eliade ist in Strenskis Augen nicht berechtigt, eine derartige antihistorische, normative Position »sich selbst beglaubigender« Intuitionen unhistorischer Strukturen einzunehmen, die sich historisch weder bestätigen noch widerlegen lassen.[11]

Die Anhänger

Viele Interpreten, die Eliade gerühmt haben, räumen ein, daß er antihistorisch ist. Einige waren Gelehrte, die historischen und empirischen Erklärungen religiöser Erscheinungen kritisch gegenüberstehen; viele von ihnen haben sich literarisch betätigt oder sich für die mythischen oder phantastischen Dimensionen der literarischen Arbeiten Eliades interessiert und weniger für die geschichtliche Dimension von Erfahrung; und einige haben in Eliade einen antihistorischen oder transhistorischen Schamanen oder Mystiker sehen wollen.

Man kann nicht bestreiten, daß die große Mehrheit der Wissenschaftler, die Eliades Religionsgeschichte Zustimmung entgegenbringen, etwa Matei Calinescu oder Ricketts, in ihm entweder keinen Antihistoriker sehen[12] oder zumeist diese Frage gar nicht anschneiden.

Guilford Dudleys Deutung ist insofern ungewöhnlich, als sie eine der wenigen »wissenschaftlichen« Untersuchungen darstellt, für die Eliades Religionsgeschichte zwar auf einer antihistorischen normativen Position beruht, aber als »Anti-Geschichte« dennoch gute Gründe für sich hat. In der Tat sieht Dudley die gegenwärtige Religionsgeschichte in einer ernsten Krise und Verwirrung und Eliades antihistorische Religionstheorie als den besten Weg, dieser Disziplin zu einer neuen Geschlossenheit und Weiterentwicklung zu verhelfen.

Nach dem Hinweis auf Eliades Selbstverständnis, empirisch und historisch vorzugehen, zeigt Dudley, daß Eliade fortwährend von Empirikern kritisiert und abgelehnt wurde, und er stimmt den Kritikern darin zu, daß Eliade deren minimalen empirischen, historischen und induktiven Kriterien für eine »wissenschaftliche« Erklärung wie etwa denen einer empirischen Verifikation oder Falsifikation nicht genügt.[13] Daran anschließend vertritt Dudley die These, daß Eliades Religionsgeschichte höchst normativ sei, da sie auf einem privilegierten ontologischen Status beruhe, welcher der antihistorischen »archaischen Ontologie« eingeräumt werde. Eliade hebt diese archaische Ontologie besonders hervor, die in seinen Augen die Basis jeder Religion bildet und ihre sichtbarsten und am stärksten entwickelten Wurzeln in der indischen Religion und insbesondere im Yoga Patañjalis habe.[14]

Im Schlußkapitel seines Buchs *Religion on Trial* behauptet Dudley, ein empiristischer Ansatz sei kein brauchbarer Maßstab dafür, ob jemand »rational« oder »wissenschaftlich« vorgehe, da die Wissenschaftstheorie dessen methodologische Kriterien als unzulänglich nachgewiesen habe. Unter Verwendung der Terminologie und der Formulierungen von Imre Lakatos fordert Dudley, Eliade und seine Anhänger müßten nunmehr ein umfassendes theoretisches System klarlegen, so daß dessen Potential als durchführbares »Forschungsprogramm« überprüft werden kann.

Dudley kommt zu dem Schluß, daß Mircea Eliade tatsächlich ein »Religionsantihistoriker« sei, der seinen Platz in der Tradition der französischen, deduktiven, synchronischen und systematischen Ansätze habe und viele Ähnlichkeiten mit Gelehrten wie Foucault und Dumézil aufweise. Eliade müsse in seinen Schriften die »Ambivalenz«, die Verwirrung und die Widersprüche vermeiden, die sich daraus ergeben, daß er für sich in Anspruch nehme, empirisch und historisch vorzugehen.

Diese »wohlwollende« umstandslose Etikettierung von Eliades Ansatz als »antihistorisch« wirft etliche Probleme auf. Zwar läßt sich der zentrale Stellenwert von Strukturanalyse und Synchronizität in seinem systematischen Ansatz kaum bestreiten. Aber wer Dudleys Interpretation übernehmen wollte, müßte zahlreiche wesentliche Äußerungen in Eliades Schriften ignorieren, in denen er betont hat, sein Ansatz sei in einem gewissen Sinne »empirisch« und »historisch«. Noch mehr fällt jedoch ins Gewicht, daß Eliade oftmals hervorgehoben hat, gerade jene »Ambivalenz«, die Dudley ausschließen will, sei für ein angemessenes Verständnis religiöser Erscheinungen wesentlich. So heißt es bei ihm, daß die »Spannung«, wie sie in den oftmals konfligierenden methodologischen Forderungen historischer und phänomenologischer Ansätze zum Ausdruck kommt, tatsächlich eine »schöpferische« und notwendige Spannung jeder zureichenden und umfassenden Hermeneutik sei.[15]

Der Primat nichthistorischer Strukturen

1. Die historischen Strukturen

Nach Mircea Eliade bedient sich der Religionshistoriker »der empirischen Methode« und fängt mit der Sammlung religiöser Dokumente an, die einer Interpretation bedürfen. Im Gegensatz zu Müller, Tylor, Frazer und anderen frühen Forschern arbeitet er »ausschließlich mit historischen Dokumenten«.[16] Immer wieder bezeichnet Eliade die historischen Daten als seinen Ausgangspunkt, und er ist sich ihrer unreduzierbar historischen Natur bewußt.

Die Behauptung, alle religiösen Erscheinungen seien historisch, ist gleichbedeutend mit dem Eingeständnis, daß alle religiösen Daten bedingt sind. Das Heilige manifestiert sich stets in der Geschichte; besonders zeitliche, räumliche, kulturelle und andere Faktoren bedingen stets die religiöse Form der Äußerung.[17]

Ein religiöses Phänomen kann nicht außerhalb seiner »Geschichte« verstanden werden, d. h. außerhalb seiner kulturellen und sozioökonomischen Zusammenhänge. Außerhalb der Geschichte gibt es keine »rein« religiöse Gegebenheit. Denn es gibt keine menschliche Gegebenheit, die nicht zugleich geschichtlich wäre. Jede religiöse Erfahrung wird innerhalb eines bestimmten historischen Kontexts geäußert und übermittelt.[18]

Ohne die besonderen historischen Bedingungen zu berücksichtigen, hätte also Eliade die paradoxe Beziehung in der Dialektik des

Heiligen und des Profanen gar nicht analysieren können: Das, was endlich und historisch ist, kann eine »natürliche« Sache bleiben und dennoch etwas Unendliches und Transhistorisches zum Ausdruck bringen; das, was transzendent und transhistorisch ist, begrenzt und historisiert sich selbst, indem es sich in einer endlichen, geschichtlichen Sache manifestiert.[19]

2. Die transhistorischen Strukturen

In ihrer Erkenntnis der Notwendigkeit einer Interpretation der je besonderen Bedingungen religiöser Daten haben sich die meisten Gelehrten von Mircea Eliades Gespür für die spezifischen historischen Eigenschaften der Erfahrung unbeeindruckt gezeigt. Was in seinem Werk alles andere überragt, ist die primäre methodologische Betonung zeit- und geschichtsloser universeller Strukturen sowie der erhabene Status, den er diesen zuweist.

Geschichtliche Forschung mag notwendig sein, aber das ist sie in erster Linie als Mittel, »transhistorische Bedeutungen« zu erfassen. In allen seinen Schriften hält Eliade daran fest, daß fundamentale religiöse Strukturen geschichtslos sind.[20] Wir können nicht nachweisen, daß wesentliche religiöse Strukturen von bestimmten Gesellschaften oder zu bestimmten historischen Zeitpunkten geschaffen wurden. Wir können lediglich behaupten, daß bestimmte historische Bedingungen die Möglichkeit für die Manifestierung oder das Vorherrschen einer bestimmten zeitlosen und unhistorischen Struktur schaffen. Die Struktur einer archetypischen Symbolik wird durch Geschichte nicht grundsätzlich verändert; Geschichte fügt keine neuen Bedeutungen hinzu. Zwar kann es durch besondere historische Umstände zur Neubewertung einer bestimmten Symbolik kommen. Aber die neue Einschätzung ist durch die wesentlich transhistorische Struktur des Symbolismus bedingt.[21]

Eliade sieht seine Aufgabe nicht nur darin, transhistorische Bedeutungen zu interpretieren, sondern er spricht auch oft von »der Ungeschichtlichkeit allen religiösen Lebens«, wenn er z. B. auf die Spontaneität und Umkehrbarkeit religiöser Positionen verweist. Bestimmte mystische Erfahrungen z. B. »sind auf jeder Entwicklungsstufe der Zivilisation und in jeder Art religiöser Situation möglich«.[22]

Wie wir noch sehen werden, erschließt Eliade nicht nur transhistorische Bedeutungen vermittels einer Hermeneutik, die in nicht-historischen Strukturen verankert ist, sondern er vertritt auch die Auffassung, daß »primordiale« religiöse Erfahrungen wie die der Ekstase oder des mystischen Aufstiegs außergeschichtlich sind; tatsächlich sind die menschliche Natur und unsere grundlegende menschliche Seinsweise in der Welt außergeschichtlich.

So nimmt es kaum wunder, wenn Seymour Cain schreibt, daß »historische Aktualität und der lebendige Kontext religiöser Phänomene«, die Eliade so sehr betont hat, »anscheinend als etwas banal Bedeutungsloses verworfen werden, als ein Nichts neben der ›transhistorischen‹ Intentionalität der spezifischen Manifestationen des Heiligen in Symbolen, Riten, Mythen etc.« Bei Eliade hat es den Anschein, als ob »das Systematische dem Historischen, die Struktur der Geschichte vorangeht, methodologisch – wenn nicht auch metaphysisch – ausgedrückt«[23].

3. Jenseits der historischen Erklärung

In der methodologisch bedeutsamen »Einleitung« seines Buches über Schamanismus, in *Mythen, Träume und Mysterien,* in *Ewige Bilder und Sinnbilder* und in anderen Schriften ist Eliade bemüht, sein eigenes Vorgehen gegenüber einer historischen (psychologischen, kausalen etc.) Erklärung abzugrenzen. Man kann den Ursprung oder die Verbreitung einer bestimmten religiösen Manifestation unter dem Aspekt verschiedener geschichtlicher, kultureller und temporaler Bestimmungsfaktoren erklären, doch Eliade behauptet fortwährend, die Aufgabe des Phänomenologen erschöpfe sich nicht in seiner historischen Forschung: Auch die Bedeutung der Daten muß entschlüsselt werden. »So muß der Religionshistoriker an einem bestimmten Punkt zum Religionsphänomenologen werden, da er Bedeutungen auffinden will. Ohne Hermeneutik ist die Religionsgeschichte wie jede andere Geschichte auch – nackte Tatsachen, besondere Klassifikationen usf.«[24]

Eliade formuliert zumindest einen Anspruch, der aller Phänomenologie gemeinsam ist: Eine historische (kausale, psychologische etc.) Erklärung erschöpft die Bedeutung der vorliegenden Daten nicht. Die Phänomenologie, man hat es oft wiederholt, hat es nicht mit »Erklärungen«, sondern mit dem Aufsuchen von »Bedeutungen« zu tun. Darum ist Sinndeutung und die Aufdeckung historischer Bedingungen nicht ein und dieselbe Aufgabe.

Aber Eliade will mit seinem Schritt über die historische Erklärung hinaus etwas weit Umstritteneres als dies. Er stellt endgültige, unhistorische, ontologische Behauptungen auf über die menschliche Natur, die menschliche Weise des In-der-Welt-Seins und über die *conditio humana* an sich.[25]

Eliade behauptet beispielsweise, »als Erfahrung ist Ekstase ein außergeschichtliches Phänomen; es ist ein Urphänomen in dem Sinne, daß es mit der menschlichen Natur auftritt und vergeht. Allein die religiöse Deutung, die der Ekstase gegeben wird, und die Techniken, die ihrer Vorbereitung dienen oder sie erleichtern sollen, sind historische Daten.« Oftmals schreibt er vom »außergeschichtlichen Anteil in jedem menschlichen Wesen« und davon, daß »Urphänomene« Dimensionen aufweisen, die »metakulturell und transhistorisch« sind. So sagt er von einem solchen Urphänomen, in dessen Zentrum die Auffahrt in den Himmel steht, es scheine »zum Menschen als solchem, in seiner Integrität zu gehören und nicht zu ihm als historischem Wesen – das bezeigen die Auffahrtsträume, -halluzinationen und -bilder, wie sie überall auf der Welt und ohne jede historische oder andere ›Bedingtheit‹ begegnen.«[26]

Besondere historische und kulturelle Bedingtheiten können diese existentiellen Urerfahrungen nicht erklären, denn diese Urphänomene gehören wesentlich zur *conditio humana* als solcher. Der Religionshistoriker muß die jeweiligen geschichtlichen Bedingungen berücksichtigen, doch nicht alle religiösen Erfahrungen sind historisch determiniert. Manchmal transzendieren menschliche Wesen ihren spezifischen historischen Kontext und haben bestimmte außergeschichtliche Urerlebnisse einfach aufgrund ihrer menschlichen Existenzweise.

Offenbar geht es Eliade in seinem Schritt über das Geschichtliche hinaus häufig um mehr als die unstrittige Behauptung, der *homo religiosus* erfahre religiöse Phänomene als Offenbarung übergeschichtlicher Bedeutungen, und um mehr als die Feststellung, Sinndeutung sei nicht dasselbe wie historische Erklärung. Die fundamentalen außerzeitlichen und außergeschichtlichen religiösen Strukturen sollen Eliades wesentliche ontologische Behauptungen über die wahre menschliche Seinsweise in der Welt und die *conditio humana* als solche untermauern.

4. Persönliche Einstellungen

Eliades persönliche Einstellungen zu Geschichte und historischer Zeit sind an zahlreichen Stellen nicht nur in jenen Arbeiten zum Ausdruck gebracht worden, in denen er über die Darstellung des *homo religiosus* hinausgeht, verschiedene ontologische Vorstöße unternimmt und allgemeine normative Urteile formuliert, sondern auch und am deutlichsten in Tagebuchnotizen. So schreibt er z. B.: »Meine Hauptbeschäftigung ist für mich die einzige Möglichkeit, der Geschichte zu entrinnen und mich durch Symbole, Mythen, Riten und Archetypen zu retten.«[27]

Seine Tagebücher *Mémoire I* und *Fragments d'un journal* zeigen deutlich, daß Mircea Eliade in derselben Weise, in der er sich mit der indischen Mythologie identifiziert, eine enge persönliche Beziehung zum »kosmischen Christentum« des rumänischen Bauern empfindet. Der Geist des westlichen, geschichtlichen Christentums befremdet ihn. Was ihn am meisten interessiert, sind die Manifestationen abseits der Hauptströmung der westlichen, geschichtlichen Religionen: Mystizismus, Alchemie, die »kosmische Religion« osteuropäischer Bauern etc., kurz jene Manifestationen, welche die »historische« Dimension der sogenannten geschichtlichen Religionen unterbewertet oder völlig ignoriert haben. Ganz allgemein steht Eliade der jüdisch-christlichen Tradition kritisch gegenüber, von der der Angriff auf eine kosmische Religiosität ausging und das Wesen des Heiligen ausgehöhlt wurde. Er sieht die Wurzeln vieler unserer heutigen Krisen in einer solchen historischen Entwicklung und spricht häufig die Hoffnung aus, daß das Christentum und der moderne Westen sich erneuern können, indem sie diese kosmische Dimension der Wirklichkeit wiedergewinnen.

Man könnte leicht zeigen, in welchem Ausmaß Eliades persönliche Einstellung seine im allgemeinen wenig wohlwollenden Darstellungen nichtreligiöser »historischer« Ansätze beeinflußt hat, die er, wie Ricketts zutreffend schreibt, häufig »zusammen in einen Topf wirft, ohne ihre Unterschiede zu berücksichtigen« und höchst ungenau als »Positivismus, Historismus, Existentialismus und Materialismus« bezeichnet.[28] Eliades einfühlsame und großzügige Haltung gegenüber archaischen religiösen Erscheinungen, die so weit geht, daß er selbst dort noch tiefe spirituelle Bedeutungen sieht, wo der *homo religiosus* selbst sich dessen gar nicht bewußt ist, bildet einen auffälligen Gegensatz zu den zahlreichen übervereinfachten und verständnislosen Formulierungen, die sich auf nichtreligiöse Positionen beziehen.[29]

Zweifellos bleibt Raum für die Überlegung, wie weit Eliades persönliche Haltung, in der sich seine antihistorischen oder unhistorischen Auffassungen spiegeln, seine Deutungen beeinflußt.

5. Normative antihistorische Urteile

Letztlich behauptet Eliade nichts anderes, als daß es dem eigentlichen Menschsein eher entspreche, sein Leben unter dem Aspekt transzendenter beispielhafter Modelle, außerzeitlicher und unhistorischer Strukturen zu leben, als sich uneingeschränkt mit der zeitlichen und geschichtlichen Dimension der Existenz zu identifizieren, und daß der moderne geschichtliche Mensch, der jede »religiöse Lösung« ablehnt, seine fundamentalsten Existenzkrisen nicht lösen könne.[30]

In vielen seiner Arbeiten zeigt sich Eliade äußerst kritisch gegenüber verschiedenen Ansätzen, die er als positivistisch, historistisch, existentialistisch, marxistisch, materialistisch und reduktionistisch bezeichnet. In den meisten Fällen wendet er sich gegen deren Deutung von religiösen Erscheinungen, aber er steht auch ihren allgemeinen Annahmen, Geschichtsauffassungen und Urteilen über die menschliche Seinsweise und die Natur der Wirklichkeit extrem kritisch gegenüber.

Ich erinnere an Eliades Analyse des Heiligen als einer permanenten Bewußtseinsstruktur und als Äußerung einer Transzendenzstruktur. Und ich erinnere daran, daß die Erforschung des *homo religiosus* die Erforschung der »ganzen Person« ist. Aus diesem Grund wären für Eliade die Interpretationen von Existentialisten, Historisten, Materialisten und anderen, die das wahrhaft Menschliche in der zeitlichen und geschichtlichen Dimension des Daseins sehen, gleichbedeutend mit der Leugnung einer wesentlichen Struktur eines Transzendenzbewußtseins, der Leugnung der »ganzen Person« und darum der Leugnung dessen, was rein und eigentlich menschlich ist.[31] Statt auf die bisherigen Beispiele der Ekstase, des Aufstiegs oder anderer Urphänomene näher einzugehen oder weitere zahlreiche normative Behauptungen zu zitieren, die sich überall bei Eliade finden, möchte ich mich auf bestimmte Urteile in seiner Analyse des »Schreckens der Geschichte« in seinem Buch *Kosmos und Geschichte* beschränken. »Wie es auch um die Wahrheit hinsichtlich der Freiheit und der schöpferischen Tugenden des geschichtlichen Menschen bestellt sein mag – es steht außer Frage, daß keines der historischen philosophischen Systeme in der Lage war, ihn gegen den Schrecken der Geschichte zu schützen.« Wenn der moderne Mensch existentielle Krisen und geschichtliche Tragödien erlebt, muß der »Schrecken der Geschichte« zu Nihilismus oder Verzweiflung führen, wenn der einzelne sich durch seine geschichtlichen Situationen völlig selbst formt. »Im Grunde kann der Bereich der Archetypen und der Wiederholung nur dann ungestraft verlassen werden, wenn man eine Philosophie der Freiheit vertritt, die Gott nicht ausschließt.« »Nur eine solche Freiheit (die in der jüdisch-christlichen Glaubenskategorie verankert ist) – für Gott ist alles möglich – vermag den modernen Menschen gegen den Schrecken der Geschichte zu schützen. Jede andere moderne Freiheit ... ist außerstande, die Geschichte zu rechtfertigen.«[32]

Uns interessiert hier nicht die Frage nach der Angemessenheit von Eliades spezieller Interpretation, sondern vielmehr die Tatsache, daß er an dieser Stelle seine Analyse nicht mehr allein unter dem Aspekt des *homo religiosus* betreibt, sondern sich allem Anschein nach auf eine höhere Ebene der Allgemeinheit begibt. Mit anderen Worten, was Eliade *nicht* behauptet, ist dies: Von einem religiösen Standpunkt aus kann uns keine historistische »Lösung« vor dem »Schrecken der Geschichte« schützen; aber unter einem außerreligiösen Gesichtswinkel kann es eine »Lösung« geben, welche die Geschichte zu »rechtfertigen« und Nihilismus und Verzweiflung zu überwinden vermag. Statt dessen formuliert er allgemeine Aussagen über die menschliche Weise des In-der-Welt-Seins und die *conditio humana* als solche, und auf der Grundlage derartiger Urteile behauptet er, daß die »historistischen Philosophien« von Hegel, Marx, Dilthey und anderen den modernen westlichen Menschen nicht vor dem Schrecken der Geschichte schützen könnten.

Nun impliziert dieses Vorgehen offenbar einen ontologischen Standpunkt. Aus diesen und zahlreichen anderen Beispielen läßt sich der Schluß ziehen, daß für Eliade die Strukturen religiöser Erfahrung, wie sie in der Weigerung sichtbar werden, sich mit der geschichtlichen Dimension des Daseins zu identifizieren, fundamentale Strukturen der menschlichen Seinsweise ganz allgemein enthüllen. Eliade zufolge zeigt eine solche Ebene der ontologischen Analyse, daß allein durch die Erfahrung der wesentlichen, außergeschichtlichen und symbolischen Strukturen des Heiligen der moderne westliche Mensch den »Schrecken der Geschichte« und seine Existenzangst überwinden und ein wahrhaft sinnvolles und eigentliches menschliches Dasein leben kann.

Das Wechselverhältnis von Geschichtlichem und Übergeschichtlichem

In mehreren Arbeiten geht Eliade davon aus, daß es die historisch-phänomenologische »Spannung« ist, wie sie sehr klar von Raffaele Pettazzoni formuliert wurde, von der die Religionswissenschaft definiert wird.[33] Die Spannung zwischen historischen und phänomenologischen Ansätzen ist notwendig und schöpferisch zugleich. Obgleich Eliade einräumt, daß sowohl das historisch Besondere als auch die universelle Struktur eine Rolle spielen, kann doch kein Zweifel daran bestehen, daß sein Ansatz die außergeschichtliche, universelle Struktur und nicht das konkret historisch Besondere hervorhebt und daß er seine vordringlichste Aufgabe in der Interpretation transhistorischer religiöser Bedeutungen sieht.

Es muß betont werden, daß die Frage, ob Eliade antihistorisch ist, viele Probleme unterschiedlicher Art aufwirft, von denen sich die meisten nicht durch eine simple Identifizierung oder Denunzierung seiner Position als antihistorisch lösen lassen. Solche Deutungen verfehlen im allgemeinen die Ernsthaftigkeit, mit der Eliade das einzelne historische Dokument behandelt, sowie die Komplexität seiner phänomenologischen Methode und seines hermeneutischen Entwurfs. In der Tat kann man Eliades Ansatz nicht verstehen, ohne das wichtige Wechselspiel zwischen dem Geschichtlichen und dem Übergeschichtlichen zu berücksichtigen.

Gewiß betont Eliade die universelle »permanente« Struktur in der Dialektik des Heiligen und des Profanen, die ihm die Unterscheidung religiöser Erscheinungen ermöglicht; aber es ist unmöglich, diese Dialektik der Hierophanien in all ihrer Komplexität zu erfassen, ohne die historisch besondere Natur der jeweiligen Daten in Rechnung zu ziehen.[34]

Wir haben bereits auf das paradoxe Nebeneinander verwiesen, das in der Dialektik des Heiligen sichtbar wird: ein gewöhnlicher, geschichtlicher Gegenstand kann ein natürlicher Gegenstand bleiben und zugleich etwas manifestieren, das nicht historisch oder natürlich ist; etwas Transzendentes und Transhistorisches begrenzt sich selbst, indem es sich in einem relativen, endlichen, historischen Gegenstand manifestiert.

Dieses paradoxe Nebeneinander des Heiligen und des Profanen ist keine statische Beziehung, es kommt als dialektische Spannung und Bewegung zum Ausdruck.

Die Dialektik des Heiligen enthüllt die dynamische Spannung und Bewegung zweier gegensätzlicher, aber interagierender Prozesse. Auf der einen Seite steht die Bewegung vom Heiligen (einer dem Wesen nach außergeschichtlichen Struktur, einem zeitlosen Modell etc.) zur besonderen, historischen, bedingten Manifestation. Das Heilige äußert sich nicht in unvermittelter, »vollkommener Form«. In jeder Hierophanie unterliegt das Heilige diesem Prozeß eines radikalen Bedingtseins. Das Heilige wird fragmentiert und partikularisiert, es vergegenständlicht sich in immer neuen Objekten und nimmt immer wieder neu Gestalt an.

Wenn diese Bewegung der Vergegenständlichung ihr dialektisches Gegenstück völlig beherrscht, kann die Struktur des Heiligen zusammenbrechen, das Transhistorische kann vom historischen Objekt überwältigt werden, und es ist möglich, daß jede Wahrnehmung einer heiligen oder transzendenten Bedeutung verlorengeht. Eliade scheint solche Hierophanien, die besonders bedingt, begrenzt und relativiert sind, als »niedrigere« oder weniger spirituelle Erscheinungen einzustufen.

Auf der anderen Seite »steht die Bewegung vom Heiligen zu einer formgebundenen Gestalt – d. h. die Bewegung von einem Archetypus zu einer bestimmten Manifestation –, eine Bewegung, die ihr dialektisches Gegenstück in der Tendenz der formgebundenen Gestalt, des neuen Objekts hat, dessen archetypische, universelle Bedeutung zu verwirklichen«.[35] Eliade formuliert diese »umgekehrte« Bewegung der Vergegenständlichung in vielen Passagen.

Ist jedoch die religiöse Gestalt einmal verwirklicht, ist sie »in die Geschichte eingeschaltet«, dann drängt sie auch dazu, sich der sie bedingenden Zeit- und Ortsumstände zu entäußern, um allgemeingültig zu werden: zurückzufinden zum Archetypus.[36]

Es gibt keine religiöse Form, die nicht versuchte, ihrem wahren Archetypus so nahe als möglich zu kommen, mit anderen Worten, sich von »geschichtlichen« Anreicherungen und Ablagerungen zu befreien. Jede Gottheit zeigt die Neigung, eine Große Gottheit zu werden, alle Eigenschaften und Funktionen an sich zu ziehen, die zur archetypischen Großen Gottheit gehören.[37]

Wenn diese »nachgeordnete« dialektische Bewegung ihr dialektisches Gegenstück völlig beherrscht, dann kann die transhistorische heilige Struktur oder exemplarische Gestalt von der besonderen historischen und existentiellen Situation, in der sie vergegenständlicht wurde, abgelöst oder befreit werden. Wenn das Heilige so »entfernt«, so transzendent geworden ist, daß es nicht mehr als historisch übermächtig erlebt wird, dann wird die Hierophanie nicht länger als etwas für die besonderen existentiellen Krisen religiöser Menschen Bedeutsames erlebt.

Ein ausgezeichnetes Beispiel für diese Spannung und Bewegung der Vergegenständlichung, das die grundlegende geschichtlich-übergeschichtliche Beziehung deutlich enthüllt, läßt sich in Eliades Untersuchungen der mündlichen Überlieferung und Folklore archaischer und anderer traditionsgebunder Gesellschaften sehen. Eliade versteht den dialektischen Prozeß dieser kollektiven Schöpfungen als eine Bewegung in zwei entgegengesetzte Richtungen: Auf der einen Seite steht die Lokalisierung, ethnische Bindung, Historisierung und der Abstieg der übergeschichtlichen, universellen, mythischen Strukturen in speziellere und persönliche Ereignisse; auf der anderen Seite die Remythifizierung oder Assimilierung der historischen Individuen und Ereignisse in ihre transhistorischen exemplarischen Formen oder universellen Modelle.[38]

Aus dem bisher Gesagten sollte deutlich geworden sein, daß es ohne Berücksichtigung der historischen Dimension der Daten keine Erkenntnis der gegenläufigen, historisierenden Bewegung gäbe, kein Verständnis der strukturell notwendigen Spannung, die zwischen den gegensätzlichen, aber interagierenden dialektischen Bewegungen besteht. Kurz, ohne dynamische geschichtlich–übergeschichtliche Interaktion gäbe es keinen Prozeß der Sakralisierung als die universelle Struktur aller religiösen Erfahrung.

Es wäre ein leichtes, die Unmöglichkeit der Erkenntnis anderer Strukturen des Heiligen nachzuweisen, solange die historisch–

transhistorische Beziehung unberücksichtigt bleibt. Wir können z. B. ohne eine Rekonstruktion von Eliades Analyse einfach seine häufig wiederholte Behauptung anführen, daß das Heilige in seiner Manifestation »die im Schein verborgene Wirklichkeit« darstellt.[39] So schreibt er: »Wenn sich etwas ›Heiliges‹ manifestiert (Hierophanie), wird zur selben Zeit etwas ›geheim‹, verborgen.«[40] »Hier liegt die wahre Dialektik des Heiligen: Durch die bloße Tatsache, daß es *sich zeigt, verbirgt sich* das Heilige.«[41] Er stellt fest, daß seine wissenschaftlichen und literarischen Arbeiten zum selben Problem führen: »die Unerkennbarkeit des Transzendenten« oder transhistorisch Heiligen, das »sich in der Geschichte verbirgt«.[42] Darum wären wir ohne eingehende Analyse des Historischen und der historisch–transhistorischen Beziehung nicht in der Lage, das religiöse Phänomen zu identifizieren, geschweige denn seinen transhistorischen Sinn zu deuten.

Selbst im Hinblick auf die unhistorischen, universellen, symbolischen Strukturen, die in Eliades Religionsphänomenologie einen solchen privilegierten ontologischen Status einnehmen, ließe sich die Unmöglichkeit zeigen, Eliades Interpretation des religiösen Symbolismus ganz zu verstehen, ohne die geschichtliche Dimension der Existenz ernst zu nehmen. Überzeitliche und übergeschichtliche religiöse Strukturen an sich konstituieren noch keine religiöse Erfahrung.

Die eigentliche religiöse Erfahrung besteht gerade in dem, was religiöse Menschen mit diesen symbolischen Strukturen tun. Diese universellen Strukturen fungieren als eine unerschöpfliche Quelle religiöser Bedeutung und bieten praktisch unbegrenzte Möglichkeiten der Aktualisierung. Die Neubelebung einer religiösen Symbolik in der Gegenwart ist die besondere Weise, wie religiöse Menschen sich auf die Symbolik beziehen, in der Strukturierung und Sinngebung ihrer Welt. Und genau das, was religiöse Menschen mit diesen außergeschichtlichen Strukturen tun, muß im Rahmen ihrer konkreten, spezifischen, geschichtlichen Situation gesehen werden. Welche transhistorischen Strukturen wir in den Blick bekommen, wie wir auf unsere Entdeckungen reagieren, welche Bedeutung sie für uns haben, in welcher Weise wir sie für eine Strukturierung unserer Welt verwenden, das alles hängt weitgehend von unseren historischen, kulturellen und anderen besonderen Bedingungen ab. Noch einmal, für Mircea Eliade umfaßt die aktuelle religiöse Erfahrung und Kreativität stets zugleich auch die dynamische Interaktion zwischen dem geschichtlich Besonderen und der ungeschichtlichen universellen Struktur.

Selbst im Hinblick auf archaische Religionen, in denen der *homo religiosus* danach strebt, die profane Zeit und die Geschichte aufzuheben, bietet Eliade viele Erklärungen der verschiedenen Bedeutungen an, in denen diese »antihistorischen« Gesellschaften tatsächlich »historisch« sind. In *Australian Religions: An Introduction* und anderen Büchern hebt er hervor, daß archaische Menschen in der Geschichte leben, vom Geschichtlichen beeinflußt und tatsächlich geschichtliche Wesen sind. An manchen Stellen zeigt er, daß es gerade die Berufung auf eine transhistorische »heilige Geschichte« ist, welche die archaische Gesellschaft in den Stand versetzt, »historisch zu leben« und sogar »Geschichte zu machen.«[43]

Schlußbemerkungen

Die dreibändige *Geschichte der religiösen Ideen* stellt eine der wichtigsten wissenschaftlichen Leistungen Eliades dar. Viele der Angriffe auf Eliade mit dem Vorwurf, er sei antihistorisch, insbesondere die Kritik seitens der Anthropologen, erfolgten als Reaktion auf *Die Religionen und das Heilige,* jenes Buch, das vermutlich Eliades internationalen Ruf als Religionswissenschaftler begründet hat. Kritiker bemängelten, seine synchronische, morphologische Untersuchung sei nicht historisch; religiöse Strukturen würden aus ihren historischen und kulturellen Zusammenhängen herausgelöst.

In dieser und in späteren Veröffentlichungen hat Eliade ein »historisches Gegenstück« angekündigt, das schließlich auch erschienen ist.

Wird die *Geschichte der religiösen Ideen* Eliades Kritiker zufriedenstellen? Was seine »Geschichte« den vorangegangenen Morphologien hinzufügt, ist eine stärkere Hervorhebung der unerschöpflichen Neuartigkeit religiöser Äußerungen und der irreduziblen Unterschiede der religiösen Formen; es findet sich ein ausgeprägteres Gefühl für Strukturen, die sich in einem Prozeß befinden, als Bestandteil einer sich ständig verändernden, dynamischen, schöpferischen und geistigen Geschichte. Aber in dieser geschichtlichen Untersuchung hat Eliade seine früheren »übergeschichtlichen« Annahmen und Prinzipien nicht aufgegeben. Ohne einen derartigen hermeneutischen Rahmen hätte er eine solche Geschichte gar nicht schreiben können. Diese geschichtliche Untersuchung existentieller Krisen und religiöser Kreativität wird von seiner morphologischen Analyse wesentlicher, transhistorischer religiöser Strukturen geleitet.

Deshalb werden vermutlich die meisten Kritiker Eliades im Hinblick auf dessen antihistorische Haltung mit dieser Geschichte nicht zufrieden sein. Aufgrund ihrer methodologischen Ausrichtung werden die meisten Kritiker in dieser Untersuchung eine Pseudo-Geschichte sehen.

Eliades Ansatz ruht tatsächlich auf einer antihistorischen normativen Grundlage. Er sieht nicht nur seine vordringlichste Aufgabe in der Aufdeckung transhistorischer religiöser Bedeutungen, sondern seine Hermeneutik hat etwas zutiefst Unhistorisches an sich: der methodologische Primat übergeschichtlicher und überzeitlicher universeller Strukturen, wie er sich ablesen läßt an der permanenten transhistorischen Struktur der Dialektik des Heiligen und an den Systemen wesentlicher Symbolstrukturen, die seinen Deutungen zugrunde liegen; die ontologischen Formulierungen jenseits des Historischen, samt antihistorischen, normativen Urteilen aller Art etc.

Aber der Nachweis, daß Eliade die Ontologie des *homo religiosus* als etwas Antihistorisches interpretiert, oder sogar, daß seine normative Position tendenziell antihistorisch ist, bedeutet nicht notwendig, daß diese phänomenologische Methode insgesamt antihistorisch ist. Wie wir gesehen haben, sind sein phänomenologischer Ansatz und seine Hermeneutik darauf angewiesen, die historische Dimension der religiösen Daten gebührend zu berücksichtigen. Jede Interpretation religiöser Bedeutung, die den besonderen geschichtlichen Kontext der Manifestationen des Heiligen außer acht läßt, ist zum Scheitern verurteilt.

Jene Wissenschaftler, die Eliades Ansatz als schlichtweg antihistorisch einordnen und in der Mehrzahl ablehnen, haben sein hermeneutisches Ringen um das Historisch Besondere, sein Interesse nicht nur an übergeschichtlichen universellen Strukturen, sondern auch an historischen Spielarten und schließlich die Komplexität seiner phänomenologischen Methode zuwenig ernst genommen. Dennoch kann nicht bestritten werden, daß Mircea

Eliade im Vergleich zu anderen Religionswissenschaftlern in der Tat dem Übergeschichtlichen ein besonderes Gewicht verleiht.[44]

Aus dem Englischen von Udo Rennert

Anmerkungen

1 Dies wird eingehender behandelt bei Douglas Allen, *Mircea Eliade et le phénomène religieux*, Paris 1982, Kap. 1.

2 Mircea Eliade, *Die Sehnsucht nach dem Ursprung*, Frankfurt 1977, S. 76.

3 Seymour Cain, »Mircea Eliade«, *International Encyclopedia of the Social Sciences Biographical Supplement 18* (1979), S. 166-172, gibt einen Überblick über verschiedene Kritiken; eine Zusammenfassung ähnlicher Angriffe findet sich auch bei Guilford Dudley III, *Religion on Trial: Mircea Eliade and his Critics*, Philadelphia 1977, sowie bei John A. Saliba, »*Homo Religiosus« in Mircea Eliade: An Anthropological Evaluation*, Leiden 1976; zahlreiche Kritiken von anthropologischer Seite werden angeführt von Mac Linscott Ricketts, »In Defense of Eliade: Toward Bridging the Communications Gap between Anthropology and the History of Religions«, *Religion: Journal of Religion and Religions 3* (1973), S. 13-43. Vgl. auch Douglas Allen und Dennis Doeing, *Mircea Eliade: An Annotated Bibliography*, New York 1980, Part 2: »Works about Mircea Eliade«, S. 95-157.

4 Robert D. Baird, *Category Formation and the History of Religions*, Den Haag 1971, S. 86 f., 152 f. et passim. Dem wäre entgegenzuhalten, daß Bairds Begriff einer empirischen und historischen »Verifizierung« zu eng und eigentlich überholt ist.

5 S. Kenneth Hamilton, »*Homo Religiosus* and Historical Faith«, *Journal of Bible and Religion 33* (1965), S. 213-222; Thomas J. J. Altizer, *Mircea Eliade and the Dialectic of the Sacred*, Philadelphia 1963. Altizers Deutung ist von mehreren Seiten auf Kritik gestoßen: M. Eliade, »Notes for a Dialogue«, in: J. B. Cobb (ed.), *The Theology of Altizer: Critique and Response*, Philadelphia 1970, S. 234-241; Mac Linscott Ricketts, »Eliade and Altizer: Very Different Outlooks«, *Christian Advocate*, Okt. 1967, S. 11 f.; ders., »Mircea Eliade and the Death of God«, *Religion in Life*, Frühjahr 1967, S. 40-52; Douglas Allen, *Structure and Creativity in Religion*, Den Haag 1978.

6 Vgl. z. B. Douglas Allen, »Eliade et le christianisme«, in: ders., *Mircea Eliade et le phénomène religieux*, S. 240-243.

7 So behauptet etwa Robert A. Segal, Eliade habe eine allgemeine Theorie, nach der »der Mensch angesichts der Sinnlosigkeit, die er als Mensch in der Geschichte, und des Sinnes, den er in der uranfänglichen Zeit findet, instinktiv danach strebt, die Geschichte abzuschaffen und zur uranfänglichen Zeit zurückzukehren«. Diese Theorie einer »angeborenen« oder »natürlichen« Sehnsucht zwinge Eliade, das spezifische »israelitische Verständnis von Geschichte« zu leugnen und führe zu einer Fehlinterpretation der jüdischen Eschatologie; vgl. Segal, »Eliade's Theory of Millenarianism«, *Religious Studies 14* (1978), S. 159-173.

8 Ivan Strenski, »Mircea Eliade: Some Theoretical Problems«, in: Adrian Cun-
   ningham (ed.), *The Theory of Myth: Six Studies*, London 1973, S. 51 f.

9 Ibid., S. 43-52.

10 Ibid., S. 58 f.

11 Ibid., S. 53 f., 58 f. u. 60 f. Eine Kritik an Strenski findet sich bei Allen, *Mircea
   Eliade et le phénomène religieux*, a.a.O., S. 198, 244 f.

12 In seinem Aufsatz »Mircea Eliade and the Death of God«, *Cross Currents* 29
   (1979), S. 257-269, rühmt Thomas Altizer nunmehr Eliade als einen atheistischen christlichen Theologen, dessen Dialektik und Theologie ein angemessenes
   Verständnis der modernen, gottlosen Geschichte und des verborgenen Transzendenten seien, das sich seit der Fleischwerdung Christi (gleichbedeutend mit dem
   Tod Gottes) nur durch eine radikal profane Geschichte ganz vergegenwärtigen
   und verwirklichen könne. Aus Eliades Kritik in »Notes for a Dialogue« und
   meiner Widerlegung in *Structure and Creativity in Religion* wird deutlich, daß
   Altizer nach wie vor einer Fehlinterpretation von Eliades Dialektik des Heiligen
   und anderer Aspekte seiner Religionsgeschichte zum Opfer fällt.

13 S. Kap. 1 bei G. Dudley III, *Religion on Trial*.

14 Im 3. Kapitel seines Buches versucht Dudley den Nachweis, daß diese antihistorische »archaische Ontologie« als normative Begründung von Eliades Religionstheorie dient; im 4. Kapitel versucht er, die »indischen Wurzeln« dieser Ontologie zu belegen.

15 Eine solche Interpretation von Eliades »Antihistorie« bringt möglicherweise
   noch andere Schwierigkeiten mit sich. So läßt sich etwa Dudleys umstandslose
   Übernahme der epistemologischen Dichotomie »empiristisch-induktiv-histo-
   risch« versus »rationalistisch-deduktiv-antihistorisch« in Frage stellen. Ein Gut-
   teil der neueren Philosophie galt nicht nur einer Kritik des klassischen Empiris-
   mus, sondern auch dieser überspitzten Dichotomie.

16 M. Eliade, »Methodologische Anmerkungen zur Erforschung der Symbole in
   den Religionen«, in: Mircea Eliade und Joseph Kitagawa (eds.), *Grundfragen der
   Religionswissenschaft*, Salzburg 1963, S. 108 f.; ders., *Die Sehnsucht nach dem
   Ursprung*, S. 79; ders., *Kosmos und Geschichte*, Reinbek 1966, S. 9; ders., *Die
   Religionen und das Heilige*, München 1954, S. 14-17 u. S. 21 f.

17 S. Eliades Formulierung in *Ewige Bilder und Sinnbilder*, Freiburg 1958, S. 46-
   48.

18 M. Eliade, »Comparative Religion: Its Past and Future«, in: Walter J. Ong (ed.),
   New York 1968, S. 250. Eliade fährt fort: »Doch die Geschichtlichkeit religiöser
   Erfahrungen zugeben bedeutet nicht, daß sie sich auf nichtreligiöse Formen des
   Verhaltens zurückführen lassen.« Vgl. *Die Religionen und das Heilige*, S. 13,
   und ders., »Ein neuer Humanismus«, in *Die Sehnsucht nach dem Ursprung*,
   S. 17-29.

19 *Die Religionen und das Heilige*, S. 51 u. 54 f.; *Ewige Bilder und Sinnbilder*,
   S. 114 f. u. 219 f.

20 Vgl. z. B. Eliade, *Mythen, Träume und Mysterien*, Salzburg 1961, S. 155 f., 158
   u. 249 f.; ders., *Das Heilige und das Profane*, Reinbek 1955, S. 80 f.; *Ewige
   Bilder und Sinnbilder*, S. 198-200; ders., »Mythologie et histoire des religions«,
   Diogène, 9 (1955), S. 99-116

21 In *Structure and Creativity in Religion* und *Mircea Eliade et le phénomène
   religieux* habe ich die These vertreten, daß es diese essentiellen, nichthistori-
   schen, symbolischen Strukturen in Verknüpfung mit der universellen, übergeschichtlichen Struktur der Dialektik des Heiligen sind, die in der Hauptsache

Eliades hermeneutischen Rahmen bilden und als Grundlage für seinen phänomenologischen Ansatz dienen.

22 M. Eliade, *Schamanismus und archaische Ekstasetechnik*, Zürich 1957, S. 6-9.

23 Seymour Cain, »Mircea Eliade: Attitudes Toward History«, *Religious Studies Review* 6 (1980), S. 14 f.

24 M. Eliade, »The Sacred in the Secular World«, *Cultural Hermeneutics 1* (1973), S. 101, 103 u. 106 f.

25 In *Structure and Creativity in Religion* und *Mircea Eliade et le phénomène religieux* habe ich diesen Punkt eingehend erörtert. Im vorliegenden Beitrag muß ich mich auf einige wenige Beispiele beschränken.

26 M. Eliade, »Recent Works on Shamanism. A Review Article«, *History of Religions 1* (1962), S. 154; ders., *Schamanismus*, S. 4. Vgl. die Vorrede zu *Ewige Bilder und Sinnbilder; Mythen, Träume und Mysterien*, S. 154 f.; ders., *Das Mysterium der Wiedergeburt*, Zürich 1961, S. 221; *Die Sehnsucht nach dem Ursprung*, S. 79 f.

27 M. Eliade, »Fragmente de Jurnal«, *Caete de Dor 8* (1954), S. 27. Diese und weitere persönliche Äußerungen Eliades werden zitiert von Virgil Ierunca, »The Literary Work of Mircea Eliade«, in: Joseph M. Kitagawa und Charles H. Long (eds.), *Myths and Symbols: Studies in Honor of Mircea Eliade*, Chicago 1969, S. 343-363.

28 Ricketts, »In Defense of Eliade«, S. 28. Man kann Eliades heftige Reaktion gegen derartige nichtreligiöse »historische« Ansätze verstehen, die er für engstirnig und intolerant gegenüber religiösen Phänomenen hält und als inhuman oder antihuman, »geistlos« oder »neurotisch« beschreibt, als Ansätze, die zum Massenselbstmord oder zur Auslöschung der Menschheit führen.

29 Eliade hat zweifellos recht, wenn er beispielsweise darauf verweist, daß es »Vulgärmaterialisten« oder »mechanistische« Materialisten gegeben hat, die versucht haben, den Sinn und die Bedeutung von *Madame Bovary* und anderer literarischer Schöpfungen ausschließlich mit den spezifischen historischen und ökonomischen Umständen des Autors zu erklären; und es hat auch religiöse Menschen gegeben, die den Sinn und die Bedeutung ihrer eigenen Mythen und Riten – ganz abgesehen von ihren Urteilen über nichtreligiöse Erscheinungen – in kruder Weise mechanistisch verstanden haben. Trotzdem ließen sich zweifellos auch differenzierte und kluge »Materialisten« oder »historische Materialisten« anführen, die eine »Sinndeutung« versuchen und wissen, daß dazu mehr gehört als die simple Aufdeckung ökonomischer Bedingungen.

30 Repräsentativ für zahlreiche, in den Arbeiten Eliades verstreute Formulierungen ist folgende Äußerung: »Ich kann (das) Universum (des modernen Menschen, der sich als nichtreligiös bezeichnet) nicht auf jene rein selbstbewußte, rationalistische Welt beschränken, die er zu bewohnen vorgibt, da diese Welt nicht menschlich ist«; »The Sacred in the Secular World«, S. 104. Hierzu schreibt Ricketts in »Mircea Eliade and the Death of God«, S. 43: »Statt den Historismus zu wählen, wählt Eliade die übergeschichtliche oder religiöse Seinsweise, weil sie dem wahren Menschsein eher entspricht.«

31 S. Charles H. Long, »Le sens de l'œuvre de Mircea Eliade pour l'homme moderne«, in: Constantin Tacou (ed.), *Mircea Eliade*, Paris 1978 (Cahiers de l'Herne 33), S. 227 f.

32 *Kosmos und Geschichte*, S. 129 f. Vgl. Eliades ähnliche Ebene der Analyse in »Religiöse Symbolik und Aufwertung der Angst«, in *Mythen, Träume und Mysterien*, S. 65-87.

33 S. z. B. *Die Sehnsucht nach dem Ursprung*, S. 25 f.; »Historical Events and Structural Meaning in Tension«, *Criterion 6* (1967), S. 29-31; »Methodologische Anmerkungen . . .« (Anm. 16), S. 108. S. Raffaele Pettazzoni, »Das höchste Wesen: Phänomenologische Struktur und historische Entwicklung«, in: Eliade und Kitagawa (eds.), *Grundfragen der Religionswissenschaft*, S. 136-146; ders., »History and Phenomenology in the Science of Religion«, in *Essays on the History of Religion*, Leiden 1954, S. 215-219.

34 Zu einer umfassenden Analyse der universellen Struktur der Dialektik s. Allen, *Mircea Eliade et le phénomène religieux*, Kap. 3, »La dialectique du sacré«, S. 93-109.

35 Guilford Dudley III, *Religion on Trial*, S. 54.

36 *Ewige Bilder und Sinnbilder*, S. 157.

37 *Die Religionen und das Heilige*, S. 522. Diese »zweite« dialektische Bewegung ist für Eliades Methodologie von wesentlicher Bedeutung: »Und ebendiese, zum Archetypus und zur Wiederherstellung der *vollkommenen Gestalt* strebende Tendenz . . . ist es, die der Religionsgeschichte die Möglichkeit verleiht, überhaupt zu existieren«; *Ewige Bilder und Sinnbilder*, S. 156 f. Vgl. a. *Schamanismus und archaische Ekstasetechnik*, S. 7. Diese übergeschichtlichen essentiellen Strukturen oder »vollkommenen Gestalten« liegen Eliades phänomenologischer Methode zugrunde.

38 Hierzu Eliade, »Les livres populaires dans la littérature roumaine«, *Zalmoxis 2* (1939), S. 63-78; ders., »Littérature orale«, in: R. Queneau (ed.), *Histoire des Littératures I, Littératures anciennes orientales et orales*, Paris 1956 (Encyclopédie de la Pléiade), S. 3-26. Vgl. ders., *Zalmoxis: The Vanishing God: Comparative Studies in the Religions and Folklore of Dacia and Eastern Europe*, Chicago 1972; ders., *Im Mittelpunkt*, Wien 1977, S. 272 et passim.

39 Diese Struktur der »im Schein verborgenen Wirklichkeit« wird besonders deutlich in Eliades Tagebüchern und literarischen Arbeiten sowie in einigen Untersuchungen über den Mythos, etwa »Survivals and Camouflages of Myths«, *Diogenes 41* (1963), S. 1-25, Neuabdr. in *Myth and Reality*, New York 1963, Kap. 9. Zu den Interpreten, denen diese Struktur bewußt ist, gehören Calinescu, Ierunca und andere Rumänen, die mit Eliades literarischen Arbeiten vertraut sind. S. Matei Calinescu, »Imagination et sens: Attitudes ›esthétiques‹«, in: C. Tacou (ed.), *Mircea Eliade*, S. 364-374 (Erstabdr. in *Journal of Religion*, 57 (1977), S. 1-5).

40 *Im Mittelpunkt*, S. 162.

41 *Fragments d'un journal*, Paris 1963, S. 427; ist in der deutschen Übersetzung *Im Mittelpunkt* nicht enthalten (A. d. Ü.).

42 *Im Mittelpunkt*, S. 276 et passim.

43 S. z. B. »The Dragon and the Shaman: Notes on a South American Mythology«, in: E. J. Sharpe and J. R. Hinnells (eds.), *Man and his Salvation: Studies in Memory of S. G. F. Brandon*, Manchester 1973, S. 99-105. Illustrierende Beispiele dafür, wie archaische, weitgehend ungeschichtliche europäische Landbauern Geschichte »gemacht« und wie Historiker im allgemeinen deren historischen Beitrag übersehen haben, finden sich in Eliade, »History of Religions and ›Popular‹ Cultures«, a.a.O.

44 Erwähnt werden soll hier Adrian Marino, *L'herméneutique de Mircea Eliade*, Paris 1981, Kap. 3. »L'herméneutique et l'histoire«. Dieses Buch lag mir zu spät vor, als daß ich es für den vorliegenden Aufsatz hätte berücksichtigen können.

R. J. Zwi Werblowsky
In nostro tempore

Der Herausgeber hat den Mitarbeitern gegenüber die Hoffnung geäußert, daß dieser Band keine »Festschrift« der üblichen Art, d. h. eine Sammlung gelehrter Artikel und Forschungsergebnisse, sein würde. Beabsichtigt sei eine Sammlung, welche nicht ausschließlich aus wissenschaftlichen Beiträgen bestehe, sondern spezifisch der Person und dem Werk Mircea Eliades gewidmet sei. Man denkt hier unwillkürlich an den französischen Ausdruck für »Festschrift« – *Hommages à*. Der Persönlichkeit Eliades wird natürlich nur ein *hommage* gerecht, welches sich nicht in Lobhudeleien ergeht, sondern sein Werk einer kritischen Reflexion würdigt. Solch kritische Betrachtungen sind ein ganz besonderes Anliegen all derer, die, wie der Schreiber dieser Zeilen, Eliade in tiefer und innigster Freundschaft verbunden sind, doch mit manchen Aspekten seiner Phänomenologie und Methode so ihre Probleme haben. Obwohl der *terminus technicus* »Phänomenologie« bzw. »phänomenologisch« bei Eliade kaum vorkommt, und obwohl der Verfasser dieses Beitrags die Existenz und Möglichkeit einer »Religionsphänomenologie« *stricto sensu* bestreitet, so mag Eliades Methode doch als phänomenologisch – im weitesten und etwas ungenauen Sinn – bezeichnet werden, nicht zuletzt wegen ihres expliziten und dezidierten Antireduktionismus und – gepaart mit letzterem – ihres Verhaftetseins an die Unterscheidung Erklären/Verstehen. Nur ist eben die Suche nach Sinn und Bedeutung bei weitem kein Monopol der phänomenologischen oder sich von Dilthey und Simmel herschreibenden Schulen, obwohl so manche selbsternannte Eliadejünger dies nicht bemerkt zu haben scheinen. Selbst ein jeder Phänomenologie und »Geisteswissenschaft« abholder und eindeutig von der Sprachwissenschaft inspirierter Strukturalist wie Lévi-Strauss kann schreiben: »*l'analyse formelle pose immédiatement la question: sens*«. Vielleicht geht es hier, um es mit dem Titel eines seinerzeit sehr berühmten und verbreiteten Buches über Semantik auszudrücken, um »The Meaning of Meaning«.

Eliade ist ein Kulturphänomen *in nostro tempore*, denn der Einfluß seines immensen und massiven Werkes – massiv nicht nur in seiner beinahe ungeheuerlichen quantitativen Wucht, sondern auch in seiner Dichte, also »massiv« im Sinne, in dem z. B. van der Leeuw dieses Adjektiv für den Mythos gebraucht – reicht weit über die Grenzen der Religionswissenschaft hinaus. Man muß kein Marxist sein, um zu wissen, daß Quantität an einem bestimmten Punkt in qualitative Bedeutung umschlägt. Manche Kritiker sagen, wer zwei Bücher von Eliade gelesen habe, habe sie alle gelesen, doch ist diese Halbwahrheit (wie *per definitionem* jede Halbwahrheit) auch eine halbe Unwahrheit, denn gerade die unglaubliche Produktivität Eliades – vergleichbar nur mit der ebenso unglaublichen Weite seines Wissens und seiner Belesenheit – ist essentielles Element seines Einflusses und der schon erwähnten »Wucht« seines Werks. Dazu kommt noch ein Weiteres. Eliade faßt die Religionswissenschaft ausdrücklich als entscheidenden Beitrag zum zeitgenössischen Kulturprozeß *in nostro tempore*, seiner Auseinandersetzung mit der modern-szientistischen Verarmung menschlicher Existenz und seinem Ringen um Wiedergewinnung einer adäquaten Geistigkeit, auf. Religionswissenschaft also als Beitrag zu einem neuen Humanismus, wie Eliade es *expressis verbis* in dem einleitenden Aufsatz (1961) zu der von ihm mitbegründeten wissenschaftlichen Zeitschrift *History of Religions* schrieb. Diese »Repristination« einer von der Moderne verdrängten und sozusagen in das transpersonale Unbewußte zurückgesunkenen Dimension menschlicher Existenz (die Verwandtschaft zu C. G. Jung und zum Eranos-Kreis, welche bis zu dem in Eliades Frühwerken vielgebrauchten und von Jung unabhängig gefundenen Begriffs des Archetyps reicht, ist trotz tiefgehender und entscheidender Unterschiede offensichtlich) macht Eliades Werk nicht nur im besten Sinne tendenziös, sondern für viele seiner Kollegen auch problematisch. Jedenfalls steht es außer Zweifel, daß Eliade von der historischen Situation des heutigen westlichen Menschen, *in nostro tempore*, also auch von der Historizität des menschlichen Daseins ausgeht. Das gibt seiner zutiefst unhistorischen Arbeitsweise einen eigenartig paradoxen Charakter. Es zeigt sich auch, schon rein äußerlich, im Gebrauch des Ausdrucks »Religionsgeschichte«. Es ist nicht von ungefähr, daß Eliades *Traité d'Histoire des Religions* (deutsche Ausgabe: *Elemente der Religionsgeschichte*; vgl. auch das 1969 erschienene *The Quest: History and Meaning in Religion*) auf englisch unter dem sachgemäßeren Titel *Patterns in Comparative Religion* erschien.

Eine von der existentiellen Historizität des menschlichen Daseins ausgehende, doch im tiefsten Wesen unhistorische »Religionsgeschichte« birgt viele sachliche und methodische Probleme in sich. Wie »geschichtlich« ist eigentlich Eliades Begriff von »Geschichte«? Eliades geistiger und religiöser Hintergrund, und ich meine hiermit die Tradition der Ostkirche, zu der auch das rumänische Christentum gehört, dürfte hier eine erhebliche Rolle spielen, wenn auch noch nicht genügend erforschte Rolle spielen. Nur von diesem Hintergrund her wird mir sein einflußreiches Werk über den »Mythos der ewigen Wiederkehr«, die zwiespältige Haltung zur Geschichte sowie die Sehnsucht nach Ewigkeit, nach tiefer, tiefer Ewigkeit, verständlich. Gerade eine Analyse des letztgenannten Buches könnte für ein besseres Verständnis von Eliades Gesamtwerk bedeutsam sein. Eliade ist kein Philosoph, geschweige denn systematischer Philosoph, und will es auch nicht sein. Dennoch bewegt er sich immer am Rand philosophischer Problematik und philosophischer Terminologie, oft zum Schaden des religionswissenschaftlichen Ansatzes. So werden z. B. Hegel und andere Philosophen herangezogen, doch O. Cullmanns (theologische) und K. Löwiths (philosophische) hochbedeutsame Beiträge zum Problem Zeit und Geschichte werden überhaupt nicht erwähnt. Eliades immense Gelehrsamkeit, die beim Leser beinahe einen *sensus numinis* weckt, macht die Lücken, welche vielleicht Ausdruck unbewußter Selektivität sind, nur noch frappanter. Mit anderen Religionswissenschaftlern macht Eliade viel Aufhebens von der zyklischen Erneuerung, inklusive Tod und Auferstehung, wie sie auf mythologischer Basis angeblich im babylonischen Neujahrsritual (dem *akitu*) dargestellt wird. Daß der s. Z. (1918) von Zimmern unzulänglich übersetzte Text VAT 9555 (der all diesen Theorien zu Grunde liegt) diese Deutungen kaum zuläßt (wie u. a. von Soden in der *Zeitschrift für Assyriologie*, N. F. XVII, 1955, nachgewiesen hat) wird übersehen. Ebenso wird übersehen, daß die Hypothesen bezüglich eines kultischen Neujahrsdramas inklusive ritueller Kampf etc., im Tempel von Jerusalem mehr als zweifelhaft sind. Doch wichtiger als diese Details (obwohl für den Wissenschaftler das Wort A. Warburgs gilt: »Gott wohnt im Detail«) ist die Grundkonzeption. Schon Jane Harrison hatte jeden Kultakt als gleichzeitig »pre-done« und »re-done« bezeichnet, d. h. als nicht einmalig, sondern einem ewigen »pattern« entsprechend, obwohl sie nicht von Archetypen oder zeitlosen Strukturen sprach. Wenn dem wirklich so ist, dann müßte mit der Möglichkeit gerechnet werden, daß der einmalige Gründungsakt *in illo tempore* nur eine sekundäre Reduktion solch eines zeitlosen »pattern« sein könnte – ein Einwand, den übrigens schon T. H. Gaster gegen Eliade vorgebracht hat.

Doch am allerwichtigsten und allerproblematischsten erscheint mir Eliades Auffassung vom zyklischen Rhythmus der »archaischen« Welterfahrung als einem Versuch, den »Schrecken der Geschichte« zu entkommen, während der lineare Zeitbegriff ihnen tapfer begegnet. Könnte es nicht umgekehrt sein, daß nämlich die lineare Zeitauffassung ein pathetischer Versuch ist, diese Schrecken zu mildern, indem man die Zeit als Ablauf sinnvoller und zielgerichteter Geschehnisse (mit oder ohne göttlicher Vorsehung) erfährt? Das zyklische Muster kann ein Gehalten- und Geborgensein bedeuten. Es kann aber auch als völlige Sinnlosigkeit und als erstickender und tödlicher *circulus vitiosus* erlebt werden, dem man entweder mit einem an Nihilismus grenzenden Heroismus begegnet (wie Nietzsche wohl gewußt hat) oder aus dem man gerade durch den Einbruch der linearen, zielgerichteten Geschichtszeit »erlöst« wird. Hiermit soll nicht behauptet werden, daß die Gegenüberstellung zyklisch-linear als solche haltbar ist. Ich will diese Frage hier offen lassen. Zweck der Übung war nur zu zeigen, wie problematisch so manche von Eliade vorgetragenen und beinahe zum Gemeingut gewordenen Auffassungen eigentlich sind.

Zu Eliades Humanismus, d. h. also zur Neuentdeckung verschütteter Geistesschichten und zu der unserer historischen Situation angemessenen Erweiterung des menschlichen Horizonts und der Erlösung vom »kulturellen Provinzialismus« (gemeint ist die einseitig okzidentale Mentalität) gehören Rückbesinnung und Ausrichtung auf das urtief »Archaische« einerseits und das Fremd-Exotische (Asiens Hochreligionen) andererseits. Auch diese Zusammenstellung ist höchst problematisch, wie Eliades meisterhafter und doch unbefriedigender Versuch, Yoga und Schamanismus zu verbinden, deutlich zeigt (vgl. z. B. die kritischen Einwände von D. Snellgrove, *Journal of the Royal Asiatic Society*, 1956, und von R. Gombrich, *Religious Studies*, 1975). Eliade zögert nicht, die Geistigkeit »Asiens und der archaischen Welt« oder die Erfahrung des »paläolithischen Jägers oder des buddhistischen Mönches« nebeneinander zu stellen, wobei die nicht-westliche, nicht-moderne Seinserfahrung das *tertium comparationis* zu bilden scheint. Man kann nicht umhin, an G. van der Leeuws Beschäftigung mit, und Gebrauch von, den »primitiven Religionen« zu denken. Doch van der Leeuw sprach von primitiv, nicht weil seine Terminologie primitiv oder gar überheblich war, sondern weil er sich an Lévy-Bruhl und an die von Ethnologen und Anthropologen beschriebenen Stammesreligionen hielt (van der Leeuws Anthropologie reichte chronologisch bis zu Malinowski). Auch für van der Leeuw waren die von Lévy-Bruhl beschriebenen Strukturen in den höheren Religionen nicht einfach abgetan; es waren permanente Strukturen, wenn auch ihr Stellenwert in »höheren« Kulturen ein anderer ist. Aber ohne sie ist Religion nicht zu verstehen. Van der Leeuw störte sich glücklicherweise nicht an der hämischen und überheblichen Kritik, welche jüngere Anthropologen an Lévy-Bruhl übten, obwohl sie (wie E. E. Evans-Pritchard schon 1934 deutlich aussprach) oft dasselbe, nur in »modernerer« und anspruchsvollerer Terminologie vorbrachten. Wie C. G. Jung mir einmal, unter Hinweis auf die berühmte *Revocatio* in den *Carnets*, sagte: Lévy-Bruhl hat sich von der Heftigkeit der an ihm geübten Kritik zu sehr terrorisieren lassen.

Eliade dagegen zieht den Terminus »archaisch« vor, was auf ganz natürliche Weise mit sich bringt, daß er neben den ethnologischen und anthropologischen Daten auch auf prähistorisches Material, bzw. auf die sehr zweifelhaften Hypothesen und Spekulationen betr. prähistorischer Religion zurückgreift. War schon die Rolle, die van der Leeuw den Primitivreligionen zuwies, höchst problematisch, nicht zuletzt wegen der impliziten entwicklungspsychologischen Voraussetzungen, so ist es die Eliadische Wendung zur »archaischen« Welterfahrung, Mentalität und Geistigkeit noch viel mehr. Hier begibt sich der Forscher auf das Glatteis purer Spekulation, und selbst Vergleiche zwischen prähistorischen Kulturen und solchen der »schriftlosen Völker« (wie man heute lieber an Stelle von »primitiven Stammesreligionen« sagt) werden von den meisten Anthropologen und Religionswissenschaftlern als verfehlt und illegitim abgelehnt. Daher erweckt schon der bloße Name der internationalen Gesellschaft für »ethnologische und prähistorische Religionen« mehr Amüsement als Befremden. Man darf wohl annehmen, daß unter »ethnologischen Religionen« solche gemeint sind, die hauptsächlich von

Ethnologen und Anthropologen erforscht werden. Man fragt sich dann nebenbei, ob Schriftreligionen, die auf Basis ihrer heiligen Texte und theologischer Literatur untersucht werden, »philologische Religionen« heißen sollten.

Diese sachlich sowie methodisch zweifelhafte Kategorie des Archaischen sowie deren Gebrauch zur Erhellung anderer Religionsformen – ob kosmische Bäume, axis mundi, Wiedergeburts- und Schamanensymbolik oder andere Eliadische Archetypen, ist hier irrelevant – hat Eliade viel scharfe und auch bösartige Kritik eingetragen. Wenn die scharfe und bösartige Kritik, in natura rerum, mehr Furore macht und Aufmerksamkeit erregt (z. B. E. Leach) und mit beinahe automatischer Notwendigkeit prompt apologetische Repliken treuer Jünger provoziert (Eliade selbst läßt sich nie auf Polemiken ein und läßt sich nicht von seiner positiven Arbeit, die er als Aufgabe und Pflicht betrachtet, ablenken und zu Kontroversen verleiten), so ist die ruhig-sachliche Kritik, von der Art des obenerwähnten Artikels von R. Gombrich, viel schwerwiegender. Dazu kommt noch die »Ideologiekritik«, der jeder ausgesetzt ist, der auf die archaischen, nicht-apollinischen Urgründe zurückgreift. Man wird hier an Thomas Manns Reaktion auf Bachofen erinnert: »Nachtschwärmerei ... Joseph-Görres-Komplex von Erde, Volk, Natur, Vergangenheit und Tod ... ein revolutionärer Obskurantismus«. Es erübrigt sich, darauf hinzuweisen, daß für einen jeden aufklärerischen oder liberalen Rationalismus sowie für eine jede sich progressiv und »links« gebärdende Ideologie Autoren dieser Art dem Faschismusverdacht unterliegen und überdies als Propagandisten eines irrationalen Okkultismus und/oder dekadenten Mystizismus zu den Dunkelmännern gerechnet werden. Der Fall C. G. Jung ist ein Musterbeispiel dafür (über den »Antisemitismus« Jungs und sein Verhältnis zum Nazismus habe ich an anderer Stelle gehandelt), und auch Eliade sind Angriffe dieser Art nicht erspart geblieben. Eliades Einstellung zum Okkultismus läßt sich leicht an Hand der entsprechenden Kapitel in seinem 1976 erschienenen *Occultism, Witchcraft and Cultural Fashions* analysieren. Schwerer wiegen die Beschuldigungen (übrigens ohne jede schlüssigen Beweise) seiner Mitgliedschaft bei den »Eisernen Garden« – jenen Eisernen Garden, die auch in seinem Roman *Der Verbotene Wald* eine so bedeutsame Hintergrundrolle spielen. Befremdlich bleiben freilich die Lücken in Eliades absichtlich bruchstückhaftem Tagebuch *Fragments d'un journal*. Besonders wer sich für diese Periode in Eliades früher publizistischer Tätigkeit im Kreise der literarischen und intellektuellen Elite im Bukarest der dreißiger Jahre interessiert, sieht sich enttäuscht, denn gerade alles darauf Bezügliche ist weggelassen.

Vor einigen Jahren »bewies« eine Dissertation der Universität Siena *(Ideologia e falsa coscienza in M. Eliade)* zur Zufriedenheit ihres marxistischen Autors und *»con estremo rigore filiologico, i temi nazo-fascisti di Eliade«*. Ohne auf die verschiedenen biographischen sowie ideologiekritischen Bezichtigungen überhaupt eingehen zu wollen, soll hier doch gesagt werden, daß eine Persönlichkeit vom Range Eliades, dessen Werk solche wissenschaftliche und kulturelle Ausstrahlung, Einfluß und Gewicht besitzt, jedenfalls eine seriöse intellektuelle Biographie verdient, in der auch seine weltanschauliche, ideologische, politische und literarisch-publizistische Entwicklung im Bukarest der dreißiger Jahre untersucht wird. Dies erheischt natürlich ein Studium nicht nur der Eliadischen Essays, sondern auch der Publizistik der literarischen und politischen Kreise, mit denen Eliade in Kontakt, Austausch, Diskussion und Polemik stand. Die betreffenden Veröffentlichungen sind in keiner Eliade-Bibliographie und in keiner der Publikationen über Eliade verzeichnet. Sie fehlen auch im Heftchen *Mircea Eliade: A Bibliography*, welches anläßlich eines Eliade-Symposiums im Jahre 1974 vom Religionswissenschaftlichen Institut der University of California in Santa Barbara erstellt wurde. Angesichts der Tatsache, daß es auch in Amerika schon Studenten gibt, die Rumänisch lernen mit dem alleinigen Zweck, über Eliade arbeiten zu können, ist es doppelt verwunderlich, daß manche dieser Frühessays nie genannt werden. Als Anhang zu diesem Kapitel und als Beitrag zur Eliade-Forschung sollen ein paar dieser Titel aufgezählt werden. Ich selbst konnte diese Aufsätze nur zum Teil lesen, da sie in keiner mir zugänglichen Bibliothek zu finden waren und Photokopien aus Rumänien nicht leicht erhältlich sind. Jedenfalls sind die Artikel, die ich kenne (erschienen in VREMEA, 1934) in mancher Hinsicht außerordentlich aufschlußreich. Zum ersten beweisen sie, daß Eliade niemals Antisemit war. Im Gegenteil, in puncto Juden zögerte er nicht, öffentlich mit seinem verehrten Meister und Guru, dem erzfaschistischen Ideologen Nao Ionescu, zu polemisieren, und zwar um zu beweisen, daß die Juden kein von Gott verfluchtes und verdammtes Volk seien. Noch interessanter ist die Tatsache, daß der Eliade der frühen dreißiger Jahre sich noch völlig mit der ostkirchlichen Orthodoxie identifiziert. Seine Argumente sind weder liberal noch humanistisch, sondern theologisch. Es geht ihm darum zu beweisen (gegen Nao Ionescu und die Populärtradition der Orthodoxie), daß nach der richtig verstandenen Lehre und Theologie der Kirchenväter die Juden nicht in Bausch und Bogen verdammt sein können, da eine solche Doktrin die Freiheit der göttlichen Gnade von vorneherein dogmatisch beschränken würde (sic!).

Im vorhergehenden wurde schon erwähnt, daß Eliades Werk Gegenstand von Untersuchungen und Dissertationen, von heftiger Ablehnung und begeisterter Zustimmung geworden ist. Vor beinahe zwanzig Jahren erschien Thomas J. Altizers *Mircea Eliade and the Dialectic of the Sacred* (1963), und in den letzten Jahren allein lassen sich aus der Auswahl diesbezüglicher Veröffentlichungen (um von Artikeln und Essays ganz zu schweigen) Bücher wie I. P. Culianu, *Mircea Eliade* (1977), G. Dudley III, *Religion on Trial: Mircea Eliade and his Critics* (1977), A. Marino, *L'Herméneutique de Mircea Eliade* (1980) herausgreifen. So manche dieser Veröffentlichungen beleuchten einen weiteren Aspekt der Schwierigkeiten, Eliades Werk gerecht zu werden.

Eliade hat viele begeisterte Anhänger, auch wenn er keine »Jünger« im eigentlichen Sinn hat. Dies mag an der introvertierten Persönlichkeit Eliades liegen und an seiner ergreifenden Bescheidenheit, welche, angesichts der Größe des Menschen, der Unerschöpflichkeit seiner Produktivität und der Bedeutsamkeit seines Einflusses, beinahe unverständlich ist. Im Gegensatz zu seinem Vorgänger auf dem Chicagoer Lehrstuhl, Joachim Wach, dessen Einfluß nicht auf seinen Veröffentlichungen beruhte, sondern auf seinem Charisma als Lehrer und auf seiner dezidierten Hochbewertung des Meister-Jünger-Verhältnisses (wie Rainer Flasche in seiner ausgezeichneten Arbeit *Die Religionswissenschaft Joachim Wachs*, 1978, nachgewiesen hat, blieb Wach in dieser Beziehung zeitlebens von seiner Jugenderfahrung im George-Kreis geprägt), ist Eliades Ausstrahlung hauptsächlich von seinem wissenschaftlichen Werk bestimmt. Doch leidet das kritische Erfassen des Eliadischen Werks in der zeitgenössischen Situation – *in nostro tempore* – an einer beinahe unvermeidlichen Schwäche. Gemeint ist der ungeheure Abstand zwischen der hochgezüchteten, anspruchsvollen und überreichen mitteleuropäischen Kultur Eliades und der oft erschütternden Primitivität und Ignoranz so mancher Schüler. Ich betone Eliades mitteleuropäische Herkunft, weil sie seiner Kulturbreite eine ganz besondere Note verleiht. Dabei müßte das Rumänische vielleicht besonders betont werden: eine romanische Kultur, die einerseits von slavischen Kulturen, andererseits von Balkankulturen umringt ist und überdies noch durch das k.u.k. Erbe der österreichischen und deutschen Kultur verbunden ist. Fügt man dann noch das besondere Verhältnis Rumäniens zur französischen Kultur hinzu, so kann man sich einen Begriff von der Vielschichtigkeit des geistigen Hintergrunds von Eliade machen. Wenn z. B. eine der genannten Dissertationen über Eliade *Religion on Trial* betitelt ist, so kann das doch nur heißen, daß der wohlmeinende Verfasser »Religion« mit Eliadischer Religionswissenschaft verwechselt. Ist es doch Letztere (und nicht die »Religion«), die von Eliades Kritikern vor Gericht gezogen wird. Wenn in einer Arbeit über Eliade (durch dessen Schriften der Ausdruck *in illo tempore* zu einem weitverbreiteten cliché geworden ist) gelegentlich von *illus tempus* (sic) die Rede ist, so weiß man, wie es *in nostro tempore* um die Kenntnis des Latein bestellt ist, nicht nur bei den Verfassern von Dissertationen, sondern auch bei den Lektoren mancher Universitätsverlage. Ein Autor zitiert in seinem Buch über Eliade zweimal, zuerst als Motto und dann wieder am Abschluß, das Wort »des Philosophen Lakatos«, daß die Eule der Athena erst nach der Dämmerung ausfliege. Für Lakatos war es wahrscheinlich so selbstverständlich, daß jeder die Herkunft dieses Aphorismus kennt, daß er ihn gebrauchen konnte, ohne Hegel nennen zu müssen. Er hat sich wohl nie von einer jungen Generation von Doctores Philosophiae träumen lassen, die diesen Satz ihm zuschreiben würde. *Sic in nostro tempore*. Es mag als Kleinkrämerei scheinen, solche lächerlichen Details zu erwähnen, doch besitzen sie symptomatischen Wert und illustrieren den Abstand zwischen dem Kulturbesitz Eliades und dem Horizont derer, die heute nicht nur als seine Schüler, sondern auch als akademische Lehrer und als Verwalter seines wissenschaftlichen Erbes auftreten.

Und hier liegt vielleicht ein Großteil der Problematik des Eliadischen Gesamtwerks. Seine Kritiker mögen an vielen Punkten, prinzipieller Art oder Details betreffend, recht haben. Doch wird dies von dem Gesamtgewicht des Werks und von den Perspektiven und Einsichten, die es eröffnet, mehr als aufgewogen. Doch gerade weil dem Eliadischen Ansatz nur ein Mircea Eliade gerecht werden kann, wird sein Einfluß auf diejenigen, die Eliadische Religionswissenschaft betreiben wollen, ohne Eliades zu sein, recht problematisch. Glücklicherweise ist Eliade ein Eliade, und dafür gebührt ihm der Dank der Religionswissenschaft. Die Verehrung und Liebe, mit der seine Freunde ihm und Cristinel zugetan sind, sollen hier, wo emotioneller Exhibitionismus fehl am Platze wäre, nicht bloß der Ordnung halber, sondern auch einem persönlichen Bedürfnis gehorchend, erwähnt, doch nicht ausführlicher besprochen werden.

Anhang

Zeitschriftenaufsätze

von Mircea Eliade
- »Iudaism şi Antisemitism. Preliminarii la o discuţie«.
  in ›Vremea‹, anul VII, nr. 347, 22 iulie 1934.
- »Creştinătatea faţau de iudaism«.
  in ›Vremea‹, Anul VII, nr. 349, 5 august 1934.
- »O ultimă lămurire«.
  in ›Vremea‹, anul VII, nr. 352, 26 august 1934.

von Gheorghe Racoveanu:
- »O problemă teologică eronat rezolvată? Sau Ce n-a înteles d.Mircea Eliade«.
  in ›Credinţa‹, anul II, nr. 195, 29 iulie 1934.
- »Creştinism, iudaism şi îndrăzneală«.
  in ›Credinţa‹, anul II, nr. 215, 22 august 1934.
- Idem, in ›Credinţa‹, anul II, nr. 216, 23 august 1934.
- Idem, in ›Credinţa‹, anul II, nr. 217, 25 august 1934.
- »Creştinism, iudaism si îndrăzneală. Dincolo de texte«.
  in ›Credinţa‹, anul II, nr. 221, 29 august 1934.
- »Pentru Mircea Vulcanescu noul blagoslav«.
  in ›Credinţa‹, anul II, nr. 227, 5 sept. 1934.

von Mircea Vulcanescu.
- »O problemă teologică eronat rezolvată? Sau ce n-a spus d. Gheorghe Racoveanu«.
  in ›Credinţa‹, anul II, nr. 224, 2 sept. 1934.

Werner Müller
Die Wahrheit der fünf Sinne oder Weshalb wir Kants Grab entbehren können
Für Mircea Eliade

Wer vor einem halben Jahrhundert Religionswissenschaft an der Universität Bonn zu studieren begann – aus welchen Gründen auch immer zu dieser Ortswahl genötigt –, sah sich einer merkwürdigen Situation gegenüber. Unter »Religionswissenschaft« oder »Religionsgeschichte« verstand die damalige Studentengeneration. die außerchristlichen Frömmigkeitsformen. In dieser Trennung schwang eine merkliche Abneigung gegen das Herkömmliche mit (wenigstens bei den Nichttheologen) und zugleich die Sehnsucht, etwas mehr kennen zu lernen als in den theologischen Seminaren geboten wurde, den sogenannten »geistigen Souterrains«.

Als Vertreter der Religionsgeschichte amtierte Carl Clemen, ein aus Halle gekommener Neutestamentler, ausgerüstet mit einer *ad personam* verliehenen Professur innerhalb der philosophischen Fakultät. Clemen stammte aus einer ausgesprochenen Gelehrtenfamilie. Sein Bruder Paul vertrat in Bonn die Kunstgeschichte, der dritte Bruder Otto wirkte in Breslau als Theologe, bekannt als Editor.

Clemens eigene Interessen konzentrierten sich, seiner geistigen Herkunft entsprechend, auf die Umwelt des Neuen Testamentes, auf Gnosis, Hellenismus, auslaufende Antike. Aber daneben erreichte sein ungeheures Wissen auch die wesentlichen Teile Alteuropas: Römer, Kelten und Germanen waren ihm vertraut genug, um mit ihren Themen noch in späteren Jahren auf seine Schüler weiter zu wirken. Nur ein Gebiet blieb ihm im gewissen Sinne fremd und ungewohnt, die sogenannten »primitiven« Religionen. Um genau zu sein, es waren die damals aufkommenden neuen Sehweisen, so unvereinbar mit den alten Theoremen wie Totemismus und Animismus, die ihn mehr bestürzten als anregten. Die ersten Bände von P. Wilhelm Schmidts »Gottesidee« begannen zu wirken; die Debatten im Seminar wurden hitziger, und Clemen, persönlich der liebenswürdigste Mensch, den man sich vorstellen konnte, sah sich mitunter in die Enge gedrängt, mehr durch die Selbstsicherheit der Zwanzigjährigen als durch ihre fehlende

Stoffkenntnis. Welcher Anfänger konnte beurteilen, auf welch brüchigen Fundamenten die Idee des »Urmonotheismus« stand? In welchem Ausmaß die bezaubernden Kosmogonien unangemessenen Interpretationen unterlagen, ohne daß der Interpret es ahnte?

Belebt wurde diese Situation noch durch einen Ableger der Wiener Schule, der sich damals in Bonn bildete, mit dem angesehenen Historiker Fritz Kern und dem Ethnologen Trimborn, der sich damals habilitierte und das mühsame Geschäft des weltbekannten Fritz Gräbner fortsetzte. Gräbner hatte bis zu seiner Erkrankung 1925 Vorlesungen in Bonn gehalten, von seiner Museumsstelle in Köln aus, ohne daß die Universität die geringste Kenntnis von dieser Arbeit nahm.[1] Kern wie Trimborn standen der kulturhistorischen Auffassung der Patres Schmidt und Koppers sehr nahe. In jedem Fall brachten sie den interessierten Studenten eine Ahnung davon bei, was bei den archaischen Stufen der Menschheit für die Wissenschaft noch zu gewinnen war.

Als Standardwerk, das in den Jahren nach 1925 den Anfängern das Gerüst der Religionsgeschichte vermittelte, galt die 4. Auflage des »Chantepie de la Saussaye«.[2] Bernhard Ankermann, der Kollege Gräbners und gleich ihm Jahre hindurch im Kölner Rautenstrauch-Joest-Museum kaltgestellt, hatte die Abteilung Naturvölker übernommen, im ersten Band Seite 131-192. Der Neuling, der hier auf archaische Offenbarungen hoffte, sah sich alsbald in ein Netz hoch abstrakter Allgemeinheiten verstrickt. Totenkult, Animismus, Kraftvorstellungen, Magie, Zauber, Fetischismus, Totemismus flogen an ihm vorüber, belegt mit zahlreichen Einzelheiten aus allen Kontinenten und kaum je mit einem kritischen Wort bedacht. Ganz im Gegenteil: So alberne Gedankendinge wie der tiefe Eindruck des ersten Todes auf den Urmenschen, d. h. des *ersten*, wirklich wahrgenommenen Todesfalles, waren für Ankermann »unzweifelhaft richtig« (135). Dem jugendlichen Leser wirbelte bei solchen Deduktionen der Kopf; vergeblich fragte er sich, wann und wo der Mensch gelebt haben sollte, der nach Analogie des ersten Todes auch den *ersten* Sonnenaufgang erblickte? Derartige Überlegungen hinterließen wenig mehr als ein dumpfes Unbehagen. Hier blieb eine Lücke.

Die geistvolle Auskunft, die »Primitiven«, »Urmenschen«, »Archaiker« seien eben eine Versammlung von Dummköpfen, beschäftigt mit Alfanzereien; sollte sie tatsächlich die Wirklichkeit spiegeln?³ Erklärte die abstrakte Monotonie des Lehrbuchs etwas? Vermittelten die Theorien eine Ahnung vom Wesen religiöser Phänomene? Weshalb weckten sie einen so heftigen gefühlsmäßigen Widerstand?

Überspringt man in Gedanken ein halbes Jahrhundert voll von Umbrüchen und Abstürzen und durchblättert jene Literatur, die heute zur Verfügung steht, so glaubt man sich in eine andere Welt versetzt. Nicht daß die alten Theoreme verschwunden wären, sie führen immer noch ein allerdings schattenhaftes Dasein; allein das Schwergewicht hat sich verschoben. Es sind die religiösen Phänomene, die Hierophanien, die Wirklichkeiten, die im Vordergrund der Szenerie stehen. Nimmt man die Bücher Eliades in die Hand, des ersten Mannes unseres Faches, eines Forschers von unbestrittener Weltgeltung, so verraten bereits die Inhaltsverzeichnisse etwas sehr Wesentliches.

Da lesen wir vom Zentrum der Welt, vom Weltberg, Weltpyramide, Weltbaum, vom Stein der Mitte, Sakralarchitektur, kosmischem Stadtmodell, Kreisung der Zeit, Neujahrsfest als Repetition der Kosmogonie; lauter Themen, die bisher ein Dasein im Winkel geführt haben. Im Vorwort zu *Die Religionen und das Heilige* sagt Eliade selbst: »Wir begnügen uns damit, Hierophanien im weitesten Verstande des Worts als Gegenstand der Untersuchung zu bezeichnen, das heißt: jedes Beliebige, in dem sich Sakrales manifestiert.«⁴ Er möchte nicht mit Elementarem beginnen, mit dem mana etwa, dann zu Totemismus, Fetischismus, Natur- und Geisterkult übergehen, um über Götter und Dämonen zum monotheistischen Gottesbegriff zu gelangen. »Eine solche Aufreihung wäre willkürlich, sie implizierte den Gedanken einer Evolution religiöser Phänomene vom Einfachen zum Zusammengesetzten, was nichts als eine unbeweisbare Hypothese ist.« Dafür beginnt Eliade mit kosmischen Sakralitäten wie Himmel, Erde, Wasser, Steine.

Jeder Kenner weiß, wie sehr diese Themen ihn immer wieder gefesselt haben, und jeder ermißt schon bei flüchtigster Kenntnisnahme, welcher Wandel der Auffassungen sich hier manifestiert. Es ist, als stünden die »Urphänomene« Goethes aus ihrem Grabe wieder auf, die letzten sinnlich noch erreichbaren Wirklichkeiten, über die hinauszugehen der Dichter sich und anderen untersagt hat. Die alten Theorien mit ihrem abstrakten Gedankenfiligran sind zurückgetreten. Hie und da regt sich sogar die Erkenntnis, es handele sich um Mißverständnisse, die eine betrübende Unbekanntschaft mit den polysynthetischen Sprachen der Hypothesenbildung eingebrockt hat.

Nicht daß Eliade diese gelehrten Gespenster gänzlich beiseite gelassen hätte; er kommt auch auf diese Oldies dann und wann zurück. Doch seiner vornehmen Natur liegt die mit Stahlkanten ausgelegte Keule nicht. Aber dem sei, wie ihm wolle; in seinem Werk manifestiert sich der Übergang vom Gedankennebel der Theorien zu den sinnlichen Wirklichkeiten aufs deutlichste, in reinster Gestalt, ganz gleich, ob ihm selbst dies bewußt ist oder nicht. Das Feuer des Heraklit brennt auch im Leben des einzelnen nicht immer mit voller Flamme.

Grübelt man unter diesem Gesichtswinkel der zeitgeschichtlichen Stellung Eliades nach, so möchte man innerhalb des Faches Rudolf Ottos Werk *Das Heilige*[5] als den eigentlichen Kontrapunkt auffassen. Ottos Numinosum, Fascinosum, Tremendum bildet den Höhepunkt der Verdampfung der religiösen Phänomene. Der ungeheure Erfolg des Ottoschen Buches – 30 Auflagen – wird erst begreiflich im Rahmen der hypertrophischen Entwicklung von Technik und Naturwissenschaft im 19. Jahrhundert.

Dieser letzte Ansatz zur Vernichtung der Wirklichkeiten, der Phänomene, der gottgewollten Fazies des Planeten, riß alle seelischen Äußerungen der europäischen Menschheit in seinen Malstrom hinein und überlieferte sie der Auflösung, die inzwischen bis ins Innere des Atoms vorgedrungen war. Aber der Erfolg ist bekanntlich der Zeus des modernen Pantheons, und der Generalstab der abendländischen Unbildung zog sämtliche Register, die Leistungen der Naturwissenschaft ins Licht zu setzen.

Dabei besaß diese Entwicklung einen deutlich sinnbildlichen Charakter. Denn die Physik, erst gar die Atomphysik, ist eine zerteilende, aufspaltende, trennende Wissenschaft; in ihren Bemühungen wird das Schicksal des ganzen Planeten vorgezeichnet. Nichts davon ist in die Gehirne unserer Laureaten je vorgedrungen. Selbst Heisenberg, dem eine gewisse philosophische Bildung nachgesagt wird, nennt diesen selbstmörderischen Wettlauf einen »Lebensprozeß« der Naturwissenschaft.[6] Nur die Sprache, die schon Kopernikus die Gefolgschaft verweigerte, hat hier ein Zeichen gesetzt: Sie kennt zwar einen Baumfrevel, aber keinen Atomfrevel.

Das sonderbare Schauspiel einer Kritikunfähigkeit, sobald Wahnideen zu den Selbstverständlichkeiten der Epoche rechnen, bietet die Neuzeit zu wiederholten Malen. Wir brauchen unsere Skizze nicht zu erweitern, um zu wissen, daß die Atomphysik den extremsten Ausläufer des abendländischen Denkens vertritt. Ohne die jahrhundertelange, gedanklich geübte Aufspaltung der Sinneswahrnehmungen wäre die Aufspaltung des Atoms nicht möglich gewesen. Diese hirngesteuerte Vorbereitung, die allmähliche Trennung der Noumena von den Phainomena, die immer höhere Wertung des bloßen Denkens, die in Kant kulminierte, hat den Weg geebnet. Hier greift alles ineinander, um die lebenden Wirklichkeiten auszumerzen und die tote Mechanistik den Zeitgenossen als »Wahrheit« zu empfehlen.

Wie stark solche Auffassungen bereits zu Anfang des 19. Jahrhunderts die Bildungsschicht Europas in Bann schlugen, zeigte die Aufnahme der Kantischen Philosophie. Kants Hauptschriften erschienen zwischen 1781 (*Kritik der reinen Vernunft*) und 1790 (*Kritik der Urteilskraft*). Geschrieben im schwierigsten Stil – der Jenenser Philosophieprofessor Reinhold gesteht, erst nach fünfmaligem angestrengten Studium in die *Kritik der reinen Vernunft* eingedrungen zu sein –, muß das Werk des Königsbergers dennoch den Nerv der Zeit getroffen haben; mit einer Intensität, die jede Kritik zur Ohnmacht verurteilte.

Man bedenke, daß schon 1801 der Göttinger Philosoph Gottlob Ernst Schulze – nicht irgendwer, vielmehr der Lehrer Schopenhauers – in seiner *Kritik der theoretischen Philosophie* den Alleszermalmer seinerseits zermalmte: *sine ira et studio*, mit dem reichsten Aufwand durchdachtester Gegengründe und in klassischer Darstellung, wie Kenner versichern.[7] Schulzes Werk blieb völlig unbeachtet, ebenso wirkungslos wie der früh einsetzende Widerstand des katholischen Südens.[8]

Bekanntlich zerschneidet Kant die Fäden, die das individuelle Leben mit der Welt verbinden; die Sinneseindrücke werden zum Produkt unserer Organisation, zu einer Hervorbringung des Wahrnehmenden.[9] Anders gesagt: die laute, bunte, warme Welt zerfließt in Nichts. Hier erklimmt die gedankliche Verdampfung ihren Höhepunkt. Mit Kant erscheint eine vollkommene Vorwegnahme der Atomphysik, eine Atomphysik unterhalb der Experimentalstufe, noch ohne die tödliche Apparatur.

Wie bereits angedeutet, hat die deutsche Bildungsschicht zu keiner Zeit einen Einblick in die Entwicklung gehabt, die sich da vorbereitete. Noch nach dem ersten Weltkrieg unternahm Wilhelm Stapel den Versuch, Kant ins Gemeindeutsche zu übertragen. Er versprach sich davon die segensreichsten Folgen für das deutsche Volk, ein Unternehmen und eine Erwartung, die heute noch schwerer zu begreifen ist als damals.[10] Die gesamte Kulturbewegung des Abendlandes glitt unaufhaltsam der Auflösung entgegen, und mit dem Beginn des neuen Jahrhunderts folgten als letzte auch die Künste dieser atomisierenden Tendenz.

Mit einer bedeutenden zeitlichen Verzögerung gerieten selbst die farbigen Kontinente in diese Strömung. So bedauerte 1963 Erzbischof Zoa von Jaunde (Kamerun) in einem Vortrag, daß der schwarze Afrikaner die ihn umgebenden Dinge als beseelte Wesen auffasse und bei jedem Problem zu diesen kosmischen Geschwistern und Verwandten flüchte, um Hilfe bittend. Der Erzbischof faßte diese Haltung kurzab als Fetischverehrung auf: sie wäre ein schweres Hindernis der Entwicklung und der wissenschaftlichen Forschung. Der Afrikaner müßte diesen Bann der Naturphänomene abschütteln und sich der *nicht metaphysischen Vernunft* zuwenden, um weiter zu kommen.[11]

Solche Blindheit verbreitet sich heute mit immer größerer Beschleunigung, und dies Jahrzehnte, nachdem scharfsichtige Geister wie Léon Bloy ihre Stimme eindringlich erhoben hatten.[12] Den rasenden Haß, der dem 19. Jahrhundert aus Bloys Tagebüchern entgegenschlug, begriff niemand. Der Jubel, mit dem er das Ende Curies unter den Rädern eines Fiakers begrüßte, erschreckte und entsetzte. Die Propheten blieben allein, man vernahm nicht einmal ihre Herzenstöne. »Doch wie ferne liegen uns diese frühen Zeiten der Menschheit, und wie ungeheuer vernünftig und weise sind wir doch geworden seit den Tagen, wo man aufhörte, vor Liebe zu weinen unter einem Himmel, der all seinen Himmelsglanz verlor, als man damit begann, ihn uns *physikalisch* zu erklären.«

Bloy empfiehlt den Gelehrten, das *fiat lux* der Genesis nicht mit »Es werde Licht« zu übersetzen, sondern mit »Man knipse das Licht an«. Er bedauert die junge Generation, »die uns die Hochschulgewaltigen und sonstigen Sklavenhalter jeglichen Kalibers herandressieren« und hofft, daß es »keineswegs in ihrer Macht steht, Frankreich ganz das Lebenslicht auszublasen«.

Sanfter klingt diese Melodie schon bei Maurice de Guérin, einem Romantiker, der 1839 in jungen Jahren starb, wie so viele, denen damals eine kassandrische Offenbarung zuteil wurde. In einer nachgelassenen Dichtung, die Guérin als Lebensbericht einem Kentauren in den Mund legt, erzählt diese mythische Erscheinung, wie sie jenseits eines Flusses zum ersten Male einen Menschen erblickt hätte. »Ich verachtete ihn. Das ist ja höchstens die Hälfte meines Wesens! Wie kurz seine Schritte sind und wie schwer sein Gang! Ohne Zweifel ein von den Göttern Verstoßener, dazu erniedrigt, sich so fortzuschleppen.«[13] Hier werden Zweifel laut am Menschen überhaupt. Das 20. Jahrhundert hat sie fürchterlich genug bestätigt.

Wenden wir uns von unseren allgemeinen Erwägungen zurück zur Religionswissenschaft und zu Mircea Eliade. Es bedarf nicht mehr vieler Worte, seine Stellung innerhalb der gegenwärtigen Zeitströme festzulegen. Eliade verkörpert inmitten der Verdunstung der konkreten Erscheinungen eine Umkehr, einen Wandel, einen Aufhalter. Er weiß um die Kluft zwischen Ur»phänomenen« und Ur»sachen«. Bilder sind es, die er in jeder Arbeit aufleuchten läßt, Epiphanien, Wirklichkeiten, sinnliche Tatsachen. Diese Tendenz verbindet ihn aufs engste mit der archaischen Menschheit, hier hat er gelernt. Wer hat die Mythen und Riten der Vorzeit mit solcher Ehrfurcht behandelt?

Aus dieser Verwandtschaft stammt seine Abneigung gegen alles Weltgeschichtliche, gegen die Verstrickung in eine Zeit, die bei irgendeinem Null beginnt und wie ein Pfeil ins Blaue jagt, ohne Rückkehr. Dagegen steht seine Zuneigung zu Ringsymbolen, zu ständigen Erneuerungen und Geburten. Dieses ewige Thema des Archaismus, mit dem Fachausdruck »Initiation« nur mangelhaft erfaßt, bleibt für ihn der Ausweg aus dem Nichts der Gegenwart. So wird seine wissenschaftliche Haltung, seine gelehrte Arbeit, nicht zuletzt unterstützt von einer starken künstlerischen Begabung, zu einer Hoffnung. Auch für den Hoffnungslosesten unseres gebrechlichen Geschlechts.

Anmerkungen

1 Gräbner wurde 1925 Direktor des Kölner Völkerkundemuseums, 1926 Honorarprofessor an der Universität Köln. Er hat bis 1925 Vorlesungen in Bonn gehalten, in Köln nicht mehr, weil ihn ein schweres Leiden befiel, von dem ihn

der Tod 1934 erlöste. Vgl. Paul Leser, »Fritz Gräbner. Eine Würdigung«, *Anthropos* 72 (1977), 1-55. Hier Seite 10 und 46 f.

2 *Lehrbuch der Religionsgeschichte.* Vollständig neu bearb. von Bertholet und Lehmann, Tübingen ⁴1925.

3 Die Annahme von einer »Urdummheit der Primitiven« ist ein besonders abstoßendes Beispiel europäischer Theorienbildung.

4 Ausgabe Darmstadt 1976, 13. Ebendort auch das folgende Zitat. Vgl. dazu das Vorwort zu *Die Sehnsucht nach dem Ursprung*, Wien 1973, 10: Hierophanien als Strukturen, als vorreflexive Sprache.

5 1. Auflage München 1917.

6 In einem Gespräch mit Carl Friedrich von Weizsäcker am 7. August 1945, am Tage nach der Vernichtung Hiroshimas. Bei dieser Begegnung soll W. die Formulierung benutzt haben: »Die Existenz der Atombombe an sich ist hier kein Unglück«. Siehe Werner Heisenberg, *Der Teil und das Ganze*, München 1973, 226 ff., 234.

7 So Ludwig Klages, *Der Geist als Widersacher der Seele*, München und Bonn ³1954, Bd. 1,152.

8 Benedikt Sattler, *Anti-Kant*, Bd. 1-3, München 1788; vor allem Bd. 3.

9 Formulierung von Friedrich Albert Lange, *Geschichte des Materialismus*, Iserlohn 1866, 493.

10 Wilhelm Stapel, *Kants Kritik der reinen Vernunft ins Gemeindeutsche übersetzt*, Bd. 1-2. Hamburg 1919-1921.

11 Jean Baptiste Zoa, »Afrikas Weg in die moderne Welt«, *Europa-Archiv* 19 (1964), 297-304.

12 Bloy, *Der undankbare Bettler. Tagebücher des Verfassers 1892-1895*, Nürnberg 1949, 175, 206, 213. Eindringliche Hinweise auf diesen Vorherwisser verdankt der deutsche Leser den Tagebüchern Ernst Jüngers.

13 *Der Centauer*, übertragen von Ernst Ludwig Schellenberg, Leipzig 1913, 15.

Thomas J. J. Altizer
Geschichte und Apokalypse

Heute, da wir anscheinend in ein posthistorisches Zeitalter eintreten, d. h. in eine Zeit, in der das geschichtliche Bewußtsein, wie wir es gekannt haben, zu einem Ende kommen wird, ist es wohl angebracht, die notwendige oder mögliche Beziehung zwischen der Geschichte an sich und dem Ende von Geschichte bzw. zwischen der historischen Arena oder Szene einerseits und einer prähistorischen und posthistorischen Identität andererseits zu erforschen. Was wir als Geschichtsbewußtsein kennengelernt haben, trat erst auf den Plan, nachdem sich in Griechenland und im Reich Israel ein echtes Individualbewußtsein gebildet hatte, und es ist höchst bezeichnend, daß das, was man uns in einem posthistorischen Bewußtsein gegeben und verheißen hat, die Auslöschung oder Umkehrung eines individuellen und inneren Bewußtseins ist. Das trifft ganz offensichtlich für *Finnegan's Wake* zu, und *Finnegan's Wake* kann durchaus als Verkörperung einer gesellschaftlichen und politischen Prophezeiung erster Ordnung gelten, denn der ganze Verlauf der technologischen Modernisierung scheint das Ende dessen zu versprechen, was wir als Bewußtsein und Identität des Individuums kennengelernt haben. Aber sobald wir uns darüber klar werden, daß es ein entfaltetes Bewußtsein vom Individuum endgültig erst seit dem 8. Jahrhundert v. Chr. gibt, erscheint das wirkliche Ende oder die Umkehrung des individuellen Bewußtseins weder als phantastische noch als unrealistische Möglichkeit. So wie *Finnegan's Wake* als Höhepunkt der Romantradition betrachtet werden kann und darüber hinaus als Kulmination der realistischen Tradition in der westlichen Literatur insgesamt, geradeso können wir nunmehr das moderne Geschichtsbewußtsein in seiner Gesamtheit als eine apokalyptische Bewegung hin zum Ende aller Geschichte ansehen.

Derselbe Hegel, der uns gesagt hat, die Eule der Minerva breite ihre Flügel erst mit einbrechender Dämmerung aus, hat auch die begrifflichen Grundlagen des modernen historischen Denkens geschaffen, und es ist sehr bezeichnend, daß das westliche Geschichtsbewußtsein seinen höchsten Gipfel erreichte, als die tiefsten Fundamente des westlichen Bewußtseins eine umwälzende Erschütterung oder Umwandlung erfuhren. Eine der wesentlichen

Quellen jenes durch den »Tod Gottes« freigesetzten Nihilismus war ein gänzlich historisches Bewußtsein, ein Bewußtsein, das nicht nur die westliche metaphysische Tradition beendete, sondern auch dem Wesensgrund des westlichen moralischen und ästhetischen Urteils ein Ende setzte und dadurch jede Möglichkeit einer letzten Ordnung und Autorität in Politik und Gesellschaft nicht nur untergrub, sondern überhaupt aufhob. Diltheys herkulische Anstrengungen, eine vierte Kritik der historischen Urteilskraft zu schaffen, mußten scheitern, und das Resultat war ein »Historismus«, nicht als Lehre einer bestimmten philosophischen Schule, sondern vielmehr als Konsequenz des Triumphs des historischen Bewußtseins selbst. Ein solcher Historismus war weit radikaler und verheerender in seinen Auswirkungen als der Positivismus, der mit ihm einherging, denn er erwies seine überwältigende Macht gerade in unserem Begriff von menschlicher Identität und menschlichem Handeln, und dies so sehr, daß menschliche Identität zur historischen wurde, sogar dort, wo sie der Gegenstand der Biologie oder Geophysik war.

Es würde schwerhalten, einen modernen Denker zu nennen, der sowohl dem historischen Bewußtsein gegenüber als auch dem Historischen überhaupt eine größere Abneigung entgegenbringt als Mircea Eliade. Er kann behaupten, jede Geschichte sei ein Fall[1], alle Kulturen seien ein Absturz in die Geschichte[2], Geschichtsschreibung sei ein Zeichen des Todes[3], das Geschichtsbewußtsein sei die Quelle des Unglücks unseres Daseins[4], und er kann sich der indischen Denktradition anschließen, wenn er betont, »nicht das *Leben* in der Geschichte ist Unwissenheit und Täuschung, sondern der *Glaube* an die ontologische Wirklichkeit der Geschichte.«[5]

Hier ist vor allem der Historismus zu nennen; die von ihm versuchte Neuerung liegt in der Behauptung, daß der Mensch nicht mehr einzig durch seinen Ursprung bestimmt sei, sondern auch durch seine eigene Geschichte und die ganze Menschheitsgeschichte. Der Historismus säkularisiert endgültig die Zeit, da er es ablehnt, zwischen einer sagenhaften Zeit des Ursprungs und jener, die ihr gefolgt ist, zu unterscheiden ... Vor Gott haben alle geschichtlichen Ereignisse gleichen Wert. Und wenn man nicht mehr an Gott glaubt, sagt man: vor der Geschichte ...

Man kann nicht ungerührt bleiben angesichts dieser großartigen Askese, welcher der europäische Geist sich selbst unterworfen hat, angesichts dieser außerordentlichen Verdemütigung, die er sich auferlegt hat, wie um seine unzähligen Sünden des Hochmuts zu sühnen.[6]

Eliade ist überhaupt der Meinung, der Historismus sei ein Resultat der Zersetzung des Christentums, und dabei sieht er das historische Bewußtsein selbst als Konsequenz der Entscheidung des modernen Menschen für das Profane und somit für den Tod Gottes.[7]

Eliade gehört zu einer wichtigen Gruppe moderner ostkirchlicher Autoren, Dichter und Philosophen, für die der moderne Westen die Verkörperung eines dämonischen und atheistischen Nihilismus ist. Er verlegt jene apokalyptische Vision, die in der aufkommenden Russischen Revolution eine so entscheidende Rolle gespielt hat, in unsere heutige Zeit; das zeigt sich an den Worten Anisies, des heiligen Sehers in dem Buch *Forêt interdite*:

Wenn für euch Ruhm und Wert des Menschen mit seiner Geschichte verknüpft sind, das heißt ausschließlich mit seinen späten Taten – denn Geschichte gibt es erst seit wenigen tausend Jahren! –, wenn das so ist, dann sieht die unmittelbare Zukunft wahrlich wenig ermutigend aus. Denn diese Zukunft verheißt eine verheerende Folge von Kriegen und Katastrophen mit dem Ergebnis, daß alles beseitigt wird, was die Geschichte in den wenigen zurückliegenden Jahrtausenden aufgebaut hat. Und für den geschichtlichen Menschen, für den Menschen, der ausschließlich ein Schöpfer von Geschichte sein will und sich als solchen erklärt, ist die Aussicht auf eine fast gänzliche Vernichtung seiner geschichtlichen Schöpfungen zweifellos katastrophal. Aber es gibt noch eine andere Menschheit neben jener, die Geschichte schafft. Es gibt zum Beispiel die Menschheit, welche die geschichtslosen Paradiese bewohnt hat: die Urwelt, wenn man so will, oder die Welt der vorgeschichtlichen Zeit. Das ist die Welt, der wir zu Beginn eines jeden Zyklus begegnen, jene Welt, die Mythen erschafft. Es ist eine Welt, für die unsere menschliche Existenz eine spezifische Weise des In-der-Welt-Seins darstellt, und als solche wirft sie andere Probleme auf und verfolgt eine andere Vollkommenheit als die des modernen Menschen, der von *Geschichte* besessen ist. Ich habe allen Grund zu hoffen, daß die Vernichtung unserer Zivilisation, deren Beginn wir bereits erleben, den gegenwärtigen Kreis endgültig schließen wird. Jahrtausendelang waren wir ein fester Bestandteil dieses Kreises. Vielleicht macht es eine solche Vernichtung möglich, daß die andere Form der Menschheit wiedererscheint, eine Menschheit, die nicht wie wir in einer historischen Zeit lebt, sondern nur im Augenblick – das heißt, ewig . . .[8]

Wir wollen in das Innere Eliades übergehen, wozu er selbst uns aufgefordert hat, als er seine Tagebücher veröffentlichte. Im Sommer 1964 hielt Eliade folgendes Selbstgespräch:

Von Zeit zu Zeit erinnere ich mich wieder – und überrasche mich plötzlich traurig und deprimiert: Ich weiß nicht mehr, wohin ich mich wenden soll, um Mut zu fassen. *Was immer auch geschieht, wir sind verloren.* Unsere Welt, meine eigene Welt sind unwiederbringlich verloren. Und wenn es nur das wäre: Alle drei Jahre vermehrt sich China um die Bevölkerung Frankreichs – es würde genügen. Zu Beginn des 21. Jahrhunderts wird China die Hälfte der Weltbevölkerung ausmachen. In fünfzig oder sechzig Jahren wird die Welt nicht mehr dasselbe Antlitz zeigen – weder die Kultur noch der Sinn des Daseins noch die moralischen Werte werden noch dieselben sein. Es wird eine andere Welt entstehen, die genauso schöpferisch und »interessant« sein könnte wie die, welche sich im Griechenland des 7. Jahrhunderts herauszugestalten begann. Es ist aber nicht weniger wahr, daß *unsere Welt* verschwinden wird, und dies auf eine vielleicht noch tragischere Weise, als die Welten des Nahen Ostens und Griechenlands verschwunden sind.[9]

Das ist ein faszinierendes Bekenntnis für einen Autor, dessen eigenes episches Hauptwerk, das genau zehn Jahre zuvor beendet worden war, eine solche Vernichtung ausgemalt hatte. Oder vielleicht doch nicht? Der Eliade, der durch den Mund Anisies spricht, ist der Befürworter einer archaischen Weltsicht, für die die Welt der Geschichte eine gefallene Welt ist, der überdies entweder keine letzte Wirklichkeit zukommt oder die in einem apokalyptischen Weltende bald verschwinden wird. Doch der Eliade der Tagebücher spricht mit der Stimme eines individuellen und inneren Bewußtseins, eines Bewußtseins, das allzu deutlich ein Produkt von Geschichte ist, und zwar einer bestimmten – unserer eigenen, westlichen Geschichte. Eliade ist ebenso Franzose wie Rumäne, und vielleicht ist er gerade darum Franzose, weil er Rumäne ist, und als solcher ist er ein Nachfahre Rousseaus. Gleich seinen rousseauschen Mitrebellen gegen die Geschichte, Claude Lévi-Strauss und Jacques Derrida, hat Eliade sich mit Blick auf das Ende der westlichen Geschichte auf die Suche nach einem zeit- oder gegenwartslosen Paradies begeben.

Das moderne Geschichtsbewußtsein hat seinen Siegeszug während der Französischen Revolution angetreten, und es war in diesem triumphalen Augenblick, als Condorcet in Erwartung der Guillotine seine *Esquisse d'un tableau historique des progrès de l'esprit humain* schrieb, in der Geschichte erstmals als Fortschreiten zu einem künftigen Utopia verstanden wurde. Wenig mehr als ein Jahrzehnt später veröffentlichte Hegel seine *Phänomenologie des Geistes*, eine umwälzende Arbeit, deren Vorrede verkündete,

»daß unsere Zeit eine Zeit der Geburt und des Übergangs zu einer neuen Periode ist. Der Geist hat mit der bisherigen Welt seines Daseins und Vorstellens gebrochen und steht im Begriffe, es in die Vergangenheit hinab zu versenken ...«[10] Zum ersten Mal erschien die Vergangenheit als ganz und gar vergangen und wurde auch so verstanden, aber gerade dadurch verwirklichte sich erst das historische Bewußtsein, denn die Vergangenheit läßt sich nur unter der Perspektive der Ankunft einer umfassenden und endgültigen oder letzten Zukunft wirklich als Vergangenheit begreifen. Nur das Heraufkommen einer solchen Zukunft machte ein umfassendes Verständnis der Vergangenheit möglich, aber nun nimmt die Vergangenheit ein Leben und eine Identität an, die sie nie zuvor besaß, selbst wenn dieses Leben einem Todesurteil entsprang, einem eschatologischen Urteil, das die Vergangenheit all ihres Gewichts und ihrer Autorität beraubte, doch war es gerade diese Unwichtigkeit, die es ermöglichte, die Vergangenheit zum uneingeschränkten Gegenstand der bewußten Wahrnehmung werden zu lassen.

Aber wenn der eigentliche Anfang des geschichtlichen Bewußtseins in der Französischen Revolution zu suchen ist, so läßt sich durchaus denken, daß sein Ende oder der wirkliche Anfang von seinem Ende in der Russischen Revolution beschlossen liegt. Natürlich war dieses Ende von Kierkegaard und Nietzsche bereits völlig vorweggenommen und abgehandelt und vielleicht ursprünglich im Aufkommen der modernen Kunst und Dichtung verwirklicht. Aber im vollen Wortsinne wurde es erst 1917 historisch, in dem Jahr, welches das Ende Europas oder das Ende von allem markiert, das einst als westliche Kultur sichtbar und wirklich gewesen war, und zugleich bezeichnet es den Anfang einer posthistorischen Gesellschaft mit posthistorischem Bewußtsein. Erst jetzt beginnen wir die Zusammengehörigkeit von Hegel, Marx und Nietzsche und damit die Zusammengehörigkeit von Anfang und Ende im modernen, geschichtlichen Bewußtsein zu verstehen. Denn wenn in einem fundamentalen Sinne die Russische Revolution die Erfüllung der Französischen Revolution ist, dann ist die Russische Revolution mit ihren Nachwirkungen ohne Zweifel jene Revolution, in der sich ein künftiges Utopia so sehr vergegenwärtigt und verwirklicht, daß damit die Zukunft gänzlich entmystifiziert und entmythologisiert wird. Die Ironie des Schicksals wollte es, daß gerade die Russische Revolution dem

Fortschrittsgedanken ein Ende machte, doch sie tat es, indem sie die Zukunft geschichtlich in der Gegenwart sah, und damit hörte nicht nur die Zukunft auf, Zukunft oder ausschließlich Zukunft zu sein, auch die Vergangenheit war nicht länger einzig und allein Vergangenheit.

Für den Marxisten ist das bürgerliche Zeitalter die Ära oder die Zeit des geschichtlichen Bewußtseins, und so, wie dieses einen geschichtlichen Anfang hatte, erfährt es auch ein geschichtliches Ende oder hat es bereits erfahren. Ein entscheidender Hinweis auf dieses Ende ist das Aufkommen oder die Wiederkehr eines Denkens in Zyklen, wie es vollständig in Nietzsches Vorstellung einer »ewigen Wiederkehr«, wirklich jedoch erst in einer neuen Gesellschaft mit einem neuen Bewußtsein zum Ausdruck kommt, in der weder eine Zukunft noch eine Vergangenheit gegenwärtig und als Pole oder Fundamente des Bewußtseins wirklich sind. Mit Kierkegaard könnte man von diesem neuen Denken als einer gänzlichen Objektivierung des Bewußtseins sprechen oder – mit dem jungen Marx – als dessen reiner Verdinglichung, aber alle derartigen Gleichsetzungen bewegen sich innerhalb eines Horizonts geschichtlichen Denkens, das der Verheißung nach durch eine letzte Bewußtseinsform sein Ende findet. Dieses Ende ist sicherlich in den vollendetsten Ausdrucksformen der Kunst und Literatur des 20. Jahrhunderts schon erreicht worden, einer Kunst und Literatur, aus der jede Sichtweise entschwunden ist, die sich aus der Beziehung zwischen einem individuellen Subjekt und dessen Objekt ableitet. Mit dem Verlust dieser Perspektive verschwindet zugleich jede Basis, auf die sich ein Wesensunterschied zwischen Vergangenheit und Zukunft gründen ließe. Wird dieses Fundament untergraben, so hören Vergangenheit wie Zukunft auf, ganz Vergangenheit und ganz Zukunft zu sein, und werden lediglich Zukunft und Vergangenheit oder zeitgleich, um nicht zu sagen zeitidentisch mit der Gegenwart.

Es hat den Anschein, als ob das, was sich heute immer klarer und endgültiger ausgestaltet, eine wahrhaft posthistorische Bewußtseinsform wäre, ein Bewußtsein und eine Gesellschaft, losgelöst oder befreit von all jenen Zeitunterschieden und -kategorien, die sich seit dem 8. Jahrhundert v. Chr. entwickelt haben. Obgleich ein posthistorisches Bewußtsein auf das konservative Denken eine starke Anziehung ausübt, verheißt es keine Rückkehr zur vormodernen Welt und schon gar nicht zu einer vormodernen und klassischen Welt. Aber verspricht es die Rückkehr zu einer vorgeschichtlichen und archaischen Welt? Sind Nietzsche, Joyce und Picasso die Neuschöpfer eines archaischen Zeitalters und Bewußtseins? Ist die Massengesellschaft, die im 20. Jahrhundert entstand, der Beginn einer Wiedergeburt einer primordialen Menschheit? Wird der »Fall« in die Aufteilung und Differenzierung von Geschichte heute durch die Rückwendung zu einem einheitlichen Bewußtsein und Fühlen umgekehrt? Ist das Ende aller Geschichte die Heimkehr ins Paradies? Und nahm dieses Ende 1917 seinen Anfang? Das heißt, würde das völlige Ende eines Geschichts- oder Zeitbewußtseins jeglicher Art das Ende jeder Differenz ermöglichen oder gar zur Folge haben? Ist ein immanenter oder wesentlicher Unterschied als solcher nichts als das Überbleibsel eines historischen Zeitalters, das vor unseren Augen zu Ende geht?

Mircea Eliade ist die augenfälligste Verkörperung des antihistorischen religiösen Denkens unserer Zeit, und allein die Heftigkeit seines Angriffs auf das historische Bewußtsein wie auf alles Geschichtliche überhaupt ist zweifellos die unvermeidliche Folge seiner Entscheidung für die archaische Welt. In der Tat tragen bereits Begriff und Wesen einer archaischen Welt die Zeichen eines Angriffs auf die Moderne, der mit Rousseau und erst mit ihm wirklich beginnt. Was nämlich ein romantisches und historisches Zeitalter als »archaisch« bezeichnet hat, darf nicht mit dem verwechselt werden, was ein vorromantisches als das Arkadische und Idyllische noch selbst erfahren konnte. Denn die romantische Dichtung nimmt zwar von dem Bild einer archaischen Welt ihren Ausgang, doch ist dieses Bild ganz und gar nostalgisch, ist es doch die Vorstellung von einer verlorenen Welt, einer verlorenen Zeit, einem verlorenen Paradies. Die romantische Sehnsucht ist notwendig das Heimweh nach einer Welt, die niemals gegenwärtig sein kann, während die idyllische Welt der vorromantischen Dichtung in unmittelbarer und natürlicher, wenn nicht historischer Weise gegenwärtig ist. Es ist eine Welt, die selbst heute noch wirklich spontan, fröhlich und frei ist, wie die idyllischen Komödien Shakespeares bezeugen. Diese reine Gegenwart ist der romantischen Vorstellung ganz fremd, denn hier gilt, was Proust über die Romantik wie über die Moderne gesagt hat: Das einzig wahre Paradies ist stets das Paradies, welches wir verloren haben.

Nur ein *verlorenes* Paradies konnte eine wirkliche utopische Zukunft möglich machen, in derselben Weise, wie es eine archaische Vergangenheit ermöglicht. Das historische Bewußtsein entsprang einer radikalen Trennung zwischen Vergangenheit und Zukunft, anfangs durch einen prophetischen Durchbruch aus einer archaischen Welt im 8. Jahrhundert v. Chr. und am Ende durch einen siegreichen autonomen Individualismus in der Englischen und der Französischen Revolution. Vor allem ist es ein Geschichtsbewußtsein, das eine archaische Welt dazu verurteilt, ein für allemal vergangen zu sein, wie überhaupt erst dieses Bewußtsein die Zukunft als Zukunft wirklich und real macht. Damit ist das historische Bewußtsein die eigentliche Antithese zum archaischen Weltbild. Während die archaische Welt in der *Ilias* ebensowenig zugegen ist wie im »apollinischen« Bewußtsein der klassischen Antike (Nietzsche), wurde sie von den biblischen Propheten heftig angegriffen und schließlich durch den Triumph der modernen Naturwissenschaft negiert. Die Früchte dieser Negation sind im modernen Geschichtsbewußtsein erkennbar, da nunmehr die archaische Welt zum ersten Mal als eine verlorene gesehen wird, da eine poetische Sehnsucht nach einem verlorenen Paradies in eine neue historische Auffassung übergeht, die von der Vergangenheit letztlich nur weiß, daß diese auf alle Zeiten vergangen ist.

Eine der bedeutsamsten Folgen dieses neuen historischen Bewußtseins war eine radikale Umwandlung des innersten Wesens von Religion. Nun trat Religion in ihrem reinsten und tiefsten Kern als das Ursprüngliche und Archaische hervor. So wie jetzt allein die Urmenschheit als wahrhaft unschuldig begriffen werden konnte, konnte jetzt auch nur eine Urmenschheit oder ein Urzustand als Zustand der Gnade begriffen werden, und die Geschichte erwies sich nunmehr zwangsläufig als »Sündenfall« aus einem Urzustand der Unschuld. Während Paulus und Augustinus den Grundstein zu einem derartigen Geschichtsverständnis legten, sollte erst Hegel der geschichtlichen Totalität eine kenotische Identität verleihen als dem »an die Zeit entäußerte(n) Geist«.[11] Gewiß, Hegel verstand diese *kenosis* oder Entäußerung des Geistes als die Selbstaufhebung, das Golgatha des absoluten Geistes, ohne das der Geist leblos und allein wäre. Dessen ungeachtet kann der Geist hier wirklich und real nur durch die Negation oder Umkehrung seiner ursprünglichen Identität sein, mit der Konsequenz, daß nur die Selbstaufhebung des Geistes der Wirklichkeit von Geschichte eine »geistige« Identität verleihen kann. Ganz einfach ausgedrückt, eine solche dialektische Identität des Geistes ergibt sich daraus, daß Geschichte in ihrer Totalität ernstgenommen wird, denn die Wirklichkeit der Geschichte kann nur dann in ihrer ganzen Realität begriffen und erkannt werden, wenn sie als Gegensatz einer reinen oder noch nicht gefallenen Sakralität begriffen wird. Dann kann alle Teilhabe an einer reinen Sakralität oder auch nur die Erinnerung daran nur ein unglückliches, sehnsüchtiges Heimweh nach dem Ungeschichtlichen oder Vorgeschichtlichen und somit dem Unwirklichen sein.

Darum wird Religion in einem geschichtlichen Zeitalter zum Wesenskern des Unwirklichen, und nicht nur des Unwirklichen, sondern auch des Verbotenen. Karl Barth bewirkte eine Revolution in der protestantischen Theologie, als er Religion als den Apfel auffaßte, von dem eine Ur-Eva in Versuchung geführt wurde.[12] In ähnlicher Weise und zu genau derselben Zeit wurde Religion zum Todestrieb oder Nirwanaprinzip für den späten Freud, selbst wenn Freuds Religionsverständnis nur ein blasser Widerschein der wahrhaft radikalen Religionsauffassung war, die während des 19. Jahrhunderts Dichter und Denker von Blake bis Nietzsche erreichten. An keiner Stelle ist dieses 19. Jahrhundert radikaler als in seinem Begriff von Religion, denn es begnügte sich nicht mit dem Grundsatz der Aufklärung, nach dem eine Befreiung allein über die Vernichtung der dogmatischen oder mythologischen Religion möglich ist, sondern setzte die völlige Negation von Religion mit der wahren Befreiung der Menschheit ineins, indem es die negative oder pathologische Identität von Religion in tiefreichender und umfassender Weise aufdeckte. Diese pathologische Identität ist gerade in den reinsten und tiefgründigsten Äußerungen von Religion besonders deutlich und wirklich. Das ganze 19. Jahrhundert hindurch manifestierte sich die Hegelsche Selbstaufhebung des Geistes als Selbstaufhebung der Religion, nicht zuletzt bei Hegel selbst, je mehr Religion begriffen, kritisch und historisch begriffen wurde als die tiefste und letzte Quelle nicht allein der Selbsttäuschung, sondern auch der Selbstzerfleischung und Selbstentfremdung und als Urgrund der menschlichen Knechtschaft in all ihren Formen.

Nun ist es nicht unerheblich, daß alle bedeutenden religiösen Denker des 20. Jahrhunderts zutiefst anti- oder ahistorisch waren, ganz besonders in ihrem Verständnis des Glaubens, was sich

vielleicht am deutlichsten am Programm der Entmythologisierung der Bultmann-Schule ablesen läßt, in dem die historische
Bedeutung und Identität des Evangeliums (Historie) negiert wird,
um zur inneren oder existentiellen Wirklichkeit des Glaubens
(Geschichte) zu gelangen. An diesem entscheidenden Punkt blieb
Bultman mit dem frühen, radikalen Barth zeitlebens einig, und es
ist interessant, daß Tillichs lang währende theologische Schwen-
kung von links nach rechts von einer fortschreitenden Trennung
zwischen Glauben und Geschichte begleitet wurde, ja, in dieser
ihren Grund fand. Es ist ebenfalls höchst bedeutsam, daß es bislang noch keinen katholischen Theologen gibt, der willens und in
der Lage wäre, theologisches und historisches Denken miteinander zu versöhnen oder überhaupt positiv aufeinander zu beziehen.
Hier wie andernorts ist Eliade unser reinster religiöser Denker,
wenn er auch zugleich der am meisten romantische ist, und dies
vielleicht gerade in seiner Sicht des Schamanismus als der reinsten
und ursprünglichsten Form von Religion, der reinsten nämlich,
weil sie die ursprünglichste oder uranfängliche ist. Eliade bestreitet nicht, daß die Geschichte das Feld des Heiligen darstellt:

Es gibt kein »rein« religiöses Faktum, denn es gibt auch kein menschliches
Faktum, das nicht gleichzeitig ein historisches Faktum wäre. Jede religiöse
Erfahrung wird in einem bestimmten historischen Zusammenhang ausgedrückt und weitergegeben. Wenn wir aber die Geschichtlichkeit religiöser
Erfahrungen annehmen, so heißt das noch nicht, daß man sie auf nichtreligiöse Verhaltensweisen reduzieren kann . . . Wir dürfen niemals eines
der grundlegenden Prinzipien der modernen Wissenschaft außer Augen
lassen: Der Maßstab erschafft das Phänomen.[13]

Es ist dieses Prinzip, welches das Heilige von der Bedrohung
durch das geschichtliche Bewußtsein befreit; so kann Eliade sagen, daß das Heilige sich stets historisch manifestiert, sich aber
nicht immer auf Geschichte reduzieren läßt[14]; folglich darf ein
religiöses »Urphänomen« (wie die schamanische Ekstase) nicht
mit seinen unterschiedlichen historischen Äußerungsformen
gleichgesetzt werden.[15] Schließlich behauptet er, das religiöse Leben sei letztendlich ungeschichtlich; denn alle Geschichte ist eine
Beschränkung und Minderung des Heiligen, kurz, ein »Fall« des
Heiligen.[16]
  Eliade ist der profilierteste Anti-Hegelianer unter unseren religiösen Denkern, aber gleich Kierkegaard, einem seiner wahren
Mentoren, ist er ein dialektischer Anti-Hegelianer, und somit ist

noch sein Anti-Hegelianismus hegelianisch. Hegel ist der Inbegriff des historischen Denkens, unser einziger umfassend historischer Denker überhaupt, und sein Denken setzt nicht nur Geschichte und Wirklichkeit in eins, sondern es tut dies – in den Worten Eliades – durch eine Minderung, einen »Fall« des Geistes selbst. Aber wenn das Hegelsche Denken den »Geist an sich« negieren und umkehren muß, um den »Geist für sich« (Hegels Begriff für die Totalität von Geschichte) zu verwirklichen (Negation und Transzendenz enthüllen den theologischen Wesenskern des modernen Geschichtsbewußtseins), so muß das religiöse Denken, sein Gegenstück und Widerpart, die Totalität des Historischen und des geschichtlichen Bewußtseins negieren und umkehren, um den Sinn, die Identität und die Gegenwart der ursprünglichen und uranfänglichen Wahrheit und Wirklichkeit des Geistes zu erkennen und ins Werk zu setzen. Natürlich war Kierkegaard der Schöpfer eines solchen wahrhaft modernen dialektischen religiösen Denkens, doch Eliade hat eine Kierkegaardsche Dialektik in umfassender Weise auf den gesamten Bereich der Religionsgeschichte ausgedehnt.[17] So ist Eliades religiöser Entwurf zutiefst christlich und westlich, trotz seiner orthodoxchristlichen und hindu-mystischen Grundlage, und zwar vor allem in seinem Angriff auf das historische Bewußtsein wie auf alles Historische überhaupt. Weit davon entfernt, eine imaginäre und letztlich unwirkliche *maya* zu sein, ist Geschichte hier das integrale und immanente »andere« des Heiligen, und zwar so sehr, daß die Hierophanie oder die Gegenwart des Heiligen und die Auflösung oder das Umschlagen der Geschichte identisch sind, so daß jedes nur durch die Negation und Umkehrung des anderen gegenwärtig und wirklich sein kann.

Was dies nun von orientalischen oder hinduistischen Gegensätzen zwischen dem Heiligen und dem Profanen oder dem *nirwana* und dem *samsara* am meisten unterscheidet, ist sein Begriff und seine Vorstellung des völligen »Andersseins« von Geschichte. So wie die religiösen Überlieferungen des Ostens frei sind von dem, was die religiöse Welt des Westens als immanente Transzendenz und »Anderssein« Gottes oder des Geistes kennt, so fremd sind ihnen auch die westlichen Begriffe und Anschauungen der absoluten Negativität des Bösen und Dämonischen. Das Christentum steht nicht nur mit der Figur eines für alle Zeiten existenten Wesens wie des Satans allein; unter sämtlichen religiösen Überlieferungen der Welt ist es auch einzig das Christentum, das sich in der Endgültigkeit des »Sündenfalles« zugleich setzt und gründet. Es verkündet und feiert eine Erlösung, die genau im Mittelpunkt der Welt oder des Profanen vollzogen wird. Eliade zufolge liegen die größte Besonderheit und das zutiefst revolutionäre Wesen des Christentums in der positiven Bewertung der Geschichte, denn es fußt nicht nur auf der Inkarnation der Ewigkeit in der Zeit; die Inkarnation ist vielmehr ein wirkliches und einmaliges Ereignis, das einmal und nur einmal geschah, und zwar in der ganzen Wirklichkeit der Geschichte. Aber für Eliade und für Eliade als religiösen Christen »(schaltete) das Christentum sich in die Geschichte ein, um sie aufzuheben; die größte Hoffnung des Christen ist Christi zweite Ankunft, die jeder Geschichte ein Ende bereiten wird.«[18]

Obwohl Eliade überzeugt ist, daß eine apokalyptische Umwandlung der Zeit in Ewigkeit den eigentlichen Kern des Christentums bildet, glaubt er andererseits nicht, daß eine solche paradoxe Umformung der Zeit in Ewigkeit ausschließlich ein Gedankengut des Christentums ist, denn er findet dieselbe Anschauung und dieselbe Symbolik auch in Indien.[19] Diese Symbolik hat ihren Ursprung im Abstieg des Schamanen in die Unterwelt, in einem Abstieg in die Hölle durch einen rituellen Tod, der in einen ekstatischen Trancezustand mündet, welcher die paradiesischen Kräfte unseres Ursprungszustandes wiederauferstehen läßt und die Verbindungen wiederherstellt, die einst, *in illo tempore*, zwischen Himmel und Erde bestanden haben. Hierin folgt Eliade allerdings derselben Bewegung der modernen kritischen Angriffe auf die Religion, wenn auch in umgekehrter Richtung, denn dies bewirkt eine Auflösung des Profanen in das Heilige geradeso, wie sein Gegenstück eine Auflösung des Heiligen in das Profane bewirkt. Und anders als Hegel oder Kierkegaard (sowie alle wahrhaft dialektischen Erkenntnisweisen) verfehlt oder leugnet sein Ansatz eine genuin negative Beziehung zwischen den Gegensätzen und verfehlt damit die Fülle und Realität jeder Form von Wirklichkeit. Eliade ist stets in Gefahr, in eine allzu moderne und theosophische Form der *Vedanta* zu verfallen, und zwar vor allem dann, wenn er versucht ist, die Unwirklichkeit des Profanen anzunehmen, und wenn er dieser Versuchung nachgibt, so führt ihn dies unweigerlich zu der Phantasie, die seine größte Gefährdung bedeutet, einer Phantasie nämlich, die lediglich die Wirklichkeit und Gegenwart des Heiligen unterstellt.

Nein, wer das Christentum in einer Linie mit Schamanentum und Hinduismus sieht, der gibt damit nicht nur die Einmaligkeit des Ereignisses der Menschwerdung auf, sondern auch das ganz besondere Wesen von Geschichte im Christentum oder in den jüdisch-christlich-islamischen Überlieferungen. Er verkehrt damit nicht allein den prophetischen Durchbruch aus der alten Welt, sondern zugleich jenes spezifische individuelle Bewußtsein, das einen prophetischen Glauben verkörperte und zur Darstellung brachte. Zweifellos ist Eliade (oder das rein religiöse Denken in Eliade) bereit, dieses Opfer zu bringen, aber es ist ein Opfer, das nicht nur den historischen Grund der Religionsgeschichte verwirkt, sondern die ganze Welt der Moderne überhaupt. Selbst wenn nun diese Welt als eine rein profane charakterisiert wird, und eine solche Kennzeichnung bildet den eigentlichen Kern von Eliades Entwurf, so wird sie doch von Eliade – wenngleich nur negativ – dazu benutzt, um für uns den Sinn und die Wirklichkeit der Welt des Heiligen zu begründen, denn das Heilige ist für uns nur als Gegensatz des Profanen wirklich. Sobald diese rein negative Beziehung zwischen dem Heiligen und dem Profanen aufgegeben wird, wie dies in jedem Begriff von Geist oder Ewigkeit der Fall ist, die nicht mehr sind als Geist oder Ewigkeit, d. h. in jeder rein und undifferenziert religiösen Vorstellung oder Anschauung von Geist, dann kann der Geist auf der Ebene eines voll ausdifferenzierten Bewußtseins nicht länger wirklich oder manifest sein. Eliade ist nur allzusehr versucht, sich Barth und der christlichen Neo-Orthodoxie anzuschließen, indem er Gott oder Geist als das »ganz andere« identifiziert, aber der Preis dieser Versuchung – die neo-orthodoxe Theologie hat es längst entdeckt – ist der Rückzug des Glaubens aus jeglicher Berührung mit der Welt als Welt.

Zweifellos hat Eliades Verständnis der christlichen Offenbarungslehre etwas zutiefst Unstimmiges. Ein Aspekt ist sein ständiger Versuch, diese Lehre als eine gänzlich vergegenwärtigte Eschatologie zu interpretieren. Diese Versuchung leitet sich teils aus seiner christlich-orthodoxen Herkunft und teils aus seinem hinduistischen oder vedantischen Fundament ab, doch ist diese Interpretation nach all unseren heutigen Erkenntnissen über das Neue Testament praktisch nicht mehr gerechtfertigt; auch hier wird in wesentlicher Hinsicht die besondere Grundlage und Wesensart des Christentums aufgegeben. Darüber hinaus wird damit ein bedeutsamer Trennungsstrich zwischen Christentum und moderner Welt gezogen. Denn wie wir in den vergangenen Jahrzehnten immer deutlicher gesehen haben, ist echte oder wahre Modernität zutiefst apokalyptisch. Das gilt nicht allein für die moderne Politik und das moderne Kunst- und Literaturverständnis, sondern auch für das wirklich moderne Denken. Je mehr Hegel als Begründer des modernen Denkens erkannt wird, desto sichtbarer wird zugleich, daß wirklich Hegelsches Denken eschatologisch oder apokalyptisch ist, da eine streng Hegelsche Negation (das »Aufheben«) sich als logisches und historisches eschatologisches Umschlagen erweist. Das wird daran besonders deutlich, daß die Hegelsche Negation eine ganze Welt des Identischen gerade dadurch umwandelt, daß sie die negierte Welt ihrer wesentlichen und inneren Bestimmung zuführt. Was wir jedoch sehen müssen, ist die Tatsache, daß das moderne Geschichtsbewußtsein selbst auf einem zutiefst apokalyptischen Fundament aufbaut.

Dieses Fundament kommt zweifelsohne in der Französischen Revolution zum Vorschein, wie es bereits zuvor und vielleicht noch entscheidender in der Englischen Revolution sichtbar wurde, und es erscheint am endgültigsten in der Ankunft einer zukünftigen und utopischen Wirklichkeit, die gegenwärtig und geschichtlich zugleich ist. Man könnte sagen, eine einzigartig moderne Geschichte dämmere mit der Ankunft einer Zukunft herauf, die Gegenwart und Zukunft zugleich ist, so wie die moderne Welt die vormoderne unweigerlich als eine Welt sieht, in der die Vergangenheit Gegenwart und Vergangenheit in einem ist. Sicherlich ist das moderne Geschichtsbewußtsein Ursache *und* Folge einer solch radikal neuen Geschichte, und daran können wir sehen, daß unser historisches Bewußtsein gleichzeitig aus einer realen und wirklichen Negierung der Vergangenheit und der Verwirklichung einer neuen Gegenwart hervorgeht. Sie ist genau darum etwas Neues, weil sie nicht nur zur Zukunft hin offen ist, sondern an dieser tatsächlich teilhat. Jedes geschichtliche Denken bewegt sich notwendig von der Vergangenheit zur Gegenwart, aber das moderne im Gegensatz zum vormodernen historischen Denken bewegt sich von der Vergangenheit zur Zukunft und begreift darum den historischen Prozeß als Vorwärtsbewegung, als einen Prozeß, dessen eigentliche Form und Besonderheit aus einem utopischen und eschatologischen Ziel herrührt.

Daran läßt sich sehen, wie tief das moderne Geschichtsbewußtsein im Neuen Testament verankert ist, in einem Grund, den Hegel selbst fortwährend und offen anerkannt hat. Das gilt besonders deshalb, weil dieses Bewußtsein sich in einer neuen Zeit oder einer neuen Gegenwart gründet, die zugleich die Konsequenz einer wirklichen Negation der Vergangenheit und einer wirklichen Teilhabe an der Zukunft ist. Da wir nun wissen, daß Jesus ein eschatologischer Lehrer und Prophet war, wissen wir auch, daß das von ihm verkündete und vorgestellte Königreich Gottes gegenwärtige und zukünftige Wirklichkeit in einem war und daß in historischer Perspektive Jesus der erste Lehrer und Prophet gewesen ist, der die uneingeschränkte und wirkliche Gegenwart des Königsreiches Gottes gefeiert hat. Aber das Königreich, das er in Gleichnissen vorstellte und verkündete, war nicht schlicht und allein ein gegenwärtiges, sondern zugleich ein zukünftiges und apokalyptisches, ein Königreich, dessen Heraufdämmern bereits das »Ende« der Welt ebenso verheißt wie es dieses in sich enthält. Eliade hat sich in geistreicher Weise dieses apokalyptischen Symbols des »Endes« bemächtigt, so daß er die eschatologische Verkündung eines Jesus mit indischen und archaischen Sinnbildern und Symbolen der Wiedergeburt der Zeit und der Welt gleichgesetzt hat. Und in dieser Wechselbeziehung steckt ein Kern fundamentaler historischer Wahrheit, der allerdings verfehlt wird, wenn man nicht mitbedenkt, daß selbst auf einer symbolischen Ebene ein apokalyptisches »Ende« der Welt sich ganz fundamental von allen anderen religiösen oder archaischen Parallelen unterscheidet: Es tritt einmal und nur einmal auf und bedeutet damit ein absolut letztes Ende, dem niemals eine ewige Wiederkehr der Schöpfung des Falles und der Erneuerung folgen kann.

Desgleichen gehen die moderne Geschichte und das moderne Geschichtsbewußtsein beide aus einem endgültigen Ende der Vergangenheit oder einem Ende der Vergangenheit als Gegenwart hervor, führen dieses ihrerseits herbei und entlassen und verwirklichen so eine ganz besondere und im wahrsten Wortsinne einmalige Zukunft. Diese Zukunft kann niemals wiederholt werden, und ihre Ankunft setzt allein schon allem ein Ende, das als Vergangenheit manifest und wirklich ist. Eine wichtige Folge der Ankunft dieser Zukunft ist die Geburt einer gänzlich neuen Identität der Vergangenheit, denn die bloße Negation oder das »Ende« der Vergangenheit setzt einen Reichtum, eine Macht und sogar eine

Wirklichkeit der Vergangenheit frei, wie sie es niemals zuvor gegeben hat. Jetzt ist zum ersten Mal die Vergangenheit nicht länger als tiefgründige und machtvolle Kraft und Autorität in der Gegenwart wirksam, so daß mit dem Schwinden dieser Autorität und Kraft die Vergangenheit erstmals als rein menschliche und nur allzu menschliche Wirklichkeit erscheinen kann. Nichts hat diesen »Tod Gottes« nachhaltiger bewirkt und zum Ausdruck gebracht als ein historisches Denken, und gerade auch jenes historische Denken, das unser Verständnis der Bibel und der christlichen Vergangenheit revolutionierte, und nichts war revolutionärer als eine Erkenntnisweise, welche selbst eine heilige Vergangenheit als eine ganz und gar vergangene Vergangenheit verstand.

Doch ebenso, wie die gelehrte Erforschung des Neuen Testamentes das Verschmelzen und Zusammenfallen von Gegenwart und Zukunft in der gleichnishaften und prophetischen Sprache Jesu immer bestimmter und endgültiger erkannt hat, so haben wir auch immer deutlicher gesehen, daß die neue Gegenwart, die durch die Ankunft der modernen Welt eingeleitet wurde, unauflöslich und unzweifelhaft mit jener eschatologischen oder utopischen Zukunft verbunden ist, die ihr Fundament bildet. Als solche ist diese Zukunft nicht Zukunft und nur Zukunft, sondern ganz einfach die andere Seite dieser Gegenwart, die so absolut und überwältigend gegenwärtig ist. Und wenn auch erst unter dem Eindruck der revolutionären politischen Ereignisse und Bewegungen des 20. Jahrhunderts, so wissen wir doch, daß unsere Zukunft wahrhaft »anders« ist als unsere Gegenwart, obwohl sie zugleich und ebendarum das unabdingbare und immanente andere der Gegenwart ist. Aber genau dieses Muster ist es, das wir in der eschatologischen und gleichnishaften Rede und Feier Jesu entdeckt haben. Jenes ursprüngliche, ja absolute Anderssein zwischen »altem Zeitalter« und »neuem Zeitalter« oder »Fleisch« und »Geist« oder »Licht« und »Finsternis«, ein Anderssein, in dessen Zentrum das Neue Testament insgesamt seinen Grund findet, ist exakt und paradoxerweise jenes Anderssein, das die volle und endgültige Gegenwart eines wesensmäßig »anderen« Geistes oder Königreiches Gottes verkörpert.

Es ist doch bemerkenswert, daß erst mit der Ankunft des rein profanen Bewußtseins der modernen Welt das »Ende« der Welt äußerlich und geistig sichtbar und erkannt werden konnte. Dieses »Ende« kommt zuerst in der prophetischen Dichtung Blakes zum

Ausdruck und vollendet sich schließlich in Nietzsches umfassender Verkündung und Darstellung des Todes Gottes. Es ist auch nicht unerheblich, daß es gerade Blake, Hegel, Marx und Nietzsche waren, welche die eschatologische Identität einer neuen Geschichte am umfassendsten erkannten und sichtbar machten. Sie ist zugleich die Totalität von Geschichte oder Bewußtsein und das Ende der Geschichte oder der Welt. Die ganze Totalität dieser neuen Geschichte ist eine Totalität, die jeglichen Sinn und jegliche Identität umschließt, sie verkörpert und inszeniert zwangsläufig ihr eigenes Ende, das bereits in der Ankunft oder im Beginn einer Totalität von Geschichte angelegt ist, in einem Beginn, von dem uns immer deutlicher wird, daß er letztendlich in Jesus und dem Neuen Testament seinen Ausgang hat. Aber so wie das Neue Testament in einer absoluten Verschiedenheit zwischen »Fleisch« und »Geist« seinen Grund hat, so gründet sich das moderne Bewußtsein in einer absoluten Verschiedenheit zwischen dem uranfänglichen Wesen des Geistes und dem heutigen Wesen der Welt. So konnte allein der Tod oder die Umkehrung eines ursprünglichen Gottes oder Geistes die ganze Verwirklichung der Modernität ermöglichen, aber diese Wirklichkeit macht schließlich und endlich die Totalität von Geschichte selbst gegenwärtig.

Aus dem Englischen von Udo Rennert

Anmerkungen

1 *Das Heilige und das Profane*, Reinbek 1977, passim.
2 *Ewige Bilder und Sinnbilder*, Freiburg 1958, S. 218.
3 *Mythen, Träume und Mysterien*, Salzburg 1961, S. 71 f.
4 »La vertu créatrice du mythe«, in: *Eranos-Jahrbuch XXV*, Zürich 1957, S. 82.
5 *Mythen, Träume und Mysterien*, S. 82.
6 Ibid., S. 63 ff.
7 *Kosmos und Geschichte*, Reinbek 1966, S. 119 ff.
8 *The Forbidden Forest*, Notre Dame 1978, S. 313 f.
9 *No Souvenirs: Journal, 1957-1969*, New York 1977, S. 222. In der (gekürzten) deutschen Übersetzung (*Im Mittelpunkt*, Wien 1977) des französischen Originals *Fragments d'un journal*, Paris 1973, ist diese Passage ausgelassen (A. d. Ü.).
10 *Werke 3*, Frankfurt 1970, S. 18.
11 A.a.O., S. 590.

12 Karl Barth, *Der Römerbrief*, München ²1922, S. 230-233.
13 *Die Sehnsucht nach dem Ursprung*, Frankfurt 1977, S. 24 f.
14 *Schamanismus und archaische Ekstasetechnik*, Frankfurt 1975, S. 3.
15 Ibid., S. 464.
16 Ibid., S. 8.
17 Vgl. Thomas J. J. Altizer, *Mircea Eliade and the Dialectic of the Sacred*, Philadelphia 1963.
18 *Ewige Bilder und Sinnbilder*, S. 216.
19 Ibid., S. 217.

Gustav Henningsen
Die »Frauen von außerhalb«
Der Zusammenhang von Feenkult, Hexenwahn und Armut im
16. und 17. Jahrhundert auf Sizilien

Archaische Formen des europäischen Hexenwahns

In einem 1974 veröffentlichten Aufsatz machte Professor Mircea
Eliade nach einem kurzen Hinweis auf die neuere Geschichtsschreibung zum europäischen Hexenwahn auf das Faktum aufmerksam, daß die Erscheinung nicht ausreichend erklärt werden
kann »als Ergebnis religiöser und politischer Verfolgung«. Ohne
die Hilfe anderer Disziplinen, »wie Volkskunde, Ethnologie, Soziologie, Psychologie und Religionsgeschichte könne ein befriedi-
gendes Verständnis nicht erreicht werden«. »Bedauerlicher-
weise«, fährt er fort, »sind die wenigen Versuche, das Phänomen
des europäischen Hexenwahns aus einer religionshistorischen
Perspektive zu studieren, hoffnungslos inadäquat verlaufen.«
Diese Kritik war hauptsächlich auf Margaret Murrays überraschend erfolgreiches und populäres Buch *The Witch-cult in Western Europe* (Oxford 1921) gemünzt. Der Rest des Aufsatzes
war einer Reihe europäischer Glaubenskomplexe gewidmet:
Carlo Ginzburgs wichtiger Untersuchung der norditalienischen
Schamanen, von denen die Inquisitoren der Provinz Friaul erklärten, daß sie »gute Zauberer (*benandanti*) gewesen seien, die gegen
Hexen (*stregoni*) kämpften; seine eigenen Untersuchungen der
charismatischen Tänzer und Wunderheiler (*căluşari*) aus Rumänien, deren Spezialität darin besteht, von Feen verursachte Leiden
zu heilen, während sie gleichzeitig – überraschend genug – gel-
tend machen, die Schutzpatronin ihrer geheimen Vereinigung sei
die »Königin der Feen«, *Doamna Zinelor*, die rumänische Form
von Diana, auch genannt *Irodiada* (= Herodias) oder Arada
(beide Namen wohlbekannt im Hinblick auf westeuropäische
Vorstellungen von Hexen und der Wilden Jagd). Eliade geht auch
auf andere archaische Vorstellungen und Rituale aus Rumänien,
Italien, Österreich, Deutschland, Frankreich und Spanien ein. Er
beschließt seine Übersicht mit folgenden Schlußfolgerungen:

Die *realen oder imaginären* orgiastischen Rituale der europäischen Hexen
offenbaren ein bestimmtes religiöses Muster [Hervorhebung durch mich].

Zuerst und zuförderst formulieren die sexuellen Orgien einen radikalen Protest gegen die religiösen und gesellschaftlichen Verhältnisse der Zeit ... Zum zweiten ist es möglich, daß die sogenannten satanischen Elemente in der Wirklichkeit so gut wie nicht vorgekommen sind, sondern etwas waren, was die Angeklagten während des Prozesses auszusagen gezwungen wurden ... Zum dritten bezeugen die [wirklichen oder imaginären] orgiastischen Rituale eine religiöse Nostalgie, ein starkes Bedürfnis, in eine archaische Phase der Kultur zurückzukehren – in die traumgleiche Zeit der märchenhaften Anfänge: »Es war einmal ...«[1]

Leider ist dieser Aufsatz der Aufmerksamkeit beinah aller Erforscher des Hexenwahns entgangen.[2] Wenn es überhaupt keine Diskussion von Eliades Gesichtspunkten gegeben hat, hängt das möglicherweise damit zusammen, daß sein Aufsatz bei oberflächlicher Durchsicht wie ein weiterer Versuch wirkt, die Existenz des europäischen Hexenkults nachzuweisen. Nachdem eine ganze Generation von Forschern zu diesem Thema gründlich mit Murray und ihren dilletantischen Nachahmern aufgeräumt hat, ist man jedem gegenüber sehr skeptisch, der andeutet, daß *vor* dem 20. Jahrhundert ein Hexensabbat abgehalten worden ist. Aber Eliades Aufsatz beschäftigt sich ja sowohl mit realen als auch imaginären orgiastischen Praktiken, läßt sich also nicht in der Murray-Nachfolge einordnen. Selbst ich muß eingestehen, daß es für mich nicht ganz klar war, wohin die Überlegungen in Eliades Aufsatz führen können, als ich ihn gegen Ende der 70er Jahre zum ersten Mal flüchtig durchlas. Das wurde mir erst klar, als ich Anfang 1983 gelegentlich einer neuen, gründlicheren Lektüre auf ihn zurückkkam, angeregt durch einen Fund, den ich in den spanischen Inquisitionsarchiven (Archivo histórico Nacional in Madrid) gemacht hatte: Ich spreche von ungefähr 70 Prozessen, welche das spanische Inquisitionstribunal in Palermo gegen sizilianische Hexen führte – »*donas de fuera*«, wie man sie in leichter Abänderung des sizilianischen *donni di fuora* nannte (italienisch: *donne di fuori*).

Die spanische Inquisition und die sizilianischen Hexen

Sizilien war zwischen 1282 und 1713 spanischer Besitz. Seit 1487 unterhielt die spanische Inquisition ein eigenes Tribunal in Palermo samt einem Agentennetz, das über die ganze Insel gelegt war. Selbst nach der Abtretung von 1713 setzte die Inquisition ihre Arbeit mit spanischem Personal fort. Erst 1782, als Sizilien schon zu Neapel gekommen war, wurde sie durch ein Dekret des spanischen Vizekönigs Ferdinando IV abgeschafft. Bei dieser Gelegenheit wurde das Archiv des Tribunals mit den originalen Prozeßunterlagen auf dem Schloßplatz zu Palermo verbrannt.[3] Wäre da nicht die perfekte Bürokratie der Inquisition, so wären wir von dem, was das Heilige Offizium auf Sizilien getan hat, abgeschnitten. Zu unserem Glück kontrollierte der spanische Inquisitionsrat *(la Suprema)* in Madrid seine untergeordneten Gerichtshöfe sorgfältig; das bedeutet, daß wir im Archiv von *la Suprema* — vorzüglich bewahrt im Archivo histórico Nacional (Abteilung Inquisition) — endlose Reihen Korrespondenz zwischen den Inquisitoren in Palermo und dem Großinquisitor samt seinem ›Ministerium‹ in Madrid haben. Eine besonders wichtige Sammlung stellt das Zentralregister von *relaciones de causas* dar (jährliche Berichte aller Inquisitionen des spanischen Königreiches mit mehr oder weniger detaillierten Resumees über jedes Verbrechen der Häresie). Aus dem sizilianischen Tribunal existieren fünf Manuskriptbände mit chronologisch geordneten Berichten über abgeschlossene Verfahren. Es handelt sich um eine fast vollständige Serie von 115 *relaciones de causas*, welche die Jahre 1547 bis 1701 umfaßt und Resumees aller Fälle enthält, 3.188 Verfahren.[4] 456 dieser Verfahren drehen sich um Aberglauben: Prozesse gegen Zauberer, Wahrsager, Astrologen, Negromanten und Hexen *(donas de fuera)*, insgesamt etwa 1000 Manuskriptseiten konzentrierte Information, ein Extrakt aus den nun verlorenen Originalakten.

Die spanische Inquisition war ihrer Tradition nach gegenüber Hexerei und Zauberwesen sehr skeptisch. Unter den 24 Ketzern, die in der genannten Periode auf Sizilien verbrannt wurden, finden wir daher keine Hexe. La Suprema hielt eigensinnig an der Verurteilung der Hexerei als vulgärem Aberglauben seitens des Canon Episcopi fest, und nur während des berühmten Massenprozesses in Logroño ließ man sich auf einige Hexenverbrennungen im Rahmen eines Autodafés (1610)[5] ein. Früher und später blieb die Inquisition bei ihrer vorsichtigen »Hexenpolitik«. Wir müssen schon zurück bis zum Anfang des 16. Jahrhunderts, um weitere Beispiele von Hexenverbrennungen durch die spanische Inquisition zu finden. In der Periode, mit welcher wir uns hier beschäftigen, wurden die sizilianischen Hexen und Zauberer vorzugsweise zu wenigen Jahren Verbannung oder aber zu einer unterschiedlich langen Gefängnisstrafe verurteilt. In gewissen Fällen verurteilte man die Männer zur Galeere und ließ die Frauen auspeitschen; aber in zahlreichen anderen Fällen wurde die Anklage suspendiert, weil sie den Inquisitoren einfach zu unbedeutend schien, oder weil die Beweise gegen den Angeklagten zu dürftig waren. Die Folter wandte man nur in begrenztem Umfang an und nie zu Prozeßbeginn, um ein Geständnis des Angeklagten zu erpressen. Die Anwendung der Folter geht stets aus den Prozeßakten hervor, weil sie nur nach einer vorläufigen Verurteilung des Delinquenten durchgeführt werden konnte. Einen weiteren Faktor, der in der Beurteilung des uns von der Inquisition hinterlassenen Quellenmaterials berücksichtigt werden muß, bilden die langdauernden Festsetzungen der Verdächtigen: Einige der »donas de fuera« brachten mehrere Jahre in Gefängniszellen zu, bevor die unglaubliche Pedanterie der Inquisitoren den Abschluß ihrer Verfahren zuließ. Folgen, wie wir sie aus den mit der »Gehirnwäsche« verbundenen politischen »Schauprozessen« unseres Jahrhunderts kennen, können daher nicht ausgeschlossen werden. Zu den quellenkritischen Problemen in Verbindung mit der Anwendung eines Verhörs durch die Inquisition (mit dem Ziel, die Vorstellungswelt der Leute aufzuhellen) darf ich inzwischen auf die methodischen Überlegungen hinweisen, die ich in Verbindung mit der Analyse des baskischen Hexenwahns in *The Witches' Advocate* angestellt habe.[6]

Die Feen und das tägliche Leben

Der sizilianische Volkstumsforscher Guiseppe Pitrè definierte eine »donna di fuora« als ein Wesen, das »etwas von einer Fee und etwas von einer Hexe habe, ohne daß man das eine vom anderen richtig unterscheiden« könne[7]. Aus dem Material der spanischen Inquisition geht klar hervor, daß die Sizilianer im 16. und 17. Jahrhundert den Terminus in zwei Bedeutungen gebrauchten: Für die meisten bezeichnet er übernatürliche, feenartige Wesen (beiderlei Geschlechts), mit denen die Hexen zur Nacht hinausfahren; aber mehrere unter den Angeklagten bezeichnen sich selbst auch als »donas de fuera«. Wenn wir das Wort »Hexe« in der ethnologischen Bedeutung für eine Person gebrauchen, welche die Normen der Gesellschaft verworfen hat und auf Grund übernatürlicher Gaben oder eines Pakts mit dämonischen Wesen ihren Mitmenschen schadet, so ist der Terminus in bezug auf die sizilianischen »Hexen« vollständig irreführend. Die spanischen Inquisitoren gebrauchten die Bezeichnung »Hexe« *(bruja)* durchaus synonym mit *»dona de fuera«,* aber keiner der Zeugen aus den 65 Fällen gegen männliche und weibliche *»donas«,* die das Inquisitionstribunal zu Palermo zwischen 1579 und 1651 verhandelte, trat mit einer Anklage wegen Hexerei im eigentlichen Sinne auf. Sizilien war wie Südspanien ein Gebiet, in dem Zauberwesen und schwarze Magie üppig gediehen, aber volkstümliche Vorstellungen von Hexerei nicht vorherrschten. Im Unterschied zu Spanien gab es auf Sizilien jedoch eine eigentümliche Art charismatischer Heilkundiger, die darauf spezialisiert waren, von Feen verursachte Krankheiten zu heilen. Es waren Frauen, in einigen Fällen auch Männer, die behaupteten, sie besäßen »süßes Blut« *(sangre dulce).* Ihre Seelen *(in espiritu)* könnten daher nicht anders, als jeden Dienstag, Donnerstag und Samstag auszufahren, um an Treffen der »Kompanie« und nächtlichen Wanderungen teilzunehmen.

Das Bild, welches die Inquisitionsprozesse vom sizilianischen Feenkult zeichnen, zeigt eine je nach Gegend unterschiedliche, immer aber blühende Tradition, die ich im einzelnen noch nicht dargestellt habe. Das Folgende bitte ich daher als höchst vorläufige Skizze einiger Elemente (und ihrer Abwandlungen) aus dem Komplex dieser volkstümlichen Vorstellungen zu lesen. Die Feen treten als Gruppe von sieben (auch fünf oder sechs) Frauen auf. Eine von ihnen gilt als »Königin der Feen« *(Reina de las Hadas).* Sie wird auch als *»Señora Gracia«,* als *»La Matrona«, »La Maestra«, »Doña Inguanta«, »Doña Zabella«* oder »Die weise Sibylle« *(La Sabia Sibila)* bezeichnet. Die Feen gelten als schöne in Weiß oder Schwarz gekleidete Frauen, deren übernatürliche Herkunft freilich an ihren Füßen abzulesen ist: Katzenpfoten, Pferdehufen oder »runden Füßen«. In einigen Fällen wird davon gesprochen, sie besäßen kleine Schweineschwänze, und ihr Fleisch sei »weich« *(tenían las carnes blandas).* Bisweilen gibt es eine männliche Fee in der Gruppe. Sie (eigentlich er) spielt Laute oder Gitarre für die anderen, wenn diese einander an den Händen gefaßt halten und tanzen.

Feen und Menschen sind in »Kompanien« organisiert. Je nach der Gegend tragen sie unterschiedliche Namen, z. B. *»Compañía* *de los Romanos«, Compañía de la Matrona«, »La Compañía de Menzo y Usso«* (»Die Kompanie von Tisch und Spindel [?]«), »Die Kompanie von Palermo«, »– von Raguso« usw. Eine »weise« Frau aus Noto an der Südostküste – Vincencia Rosa – erzählte, in ihrer Stadt gebe es fünf »Kompanien«, die in solche für Leute von Adel und »Kompanien der Armen« aufgeteilt seien. Zu letzteren habe sie selbst gehört. Die gleiche Frau berichtete, daß ihre Kompanie sich alljährlich im März gemeinsam mit vielen anderen »Kompanien« aus anderen Gegenden in einem baumreichen Wald versammle; ihr Prinz wünsche nicht, daß sie Übles täten; vielmehr sollten sie die Leute heilen (Libro 901, fol. 548). Über die Größe dieser Kompanien finden wir nur wenige Informationen. Eine Stelle nennt um 30 Personen, an einer anderen heißt es, es seien 33 gewesen. Unklar bleibt dabei, ob die Feen dazugerechnet sind. In Noto umfaßte die Kompanie der Armen 9, die der Adligen 12 Mitglieder.

An einigen Plätzen haben die Zusammenkünfte sabbatähnlichen Charakter. Eine Fischersfrau aus Palermo sagte 1588 vor der Inquisition aus, sie und ihre Kompanie seien mit ihrem »Fähnrich« an der Spitze auf Ziegenböcken durch die Luft in eine Landschaft geritten, benannt *Benavente*, die dem Papst gehöre und im Königreich Neapel liege. Dort sei eine gewaltige Ebene, in der sich eine große Tribüne erhebe, auf der zwei Stühle stünden. Auf dem einen säße ein roter junger Mann, auf dem anderen eine schöne Frau, wie sie sagten, die Königin, und der Mann, der König. Als sie das erste Mal im Alter von acht Jahren dorthin gekommen sei, hätten der Fähnrich und andere Frauen (sic) aus ihrer Kompanie gesagt, sie müsse niederknien und diesen König samt der Königin anbeten und alles tun, was die beiden sagten, weil sie ihr helfen, ihr Reichtum, Schönheit und junge Männer geben könnten, die wohl zur Liebe brauchbar wären. Und sie hätten zu ihr gesagt, sie dürfe weder Gott noch Unsere Frau verehren. Der Fähnrich habe sie auf ein Buch mit großen Buchstaben schwören lassen, daß sie die anderen beiden anbeten wolle. Und so habe sie geschworen und jene angebetet – ihn, den König, als Gott und sie, die Königin, als Mutter Gottes, und sie habe ihnen Leib und Seele angelobt … Und nachdem sie jene angebetet hätte, hätten sie Tische aufgestellt, gegessen und getanzt und danach hätten die Männer sich zu den Frauen gelegt und ihnen beigewohnt und ihr auch, viele Male in kurzer Zeit.

All das sei ihr wie ein Traum vorgekommen, denn wenn sie erwache, habe sie sich immer im Bett gefunden, nackt, wie sie zur Ruhe gegangen sei. Doch einige Male hätten jene sie aufgerufen, ehe sie sich zur Ruhe gelegt habe, weil ihr Mann und ihre Kinder von nichts Wind bekommen sollten, und dann (so weit sie urteilen könne) sei sie ohne zu schlafen losgezogen und angekleidet zur Stelle gekommen.

Sie sagte weiter, sie habe damals nicht gewußt, daß derlei Teufelei sei, bis ihr Beichtvater sie aus ihrem Irrtum gerissen und ihr mitgeteilt habe, das sei der Teufel und sie dürfe dergleichen nicht mehr tun. Aber trotzdem habe sie weitergemacht bis vor zwei Monaten. Und sie sei fröhlich hinausgezogen der Wollust halber und weil jene [der König und die Königin] ihr Mittel gegeben hätten, die Kranken zu heilen, so daß sie etwas habe verdienen können, sie sei doch allezeit arm gewesen ... (Libro 898 fols. 438r-439r).

Die arme Fischersfrau erzählte den Inquisitoren auch von einer anderen »Hexenversammlung«: »die sie ›Die sieben Feen‹ nennen. Diese pflegen sich in Hunde, Katzen und andere Tiere zu verwandeln und in häßliche Dinge, die sie *aydon* nennen. Sie pflegen Knaben zu ermorden und anderen Schaden zu tun. All das hat sie einen erzählen hören, aber sie hat nichts damit zu tun« (ibid. fol. 439r). Bei *aydon* könnte es sich möglicherweise um eine Entstellung des griechischen Wortes *aidoion* (Geschlechtsteile) handeln. Man muß hinzufügen, daß es sich hier um den einzigen Fall innerhalb dieses Materials aus Sizilien handelt, wo wir auf die volkstümliche Tradition der »bösen« Hexen stoßen.

Ein Jahr nach dem Prozeß gegen die Fischersfrau führte die Inquisition einen anderen gegen eine sechzigjährige Wahrsagerin aus der Stadt La Plaza. Diese erzählte in ihren Aussagen, wie man sie bei ihrem Feensabbat einmal zur Königin gemacht und alle anderen in Gehorsam vor ihr das Haupt gebeugt hätten. Dasselbe hätte sie getan, als eine der anderen für eine Nacht zur Königin gewählt worden sei (Libro 898 fol. 350r-v).

Benevento, der italienische Blocksberg, taucht in späteren Prozessen gegen *Donas de fuera* wieder auf. 1627 erzählte eine 36-jährige Kurpfuscherin (verheiratet mit einem Tagelöhner aus Alcamo), die zur »Kompanie der Römer« gehörte, daß diese sie weit umher bis nach Rom, Messina und in »eine gewaltige Ebene [führten] mit einem hohen Walnußbaum in der Mitte.« Auf die Frage einiger ihrer Freundinnen hin, was für eine Art Menschen diese »Römer« seien, hatte sie bei verschiedenen Gelegenheiten erklärt:

das waren die Leute der weisen Sibylle, die aus einer Höhle im Turm zu Babel gekommen sind, und die Sibylle war König Salomons Schwester. Diese hatte die anderen zusammen mit der gebenedeiten Jungfrau Maria unterrichtet und war dabei zu der Auffassung gelangt, sie selbst müsse Gottes Mutter sein. Als sie nun sah, daß nicht sie, sondern die gebenedeite Jungfrau es wurde, warf sie alle ihre Bücher ins Feuer. Aber Maria verwahrte das ihre unter dem Arm (Libro 900 fols. 391v-392r).

Das 36jährige Taglöhnerweib unterhielt seine Freundinnen (unter denen zwei selbst *Donas de fuera* waren) auch über die Rundgänge der Kompanie in jeder Dienstag-, Donnerstag- und Samstagnacht zu den Häusern der Stadt. Dann ging »die Matrone« mit einer Fackel an der Spitze, die für alle zusammen Licht spendete, auch wenn es nur für die sichtbar war, die Kompaniemitglied waren. Sobald sie mit ihrem Gesang, ihrer Musik und ihren schönen Kleidern irgendwo eingetreten waren, sagten sie: »Laßt mit Gottes Segen den Tanz wachsen!« *(Dios la bendiga y crezca la danza).* Und wenn sie nach einem Blick in die Kleiderkisten der Leute, nach der Teilnahme am Mahl, sofern ein Fest im Haus gefeiert wurde, aufbrachen um weiterzuziehen, war ihr Gruß: »Der Tanz halte ein und der Wohlstand wachse!« *(Alto la danza y crezca el bien).*

Insgesamt gesehen haben die armen Sizilianer unerhört viel miteinander über die Feen gesprochen, und die, welche selbst *Donas de fuera* waren, erzählten fröhlich über ihre wunderbaren Erlebnisse, selbst wenn das gefährlich werden konnte. Die große Zahl Denunzianten und Zeugen in *Donas*-Verfahren spricht ihre eigene Sprache: Gegen eine einzige Angeklagte konnten 10, 20 ja 30 Zeugen auftreten. Eine 40jährige Nonne aus Ragusa räumte ein, nachdem sie die Zeugenaussagen wiederholt bekommen hatte, »daß sie einige Male ihren Zuhörern, um sie zu unterhalten, Dinge erzählt habe, die sie weder gesehen noch von denen sie Kenntnis gehabt habe« (Libro 900 f. 522r). Einige Inquisitoren scheinen den Zusammenhang der Dinge durchaus erfaßt zu haben. 1630 verurteilten sie die dreißigjährige Vincencia la Rosa aus Noto zu einer kürzeren Verbannung, schärften ihr aber energisch ein, künftig mit keinem mehr über die Sachen zu reden, deretwegen sie angeklagt worden war. Aber ach, Vicencia oder »La Riciola«, wie ihre Freunde sie nannten, konnte nicht an sich halten. Sie erzählte weiterhin ihren Bekannten von ihrem Hilfsgeist Martinillo, der sie dreimal in der Woche zum Sabbat brachte, wo sie ihren »Prinzen« zu den Krankheiten und Behextheiten der Leute konsultierte, und darüber, wer zur Kompanie der Adligen gehörte, wer zu der der Armen. Sechs Jahre später fiel der Hammer der Inquisition. Diesmal wurde sie auf Lebenszeit verbannt (Libro 901 ff. 94r-v, 547v-550r). Daß beide, Zuhörer und Erzähler, den Berichten weitgehend glaubten und sie ernst nahmen, kann kaum bezweifelt werden. Über eine 60jährige Waschfrau aus Palermo bezeugten die Frau und der Mann aus einem Haus, in dem die Angeklagte aushalf:

Einmal, als die Frau eine Schürze verloren und zur Angeklagten gesagt hatte, sie verdächtige ihre Schwester, die Schürze genommen zu haben, antwortete die Angeklagte, daß sie schon zu wissen bekommen solle, ob es wahr sei, daß die Schwester das Ding genommen habe oder nicht. Am nächsten Tag kehrte sie zurück und sagte, daß es tatsächlich stimme, daß die Schwester die Schürze genommen habe. Als die Frau sie fragte, woher sie das wissen könne, antwortete die Angeklagte, daß sie zweimal die Woche zur Nacht mit den »Frauen von draußen« (also Hexen) ging [Einschub der Inquisitoren] und in einige Häuser kam, und im Haus der Schwester habe sie die Schürze der obenerwähnten Zeugin gesehen. Und das sagte sie zu verschiedenen Zeiten an verschiedenen Tagen. Und [sie erzählte weiter], wenn sie in die Häuser kamen, war es wie ein Wind, und sie öffneten die Kisten und kleideten sich in die Anzüge, die sie fanden, und sie spielten Tamburin und Laute und sangen mit großer Süße. [Sie fuhr fort zu erzählen], daß sie einen Sohn habe, der auch irgendwo mit den Hexen gehe [also den *Donas*], und [sie setzte hinzu], wenn doch sie nur so gut mit ihnen umginge wie er – und deshalb sei er so beliebt. Und dasselbe hätten ihr Mann und ihr Schwiegervater gemacht, als sie lebten.

Ein andermal klagte die Waschfrau, im einen Arm gehe es ihr schlecht, und als man sie fragte, woher das komme, antwortete sie, daß die Hexen verlangten, daß sie bereit sein solle, auszufahren, und wenn sie nicht hinausschweife – oder jemanden darüber erzähle, so gäben sie ihr Prügel mit einem Lorbeerstock, nachdem sie sie rücklings auf einen alten Gaul gesetzt hätten. Und [sie erzählte], wenn sie herumgingen zu den Häusern, könne niemand sie sehen, aber auf diese Weise wisse sie alles, was vorgehe ... [Desgleichen sagte die Angeklagte,] als sie es mit den Hexen hielt, seien sie 12 Frauen und 18 Männer gewesen. (Libro 899 f. 329v.)

Auf Grund der eben zitierten Beispiele könnten wir erwarten, daß unter den Teilnehmern am Feenkult sich zum Teil reiche und adlige Personen befunden hätten und daß es mehr Männer als Frauen in den geheimen Bünden gegeben habe. Aber die Wirklichkeit entsprach diesen Vorstellungen nicht. Unter den 65 »Hexen«, gegen welche die Inquisitoren von Palermo in der Periode zwischen 1579 und 1651 ermittelten, entdecken wir keine Adligen und – soweit wir sehen können – keine Wohlhabenden. In allen Fällen, in denen wir Andeutungen über die wirtschaftliche Lage des Angeklagten haben, dreht es sich um arme Menschen: 4 Landarbeiter und 3 Landarbeiterfrauen, 3 Arbeiter und 2 Arbeiterfrauen, 4 Fischerfrauen, 1 Schneider, 1 Schuhmacher und eine Schuhmachersfrau, 1 Diakon, 2 Franziskaner-Bettelnonnen, 1 *saludador* (ein Wunderheiler), 1 Waschfrau, 2 Dirnen, 2 Zigeunerfrauen, weiter 7 Witwen und 6 Frauen, auf deren Armut die Inquisitoren ausdrücklich aufmerksam machen (»eine arme elende Spinnerin«, »eine äußerst schlecht gestellte verheiratete Frau«, »ein armes Weib«, usw.). Die einzige, die vielleicht eine Ausnahme gemacht hat, war eine 30 Jahre alte Frau aus Alcamo, die mit einem Wirtshauspächter *(mesonero)* verheiratet war. Der sizilianische Feenkult war mit anderen Worten eine Tagträumerreligion, in der arme Menschen in Visionen und Träumen all die Herrlichkeit erlebten, die ihnen im wirklichen Leben nicht beschert war. Auch im Hinblick auf die Geschlechterverteilung gibt es keine Übereinstimmung zwischen Mythos und Wirklichkeit: Unter den 65 Angeklagten finden wir nur 8 männliche »Hexen«. Die Feenverehrung auf Sizilien war ein dezidierter Frauenkult.

Dieser sizilianische Feenkult erfüllte unterdessen auch andere Funktionen als die, Traumkompensation für die hoffnungslose Armut der Werktage zu sein. Der größte Teil der Angeklagten praktizierte als Kurpfuscher und war verschiedener Formen des Zauberwesens sowie magischer Heilungsrituale kundig. Das hatten sie mit so manchem anderen Kurpfuscher auf Sizilien gemeinsam, aber darüberhinaus standen sie in dem Ruf, sie könnten von den Feen verursachte Krankheiten heilen: Einige von unseren *Donas* scheinen sich ausschließlich darauf spezialisiert zu haben. »*Tocadura de brujas*« [Berührung durch Hexen] lautet die gemeinschaftliche Bezeichnung für diese Krankheiten, die wohl alles Mögliche vom Unwohlsein bis zu Erscheinungen umfaßt, bei denen es sich, wie wir annehmen dürfen, um epileptische Anfälle gehandelt hat. Immer bildet die Verletzung einer Fee oder *Dona* durch den Kranken die Ursache: Einem jungen Mann, der einen krampfartigen Anfall bekommen hatte, während er Gitarre spielte, erklärte eine Kurpfuscherin in Noto, daß er einige Feen mit dem Arm gestoßen habe, als sie sich um ihn versammelt hätten, um der Musik zu lauschen. Und eine Nonne aus Arcara bei Messina, die als charismatische Heilkundige großen Zulauf hatte, erklärte einer Patientin, daß sie erkrankt sei als Strafe dafür, daß sie einen Stein nach einer Schlange geworfen habe, die in Wirklichkeit »eine Frau aus der Kompanie« gewesen sei. Eine andere Patientin mit einem kranken Arm erhielt die Erklärung, daß sie sich in ihrem Garten versehentlich auf eine schwangere *»dona de fuera«* gesetzt habe, die sie dafür in ihrem Zorn mit einem kranken Arm geschlagen habe.

Nachdem die Wunderheilerin die Ursache der Krankheit festgestellt hat, versucht sie ihrer Patientin zu erklären, daß die Feen durch ein Opfer besänftigt werden können und daß sie persönlich des Nachts zusammen mit ihren »Damen« hinauskommen und jene überreden muß, die Kranke wieder gesund zu machen. Das Opfer besteht so gut wie immer aus einer rituellen Mahlzeit, die anläßlich einer ganzen Reihe von Prozessen sehr ausführlich beschrieben worden ist. Die vierzigjährige Antonia Pallalonga aus »Saragossa in diesem Königreich« – dem heutigen Syrakus – erklärte anno 1600 den Inquisitoren, daß:

sie das Zimmer des Kranken ausschmücken zu lassen pflegte; sie ließ einen Tisch mit Karaffen voller Wasser und Wein, mit Konfekt, fünf Broten, fünf Servietten und einem Honigbrot, einer Tasse und anderen Dingen zum Essen aufstellen. Und sie ließ das Bett des Kranken mit einem roten Tuch bedecken und den ganzen Raum erfüllen mit wohlduftendem Rauchwerk ... (Libro 899 f. 60r).[8]

Der Feenbesuch im Heim des Kranken findet an einem der festen Wochentage, Dienstag, Donnerstag oder Samstag, normalerweise in der Nacht statt, während die Hausbewohner schlafen; aber eine unter unseren *Donas* pflegte mit ihren »Damen« am Abend zu kommen, ehe die Familie zur Ruhe gegangen war. Das Folgende ist der Bericht dreier Zeugen über solch einen unsichtbaren Besuch in Santa Ninfa gegen Schluß der 30er Jahre des 17. Jahrhunderts:

[Die Wunderheilerin] sagte, nun kämen ihre obenerwähnten »Damen«, und von Zeit zu Zeit ging sie hinaus auf den Hofplatz und tat, als ob sie diese sähe und mit den Händen zu sich winkte. Etwas später teilte sie mit, daß sie gekommen seien. Und sie tat, als ob sie eine nach der anderen an den Händen nähme und sie auf die Stühle setzte. Aber weder die Zeugen noch andere, die anwesend waren, konnten etwas sehen. Nun ging sie dorthin und zurück, wo die Kranke lag, und spielte auf einem Tamburin, und indem sie von den Dingen nahm, die da zum Essen lagen, tat sie, als ob sie all das in den Mund der hier anwesenden Damen legte. Darauf nahm sie mit den gleichen Zeremonien Abschied von ihnen und erzählte [den Bewohnern des Hauses], daß jene ihr nun gezeigt hätten, wie die kranke [Frau] geheilt werden müsse, und daß sie nun gesund sei, weil jene sie mit den Händen berührt hätten (Libro 902 f. 39r-v).

Nicht bloß Menschen erkrankten an »tocadura de brujas«, das konnte auch Pferden und Eseln passieren; und dann mußte das Tafelritual im Stall vorgenommen werden; so haben wir eine sehr ausführliche Beschreibung aus einem Prozeß von 1651 gegen eine überaus arme Wunderheilerin aus Ragusa, die 30jährige Gandolfa Rizo. Sie erklärte den Inquisitoren, daß sie überhaupt keine Dona de fuera sei, sondern das oben beschriebene Ritual nur ausführte, um Geld zu verdienen. In einem einzelnen Fall gebraucht eine Wunderheilerin ihre Feen auch, um die Felder zu segnen: Über die 22jährige Vicenta Pilato aus Alcamo erzählte ein Zeuge, daß er zur Angeklagten gekommen sei und sie gebeten habe, ihre Feen zu fragen, ob seine Ernte gut sein werde. Vicenta war in einen anstoßenden Raum gegangen, und ein bißchen später kehrte sie zurück und sagte, daß »sie nun mit ihnen gesprochen habe, und er könne zufrieden sein, weil er eine gute Ernte bekommen solle, und [sie erzählte ihm], daß sie ihr versprochen hätten, hinauszugehen, um seine eingesäten Felder dreimal zu segnen,« worauf sie ihn fortschickte mit dem Auftrag, zehn Brote für ihre Feen zu kaufen (Libro 901 f. 255).

Die Feen griffen auch auf andere Weise in das tägliche Leben der Sizilianer ein. Auf einer Visitationsreise in den östlichen Teil der Insel, die der Inquisitor Lope Varona im Winter 1588-89 vornahm, wurde eine Frau von ihren Nachbarn gemeldet, weil sie gesagt hatte, »daß sie in ihrem Haus oft sechs reizend aufgeputzte Frauen sah, die kamen und ihr beim Spinnen halfen . . . Sie hatten Katzenpfoten.« Die Frau wurde vorgeladen und darüber verhört, wer diese Frauen seien. Aber sie antwortete, »daß sie weiter nichts wisse, als daß sie sie viele Male gesehen habe« (Libro 898 f. 482). Diese Frau kam mit einer Verwarnung davon. Aber 1627 fand die Inquisition es nötig, ein 11jähriges Mädchen aus Palermo gefangen zu setzen, das gegenüber der Frau, welche es das Klöppelhandwerk lehrte, und vor allem gegenüber einem gleichaltrigen Mädchen, das zusammen mit ihm unterrichtet wurde, lang und breit über Feen erzählt hatte. Während der Verhöre durch die Inquisition setzte die 11jährige ihre Berichte fort:

... Desgleichen bekannte sie ..., daß ihr, wenn die beiden alleine beieinandersaßen und am Klöppelkissen arbeiteten, sieben Frauen erschienen, schön gekleidet in Rot und Weiß. Sie tanzten mit einem Tamburin in der Hand durch die Tür in den Raum und setzten sich zu den Beiden. Eine von ihnen ... erzählte [der 11jährigen], daß sie Gracia heiße und die Schwester der Feenkönigin sei. Sie war in einen Stoff von goldenem und rotem Karmesin gekleidet und trug kleine hohe Schuhe *(chapines)*, die rund und weiß waren. Eine andere unter ihnen, die in Weiß gekleidet war, sagte, sie heiße Giloca. Die anderen waren in Hochrot, Hellrot und Weiß gekleidet, und alle trugen sie ihre Kopfbekleidung ums Gesicht gewickelt, wie es bei griechischen Frauen üblich ist, und hatten runde, kleine, hohe Schuhe, die rot und weiß gefärbt waren. Sie hatten sehr schöne Gesichter und sagten, sie seien die »Kompanie Palermos«, und sie solle dem anderen Mädchen sagen, daß sie hier gewesen seien (da diese sie nicht sehen könne) – und daß sie gekommen seien, um sie reich zu machen. Aber als sie das der Freundin erzählte, bekam diese Angst, was nicht mit der Angeklagten geschah, die nicht erschreckt wurde. Und dann waren sie im Gespräch ein oder zwei Stunden beisammen, und danach gingen sie durch die gleiche Tür hinaus, durch die sie hereingekommen waren, ohne etwas anderes als »Guten Tag« zu sagen, wenn es noch früh am Tage war *(manana)* und »Guten Abend«, wenn es spät war *(tarde)*. Und auf diese Weise fanden sie sich fünf- oder sechsmal ein (Libro 900 ff. 409v-410r).

Feen und irdische *Donas* freuen sich besonders über kleine Kinder. Auf ihren nächtlichen Runden durch die Häuser nehmen sie die Kinder aus ihren Wiegen und erfreuen sich an ihnen, und es ist keine Rede davon, daß sie den Kindern Schaden zufügen. Ein einziges Mal wird sogar davon berichtet, wie die Feen und die sie begleitenden Frauen zu einer Wöchnerin gingen, »die einen bezaubernden und überaus wohlgebildeten Jungen bekommen hatte. Und sie segneten ihn viele Male, damit er reich werden sollte«, setzt der Bericht fort (Libro 900 f. 519r). Ein Kapitel für sich bildet der Beistand der Feen im Rahmen der unermüdlichen Suche der armen Sizilianer nach verborgenen Schätzen, aber der verfügbare Raum verbietet es uns leider, näher darauf einzugehen.

Dagegen muß ich versuchen, etwas über das Alter des *Dona*-Komplexes zu sagen. Im Material der spanischen Inquisition läßt er sich nur bis 1579 zurückverfolgen, wo wir dem ersten Verfahren begegnen; aber der italienische Historiker Guiseppe Bonomo, der wohlgemerkt nicht mit der umfassenden Dokumentation in Madrid vertraut ist, hat mit Hilfe anderer Quellen die Vorstellung bereits in der Mitte des 15. Jahrhunderts nachgewiesen. In einem vulgarisierten Handbuch für Beichtväter, verfaßt zwischen 1450 und 1470 von einem gewissen Giovanni Vasallo, wird den sizilianischen Priestern geraten, ihre Beichtkinder zu befragen: »si cridi li donni di fori e ki vayanu la nocti.«[9]

Verlassen wir Sizilien, so gibt es interessante Parallelen zum *Dona*-Komplex im 14. Jahrhundert, in dem die Inquisition in den Jahren 1384 bis 1390 in Mailand Prozesse gegen zwei Wunderheilerinnen aus der gleichen Stadt führte. Aus den Bekenntnissen der beiden Frauen geht hervor, daß sie in jeder Donnerstagnacht mit »Signora Oriente« und ihrer *società* auszogen, einer geheimen Gesellschaft, in die Lebende und Tote aufgenommen werden konnten, doch nicht Gehängte und Enthauptete, da deren Hals gebrochen war und also nicht in Ehrfurcht geneigt werden konnte vor »Madonna Oriente« (wie die Leiterin ebenfalls genannt wurde). Oriente erklärte ihren Anhängern, sie herrsche in der *società* wie Christus in der Welt herrsche, und um sie nicht zu beleidigen, war es verboten, den Namen Jesu während der Treffen zu nennen. Während der nächtlichen Zusammenkunft schlachteten sie alle Arten Tiere und verspeisten sie, doch die Gebeine wurden sorgfältig in den Häuten aufbewahrt, denn nach der Mahlzeit ging Madonna Oriente umher und rührte mit einem wunderkräftigen Zweig an die Knochenhaufen, worauf die Tiere wieder auferstanden. Wenigstens zwei Tierarten mußten bei diesen kultischen Mahlzeiten repräsentiert sein, sonst würde die Welt untergehen; aber der Esel und der Fuchs waren von der Teilnahme ausgeschlossen (der Esel auf Grund seiner näheren Beziehung zu Christus – aus welchem Grund der Fuchs, wird nicht erklärt). Während der Zusammenkünfte unterwies Madonna Oriente ihre Anhänger im Gebrauch heilender Kräuter, in der Vorhersage der Zukunft und im Enthüllen von Verzauberungen. In allen diesen Dingen durften sie gerne auch andere unterrichten, aber sie durften nichts von der *società* verraten. Auf die gleiche Weise wie die sizilianischen Feen und *Donas* zog Oriente und ihr Gefolge nachts von Haus zu Haus, bei den Reichen aßen und tranken sie, und wenn sie das Hauswesen rein und aufgeräumt vorfanden, sprachen sie ihren Segen darüber. Die eine der beiden Wunderheilerinnen erzählte, daß sie dreißig Jahre alt war, als sie zum ersten Mal »an Dianas Spiel« *(ad ludum Dianae)* teilnahm – möglicherweise eine Umschreibung der Inquisitoren – und daß ihre Familie sie verpflichtet hatte, anstelle ihrer Tante daran teilzunehmen. Diese war Mitglied der »Gesellschaft« und konnte nicht sterben, bevor sie eine Nachfolgerin gefunden hatte.[10]

Vom Traumkult zum Hexensabbat

Die italienischen Hexenprozesse und dämonologischen Schriften des 15. und 16. Jahrhunderts sind voll von Berichten über nächtliche orgiastische Zusammenkünfte, an denen die Leute teilnahmen, während ihre Körper in den Betten zurückblieben. Zum Beispiel erzählt der Dominikanermönch Bartholomeo Spina in *Quaestio de strigibus* (Venedig 1525) über einen Hexensabbat in der Provinz Ferrara, dem eine gewisse *»Domina cursus«* vorstand, welche die Hexen auch »Die weise Sibylle« nannten. Während der nächtlichen Treffen, die zweimal in der Woche am Jordan abgehalten werden, versucht »Die weise Sibylle« jedesmal herabzufliegen und den Fluß zu berühren. Sie gibt sich die größte Mühe; denn wenn sie nur einen Finger ins Wasser tauchen kann, gewinnt sie die Macht über die ganze Welt. Aber sie erreicht ihr Ziel nie![11] Hier begegnen wir erneut einer Erscheinung, die dem »Madonna-Oriente«-Kult aus Mailand und dem Feenkult auf Sizilien gleicht; aber da ist auch etwas Neues: »Domina cursus« verlangt von ihren Ferrara-Hexen, daß sie alle vierzehn Tage ein Kind töten. Daher schleichen sie in Katzengestalt umher und dringen in die Häuser ein, wo sie das Blut der Kleinkinder saugen, die daraufhin wenige Tage später sterben.[12] Überall auf dem italienischen Festland finden wir Zeichen eines vergleichbaren Diabolisierungsprozesses volkstümlicher Vorstellungen, wie ihn Carlo Ginzburg für Friaul glänzend dokumentiert hat. In den ersten Verfahren gegen *benandanti* am Ende des 16. Jahrhunderts gelingt es einigen dieser volkstümlichen charismatischen Heilkundigen, die Inquisitoren dafür zu gewinnen zu akzeptieren, daß sie

Spezialisten im Kampf gegen das Hexenunwesen sind und nicht Hexen *(strigoni)*, aber zu Beginn des 17. Jahrhunderts ist Schluß mit dem »Verständnis« der Inquisitoren, und die *benandanti* sehen sich allmählich genötigt einzuräumen, daß sie selbst Hexen sind. Als ein Resultat, schreibt Ginzburg, besitzen wir in Aussagen einer *benandante* aus dem Jahr 1634 erstmals für ganz Friaul eine zusammenhängende Beschreibung des Hexensabbats.[13]

Auf die gleiche Weise, wie der Diabolisierungsprozeß den italienischen Inquisitoren in Friaul und den anderen italienischen Regionen gelang, gelang er auch den spanischen Inquisitoren auf Sardinien, was mit dem Beistand der lokalen Bischöfe zu Dutzenden von Hexenprozessen führte.[14] Die einzige Stelle, an der es nicht gelang, irgendeine Hexenjagd in Gang zu setzen, war Sizilien. Inquisition und Kirche unternahmen die achtbarsten Anstrengungen, die Leute zu der Einsicht zu veranlassen, daß ihre männlichen und weiblichen *donas de fuera* die reinen, die schieren Hexen seien, aber ihre Bemühungen trugen nicht auf die gleiche Weise Frucht wie an anderen Stellen, wo man annehmen muß, daß die Propaganda in der Bevölkerung eine Kettenreaktion einleitete. In der Beichte und im Inquisitionsverhör wurden männliche und weibliche *Donas* selbstverständlich gezwungen zuzugeben, daß ihr Feenkult in Wirklichkeit Teufelsdienst war, und einzelne wurden auch dazu gebracht, authentische Sabbatsbeschreibungen zu liefern. Aber jedesmal, wenn die Inquisition eine weitere Hexe erwischte, konnte man von vorn beginnen. Viele Angeklagte erklärten im Verhör, sie hätten nicht gewußt, daß an diesen Dingen etwas verkehrt sei, ehe ihre Beichtväter oder die Inquisitoren ihnen das mitgeteilt hätten. In einigen Fällen versuchten die Angeklagten sogar, ihre Feen gegen die schlimmen Beschuldigungen mit dem Hinweis in Schutz zu nehmen, sie fürchteten sich nicht wie Dämonen vor Kreuz und Weihwasser; ja ein einzelner ging sogar so weit, von einer Messe zu berichten, die während ihres »Feensabbats« mit einigen katholischen Priestern abgehalten wurde, die »Doña Zabella« aus Malta habe kommen lassen (Libro 900 f. 523r). Wenn es nicht gelang, die sizilianischen *Donas de fuera* zu diabolisieren, so daß sie das gleiche Schicksal ereilte wie ihre charismatischen Kollegen in Friaul – wenn es nicht gelang, den Teufel in die Traumwelt der armen Sizilianer einzuführen und ihm dort einen festen Platz zu geben, so – glaube ich – hängt das zusammen mit der bereits erwähnten

Tatsache, daß es Vorstellungen von schlimmen und schädlichen Hexen auf Sizilien nicht gegeben hat. In Friaul kannte die Volkstradition sowohl »gute« Hexen *(benandanti)* als auch »schlimme« Hexen *(strigoni)*, aber die Sizilianer hatten kein vergleichbares dualistisches Glaubenssystem. Ihr *Dona-de-fuera*-Komplex war, wie wir gesehen haben, ambivalent: Feen und »Hexen« konnten sowohl Gutes als auch Schlechtes tun, doch die Schäden waren selten ernsterer Natur, als daß sie durch ein Versöhnungsritual hätten wiedergutgemacht werden können. Das ist der Grund dafür, daß wir auf Sizilien wahrscheinlich eine besonders archaische Form von Hexenglauben bewahrt finden, fast identisch mit dem »Hexenkult«, den Margaret Murray auf der Grundlage nord- und mitteleuropäischen Materials nachzuweisen versucht hat. Aber da gibt es einen wichtigen Unterschied: Murray verlegte den Sabbat und die Rituale der Hexen in die wirkliche, materielle Welt, während die sizilianischen Dokumente zeigen, daß wir nach dem Sabbat und den meisten Ritualen an einer ganz anderen Stelle suchen müssen: in einer immateriellen Traum- und Visionswelt. Wenn wir das erst erkannt haben, können wir an und für sich gut bei Murray und dem alten Kerngedanken ihres Vorgängers in die Schule gehen, um die volkstümliche Herkunft der Sabbatvorstellungen zu enthüllen. Wir brauchen Norman Cohns komplizierte Erklärung nicht länger, wonach der Komplex »Hexenwahn« eine dämonologische Mischung aus wenigstens vier verschiedenen Traditionen ist[15]. Das italienische Material und ganz besonders seine reine Form auf Sizilien bezeugt eine Volkstradition mit allen einschlägigen Ingredienzien. Zwischen dem volkstümlichen Traumkult und der Hexenreligion, mit deren »Kartographie« die Dämonologen um 1600 fertig waren, besteht so gut wie vollkommene Übereinstimmung, bloß haben so gut wie alle Elemente entgegengesetzte Vorzeichen bekommen: Die Feen sind zu Teufeln geworden, das köstliche Essen zu verrottetem, stinkendem Fraß, aus der süßen Musik wurde häßlicher Katzenjammer, aus dem fröhlichen Tanz müdes Gehüpf und aus der heiteren Liebe – schmerzhafte Notzucht.

Die Erforschung des Hexenwahns bildet von wenigen Ausnahmen abgesehen eine nord- und mitteleuropäische Disziplin, und das drückt ihren Publikationen den Stempel auf. Die Sprachbarrieren haben bis jetzt bewirkt, daß wir immer noch sehr wenig über die Hexenverfolgungen in Südeuropa wissen. Es ist hochwahrscheinlich, daß wir in den italienischen Hexenprozessen einiges über die Herkunft des diabolisierten Sabbats finden können; aber wenn wir zu einem tieferen Verständnis der italienischen und sizilianischen Wunderheiler und ihrer schamanenhaften Traumwelt gelangen wollen, kommen wir kaum umhin, umfangreiches Material vom Balkan hinzuzuziehen.[16]

Aus dem Dänischen von Klaus Klingenfuss

Anmerkungen

1 M. Eliade, »Some Observations on European Witchcraft«, *History of Religions* 14 (1974), S. 149-172.
2 Vgl. Norman Cohn, *Europe's inner Demons*, London 1975; Richard Kiekhefer, *European Witch Trials: Their Foundation in Popular and Learned Culture, 1300-1500*, Berkeley & Los Angeles 1976; Edward Peters, *The Magician, the Witch and the Law*, Philadelphia 1976; E. W. Monter, *Witchcraft in France and Switzerland: The Borderlands during the Reformation*, Ithaka 1976; Brian Easlea, *Witch Hunting, Magic and the New Philosophy*, Sussex 1980; Christina Larner, *Enemies of God: The Witch Hunt in Scotland*, London 1981, um die wichtigsten zu nennen. Und zugegebenermaßen auch Gustav Henningsen, *The Witches' Advocate: Basque Witchcraft and the Spanish Inquisition, 1609-1614*, Reno 1980.
3 Vgl. Henry Charles Lea, *The Inquisition in the Spanish Dependencies*, New York 1922, pp. 1-44; und über die Zerstörung des Archivs: G. Henningsen, »El ›Banco de datos‹ del Santo Oficio: las relationes de causas de la Inquisitión espanola (1550-1700)«, *Boletín de la Real Academia de la Historia CLXXIV* (1977), S. 554.
4 Archivo histórico Nacional, Sección de Inquisición, Libros 898-902; zur kriminologischen Statistik der sizilianischen Inquisition vgl. Jaime Contreras, »Las relaciones de causas de los tribunales de Sicilia y Cerdeña«, geplant in den Akten des Symposions, hg. durch das Istituto storico italiano per l'età moderna e contemporanea, Rom, X/1981 über das Thema »L'Inquisizione nei secoli XVI-XVII.«
5 G. Henningsen, *The Witches' Advocate*.
6 Ibid., Kap. 3, »The Inquisition«, passim; vgl. Jean Pierre Dedieu, »The Archives of the Holy Office as a source for historical anthropology«, in: Gustav Henningsen/John Tedeschi/Charles Amiel (eds.), *The Inquisition in Early Modern Europe: Studies in Sources and Method*, Northern Illinois University Press 1984.
7 Giuseppe Pitrè, *Usi e costumi, credenze e pregiudize del popolo siciliano*, vol. 4, Palermo 1889, S. 153.
8 Es gibt hochinteressante Parallelen zu diesem *tabula*-Ritual in Petrus Hispanus (Johannes XXI), *Summa Experimentorum, sive Thesaurus pauperum*, Antwer-

pen 1476: »Multi in domibus in noctibus praedictis post coenam dimittunt panem et caseum, lac, carnes, ova, vinum et aquam et huiusmodi super mensas et coclearea, discos, ciphos, cultellos et similia propter visitationem Perhtae cum cohorte sua«, hier zitiert nach Arne Runeberg, *Witches, Demons and Fertility Magic*, Helsinki 1947, S. 154; vgl. ibid. S. 151 für ein vergleichbares Tischritual, das Berggeister in Deutschland heraufbeschwören soll. Die überzeugendste Parallele finden wir bisher in John Cuthbert Lawson, *Modern Greek Folklore and Ancient Greek Religion: A study in Survivals*, Cambridge 1910, S. 125 f.: »The occasion on which the Fates have most often been seen ... is the third (or ... fifth) night after the birth of a child. Provision for their arrival is then scrupulously made. The dog is chained up ... The house-door is left open or at any rate unlatched. Inside a light is kept burning, and in the middle of the room is set a low table with three cushions or low stools placed round it ... On the table are set out such dainties as the Fates love, including always honey ... three white almonds, a loaf of bread, and a glass of water; and ready to hand, as presents from which the godesses may choose what they will, may be laid all the most costly treasures of the family, such as jewellery and even money.«

9 Guiseppe Bonomo, *Caccia alle streghe: La credenza nelle streghe dal secolo XIII al XIX con particolare riferimento all'Italia*, Palermo 1959, S. 65. Aus dem Inquisitionsmaterial kennt der Verfasser nur zwei Verfahren aus dem Jahr 1640, die er nach Pitrè zitiert, der seinerseits auf einer Quellenausgabe beruht, die ein gedruckter oder ungedruckter Autodafé-Bericht zu sein scheint, ibid. S. 68.

10 G. Bonomo, *Caccia alle streghe*, pp 15-17. cf. Jeffrey Burton Russell, *Witchcraft in the Middle Ages*, Ithaca & London 1972, S. 211-213, worin Bonomos Darstellung referiert ist, doch mit einer Reihe schwerwiegender Übersetzungsfehler, z. B. ital. *volpe*, Fuchs, wird übersetzt mit »Wolf«.

11 Hier zitiert nach Bonomo, *Caccia alle streghe*, S. 72 f.

12 Ibid. S. 73.

13 Carlo Ginzburg, *I benandanti e culti agrari tra Cinquecento e Seiscento*, Torino 1966, S. 152; cf. M. Eliade, »Some Observations ...,« S. 156.

14 Vgl. dazu G. Henningsen, »La Inquisizione spagnole e le tradizioni popolari della Sardegna,« in: *Linguaggio musicale e linguaggio poetico in Sardegna: Atti del convegno di studi coreutico musicali sardi svoltosi a Nuoro ... 1975*, Cagliari 1981, S. 57-60.

15 Der Verfasser nimmt an, daß die gelehrte Hexenmythologie ihren Ursprung hat in: (1) alten Verleumdungsmythen um religiöse Minderheiten, (2) volkstümlichen Zauberritualen zu Beschwörungszwecken, (3) gelehrter ritueller Magie und Dämonenbeschwörung und (4) volkstümlichen Vorstellungen von nachts fliegenden Hexen und Überlieferungen um die zur Nachtzeit in Dianas Gefolge umherschweifenden Frauen, vgl. Norman Cohn, *Europe's Inner Demons*, Sussex 1975.

16 Vgl. dazu z. B. Gail Kligman, *Călus: Symbolic Transformation in Romanian Ritual*, Chicago & London 1981, mit einem Vorwort von Mircea Eliade.

E. M. Cioran
Anfänge einer Freundschaft

Es muß etwa 1932 gewesen sein, als ich Eliade zum ersten Mal in Bukarest begegnet bin, wo ich gerade einen nebulösen Studiengang in Philosophie hinter mich gebracht hatte. In jenen Tagen war er das Idol der »jungen Generation« – eine magische Formel, die wir stolz und beschwörend im Munde führten. Für die »alten Narren und Greise«, also alle Leute über 30, hatten wir nur Verachtung übrig. Unser Mentor führte Krieg mit ihnen; er nahm sie aufs Korn und brachte einen nach dem andern zur Strecke. Nur selten schoß er einfach drauflos, wie bei seiner Attacke gegen Tudor Arghezi, einen großen Dichter, dessen einzige Sünde darin bestand, daß er anerkannt war, daß er die Weihen empfangen hatte. Der Kampf zwischen den Generationen schien uns der Schlüssel zu allen Konflikten, das Erklärungsschema für jedes Ereignis. Jungsein, das war in unseren Augen bereits ein Ausweis für Genialität. Mir ist klar, daß solche Flausen zum festen Bestand der Geschichte gehören; dennoch glaube ich, daß unsere Generation in dieser Hinsicht allen früheren den Rang abgelaufen hat. Diese Selbstverblendung kennzeichnete unsere finstere Entschlossenheit, Geschichte zu bezwingen, unseren sehnsüchtigen Wunsch, uns in sie hineinzudrängen, um sie von innen heraus zu erneuern. Begeisterung war Mode, und in wem hatte sie sich verkörpert? In einem Mann, der kurz zuvor aus Indien zurückgekommen war, ausgerechnet jenem Land, das der Geschichte schon immer den Rücken gekehrt hatte, der Chronologie, jeder Entwicklung überhaupt. Dieses Paradox wäre vielleicht nicht der Rede wert, käme darin nicht eine für Eliade charakteristische tiefverwurzelte Dualität zum Ausdruck – es zieht ihn gleich stark zur Essenz und zum Akzidens, zum Zeitlosen wie zum Alltäglichen, zum Mystischen und zur Literatur. Diese Dualität hat keine Selbstverstümmelung zur Folge: Es ist seine Natur und sein Glück, gleichzeitig oder abwechselnd auf verschiedenen geistigen Ebenen leben zu können, imstande zu sein, ohne dramatische Erforschung seines Innenlebens dem Phänomen der Ekstase ebenso nachzugehen wie dem Anekdotischen.

Schon damals war ich darüber erstaunt, daß er es fertigbrachte, sich in das Sankhja zu vertiefen (über das er einen langen Essay veröffentlicht hatte) und sich zugleich für den neuesten Roman zu interessieren. Bis heute bin ich fasziniert von dem Schauspiel eines so ungeheuer und atemlos wißbegierigen Geistes, das bei jedem anderen als pathologisch zu gelten hätte. Nichts an ihm erinnert an den verdrossenen Eigensinn des Monomanen, nichts an den Besessenen, der auf einem bestimmten Gebiet festsitzt und alles außerhalb als zweitrangig und oberflächlich abtut. Die einzige Besessenheit, die ich an ihm entdecken konnte, die Vielschreiberei (und selbst die hat mit dem Alter nachgelassen), ist im Grunde genommen deren Gegenteil, da sich darin ein Denken spiegelt, das von einem unersättlichen Verlangen nach Erkundung geleitet ist, das sich aller Gegenstände bemächtigt. Einen Mann gab es, den Eliade leidenschaftlich bewunderte – Nicolas Iorga, der rumänische Historiker, eine außergewöhnliche Gestalt, faszinierend und beunruhigend, der mehr als tausend Arbeiten geschrieben hat, stellenweise lebendig, aber zumeist schwülstig, schlecht im Aufbau, unlesbar, voller verschrobener Einfälle. Und Eliade bewunderte ihn, wie man die Elemente bewundert, einen Wald, das Meer, die Felder, Fruchtbarkeit, nur um ihrer selbst willen, alles, was sprießt, wuchert, eindringt und sich selbst behauptet. Er erliegt noch immer dem Aberglauben von Lebendigkeit und Fruchtbarkeit. Vielleicht ist es zuviel gesagt, aber ich habe allen Grund zu der Überzeugung, daß er tief in seinem Inneren die Bücher noch über die Götter stellt. Er hat einen Kult aus ihnen gemacht. Jedenfalls kenne ich keinen, der Bücher so liebt wie er. Ich werde nie vergessen, mit welcher Ungeduld er darauf brannte, sie zu berühren, zu streicheln und durchzublättern, als er kurz nach dem Krieg in Paris landete. In Buchläden ging ihm das Herz über, er *zelebrierte* geradezu; es war reiner Voodoo, Götzendienst. So viel Enthusiasmus braucht ein weites Herz, denn wie könnte man sonst an Überschwang, verschwenderischem Luxus und Überfluß Geschmack finden – Eigenschaften, in denen der menschliche Geist die Natur nachahmt und übertrifft. Ich war nie im Stande, Balzac zu lesen, niemals, das heißt seit meiner Jugendzeit. Seine Welt bleibt für mich verschlossen, unzugänglich; nie konnte ich in sie eintreten, und ich will es auch gar nicht. Wie oft hat Eliade versucht, mich zu bekehren! In Bukarest hatte er *Die menschliche Komödie* gelesen; 1947 in Paris las er sie ein zweites, und, soviel ich weiß, liest er sie gerade jetzt in Chicago ein drittes Mal. Er hat schon immer den umfangreichen Roman geliebt, der dahinströmt, sich auf verschiedenen Ebenen wie die »unendliche« Melodie entfaltet, die eindringliche Präsenz der Zeit vermittelt, und Details auf Details und komplexe, divergierende Themen aufeinander häuft. Auf der anderen Seite geht er allem aus dem Weg, das in der Literatur den Beigeschmack des künstlichen hat, des blutarmen und raffinierten Sports (der Ästheten so teuer ist), der angefaulten, ungemein verdorbenen Seite bestimmter Werke ohne Saft und Kraft. Aber seine Leidenschaft für Balzac läßt sich noch anders erklären. Wir können die Geister in zwei Gruppen einteilen: jene, die den Gang einer Arbeit, und jene, die deren fertiges Ergebnis lieben. Erstere richten den Blick auf das Entfalten der Dinge, auf Etappen und die aufeinanderfolgenden Äußerungen des Denkens oder Handelns, während letztere sich ausschließlich mit endgültigen Wendungen beschäftigen. Von meinem eigenen Naturell her war ich stets dieser zweiten Form zugeneigt – einem Chamfort, Joubert oder Lichtenberg, die dem Leser einen fertigen Gedanken präsentieren, ohne ihm den Weg zu enthüllen, der zu ihm geführt hat. Sie können sich, ob aus Bescheidenheit oder Sterilität, nicht vom Kult der Knappheit losreißen. Am liebsten würden sie alles auf einer Seite, in einem Satz, in einem Wort unterbringen; manchmal gelingt ihnen das auch, allerdings, wie man hinzufügen muß, nur selten. Ein Lakonismus, welcher der Gefahr einer unechten rätselhaften Tiefe zu entgehen hofft, muß sich dem Schweigen ergeben. Wie auch immer, wem diese konzentrierte oder, wenn man so will, sklerotische Form der Äußerung zusagt, der kann sich nicht ohne weiteres von ihr befreien und seine Zuneigung einer anderen entgegenbringen. Wer sich auf lange Zeit den Moralisten verbunden hat, der vermag Balzac nur sehr schwer zu verstehen; immerhin kann er ahnen, aus welchen Gründen andere eine Schwäche für ihn haben – sie sehen in ihm eine Welt und ziehen aus seinem Werk ein Gefühl von Leben, von Offenheit und Freiheit, die der Liebhaber von Maximen nicht kennt (ein Genre minderen Ranges, in dem Perfektion und Asphyxie nicht voneinander zu unterscheiden sind).

Wie sehr auch Eliades Vorliebe für weitgespannte Synthesen außer Zweifel steht, er hätte sich ebenso auf dem Gebiet des Fragments, des kurzen, blitzenden Essays auszeichnen können; tatsächlich hat er das auch getan, wie seine frühen Arbeiten – jene zahllosen kurzen Texte, die er vor und nach seiner Indienreise veröffentlicht hat – beweisen. 1927 und 1928 schrieb er regelmäßig für eine Tageszeitung in Bukarest. Zu dieser Zeit lebte ich in einer Provinzstadt, in der Prima des Gymnasiums. Um elf Uhr morgens kam die Zeitung. In der Pause rannte ich zum Zeitungsstand, um ein Exemplar zu erstehen, und so machte ich mich mit mehr oder weniger fremdartigen Namen vertraut wie Asvagosha, Ksoma de Körös, Buonaiuti, Eugenio d'Ors und vielen anderen. Ich bevorzugte die Artikel über Ausländer besonders, weil deren Arbeiten, die man in unserer Kleinstadt vergeblich gesucht hätte, für mich etwas Geheimnisvolles, Endgültiges hatten; mein höchstes Glück lag in der Hoffnung, sie eines Tages zu lesen. Damit waren mögliche Enttäuschungen in die Zukunft verlegt, während sie bei rumänischen Autoren nur allzunahe lagen. Welche Bildung, welche Begeisterung und Kraft waren in diese Artikel eingegangen, die nur für den Tag bestimmt waren! Ich bin überzeugt, daß sie vor lauter Leben vibrierten und daß ich ihren Wert nicht durch den Zerrspiegel der Erinnerung vergrößere. Zweifellos habe ich sie voller Enthusiasmus gelesen, aber mit einem luziden Enthusiasmus. Was ich an ihnen besonders hochschätzte, war die Fähigkeit des jungen Eliade, Ideen ansteckend und pulsierend zu machen, ihnen eine Aura von Hysterie zu verleihen, aber einer positiven, anregenden, gesunden Hysterie. Offenbar ist diese Gabe der Jugend vorbehalten, doch selbst wenn sich jemand diese auch in späteren Jahren noch bewahrt hat, so wird er sie ungern einsetzen, wenn er über Religionsgeschichte spricht. Nirgends brach sie so brillant hervor wie in seinen »Briefen an einen Provinzler«, die Eliade nach seiner Rückkehr aus Indien regelmäßig für dieselbe Zeitung schrieb. Ich zweifle, daß mir auch nur ein einziger dieser Briefe entgangen ist. Ich habe sie alle gelesen; eigentlich haben wir alle sie gelesen, weil sie uns betrafen, an uns gerichtet waren. Zumeist fühlte sich einer von uns ganz persönlich angesprochen, und jeder wartete, bis die Reihe an ihn kam. Eines Tages war ich dran. Ich erhielt nicht mehr und nicht weniger als ein Ultimatum, meine Obsessionen zu verabschieden, die Zeitschriften nicht länger mit meinen düsteren Vorstellungen zu überfluten, auch einmal über etwas anderes nachzudenken als den Tod, auf den ich damals fixiert war wie ich es auch heute noch bin. Sollte ich widerspruchslos ein solches Verdikt akzeptieren? Ich dachte nicht daran. Ich verwarf jedes andere Problem als der Erörterung unwürdig; hatte ich doch gerade erst einen Text über die »Todesvision in der nordischen Kunst« veröffentlicht und war fest entschlossen, in dieser Richtung weiterzuarbeiten. Innerlich machte ich meinem Freund Vorwürfe, daß er sich mit nichts identifizierte, daß er *alles* sein wollte, weil er es nicht fertigbrachte, wenigstens *eines* zu sein, kurz, weil er unfähig zu Fanatismus, Raserei, »Tiefe« war, was ich als die Fähigkeit verstand, sich einer Manie auszuliefern und daran festzuhalten. Ich glaubte, man könne nur dann *etwas* sein, wenn man eine bestimmte Einstellung ohne jede Einschränkung übernahm – und dabei die übertriebene geistige Offenheit und beständige Selbsterneuerung scheute. In meinen Augen war es die oberste Pflicht eines Geistes, eine eigene Welt zu erfinden, ein eng definiertes Absolutes, und sich mit aller Kraft darein zu vertiefen. Dahinter stand die Vorstellung von Engagement, wenn man so will, allerdings ein Engagement mit dem Innenleben als seinem einzigen Objekt – eine Verpflichtung für sich, aber nicht für andere. Ich machte Eliade wegen seiner Verfügbarkeit, Beweglichkeit und seines Enthusiasmus den Vorwurf, er lasse sich nicht festlegen. Und ich warf ihm vor, sich nicht ausschließlich für Indien zu interessieren; für mich hatte es den Anschein, als könne Indien vollwertig alles andere ersetzen, als sei es unter seiner Würde, noch mit anderen Themen herumzutändeln. All mein Unbehagen kristallisierte sich in einem Artikel mit der bewußt schroffen Überschrift »Der Mann ohne Bestimmung«, in dem ich gegen die Vielseitigkeit dieses Geistes, den ich bewunderte, vom Leder zog, gegen sein Unvermögen, in einer einzigen Idee Wurzeln zu schlagen. Ich zeigte die Schwächen jeder seiner Tugenden auf (der klassische Weg, einem Menschen gegenüber ungerecht und treulos zu sein); ich tadelte ihn dafür, daß er der Herr seiner Stimmungen und Leidenschaften war, daß er sie in taktisch kluger Weise einsetzte, daß er das Tragische hinwegbeschwor und die »Fatalität« nicht sehen wollte. Dieser Frontalangriff brach sich selbst die Spitze, da er zu allgemein war: Er hätte jedem gelten können. Warum sollte ein theoretischer Geist, ein von seinen Problemen aufgerufener Mann, den Part eines Helden oder eines Schurken spielen? Es gibt keine greifbare Affinität zwischen Ideen und dem Tragischen. Doch damals glaubte ich, jede Idee müsse eine feste Gestalt annehmen oder aber zu einem lauten Schrei anschwellen. In der festen Überzeugung, daß Entmutigung Erwachen und Erkenntnis bedeutete, verargte ich meinem Freund seinen Optimismus, sein Interesse am Mannigfaltigen, seine Selbstvergeudung im Tätigsein, weil es für mich mit den Anforderungen einer echten Erkenntnis nicht vereinbar war. Willenlos wie ich war, hielt ich mich für feinsinniger als ihn, als sei meine Willenlosigkeit das Ergebnis einer spirituellen Suche oder ein bewußter Akt der Weisheit gewesen. Ich erinnere mich, daß ich ihm eines Tages sagte, daß er, um so viel Frische und Zuversicht (und auch so viel Unschuld) bewahren zu können, in einem früheren Leben sich ausschließlich von Gras ernährt haben müsse. Ich konnte ihm nicht verzeihen, daß er mir das Gefühl gab, älter zu sein als er; ich hielt ihn verantwortlich für meinen Spleen und meine Niederlagen, und es schien mir, als habe er seine Hoffnungen gewonnen, indem er mir meine eigenen genommen habe. Wie konnte er sich auf so vielen verstreuten Gebieten zugleich tummeln? Seine Wißbegier, in der ich das Werk eines Dämons oder, wie der Hl. Augustinus, ein »Gebrechen« sah, war das Messer, das ich unverändert gegen ihn schliff. Doch bei ihm war es keineswegs ein »Gebrechen«, es war ein Zeichen der Gesundheit. Und ich warf ihm diese Gesundheit vor, während ich ihn zugleich darum beneidete. An dieser Stelle ist eine etwas indiskrete Abschweifung nötig.

Ich zweifle, ob ich meinen Artikel »Der Mann ohne Bestimmung« geschrieben hätte, wäre da nicht ein besonderer Umstand gewesen. Wir hatten eine gemeinsame Freundin, eine hochbegabte Schauspielerin, die zu ihrem Unglück von metaphysischen Problemen heimgesucht wurde. Ihre fixen Ideen mußten ihrem beruflichen Fortkommen ebenso schaden wie ihrer Begabung. Auf der Bühne wurde sie mitten in einem Monolog oder Dialog unverhofft von ihrem Grübeln befallen, das sie bedrängte und sich ihres Geistes bemächtigte, so daß ihr jeder Satz, den sie gerade rezitierte, mit einem Mal als unerträglich nichtssagend erschien. Darunter litt zwangsläufig ihre Schauspielkunst. Sie hatte zuviel Anstand, als daß sie sich hätte durchmogeln können, wenn sie das überhaupt gewollt hätte. Sie wurde nicht entlassen; man gab ihr kleinere, unbedeutende Rollen, die sie keineswegs außer Fassung bringen konnten. Sie benützte dagegen die Gelegenheit, ihren Fragen und spekulativen Vorlieben freien Lauf zu lassen, und legte alle Leidenschaft hinein, mit der sie bisher ihre Schauspielerei erfüllt hatte. Nach Antworten suchend, wandte sie sich in ihrem Kummer an Eliade und dann, weniger hoffnungsvoll, an mich. Eines Tages wurde es ihm zuviel, er wies sie ab und wollte sie nicht mehr sehen. Sie kam zu mir, um mir ihren Unmut zu klagen. Danach sahen wir uns häufig; ich ließ sie reden, ich hörte zu. Sie hatte zweifellos etwas Faszinierendes an sich, war jedoch andererseits so dominierend, so insistierend, daß ich mich nach jeder Begegnung mit ihr übersättigt und angeregt zugleich unweigerlich in die nächste Kneipe begab und mich betrank. Man stelle sich eine Bäuerin vor (denn sie war völliger Autodidakt und in einem abgelegenen Dorf aufgewachsen), die mit einer unerhörten Lebendigkeit und Leidenschaft zu jemandem über das Nichts spricht! Sie hatte mehrere Sprachen gelernt, sich dilettierend mit Theosophie beschäftigt, mit den wichtigsten Dichtern vertraut gemacht und etliche Enttäuschungen erlebt. Keine hatte sie jedoch so tief betroffen wie die letzte. Ihre Vorzüge wie ihre Seelenqualen waren so ausgeprägt, daß es mir zu Beginn unserer Freundschaft unerklärlich und unverzeihlich schien, daß Eliade sie so hochmütig behandelt haben konnte. Ich empfand sein Verhalten ihr gegenüber als Feigheit und rächte sie mit meinem Artikel. Als »Der Mann ohne Bestimmung« auf der Titelseite einer Wochenzeitschrift erschien, war sie darüber entzückt, las ihn in meiner Gegenwart laut vor, als sei es ein unsterblicher Monolog, und analysierte ihn anschließend Abschnitt für Abschnitt. »Sie haben nie etwas Besseres geschrieben«, sagte sie – ein unangebrachtes Kompliment, das eigentlich ihr selbst galt; denn war sie es nicht gewesen, die in gewisser Hinsicht den Artikel provoziert und mir die Zutaten geliefert hatte? Doch mit der Zeit konnte ich Eliades Überdruß verstehen und auch die Abseitigkeit meines voreingenommenen Angriffs. Er hat ihn mir allerdings nie entgegengehalten, sondern fand ihn sogar eher amüsant. Dieser Zug verdient besondere Erwähnung, denn ich weiß aus Erfahrung, daß Autoren – mit einem ungeheuren Gedächtnis ausgestattete Menschen – im Stande sind, für andere jedes denkbare Opfer zu bringen, bis auf das eine: einen allzuweit vorgetragenen Angriff zu vergeben und zu vergessen.

Es war um dieselbe Zeit, als er seine ersten Vorlesungen an der literarischen Fakultät der Universität Bukarest hielt. Ich besuchte sie, wann immer ich konnte. Die Leidenschaft, die er auf seine Zeitungsartikel verwendet hatte, spürte man auch in seinem Vortrag – es waren die lebendigsten und spannungsvollsten Vorlesungen, die ich je gehört habe. Ohne Aufzeichnungen, freihändig, fortgerissen in einem Strudel lyrischer Gelehrsamkeit, gab er konvulsivisch und doch zusammenhängend seine Worte von sich, die er mit ruckhaften Gesten seiner Hand unterstrich. Eine Stunde voller Angespanntheit, nach der er wunderbarerweise gar nicht erschöpft wirkte und es vielleicht auch nicht war. Es schien, als verfüge er über die Kunst, der Müdigkeit endlos zu widerstehen. Alles *Negative*, alles, was auf der physischen wie auf der geistigen Ebene eine Selbstzerstörung fördert, war und ist ihm fremd – von daher auch sein Unvermögen zu Resignation, Gewissensbissen und Selbstzweifeln, zu allen Gefühlen, die mit dem Festgefahrenen, Ausgetretenen, dem Perspektivlosen verbunden sind. Vielleicht ist es wiederum zuviel gesagt, aber ich glaube, selbst wenn er eine vollkommene Erkenntnis der Sünde hätte, so würde ihm dennoch das Gefühl dafür fehlen: dafür ist er zu fiebrig, zu dynamisch, zu unruhig, zu sehr voller Projekte, zu sehr vom Möglichen berauscht. Menschen, die von diesem Bewußtsein besessen sind, gehören zu denen, die endlos über ihrer Vergangenheit brüten, in ihr Wurzeln schlagen und sich nicht von ihr losreißen können; die sich aus einem Bedürfnis, ihr Gewissen zu martern, mit eingebildeten Fehlern kasteien, und die ein Vergnügen daran finden, in der Erinnerung einer verwerflichen oder nicht wieder gutzumachenden Tat zu baden, die sie begangen haben oder, noch besser, begehen wollten. Wir sind wieder bei den Leuten mit fixen Ideen. Sie allein haben die Zeit, sich in die Höhle der Gewissensbisse hinabzubegeben, dort zu verweilen und sich darin zu wälzen. Sie allein sind aus jenem Stoff, den es zu einem echten Christen braucht, d. h. einem Menschen, der von dem krankhaften Wunsch zerfressen, verwüstet und besessen ist, ein Verworfener zu sein, dem es dennoch zugleich gelingt, diesen Wunsch zu überwinden – sein (niemals endgültiger) Sieg ist das Maß für das, was er »den Glauben haben« nennt. Seit Pascal und Kierkegaard können wir uns »Erlösung« nicht mehr vorstellen ohne ein Gefolge von Übeln, ohne die heimlichen Freuden des Seelendramas. Heute, da das »Verdammtsein« mehr denn je im Schwange ist (wo es die Literatur betrifft), wird von jedem erwartet, in innerer Pein und Verworfenheit zu leben. Aber kann ein Gelehrter *verdammt* sein? Warum sollte er? Weiß er nicht zu viel, als daß er sich in die Hölle, in deren enge Sphären, hinablassen könnte? Unseligerweise gilt für uns, daß nur die dunklen Seiten des Christentums noch einen Ton anschlagen. Vielleicht müssen wir das Christentum erst in einem *schwarzen* Gewand sehen, um sein innerstes Wesen wiederzuentdecken. Wenn ein solches Bild, eine solche Betrachtungsweise richtig ist, dann steht Eliade allem Anschein nach am Rande dieser Religion. Aber vielleicht steht er am Rande *jeder* Religion, von seinem Beruf wie von seiner Überzeugung her. Ist er nicht einer der glänzendsten Vertreter eines neuen Alexandrinismus, der gleich dem alten alle Glaubenssysteme auf demselben Niveau ansiedelt, ohne sich für eines entscheiden zu können? Wie kann man parteiisch sein, nachdem man sich geweigert hat, sie in eine Hierarchie einzuordnen? Welchen Glauben kann man unterstützen; welche Gottheit anrufen? Es ist unmöglich, sich einen Spezialisten der Religionsgeschichte *beim Gebet* vorzustellen. Oder wenn er tatsächlich betet, dann verrät er seine Lehre, widerspricht sich selbst, schadet seinen *Abhandlungen*, in denen es keinen *wahren* Gott gibt, da alle Götter als gleichwertig behandelt werden. Es ist müßig, sie zu beschreiben und scharfsinnig zu kommentieren; er kann ihnen kein Leben einhauchen, nachdem er ihnen das Mark ausgesogen hat, sie miteinander verglichen und, um ihr Elend voll zu machen, so lange gerieben und poliert hat, bis nur noch blutleere, für den Gläubigen nutzlose Symbole übriggeblieben sind. Es ist müßig, noch anzunehmen, daß in diesem Stadium der Gelehrsamkeit, Desillusionierung und Ironie noch irgend jemand da wäre, der wahrhaft glaubt. Wir alle, und Eliade als erster, sind *Möchtegern*-Gläubige; wir sind alle religiöse Geister ohne Religion.

Aus dem Englischen von Udo Rennert

Mac Linscott Ricketts
Criterion

Zwischen 1932 und 1934 gab es in der rumänischen Hauptstadt Bukarest einen bemerkenswerten kulturellen Zirkel, der unter dem Namen »Criterion« bekannt war. Diese Gruppe läßt sich in wenigen Worten als eine Vereinigung junger Leute kennzeichnen, der kulturellen Elite der Hauptstadt, in der eine Vielzahl von Berufen und Auffassungen vertreten waren und die öffentliche und private Versammlungen abhielt. Ihre Mitglieder, die sich selbst für die Führer der »jungen Generation« hielten – der jungen Männer und Frauen, die den Ersten Weltkrieg im Kindesalter miterlebt hatten –, hatten die Gruppe offenbar zu dem Zweck gegründet, das kulturelle Niveau der Gesamtbevölkerung zu heben, aber auch um ihren persönlichen Beziehungen untereinander eine feste Form zu geben. Gegründet in einem Geist des jugendlichen Idealismus, Optimismus und der Toleranz, ist Criterion anscheinend bald den Wellen der Intoleranz und des politischen Extremismus zum Opfer gefallen, die das Land (und den Kontinent) seit 1934 überfluteten. Criterion war in der Tat ein »Standard«, ein »Maßstab«, ein Ideal, an dem sich die rumänische Gesellschaft zwar nicht messen konnte; aber wenigstens für eine kleine Weile leuchtete sein Licht hell auf, bevor es von der unwiderstehlichen Finsternis verschlungen wurde.

Mircea Eliade, der zu den Führern der Criterion-Gruppe zählte, widmet in seiner Autobiographie ihrer Geschichte und ihren Aktivitäten mehrere Seiten.[1] Doch diese Seiten wurden gleich vielen anderen in dieser Autobiographie aus der Erinnerung geschrieben, ohne daß der Autor sie durch zeitgenössische Dokumente hätte untermauern können. Im Frühjahr 1981 war es mir möglich, als Forschungsstipendiat der Fulbrightstiftung an der Bibliothek der Rumänischen Akademie in Bukarest zu forschen, wo ich zu Zeitschriften aus den 30er Jahren Zugang hatte. Auf der Grundlage dieser Arbeit lege ich die folgenden Seiten als eine Ergänzung und an manchen Stellen als eine Korrektur von Professor Eliades Darstellung der bemerkenswerten Criterion-Gruppe vor.

In seiner Autobiographie erinnert sich Eliade an die Gründung der Criterion-Gruppe im Sommer 1932. Zu dieser Zeit (etwa sechs Monate nach seiner Rückkehr aus Indien) leistete er seinen Wehrdienst an einem Standort in der Nähe Bukarests ab, einem Ort, der ihm erlaubte, lebhafte soziale und kulturelle Kontakte mit der Hauptstadt zu pflegen. Insbesondere nahm er an den Aktivitäten einer informellen Gruppe junger Leute teil, zu der Journalisten und Autoren zählten, Schauspielerinnen, Musiker, Philosophen, Maler, Bildhauer und andere – zum Teil verheiratet, im Durchschnitt etwa 28 Jahre alt –, die es genossen, sich an den Sonntagnachmittagen bei einem der Ehepaare zu treffen. Später, am Abend, pflegten sie in ein Wirtshaus zu gehen, um dort zu essen, zu trinken und ihre Gespräche fortzusetzen. »Manchmal waren wir mehr als 20 Leute«, erinnert sich Eliade. Bei einer dieser Zusammenkünfte, vielleicht im Juli, schlug Petru Comarnescu, ein Autor und Kritiker, der ein Jahr zuvor aus den USA zurückgekehrt war, wo er an der University of Southern California den Doktorgrad in Philosophie erworben hatte, die Organisation einer Reihe von »Vorlesungs-Symposien« vor, bei denen öffentliche Vorträge über bedeutende zeitgenössische Persönlichkeiten oder Fragen der Zeit gehalten werden sollten. Nach Aussagen eines Mitglieds der ursprünglichen Gruppe, mit dem ich in Rumänien gesprochen habe, gab es das Wort »Symposium« (oder *simpozion*, wie es heute in Rumänien geschrieben wird[2]) damals im Rumänischen nicht, sondern wurde von Comarnescu eingeführt, der es von Amerika her kannte.[3]

Eliade macht deutlich, daß Comarnescu der Urheber und die treibende Kraft der Organisation war. Von ihm stammte nicht nur die Idee zu den Symposien, er mietete auch die Räumlichkeiten (in der Königlichen Stiftung), sammelte bei allen Mitgliedern der Gruppe Geld, sorgte für die Bekanntmachung des Vorhabens und den Druck der Programme usw. Doch Criterion war nicht Comarnescus erste organisatorische Tat bzw. Vorlesungsreihe. Im voraufgegangenen Winter hatte er ein anderes öffentliches Vorlesungsprogramm unter der Bezeichnung »Forum« sowie eine Gruppe gleichen Namens organisiert, und an beidem beteiligten sich viele der späteren Mitglieder von Criterion, unter ihnen auch Mircea Eliade.

Die Forum-Vorlesungsreihe, die vermutlich am 14. Januar mit dem von Comarnescu selbst gehaltenen Vortrag »Der Mittelpunkt des Weltinteresses« begann, trug die allgemeine Überschrift »Erklärung unserer Zeit«.[4] Die Reihe hatte mindestens zehn oder zwölf Vorlesungen[5], und wie bei den Criterion-Veranstaltungen des folgenden Herbstes stand dahinter eine Organisation, die Forumgruppe, deren Mitglieder beschrieben werden als »Jugendliche unterschiedlicher Richtung«, nicht mehr als 20 Personen, die durch den »Zufall der Freundschaft« miteinander verbunden waren.[6] Mit anderen Worten, Forum war der unmittelbare Vorläufer von Criterion.[7]

Eliade schreibt in seiner Autobiographie von einer Vorlesung, die er im Forumkreis über Tagore gehalten habe.[8] Es ist mir nicht gelungen, einen Zeitungsbericht über einen entsprechenden Vortrag ausfindig zu machen; dafür stieß ich auf einen Bericht über eine Vorlesung von Mircea Eliade mit der Überschrift »Zwischen Orient und Okzident« im Rahmen des Forumprogramms Anfang März. Sein Vortrag wird darin wie folgt resümiert:

Der Ferne Osten erscheint dem Europäer als mystischer und romantischer Kontinent – eine irrige Vorstellung. Der Asiate handelt verinnerlicht. Für ihn gibt es so etwas wie scholastische oder Alltagsprobleme nicht, über denen er grübeln könnte; er verschwendet keine Zeit mit Träumen. Philosophische Meditation wird erlernt wie jeder andere Beruf. Er denkt nicht für sich, sondern ist ein Werkzeug bestimmter Wirklichkeiten und projiziert sich in den Kosmos. Nicht Abenteuer, sondern Gemeinschaftlichkeit. Die asiatischen Philosophen gleichen unseren Wissenschaftlern. Eine zwecklose Handlung gibt es nicht. Die Europäer haben die Freiheit ihrer Triebe, für den Asiaten werden die Triebe in natürlicher Weise beherrscht – vermittels einer transzendierenden Vergesellschaftung . . . Der dilettantische europäische Geist ist das Gegenteil des asiatischen Geistes, der lebendig, robust ist.[9]

Die Forumgruppe löste sich am Ende der Vorlesungsreihe (im März) nicht auf, sondern schmiedete Pläne für den folgenden Herbst. Mitte Juni kündigte sie ein Programm von zwölf Vorlesungen und Rednern unter dem allgemeinen Titel »Tendenzen« für den Herbst an.[10] Die Vorträge sollten sich mit »Tendenzen« auf dem Gebiet der Politik, Wirtschaft, Naturwissenschaft, Philosophie, Religion und in verschiedenen literarischen Bereichen beschäftigen; Mircea Eliade wurde mit einer Vorlesung über James Joyce angekündigt. Merkwürdigerweise ist Comarnescu nicht in der Liste der Vortragenden aufgeführt. Praktisch alle als Redner genannten Personen nahmen später an den Criterionveranstaltungen im Herbst teil; dennoch gab es nur geringfügige Überschneidungen der Themen zwischen den vorgeschlagenen Forumvorlesungen und den von der Criterion-Gruppe tatsächlich diskutierten Themen. Offenbar waren die Pläne für Criterion erst Mitte September ausgearbeitet, da eine zweite Ankündigung der Forumvorträge (mit drei Änderungen gegenüber der ersten Ankündigung) am 10. September in einer Zeitung erschien.[11]

II

Die ersten Ankündigungen für Criterion wurden Ende September und Anfang Oktober 1932 veröffentlicht; die früheste, die ich finden konnte, erschien am 26. September in *Calendarul:*

»Criterion«, eine neue Gruppe von Intellektuellen der jungen Generation, kündigt für den Herbst folgende Vorlesungen an: Lenin: 13. Okt.; Bergson: 20. Okt.; Charlie Chaplin: 27. Okt.; Gide: 3. Nov.; Mussolini: 10. Nov.; Freud: 17. Nov.; Krishnamurti: 24. Nov.; Greta Garbo: 1. Dez.; Gandhi: 8. Dez.; Valéry: 15. Dez.[12]

Über sämtliche angekündigten Personen wurden schließlich Vorträge gehalten, mit Ausnahme der Vorlesungen über Krishnamurti und Greta Garbo – als Ersatz für diese wurde offenbar Proust gewählt (Vortrag am 1. Dez.) –, obgleich die ursprünglich geplanten Daten nicht allesamt eingehalten wurden. Das Wort »Symposium« taucht in dieser frühesten Bekanntmachung nicht auf, doch kann die Auslassung bewußt erfolgt sein, da es noch weitere und ausführlichere »Presseinformationen« geben sollte.

Anfang Oktober wurden anscheinend an sämtliche Zeitungen Listen mit den Themen und Teilnehmern am vollständigen Programm von Criterion verschickt, das zwei Vorlesungsreihen vorsah: die eine bestand aus den Symposien und erhielt die Überschrift »Idole«, während die zweite aus je einer Vorlesung und einer Art »Live-Veranstaltung« unter der Bezeichnung »Zeitgenössische rumänische Kultur« bestand. Die erste, bereits auf Donnerstagabend angesetzt, sollte im Hörsaal der König-Carol-Stiftung stattfinden, während die rumänische Kulturreihe für zehn aufeinanderfolgende Samstagabende vom 15. Oktober bis zum

17. Dezember im Kleinen Saal der Dalles-Stiftung geplant war. Als Themen waren hier vorgesehen: Dichtung, Roman, Theater, Kritik und Essay, Journalismus, Malerei, Musik und Tanz, Architektur, Philosophie und ideologische Zeitströmungen.[13] Diese Veranstaltungen fanden allesamt statt, wobei möglicherweise die Themen Architektur und Philosophie ausgespart wurden. Die Reihe endete am 17. Dezember mit einem »großen Festival« rumänischer Tänze mit Musik, bei dem D. C. Brăiloiu den Vortrag hielt und Floria Capsali byzantinische und Volkstänze vorführte.[14]

Einer der frühen Presseartikel erklärt mit wenigen Worten, welche Absicht sich mit diesen Veranstaltungen verband: »Beide Veranstaltungsreihen wollen mehr als lediglich eine Darlegung der angesprochenen Probleme, sie bezwecken eine kritische Orientierung des Publikums hin zu den Problemen der Zeit, wie sie von der jungen Generation wahrgenommen werden.«[15]

Offenbar als Teil der Vorankündigung gedacht, erschien am Tag des ersten Symposiums in *Cuvântul* ein Feuilletonartikel von Mircea Eliade mit der Überschrift »Jugend am Werk«.[16] Das Hauptanliegen des kurzen Beitrags war die Hervorhebung des *kooperativen* Charakters des Criterionvorhabens. »In diesem Herbst wird etwas geschehen, das für das Schicksal der jungen Generation von grundlegender Bedeutung ist. Es geht um die Übertragung von einer individuellen, isolierten und ›ursprünglichen‹ Ebene der Selbstäußerung auf eine Ebene gemeinsamen Tuns, der geistigen Zusammenarbeit, des gemeinschaftlichen Lebens und Arbeitens.« Bislang, sagt Eliade, erfolgten die schöpferischen Anstrengungen der Angehörigen der »jungen Generation« getrennt voneinander – »weil jeder junge Mensch in die große Versuchung gerät, etwas zu *beginnen*«, in der Criterion-Gruppe hingegen hätten einzelne Individuen angefangen, zusammenzuarbeiten, und zwar mit der Idee, eine *Kultur* zu schaffen. Schon in der Tatsache, daß dieser Schritt getan wurde – von der isolierten zur gemeinsamen Tätigkeit – sieht Eliade eine bedeutsame Leistung, unabhängig davon, ob das Criterionprogramm beim Publikum auf Resonanz stoße oder nicht.

In der Tat übertraf der öffentliche Erfolg der Criterionsymposien alle Erwartungen. In seinen Memoiren schreibt Eliade über die riesigen Trauben von Menschen, die förmlich die Eingänge stürmten, um sich Zutritt zu den Veranstaltungen zu verschaffen, so daß Polizei angefordert und einige Symposien wiederholt werden mußten. Diese Erinnerungen werden von den zeitgenössischen Zeitungsberichten und -artikeln bestätigt.

Das erste Symposium am 13. Oktober galt Lenin und nicht Freud, wie Eliade glaubte, als er rund 30 Jahre später über die Ereignisse jenes Herbstes schrieb. Auch bestehen einige Unstimmigkeiten in Eliades Erinnerungen an die Teilnehmer des Leninsymposiums gegenüber den damaligen Zeitungsankündigungen. An der Veranstaltung vom 13. Oktober sollte der hervorragende Professor für Philosophie C. Rădulescu-Motru den Vorsitz führen, und als Redner waren vorgesehen: Mircea Vulcănescu (leninistische Position), Petre Viforeanu (bürgerlich), H. H. Stahl (sozialdemokratisch) und Mihail Polihroniade (politisch-pragmatische Position).[17] Abgesehen von der Verwirrung durch die andrängenden Zuhörerscharen verlief der erste Abend anscheinend ohne größere Zwischenfälle. Denen, die keinen Einlaß mehr erhielten, wurde eine Wiederholung des Programms am folgenden Dienstag versprochen. Ein Bericht über das erste Symposium in der rechtsgerichteten Zeitung *Calendarul* beschränkt sich im Kommentar auf die Rede M. Polihroniades (der kurze Zeit später in die Organisation der »Eisernen Garde« eintreten sollte): »Die Ausführungen von M. Polihroniade wurden lebhaft und eindringlich vorgetragen und fanden einmütige Zustimmung.«[18] Das deckt sich mit Eliades Erinnerung an die positive Aufnahme der Rede Polihroniades bei Linken wie bei Rechten gleichermaßen.[19]

Die linksgerichtete Zeitung *Facla* bemerkt zu der Ankündigung einer Wiederholung des Leninsymposiums: »Es ist indessen zu wünschen, daß am Dienstag die Zahl der Redner um einige erweitert wird, die einen leninistischen Standpunkt einnehmen, so daß eine echte Diskussion mit unterschiedlichen Positionen zustandekommt.«[20] Und tatsächlich stand in der nächsten Ankündigung ein neuer Name auf der Rednerliste, M. Grigorescu, ein marxistischer Journalist.[21] Eliade schreibt hingegen in seiner Autobiographie, daß zwei prominente Führer der KP, Bellu Silder (der regelmäßig mit der Criterion-Gruppe verkehrte) und Lucrețiu Pătrășcanu, neu hinzukamen. Offenbar hat mindestens einer von beiden an dem Streitgespräch ohne öffentliche Vorankündigung teilgenommen. Auf einen von diesen beiden bezog sich wahrscheinlich Mihail Sebastian, als er über das Symposium berichtete: »Wir erlaubten sogar einem allseits bekannten Kommunisten, zu uns zu sprechen – er erwies der bürgerlichen Sache einen großen Dienst, denn seine Rede war miserabel. (Dem folgte ein kleiner Zwischenfall mit der Polizei, der nur kurz währte).«[22] Dieser »kleine Zwischenfall mit der Polizei« war allerdings nicht die einzige Störung, zu der es an diesem Abend kam. Dem Bericht Sebastians zufolge war das zur zweiten Veranstaltung erschienene Publikum so zahlreich wie am ersten Abend und offenbar weniger diszipliniert. Sebastian betont, daß das Verhalten der Menge trotzdem nicht wirklich gefährlich war – es passierte nichts anderes, als was bei einer so großen Menge zu erwarten war: Eine Fensterscheibe ging zu Bruch, eine Frau fiel in Ohnmacht, und ein Mann verlor seinen Hut. Doch um 21 Uhr, als die Veranstaltung beginnen sollte, kam die Polizei und verkündete, die für die Königliche Stiftung zuständigen Behörden hätten angeordnet, »im Interesse der öffentlichen Ordnung« die Versammlung zu schließen. Die Menge wollte das Gebäude jedoch nicht verlassen. Glücklicherweise besaß der diensthabende Polizeioffizier Vernunft genug, die Veranstaltung unbehelligt zu lassen. Professor Rădulescu-Motru »bekam die Zuhörer unter Kontrolle und ermahnte sie wie eine Schulklasse von Gymnasiasten«. Danach konnten die Redner ungestört ihre Vorträge halten.

Das Symposium über Freud, an dem Mircea Eliade teilnahm, fand als nächstes statt, am 20. Oktober. (Eliade schreibt, auch dieses hätte wiederholt werden müssen, doch in den damaligen Zeitungen findet sich darauf kein Hinweis.) Offenbar wegen des starken Andrangs erschien die Polizei erneut mit der Anweisung, die Versammlung zu unterbrechen, doch schließlich genehmigte sie die Fortsetzung der Veranstaltung.[23] Außer Eliade gab es noch sechs andere Redner, zwei davon anscheinend Psychiater: die Drs. I. Popescu-Sibiu und Al. Radovici; sie sprachen über Freud als Psychiater. Andere stellten ihn als Psychologen vor bzw. als Soziologen und Philosophen, während einer den literarischen Aspekt in Freuds Werk behandelte. Das Thema Eliades lautete: »Freud als Kulturkritiker«. Seine Ausführungen wurden in einem Zeitungsbericht wenige Tage später so zusammengefaßt:

Dr. Mircea Eliade zeigte in seiner Darlegung der Position Freuds zur Kultur, daß dieser hebräische Denker durch eine Monovalenz seiner Erklärungen gekennzeichnet ist. Indem er das Absolute säkularisiert und ohne jede vorbereitende Askese jedermann eine passende Lösung und den

Schlüssel zum Geheimnis des Lebens anbietet, erweist sich Freud als Verräter am jüdischen Geist. Der Redner wies anschließend die Unbegründetheit der Freudschen Erklärung von Kunst und religiösen Institutionen nach, indem er Freuds Erklärung der Malerei des 18. Jahrhunderts und dessen Gedanken über Totem und Tabu analysierte, die auf unzulänglichen Informationen und Mißverständnissen beruhen. Freud vermag nicht zu zeigen, was das Besondere an kulturellen, religiösen oder moralischen Erscheinungen ist, statt dessen erklärt er in einer *petitio principii* Sexualität durch Sexualität.[24]

Das dritte Symposium, das dem in Bukarest wohlbekannten und beliebten Filmkomiker Charlie Chaplin gewidmet war, erlebte einen dramatischen Augenblick, an den Eliade sich in seinen Memoiren erinnert.[25] Bei dieser Veranstaltung hatte der schon zu dieser Zeit berühmte Romanautor Ion Marin Sadoveanu den Vorsitz, und fünf junge Männer sollten sprechen, alle Mitglieder von Criterion, unter ihnen der jüdische Schriftsteller und Kritiker Mihail Sebastian, ein enger Freund Eliades. Das angekündigte Thema von Sebastian leutete: »Jüdische Elemente in Chaplins Humor«. Als er sich zu seiner Rede erhob (so erinnert sich Eliade drei Jahrzehnte später), rief jemand von der Galerie herab: »Ein Jude, der über einen Juden redet!« Zu dieser Zeit nahm der Antisemitismus in Rumänien beträchtlich zu, und die Bemerkung sollte sowohl den Redner als auch das »Idol« des Abends, Chaplin, treffen. Ohne sich aus der Ruhe bringen zu lassen, zerriß Sebastian sein vorbereitetes Manuskript und verkündete, er wolle tatsächlich als Jude über Chaplins Jüdischsein sprechen. »Mit einem Mal brach das Publikum in Applaus aus. ›Ich danke Ihnen‹, sagte er, und dann improvisierte er eine der mitreißendsten und intelligentesten Vorlesungen, die zu hören mir je vergönnt war«, erinnert sich Eliade.[26]

Etwa zur selben Zeit veröffentlichte jemand in einer Bukarester Zeitung einen Artikel über »Das Phänomen Charlie Chaplin«, der wenige Tage darauf zu einer Entgegnung in einer anderen Zeitung führte. Der zweite Artikel verglich die Ausführungen über Chaplin auf dem Criterionsymposium mit denen des Journalisten: »Für diese Versammlung war Chaplin kein ›Phänomen‹, sondern ein Resultat unserer Zeit. Das ist etwas gänzlich anderes! Ein Phänomen ist ein Auswuchs, ein Resultat dagegen ist ein Teil der gesellschaftlichen Bewegung.«[27] Die beiden Artikel sind insofern bedeutsam, als sie zeigen, wie prominent die Symposien waren (bereits der erste Artikel hatte die Veranstaltung über Chaplin erwähnt), und welche Zustimmung sie bei der Presse fanden.

Das vierte Symposium (am 3. November) hatte Mussolini als Thema. Die Redner waren M. Polihroniade, H. H. Stahl, Alexandru Christian Tell, Constantin Enescu und R. Hilliard – fast alle Mitglieder von Criterion. Der Abend verlief anscheinend ohne Zwischenfälle.[28]

Da jedoch Criterion ein Symposium über einen Kommunisten (Lenin) und über zwei Juden (Freud und Chaplin) veranstaltet hatte – im ersten Fall überdies noch mit kommunistischen Rednern! –, wurde die Gesellschaft in bestimmten Kreisen kommunistischer Sympathien verdächtigt – Ironie der Geschichte, da die Mitglieder der Gruppe in ihrer Mehrzahl rechtsgerichtet waren, wie die weiteren Ereignisse zeigen sollten. Als das Symposium über Gide näherrückte, übersandte eine rechtsextremistische Studentengruppe, die Union der Nationalrumänischen Christlichen Studenden (UNSCR) – ebenso fanatische Antisemiten und Antikommunisten wie Nationalisten – der Criterion-Gruppe eine Warnung:

Die UNSCR protestiert mit aller Schärfe gegen die »Cryteriongesellschaft«, die mit ihren Veranstaltungen in der Königlichen Stiftung, das zu ganz anderen Zwecken für die Studenten ins Leben gerufen wurde, die Grenzen jener Aktivitäten überschreitet, die für diese Institution ins Auge gefaßt wurden.

Indem wir diesen Protest erheben, halten wir es für unsere Pflicht, mit allem gebotenen Respekt die Rechtsorgane zu ersuchen, weitere Schauspiele der Anarchie in dieser Kulturstätte zu unterbinden. Wir halten den Platz vor der Königlichen Stiftung nicht als Treffpunkt von Leuten für geeignet, die den Gefühlen dieser Nation fremd gegenüberstehen.

Dies ist unsere erste und letzte Warnung, nach der sämtliche rumänische Studenten aus allen Teilen des Landes in der richtigen Erkenntnis ihrer Pflicht frei in ihrem Handeln sein werden.[29]

Paul Sterian, Mitglied der Criterion-Gruppe, betonte in seiner Erwiderung auf dieses Ultimatum, daß »wir Freunde der Studenten (sind und bleiben)«, und er erinnerte die UNSCR daran, daß der Titel der Veranstaltungsreihe, »Idole«, bedeute, daß die Personen »Pseudowerte (seien), über die Criterion diskutiert, um sie zu zerstören. Wenn also Studenten eine Diskussion über ›Idole‹ verhindern wollen, so stützen sie diese, statt sie zu zerstören.«[30]

Zur Konfrontation kam es auf dem Symposium über Gide am 10. November. Eliade gibt uns in seiner Autobiographie einen Bericht über die Ereignisse.[31] Die Zeitungen schrieben nichts darüber, aber ein Professor G. Tașca versucht in einem Brief an die Zeitung *Adevarul*[32], die Universitätsstudenten in dieser Angelegenheit von Schuld reinzuwaschen. Diesem Beobachter zufolge waren die Provokateure gar keine Studenten, weil die Universitätsstudenten zu »aufgeklärt« seien, »um der Sünde der Intoleranz zu verfallen..., der die Kommunisten sich schuldig machen.« In Wirklichkeit, so schreibt er, sei dies geschehen: »Ein Politiker, von seinen Anhängern umgeben, platzte in den Hörsaal der Stiftung und unterbrach die Vorlesung«, der das Publikum gerade aufmerksam folgte. Sodann, »um den Folgen ihres Tuns leichter zu entgehen, gaben sich die Störer als Studenten der Universität aus. Als Professor von zehn Studentengenerationen protestiere ich in deren Namen gegen den Mißbrauch, der hier mit dem Namen Student getrieben wurde.«

Offenbar waren die Störer aber *doch* Studenten, wie Eliade schreibt. Die Störung an jenem Abend führte dazu, daß es der Gruppe verboten wurde, für ihre Veranstaltungen künftig den Hörsaal der Königlichen Stiftung zu benutzen. Das für die kommende Woche angesetzte Symposium (über Bergson) mußte verschoben werden und wurde erst am 30. November abgehalten. (In der Zwischenzeit hatte allerdings am 26. November ein Abend über Valéry stattgefunden).

Nach dem Tumult während des Gide-Symposiums gab die »Criterion-Gesellschaft für Kunst, Philosophie und Literatur« eine offizielle Erklärung heraus, in der sie »in aller Schärfe« gegen die erhobenen Beschuldigungen protestierte, sie betreibe subversive Propaganda. »›Criterion‹ ist eine Vereinigung von Intellektuellen, die sich auf ausschließlich kulturellem Gebiet ohne jeden politischen Charakter bewegt«, heißt es in der Erklärung weiter. Die Diskussionen der Gruppe über »Idole« der Zeit unter verschiedenen Gesichtspunkten bedeuteten keine Übereinstimmung mit deren Ideen, »sondern allein die Verpflichtung zu deren objektiver und vollständiger Darstellung, um das Publikum in kritischer Weise zu informieren«. Die Erklärung wandte sich in erster Linie an die Studenten: »Indem sie der rumänischen Studentenschaft den eigentlichen Sinn ihrer Aktivitäten vor Augen führt, hofft die Criterion-Gruppe, daß sie auf einer rein kulturellen Ebene und abseits eines jeden Fanatismus zu einer Verständigung mit der jungen Generation gelangen kann, wobei sie ihre wesentliche Aufgabe in der erzieherischen Bildung sieht . . .« Die Erklärung schließt mit den Worten: »Aus diesen Gründen verzichtet ›Criterion‹ darauf, die Hilfe jener Institutionen in Anspruch zu nehmen, denen die Aufgabe zufällt, die Ordnung im Staat zu erhalten, solange wir die Hoffnung hegen, daß jene, welche die Ehre haben, die Studenten zu führen, ihre Ohren nicht vor dem verschließen, was der eigentliche Grund für unsere Veranstaltungen ist.«[33]

Anscheinend gaben die Studenten ihren öffentlichen Widerstand auf, und Criterion konnte nach einer gut zweiwöchigen Unterbrechung wieder den Großen Saal der Königlichen Stiftung benutzen.

Mircea Eliade nahm 1932 noch an einem weiteren Symposium teil; es war das letzte der Reihe, fand am 14. Dezember statt und war Gandhi gewidmet. Als weitere Redner an diesem Abend sprachen C. Enescu, M. Polihroniade, P. Viforeanu, Paul Sterian, R. Hilliard und Alexander Tell. Eine Woche vorher fand eine Veranstaltung über Marcel Proust statt; den Vorsitz hatte M. Ralea, die Redner waren M. Sebastian, Anton Holban, Eugen Ionescu, Dan Botta und Petru Comarnescu.[34]

Zwar zogen die Symposien mehr Aufmerksamkeit auf sich, doch waren auch die samstagabends im Saal der Dalles-Stiftung stattfindenden Parallelveranstaltungen von Bedeutung. Diese Veranstaltungsreihe über »Zeitgenössische rumänische Kultur« fand anscheinend weniger Resonanz und führte offenbar nicht zu unliebsamen »Zwischenfällen«. Insgesamt gesehen wurde das Programm wohl positiv aufgenommen. Aber es gab auch Kritiker.

Der Bericht von N. Crevedia über den ersten Abend des Programms trieft von beißender Ironie:

Die zweite Programmfolge, über rumänische Formen des Geistes, wurde am Samstagabend mit einer Vorlesung über die zeitgenössische Dichtung – samt Rezitationen – eröffnet. Das bei einer Veranstaltung mit einem so einladenden Thema anwesende Publikum zählte etwa 100 Personen, von denen 95 gekommen waren, um der Lesung ihrer eigenen Produktionen zu lauschen; die übrigen fünf waren Verwandte des Redners Paul Sterian.

In der Hauptsache versuchte der Artikel, Sterian sowie die Schauspieler und Schauspielerinnen lächerlich zu machen, welche die

Gedichte vorlasen. Zu diesen zählte auch Sorana Țopa (über die Eliade in seinen Memoiren einiges sagt), die »sich mit Gedichten von Geo Cobzea oder Bogzea heiser deklamierte ...« und Sterians Frau Margareta, »bekannt für ihre schlechte Malerei«.[35]

Eliades Teilnahme an diesem Programm scheint sich darauf beschränkt zu haben, daß er bei der Veranstaltung am 5. November über »Kritik und Essay« – vielleicht aus seinen eigenen Essays – vorlas, auf der Al. Viana das Referat hielt und Haig Acterian und Petru Comarnescu ebenfalls lasen.[36] Auch dieser Abend fand keine Gnade vor den Augen des Kritikers Crevedia:

Die Darbietung war akademisch, die Einführung zu lang, das Ende überstürzt ... Nach einer Vorlesung von anderthalb Stunden verfielen die Criterionisten auf die verhängnisvolle Idee, mit einem Programm fortzufahren, das sich seit der Veranstaltung über den Roman als unzweckmäßig erwiesen hat: Sie lasen eine Reihe von Essays! Und sie lasen und lasen, so daß irgendwann die Wache der Königlichen Stiftung vom Schlaf übermannt wurde. Im allgemeinen ist das Publikum den Darbietungen der Criterion-Gesellschaft sehr aufmerksam gefolgt. Das war jedoch keine Aufforderung an die Veranstalter, seine Gutmütigkeit zu mißbrauchen und es für zwei weitere Stunden in Arrest zu halten, nur um sich deren Essays anzuhören, wie wunderbar diese auch gewesen sein mögen!

Selbst Paul Sterian ging vorzeitig weg, vermerkt der Kritiker trokken. Im Hinblick auf ein künftiges Philosophieprogramm meint Crevedia, er wünsche den Rumänen nicht, den Lesungen von Philosophen zuhören zu müssen, es sei denn, daß das Publikum »vorher betrunken gemacht und die Texte gesungen werden können«.[37]

Crevedia belegt Criterion in einem Essay mit dem Spottnamen »Cretinion«, doch angeblich hat ein anderer Kritiker, Ion Barbu, das Wort geprägt.[38] Anscheinend wurde der Spottname in gewissen Kreisen mündlich verbreitet. Mircea Eliade selbst hat eine Kolumne verfaßt mit diesem Namen als Überschrift, in der er seinen Stolz bekennt, diesen Namen für sich beanspruchen zu können: »weil es in diesem Land der Erfolgsmenschen und cleveren Burschen die höchste Ehre ist, ein Kretin zu sein.«[39] Vielleicht bringen Eliades Worte in diesem Artikel besser als jedes andere Dokument aus der damaligen Zeit zum Ausdruck, was die Mitglieder von Criterion von dem *empfanden,* was sie taten:

Ein Kretin zu sein – das bedeutet, entschlossen zu sein, Kultur zu machen, die Zusammenarbeit von immer neuen Angehörigen der intellektuellen

Elite zustande zu bringen, ohne jede Belohnung zu schreiben und zu sprechen, unter Mißachtung der eigenen Interessen, im vollen Bewußtsein, damit den Neid und die Bosheit mancher Älteren zu wecken und keinerlei Unterstützung, Ermutigung oder Mitarbeit zu finden. Es ist bester Kretinismus, die eigene Zeit darauf zu verschwenden, unentgeltlich im Saal der Stiftung über Probleme zu diskutieren ... Nur ein Haufen von Kretins kann sich der Hoffnung hingeben, daß geistige Freiheit und Selbstbestimmung auf einem öffentlichen Platz von Dauer sein könnten. Nur er würde sich kultureller Mittel bedienen, um Gelder für kulturelle Veranstaltungen zusammenzubekommen. Um einen Verlag zu planen, eine Zeitschrift, eine Kunstausstellung und ein Konzert[40] – um für all das auf ehrliche Weise, durch öffentliche Vorlesungen und Diskussionen Geld aufzubringen – fürwahr! Welcher clevere Bursche würde auf solche Mittel zurückgreifen? ...

Diese Verrückten glaubten allen Ernstes, um etwas in diesem Lande zu verändern, sei es mit einem guten Beispiel getan. Diese Kretins glaubten an Kultur, Kunst, Denkfähigkeit – da sie an die Politik nur halb glauben konnten. Diese Einfaltspinsel hatten ein Ideal ... Und sie sind noch immer nicht zur Besinnung gekommen. ... Als völlige Kretins fahren sie mit ihrer undankbaren Arbeit fort, in den Dschungel der rumänischen Kultur einen Weg zu schlagen. Sie sind davon überzeugt, daß es die heutigen Fehler und Unzulänglichkeiten morgen nicht mehr geben wird. Sie glauben an einen inneren Zusammenhang aller Dinge. Sie glauben an ein Kulturideal, an rumänische Realitäten, an Torheit!

... Jeder clevere Bursche hätte nach seinem ersten Zusammenstoß mit den »anderen« begriffen, daß es für ihn besser und praktischer wäre, aufzugeben und sich auf die Seite der Gewinner zu schlagen. Die Kretins kämpfen weiter, sie glauben weiterhin an das Recht, an das Gerechtigkeitsgefühl der Öffentlichkeit, an deren Großherzigkeit und an die Ritterlichkeit derer, die das alles bekämpfen.

Jeder clevere Bursche weiß, daß man zuerst »Nieder mit den Juden!« schreien muß, bevor man in diesem Land ein Kulturvorhaben beginnt. Und jeder clevere Bursche weiß, daß es genügt, über eine Idee einfach nicht zu diskutieren, um über sie zu triumphieren: Sie darf nicht erörtert, sichtbar gemacht oder kritisiert werden. Der clevere Bursche weiß, daß er in all seinen Ideen lauwarm sein muß, wie ein Lamm gegenüber den Mächtigen und wie ein wildes Tier gegenüber den Schwachen – ignorant, eingebildet, streitsüchtig und mit überheblicher Miene –, weil man solche Leute braucht, auf den Stufen nach oben, in der Politik wie in der Kultur ...

Allerdings standen nicht alle den Bemühungen von Criterion kritisch gegenüber. Sandu Eliade (kein Verwandter), ein linksgerichteter Autor für die *Facla,* äußerte sich sehr positiv über die Art und Weise, wie bei den Symposien wichtige Probleme angesprochen und an die Öffentlichkeit gebracht wurden. Auch zeigte er sich beeindruckt, daß die Veranstaltungen Zuhörer aus verschiedenen sozialen Schichten anzogen: daß »einfache Arbeiter« neben Universitätsprofessoren saßen. »Was Dutzende von Kulturgesellschaften und regierungsamtlichen Vereinen, nachdem sie Millionen Lei an Subventionen verschlungen haben, nicht geschafft haben, das wurde durch die Ausdauer einer Gruppe erreicht, die einer Generation angehört, die für philosophische Spekulationen und akademische Diskussionen nicht in besonderer Weise prädisponiert ist.«[41]

III

Zwischen den jeweils im Herbst 1932 und 1933 stattfindenden öffentlichen Lesungen und Symposien veranstaltete die Criterion-Gruppe eine öffentliche Ausstellung in Bukarest. Am Sonntag, dem 5. Februar 1933, gab es im Saal der Dalles-Stiftung eine Kunstausstellung unter der Bezeichnung »Criterion-Salon der Malerei«, auf der die Arbeiten von 14 jungen Malern (allesamt Mitglieder von Criterion) gezeigt wurden.[42] Mindestens zwei Kritiken dieser Ausstellung wurden veröffentlicht. Der Dichter Dan Botta, der für die Zeitung *Calendarul* schrieb, äußerte fast nur Lob, bedauerte jedoch, daß keine Skulpturen gezeigt wurden.[43] Petru Boldur schreibt in der *Discobolul*: »Der Beitrag, den die Criterion-Gruppe mit ihrer graphischen Kunstausstellung geleistet hat, ist für unsere verfälschte und verarmte Kultur sehr bedeutsam. Die Eleganz und Intellektualität der Ausstellung im Dalles-Saal zeugt von einem sinnvollen und ermutigenden Wagnis.«[44]

Diese Ausstellung wurde anschließend in einer Reihe von Provinzstädten gezeigt[45], und auch die Wiederholungen der Symposien in der Provinz, von denen Eliade in seiner Autobiographie spricht, fanden vermutlich im selben Winter statt.

Ein von den Kommunisten geführter Streik von Eisenbahnarbeitern (der Grivița-Aufstand) im Februar 1933 führte zu harten Maßnahmen der Regierung gegen alle Gruppen, die als kommunistisch galten. Zu dieser Zeit war Criterion anscheinend bestimmten Einschränkungen unterworfen, wie sich aufgrund dieser kryptischen Äußerung von I. I. Cantacuzino vermuten läßt: »Criterion hatte die Ehre, das erste Opfer des Belagerungszustandes zu werden, der nach den kommunistischen Vorfällen auf den Rangierbahnhöfen verhängt worden war.«[46]

Criterion bestand als Organisation jedoch weiter fort, nachdem die Gruppe »sich in ein Zelt zurückgezogen hatte«, wo die intellektuellen Diskussionen weitergeführt wurden, wie Cantacuzino sagt. Eine Eintragung in Octav Şuluţius Tagebuch vom 2. Juni 1933 bezieht sich auf eine Criterion-Versammlung, bei der ein neues Mitglied aufgenommen wurde.[47] Übrigens stammt von Şuluţiu der einzige Bericht über die Einzelheiten einer Versammlung von Criterion, den ich auffinden konnte, obgleich die von ihm beschriebene nicht unbedingt typisch war, da sie am Ende der Herbstsaison 1932, einige Tage vor Weihnachten stattfand. Dennoch ist er wegen seines dokumentarischen Charakters von Wert. Die folgenden Bemerkungen sind Notizen, die sich Şuluţiu auf der Rückseite einer Einladung zu diesem Treffen vom 20. Dezember 1932 gemacht hatte:

Es war eine große Enttäuschung: keine Arbeit geleistet. Nichts Geistiges mitgeteilt. Ein paar Scherze, Wortspiele – und jeder lacht. Das ist alles. Der einzige, der etwas tat, war Petru Comarnescu. Deshalb wurde er von allen aufgezogen. Anwesend: Mircea Vulcănescu (Vorsitz), Petru Comarnescu (der von seinem Amt als Generalsekretär zurücktrat), Eugen Ionescu (sturzbetrunken), C. Fântâneru (lahm), Mircea Eliade, Paul Sterian, Mihail Sebastian, M. H. Maxy, Victor Brauner, P. Manoliu, I. I. Cantacuzino, Emil Gulian, L. Boz, Dan Botta, Al. Vianu, H. Stahl, Marcel Bresliska, vier unbekannte Damen und einige andere.[48]

Angesichts dieser Bemerkungen kann es kaum überraschen, daß derselbe Mann in einem Interview im Herbst darauf dem Interviewer auf die Frage: »Was halten Sie von Criterion?« antwortete:

Es gibt zwei unterschiedliche Aktivitäten: erstens die öffentlichen – sehr interessant. Zweitens: die des inneren Kreises – fragwürdig. Die ersteren: zu eingeschränkt von der Zeit her. Die letzteren: extrem lange – bestehen aus schlimmen Witzen Paul Sterians und Bewunderung für diese Witze durch Alex Vianu, Langeweile bei den übrigen Mitgliedern, schließlich dem Aufbruch um Mitternacht. Das einzig Gute (außerhalb der öffentlichen Veranstaltungen) dieser Gesellschaft ist die bewundernswerte geistige Freundschaft, die trotz der ganz verschiedenen Temperamente und Überzeugungen aufgebaut worden ist.[49]

Im Herbst 1933 machte Criterion in der Presse wieder auf sich aufmerksam: mit zwei neuen öffentlichen Veranstaltungsreihen, wie im Herbst zuvor; einem Zyklus von Symposien unter dem Thema »Tendenzen 1933« und einer Reihe über Musik, die aus Lesungen und Darbietungen mit dem Titel »Große Augenblicke in der Musik« bestehen sollte. Nachdem sich die Gruppe im Jahr zuvor einen Namen gemacht hatte – sie war schon fast »berüchtigt« –, brachten die Zeitungen mehr Notizen, in denen die Veranstaltungen angekündigt wurden, und es gab mehr Kritiken als 1932. Dennoch erschienen bei den Symposien weniger Zuhörer als beim ersten Mal, und offenbar fand die Musikreihe mit ihren musikalischen Darbietungen mehr Anklang. Doch trotz ihrer Beliebtheit endete diese Reihe mit einem finanziellen Defizit.[50]

Die Symposien über »Tendenzen« wurden von dem unermüdlichen Petru Comarnescu geplant; es waren insgesamt acht Sitzungen, die an acht aufeinanderfolgenden Donnerstagen, zwischen dem 19. Oktober und dem 7. Dezember abends in der Königlichen Stiftung stattfinden sollten. Die Themen lauteten unter anderem: »Wege aus der Krise« (über Ökonomie), »Der Sinn des Lebens in der zeitgenössischen Literatur«, »Diktatur«, »Krieg?«, »Neoklassizismus«, »Rasse« und »Das Schicksal der Zivilisation«. Redner waren meist Criterion-Mitglieder, die Standpunkte vortrugen, die nicht unbedingt die eigenen waren, um jedes Thema ausgewogen zu behandeln. So lobt beispielsweise M. Sebastian M. Vulcănescu wegen dessen ausgezeichneter Darlegung der Thesen von Charles Rist, dessen Theorie von Vulcănescus eigenen Auffassungen sehr stark abwich.[51] Mircea Eliade hat an dieser Reihe anscheinend nicht mitgewirkt.

Die beliebtere Reihe über »Große Augenblicke in der Musik« wurde von dem Musiker George Drăghici geplant, dem Sekretär von Criterion, der die Talente von Criterion-Mitgliedern einsetzte, aber auch Außenstehende für seine acht Veranstaltungen engagierte. Die herausragenderen Darbietungen waren offenbar die über »Jazz« (Vortrag von P. Comarnescu)[52], »Romantik« (Dan Botta), »Musikalische Grundlagen« (über frühe byzantinische und gregorianische Kirchenmusik, wobei Pater I. D. Petrescu, ehemaliger Superior des rumänischen Gotteshauses in Paris, den Vorsitz führte), »Impressionismus« (mit dem Marquis Lefèvre d'Ormesson, dem französischen Gesandten für Rumänien, als besonderem Gast) und vor allem »Magie und die Ursprünge der Musik«, ein von Mircea Eliade organisiertes und vorgestelltes Programm.

In seiner Autobiographie erinnert Eliade sich lebhaft und bis ins einzelne an den Inhalt des Programms und wie er sich darauf vorbereitete.[53] Das Programm wurde gut vorangekündigt[54], und in den Tageszeitungen gab es mindestens zwei Besprechungen.[55] Eliade war mittlerweile ein berühmter Autor, der im voraufgegangenen Frühjahr den Roman *Maitreyi* (dt. *Das Mädchen Maitreyi*) veröffentlicht hatte, einen preisgekrönten Bestseller. Jetzt arbeitete er gerade an einem neuen Roman, *Intoarcerea din rai,* und im selben Herbst begann er an der Universität als Assistent von Nae Ionescu mit seinen Vorlesungen. Seine zahlreichen Zeitschriftenartikel und seine Radiovorträge über Indien hatten ihm allgemeine Anerkennung als »Experte« auf dem Gebiet des Fernen Ostens eingebracht. Sehr wahrscheinlich wäre seine Veranstaltung die erfolgreichste der Musikreihe allein schon deshalb geworden, weil er dabei mitwirkte, aber sie verdiente auch wegen der Originalität ihres Inhalts besondere Aufmerksamkeit.

Das zweistündige Programm wechselte zwischen kurzen Vorträgen Eliades, Tanz-, Gesangs- und Instrumentalmusikdarbietungen unterschiedlicher »primitiver« Völker. Ein Professor Crețiou und seine Frau (eine ehemalige Opernsängerin) leiteten einen Chor junger Sängerinnen und Sänger, die Interpretationen der Eingeborenenmusik aus Indien, Ceylon, Malabar, Melanesien sowie der Hopis und der Pueblostämme aus Arizona darboten. Zeitungsartikeln zufolge sangen sie auch ein vedisches Wiegenlied, vedische Hymnen, Liebes- und Klagelieder und Lieder der Regenmagie. Vier »primitive« Tänze wurden vorgeführt, jeweils zwei von Floria Capsali und Gabriel Negry, zwei sehr bekannten jungen Tänzern und Mitgliedern der Criterion-Gruppe. Ein *domnul* Ghiga spielte Geige, und es traten noch andere Instrumentalisten auf. Das ganze Programm war insofern experimentell, als vermutlich keine der musikalischen oder tänzerischen Darbietungen von den Aufführenden – oder irgendeinem anderen – bisher in Rumänien gezeigt worden war.

Der ungenannte Berichterstatter für die Zeitung *Adevarul* war sehr angetan: »Wir hatten das seltene Vergnügen, fast zwei Stunden lang dem jungen Mircea Eliade zuzuhören, der so klar und überzeugend wie nur möglich seinen rein metaphysischen Gegenstand erklärte, in dessen Mittelpunkt eher die Ethnographie als die Musik stand. Ein brillanter Vortrag, eine gebildete Ausdrucksweise und insbesondere eine logische Gliederung kennzeichneten seine frei gehaltene Vorlesung.«[56]

Wie zu erwarten, war die Kritik Petru Comarnescus des Lobes voll: »Das Publikum im überfüllten Saal folgte gespannt den warmen, mit innerer Anteilnahme vorgetragenen und lehrreichen Ausführungen von Mircea Eliade, jenem intellektuellen Künstler, der so sehr danach strebt, das Wesen der Wirklichkeit unmittelbar zu erfassen ... Besessen von einer unersättlichen Neugierde und voller Verständnis für unserer eigenen Mentalität fremde Anschauungen, deutete Mircea Eliade seinen Zuhörern den kosmischen Charakter von Magie, ihre nichtästhetische Struktur und die Rolle des Menschen, der die Veränderungen der Natur herbeizaubert und durch diese selbst verzaubert wird, der Magie betreibt und versucht, sämtliche Veränderungen von Objekten und Gesellschaften, in der Vegetation und der Welt überhaupt seinem freien Willen zuzuschreiben.«[57] Auch den Tänzen von Floria Capsali und G. Negry spendet er höchstes Lob, die er als »die Sensation des Abends« bezeichnet. Frau Capsali zeigte einen »Tanz der Vegetation und Ekstase austro-asiatischen Typs«, dazu einen liturgischen Tanz aus Südindien, während Negry den Schöpfungstanz des Gottes Nataraj und eine Hymne an die Sonne interpretierte. »In Gabriel Negrys Tanz«, heißt es bei Comarnescu, »bedeutete das Haupt des Gottes Ewigkeit und das Wesen der Schöpfung, während der Körper und seine Glieder für die großen irdischen Veränderungen und Metamorphosen stehen.«

Auch etliche andere Musikabende wurden in mehreren Zeitungen besprochen[58], doch keine fand soviel Aufmerksamkeit wie Eliades Darbietung über »Magie und die Ursprünge der Musik«. Trotzdem war das Echo, das Criterion im Herbst 1933 in der Presse fand, nicht nur positiv. In einer Besprechung für die *Facla* setzte Eugen Ionescu, der später ein weltberühmter Bühnenautor werden sollte und (zumindest bis 1932) selbst der Criterion-Gruppe angehörte, die Gruppe herab, weil sie zu prätentiös sei:

Oh, Criterion! Eine Gesellschaft ausgelassener, guter Kameraden, geistesverwandt, Dandys, Zecher: Sie trinken Bier auf dem Corso mit der Miene von Collegestudenten, die ihre Vorlesungen schwänzen ... Ich denke, sie (die Criterion-Gruppe) ist zu ehrgeizig für ihre Kräfte ... Ich bestreite nicht, daß es dort einige lebendige, geistvolle, tüchtige Männer gibt – aber das ist auch alles ...[59]

Andererseits lobte ein anderer junger Autor, der Dichter Emil Gulian, in einem ähnlichen Interview Criterion wegen seiner hervorragenden Programme und seiner Fähigkeit, das allgemeine Publikum zu erreichen. Für ihn hatte der Anfang von Criterion als einer Gruppe von Künstlern und Intellektuellen eine »überwältigende Bedeutung« für die rumänische Kultur.[60]

Eliade selbst teilte diese Ansicht, wie aus einem Artikel deutlich wird, den er für die Zeitung *Credința* – unter dem Schriftstellernamen Ion Plaeșu – am Ende der Herbstsaison 1933 schrieb:

Was die Gruppe Poesis und die Zeitschrift *Ideea Europeană* für die Periode 1922-1925 war, das ist Criterion seit 1932 für dasselbe Viertel unseres Jahrzehnts seit 1932 geworden. Trotz aller Intrigen des Café- und Literaturclubs, trotz aller Fehler, zu denen diese junge Gruppe imstande ist (einfach, weil sie jung ist!), trotz alledem hat Criterion begonnen, etwas für die rumänische Kultur zu bedeuten. Etwas zu bedeuten, nicht so sehr wegen des Wertes seiner Mitglieder als Individuen, sondern vielmehr wegen der von ihm entwickelten neuen Arbeitsweise: Zusammenarbeit, Mitarbeit, gemeinsame Diskussion von Problemen, Harmonie zwischen den unterschiedlichsten intellektuellen Berufen ... es kann einen neuen Ausgangspunkt bilden; vielleicht kann es einem neuen Kulturkreuzzug Nahrung geben.[61]

Und doch, fast unmittelbar, nachdem Eliade diese Zeilen veröffentlicht hatte, scheint der Niedergang der Gruppe begonnen zu haben. Anhaltspunkte hierfür sind einige Bemerkungen von Eliade selbst in seinen Memoiren[62] sowie Äußerungen von einem Mitglied der Gruppe, I. I. Cantacuzino, aus dem Frühjahr 1934:

... Wir sind betrübt über die Gerüchte einer angeblichen Auflösung, die um die gegenwärtige Untätigkeit der Gruppe kreisen. Ist es die materielle Schwierigkeit der Finanzierung von Organisationen, die über keine eigenen Mittel verfügen? Ist es jene ewige Müdigkeit, die jeden Geist schwächt und jeder Initiative die Flügel beschneidet? Oder liegt es daran, daß die Einheit der Gruppe – einer kulturellen Ordnung – unter der Vielfalt politischer Anschauungen der Mitglieder leidet, deren Farbunterschiede in der letzten Zeit stärker hervorgehoben worden sind?[63]

Wahrscheinlich spielten alle diese Faktoren eine Rolle, doch der letzte war wohl der entscheidende. Nach den Ereignissen vom Januar 1934 (der Ermordung des Premierministers und der Unterdrückung rechtsgerichteter Zeitungen, darunter *Cuvântul*, der Verhaftung zahlreicher Personen, unter ihnen Nae Ionescu und einige Mitglieder von Criterion), brachten es einige ehemalige Criterion-Mitglieder nicht mehr über sich, gemeinsam auf derselben Plattform zu erscheinen, schreibt Eliade.[64] Sein Ideal vom »Vorrang des Geistigen« bei der »jungen Generation« konnten nur noch wenige seiner Altersgenossen mit ihm teilen. Die Stimmen mehrten sich – von Personen im selben Alter wie Eliade, aber auch von Jüngeren –, die nach politischen und gesellschaftlichen Taten verlangten, es wurden zunehmend die Fronten abgesteckt. Die Criterion-Gruppe wurde 1934 aufgelöst, und zwar vermutlich schon sehr früh in diesem Jahr.[65]

Im Herbst 1934, etwa zu der Zeit, als zwei Jahre zuvor die öffentlichen Symposien und Lesungen begonnen hatten, erschien statt dessen unter dem Namen *Criterion* eine Literatur- und Kulturzeitschrift. Gemacht wurde sie von einer Gruppe ehemaliger Criterion-Mitglieder, deren Namen in alphabetischer Reihenfolge im Impressum erschienen: I. I. Cantacuzino, P. Comarnescu, Mircea Eliade, Constantin Noica, Henri M. Stahl, Alexander Christian Tell und Mircea Vulcănescu. Als Herausgeber wurde Tell genannt. Mit zweimonatiger Erscheinungsweise geplant, gab es insgesamt fünf Ausgaben der Zeitschrift (von denen zwei »Doppelhefte« waren) zwischen Oktober 1934 und Februar 1935. In der Zeitschrift selbst findet sich an keiner Stelle eine Erklärung über ihr Verhältnis zur früheren Gesellschaft gleichen Namens, doch wie aus einem nicht unterzeichneten Artikel in der *Revista Fundațiilor Regale* hervorgeht, ist es offensichtlich, daß »die Gruppe der Zeitschrift *Criterion* den Geist der überlegenen Intellektualität der Criterion-Gruppe für Kunst, Literatur und Philosophie durch jene ihrer Gründer fortsetzt, welche die Kriterien der Wissenschaft und der Ethik nicht aufgegeben haben, um sich in einer Praxis selbst zu beschränken, die ihre Freiheit, die ganze Wahrheit auszusprechen, beschneiden würde«.[66]

Da sich jedoch zu dieser Zeit die politischen Richtungen immer schärfer voneinander abgrenzten, wurde *Criterion* von linksgerichteten Journalisten angegriffen, insbesondere von Miron P. Paraschivesu, Oscar Lemnaru, Belu Silber (unter dem Pseudonym Andrei Șerbulescu) und George Urzică, die erklärten, in der »Geistigkeit«, »Irrationalität« und dem »Mystizismus« der *Criterion*-Mitarbeiter zeige sich »Faschismus«.[67] In einer solchen Atmosphäre konnte der alte Geist von Criterion nicht mehr lange lebendig bleiben.

Wie Eliade in seiner Autobiographie schreibt, hatten die rumänischen Intellektuellen seiner Generation eine kurze Zeit der Freiheit genossen, die keine Generation zuvor oder danach erlebt hat, eine kurze Zeit, während der es nicht nötig war, für eine politische oder gesellschaftliche Sache Propaganda zu betreiben, während der Autoren und Denker frei waren, »schöpferisch« zu sein, wo immer ihre Begabung sie hinführte.

Es ist schwer, die Wirkung der Criterion-Gruppe auf die politischen Strömungen jener Zeit und auf die allgemeine Öffentlichkeit einzuschätzen, die sie ansprechen wollte. Was jedoch außer Zweifel steht, ist die Tatsache, daß die Gruppe selbst in jeder Hinsicht aus dem Rahmen fiel – ein seltenes Ensemble von Begabungen. Mircea Eliade, Emil Cioran und Eugen Ionescu sollten internationalen Ruhm erringen, während andere wie Constantin Noica, Mihail Sebastian und Petru Comarnescu – um nur die bekanntesten zu nennen – sich in der rumänischen Kulturgeschichte einen dauerhaften Platz erobert haben. Die Vereinigung dieser Personen in der Criterion-Gruppe bedeutete fraglos für alle eine Bereicherung. Obgleich die Gesellschaft nur kurze Zeit existierte, ist doch die bloße Tatsache ihrer Existenz bereits ein Grund, sie zu feiern.

Für eine kleine Weile gab es . . . Criterion.

Aus dem Englischen von Udo Rennert

Anmerkungen

1 Die Autobiographie liegt in zwei Übersetzungen aus dem Rumänischen vor; Französisch: *Mémoire I, 1907-1937. Les promesses de l'équinoxe,* übersetzt von Constantin Grigorescu, Paris 1980; Englisch: *Autobiography, Volume I, 1907-1937: Journey East, Journey West,* übersetzt von Mac Linscott Ricketts, New York 1981. Zu Criterion vgl. *Mémoire,* S. 318 f., S. 324-330 u. S. 386 f. bzw. *Autobiography,* S. 226-229, 232-237, 277 f. et passim.

2 In den Zeitungen von damals wird das Wort unterschiedlich geschrieben: »symposion«, »symposium« und »simposion«. Mein Informant war Constantin Noica.

3 Ion I. Cantacuzino spricht ebenfalls von der »neuen Formel«, die Criterion im Herbst 1932 mit dem Symposion einführte. Vgl. »Criterion« in: *Convorbiri literar,* 1934, S. 178.

4 Octav Şuluţiu, *Jurnal,* ed. Nicolae Florescu, Cluj-Napoca 1975, S. 222; aus einem Brief vom 14. Januar 1932. Şuluţius Eindrücke von der Vorlesung:

»Worte, Worte, Worte! Viele und große! Zwischen den Worten einige große, wunderbare, liberale Ideen: europäischer Staat, Idealismus, gegenseitige Harmonie, Neoklassizismus. Titel (P. Comarnescus Spitzname) ist ›Knochentrocken‹ und pedantisch.«

5 Vgl. die Tageszeitung *Calendarul*, Bukarest, 4. Febr. bis 9. März 1932, insbesondere den Artikel »Forum« von Mihail Polihroniade in der Ausgabe vom 22. Februar, S. 2.

6 Polihroniade, a.a.O.

7 Die Verbindung war tatsächlich so eng, daß ein Journalist im Herbst 1932 in einer Besprechung der damaligen Veranstaltungen von Criterion eine frühere Vorlesungsreihe von Criterion im vorangegangenen Frühjahr erwähnte – womit offensichtlich die Forumreihe gemeint war. Vgl. N. Crevedia, »Cretinionul«, in: *Calendarul*, 19. Okt. 1932, S. 2.

8 *Mémoire*, S. 310 f.; *Autobiography*, S. 222.

9 »Conferenția: Intre orient și occident«, in: *Calendarul*, 6. März 1932, S. 2. Dies ist offenbar das Ereignis, von dem Eliade in seiner Autobiographie schreibt, es habe sich im Zusammenhang mit den späteren Symposien zugetragen. Vgl. *Mémoire*, S. 330; *Autobiography* S. 236.

10 »Comentarii, fapte, aspecte«, *Calendarul*, 17. Juni 1932, S. 2. »Tendenzen« war das Thema der Criterion-Symposien im Herbst 1933 (s. u.).

11 *Calendarul*, 10. Sept. 1932, S. 2.

12 Vgl. a. *Curentul*, 3. Okt. 1932, S. 2; *Adevarul*, 4. Okt., S. 1; *Dreptatea*, –. Okt., S. 2 und 29. Okt., S. 2; *Facla*, 8. Okt., S. 2; *Cuvântul*, 10. Okt., S. 2. (Also alle Bukarester Zeitungen).

13 *Calendarul*, 3. Okt 1932, S. 2. In seiner Autobiographie schreibt Eliade, daß die Symposien »zweimal pro Woche« stattfanden, doch kann man die Zweitveranstaltungen, die jeweils samstags stattfanden, nicht als »Symposien« bezeichnen, da es hierbei immer nur einen Redner gab. Vgl. *Autobiography*, S. 233 (nicht i. d. franz. Ausg.).

14 *Adevarul*, 6. Dez. 1932, S. 2.

15 *Calendarul*, 3. Okt. 1932, S. 2.

16 »Tinerii la lucru«, *Cuvântul*, 14. Okt. 1932, S. 1. Diese Ausgabe erschien am Tag des ersten Symposions, da es damals für rumänische Zeitungen üblich war, das Datum des dem Erscheinungstag folgenden Tages zu tragen. Auch Mircea Grigorescu machte in der linksgerichteten Zeitung *Adevarul* vom 4. Oktober für die geplanten Symposien in einer Kolumne »Werbung«: »Carnet nostru, Despre idoli«, S. 1.

17 *Calendarul*, 12. Okt. 1932, S. 2; *Cuvântul*, 10. Okt., S. 2.

18 *Calendarul*, 16. Okt. 1932, S. 2.

19 *Mémoire*, S. 328; *Autobiography*, S. 235.

20 *Facla*, 17. Okt. 1932, S. 2.

21 *Facla*, 18. Okt. 1932, S. 2. Vgl. Anm. 16.

22 »O seară agitată la Fundație«, in: *Cuvântul*, 21. Okt. 1932, S. 1.

23 Vgl. M. Sebastian, »Psihanaliza și ordinea publica«, in: *Cuvântul*, 4. Nov. 1932, S. 1.

24 »Despre Freud«, in: *Cuvântul*, 26. Okt. 1932, S. 2 (o. Verf.). Vgl. Eliades eigene Darstellung in *Mémoire*, S. 324 f.; *Autobiography*, S. 232 f.

25 Vgl. *Mémoire*, S. 327; *Autobiography*, S. 234.

26 In Rumänien habe ich vergeblich nach einem Zeitungsbericht über diese Episode geforscht, aber offenbar wurden derartige Dinge nicht veröffentlicht. Ein ehe-

maliger Angehöriger von Criterion hat den Vorgang jedoch mündlich bestätigt; auch für ihn war es damals ein höchst beeindruckender Augenblick.

27 L. Sercanu, »Fenomenul Charlie Chaplin«, in: *Adevarul*, 3. Nov. 1932, S. 3; Amitcar, »Fenomenul Charlie Chaplin«, in: *Facla*, 5. Nov. 1932, S. 2.

28 Vgl. *Adevarul*, 3. Nov. 1932, S. 2.

29 Zit. in Paul Sterian, »Ştudenţii şi ›Criterion‹«, in: *Cuvântul*, 12. Nov. 1932, S. 1.

30 Ibid.

31 *Mémoire*, S. 326; *Autobiography*, S. 233 f.

32 *Adevarul*, 12. Nov. 1932, S. 6.

33 »Asociaţia ›Criterion‹ şi manifestaţiile studenţeşti«, in: *Cuvântul*, 14. Nov. 1932, S. 2; »Activitatea asociaţiei ›Criterion‹«, in: *Adevarul*, 15. Nov. 1932, S. 2.

34 *Adevarul*, 6. Dez. 1932, S. 2.

35 N. Crevedia, »Cretinuionul«, in: *Calendarul*, 19. Okt. 1932, S. 2. Der erwähnte Dichter ist Geo Bogza, eine prominente literarische Gestalt; er lebt heute noch in Rumänien. Die Zeitschrift *Discobolul* spricht ebenfalls von Paul Sterians »Flop« in einer kurzen, wohlwollenden Notiz über die Aufführung des Abends. Vgl. d. Ausg. v. Nov. 1932, S. 16.

36 *Calendarul*, 5. Nov. 1932, S. 2; *Cuvântul*, 2. Nov., S. 2. Das Ereignis, bei dem Mihail Sebastian »Cezar Petrescu erledigte« (vgl. *Mémoire*, S. 329 und *Autobiography*, S. 236), war die zweite Veranstaltung der Vorlesungsreihe und keines der Symposien.

37 *Calendarul*, 9. Nov. 1932, S. 2.

38 Şuluţiu, *Jurnal*, a.a.O., S. 243, aus einer Notiz mit Datum vom 29. Oktober.

39 *Cuvântul*, 25. Nov. 1932, S. 1.

40 Offenbar hofften die Criterion-Mitglieder zu dieser Zeit, aus dem Verkauf der Eintrittskarten genügend Geld zusammenzubekommen, um einige Projekte zu wagen. (Die Kunstausstellung fand im folgenden Jahr statt; s. u.).

41 »O experienţa«, in: *Facla*, 30. Okt. 1932, S. 2.

42 *Calendarul*, 16. Jan. 1933, S. 2.

43 *Calendarul*, 18. Febr. 1933, S. 1 f.

44 *Discobolul*, Febr. 1933, S. 11 f.

45 *Calendarul*, 16. Jan. 1933, S. 2.

46 »Criterion«, in: *Convorbiri literar*, 1934, S. 278.

47 A.a.O., S. 255.

48 A.a.O., S. 243.

49 C. P., »Cinci minute cu Octav Şuluţiu«, in: *Facla*, 14. Okt. 1933, S. 2.

50 Vgl. I. I. C(antacuzino), »Criterion«, in: *Convorbiri literar*, 1934, S. 278.

51 »Criterion«, in: *Cuvântul*, 22. Okt. 1933, S. 1.

52 Dies war die erste Veranstaltung der Reihe, nicht die letzte, wie Eliade sich erinnert. (Vgl. *Mémoire*, S. 387; *Autobiography*, S. 278). Vgl. Al. Petrovici, »Prima audiţie cu conferenţia a gruparei ›Criterion‹«, in: *Rampa*, 4. Okt. 1933, S. 4.

53 *Mémoire*, S. 386 f.; *Autobiography*, S. 277 f.

54 S. z. B. *Calendarul*, 3. und 9. Nov. 1933, S. 2 bzw. 2.

55 P. Comarnescu, »Cronica muzicală: Magie la ›Criterion‹«, in: *Rampa*, 15. Nov. 1933, S. 4 und Sym, »Cronica musicală: ›Criterion‹«, in: *Adevarul*, 15. Nov. 1933, S. 2.

56 Sym, a.a.O. (Obwohl es aus diesen Sätzen nicht hervorgeht, wird in der Be-

sprechung später darauf hingewiesen, daß Eliade nicht die ganze Zeit über ge-
redet hat).

57 Vgl. Anm. 55.

58 Vgl. *Rampa* vom 4., 8., 12. u. 18. Okt., 1., 9. u. 22. Nov.; *Facla* vom 7. Okt.;
Calendarul v. 14. Okt., 1. Nov. et passim.

59 P. Panaitescu, »Azi ne vorbeşte: d. Eugen Ionescu«, in: *Facla,* 12. Okt. 1933,
S. 2.

60 P. Panaitescu, »Azi ne vorbeşte: d. Emil Gulian«, in: *Facla,* 8. Okt. 1933,
S. 2.

61 Ion Plăeşu, »S'a incheiat un ciclu«, in: *Credinţa,* 14. Dez. 1933, S. 2.

62 *Mémoire,* S. 389 u. 392; *Autobiography* S. 282 u. 285.

63 A.a.O., S. 278. Vgl. Mircea Vulcănescu, »Generaţie«, in: *Criterion,*
1. Dez. 1934, S. 6: »(Criterion) beendete seine Aktivität, nachdem die Gegensätze zwischen den Mitgliedern, die sich unterschiedlichen politischen und geistigen Richtungen anschlossen, offen ausbrachen.«

64 *Mémoire,* S. 389 u. 392; *Autobiography,* S. 282 u. 285.

65 Vgl. *Mémoire,* S. 396; *Autobiography,* S. 285. Der Streit zwischen Gabriel
Negry und Petru Comarnescu, von dem Eliade in diesem Zusammenhang
spricht, ereignete sich erst im Frühjahr 1935 und dürfte deshalb kaum zum
Ableben der Criterion-Gruppe in den ersten Monaten des Jahres 1934 beigetragen haben – wohl aber kann er zum Teil die plötzliche Einstellung der Zeitschrift
Criterion im Februar 1935 erklären. (Vgl. *Credinţa,* 9. Jan. 1935, zu den Anfängen der sensationellen »Enthüllung«).

66 »Criterion«, in: *Revista Fundaţiilor Regale,* Nov. 1934, S. 467 f.

67 Vgl. Paraschivescu, »Fenomenul *Criterion*«, in: *Facla,* 2. Nov. 1934, S. 2; idem,
»Rehabilitarea spiritualitaţii«, in: *Cuvântul liber,* Febr. 1934; O. Lemnaru,
»Spiritualitate şi farsa«, in: *Facla,* 1. Nov. 1934, S. 2; G. Urzică, »Şantier social-
literar«, in: *Şantier,* März 1935, S. 16; A. Şerbulescu, »Feciorii lui Nae«, in:
Şantier, Heft 12 u. 13, 1934.

Ioan Petru Culianu
Mircea Eliade und die blinde Schildkröte

1. Die fliegende Schildkröte

Ein italienischer Professor für deutsche Literatur, der sich unglücklicherweise für einen Anthropologen hielt, wurde nicht müde zu behaupten, den wissenschaftlichen Arbeiten Eliades liege eine »geheime Botschaft« zugrunde.[1] Meine Antwort darauf lautete, daß die Botschaft nur für den »geheim« ist, der sie nicht zu lesen versteht, doch inzwischen bin ich der Meinung, daß dies einer näheren Erläuterung bedarf.[2]

Erstens hat Eliade selbst etwas tief Religiöses an sich.[3] Er macht sich so viele Gedanken um das, was seinen Mitmenschen widerfährt, vor allem um seine Landsleute in Rumänien und anderswo, er ist so sehr bereit, sie so zu nehmen und zu verstehen wie sie sind – in der Sprache der Geschäftsleute: er räumt ihnen unbegrenzten Kredit ein –, daß es schwerfällt, in jenen Figuren in seinen Romanen und Erzählungen, die den Wunsch bekennen, Heilige zu werden, jedermann zu lieben ohne jeden Unterschied, nicht den Autor selbst zu sehen.[4]

Allerdings neige ich zu der Überzeugung, daß die Religiosität Eliades nicht ins Schema des christlichen Heiligen paßt. Wie ich an anderer Stelle bemerkt habe – und ganz ohne scherzhafte Nebenabsicht –, weist Eliade mehr Ähnlichkeit auf mit dem Taoisten.[5] Es gibt eine berühmte Schilderung des taoistischen Weisen, die völlig auf Eliade zutrifft:

Der Weise hat keine bestimmten Meinungen und Gefühle, sondern betrachtet des Volkes Meinungen und Gefühle als die seinen. Die Guten nenne ich gut; die Schlechten nenne ich auch gut. Das ist die Güte der Tugend. Den Ehrlichen glaube ich; den Lügnern glaube ich auch; das ist der Glaube der Tugend. Der Weise weilt in der Welt, friedlich, harmonisch. Die Menschen der Welt werden in eine Herzensgemeinschaft gebracht, und der Weise betrachtet sie alle als seine eigenen Kinder.[6]

Bin ich für diesen Vergleich noch selbst verantwortlich, so gibt es einen zweiten, den Eliade in seinen letzten Erzählungen selbst nahezulegen scheint: den mit einem *Tschan*-Meister. Trotz mancher verdienstvoller Versuche[7] sind diese Erzählungen bislang noch nicht angemessen interpretiert worden. Offenbar bilden sie einen Zyklus: *Generalsuniformen, Incognito la Buchenwald* und *Neunzehn Rosen*[8], in dem Ieronim Thanase die Hauptfigur ist. Von den übrigen Erzählungen Eliades unterscheiden sie sich insofern, als hier bewußt die Erfahrung des Übernatürlichen, die *rupture de niveau* gesucht wird. In Eliades Erzählungen gibt es zwei Formen von Charakteren: jene, die dem Heiligen passiv, ohne eigenen Entschluß begegnen, und jene, die sich auf diese entscheidende Begegnung vorbereiten. Die ersteren, deren Erlebnis als »Berufung« bezeichnet werden könnte, treten in den meisten Geschichten Eliades auf, von *Bei den Zigeunerinnen* bis zu *Dayan,* seiner jüngsten Erzählung.

Die letzteren, deren Erlebnis einer echten »Suche« entspringt, finden sich nur selten im epischen Werk Eliades. Sie sind zutiefst darum bemüht, eine Möglichkeit zu finden, ihrer geschichtlichen Bedingtheit zu entrinnen. Dieser »Weg« – den man als »ein rumänisches Zen« bezeichnet hat –, wird in *Generalsuniformen* lediglich angedeutet, um in *Incognito la Buchenwald* und vor allem in *Neunzehn Rosen* allmählich deutlicher hervorzutreten. Natürlich darf man keine praktischen oder gar technischen Anhaltspunkte erwarten, schließlich handelt es sich um Literatur und nicht um Mystizismus. Dennoch ist das letzte Ziel dieser Spielart von Fiktion zweifellos insofern »religiös« (oder »soteriologisch«), als sie die Möglichkeit postuliert, der »Geschichte«, d. h. der politischen Unterdrückung zu entrinnen. Diese »Suche« der literarischen Figuren Eliades, ihr Streben nach einer entscheidenden Begegnung mit dem »Heiligen«, scheint in seinem erzählerischen Werk als Muster weniger häufig aufzutreten als die »Berufung«. Außerdem sind Eliades Helden mit Ausnahme einiger früher Figuren – Andronic, der Lithomantiker etc. – in den seltensten Fällen Herr ihrer selbst, geschweige denn ihrer Umstände. Weit häufiger sind sie das Opfer der äußeren Verhältnisse.

In beiden Fällen – in dem der »Berufung« und dem der »Suche« – hat Eliade eine »Botschaft«, die sich kurz und bündig etwa so formulieren ließe: Persönliches Schicksal, Welt und Geschichte sind die Maske einer anderen Wirklichkeit, die zu Zeiten ins alltägliche Leben hereinbrechen kann. Andererseits ist das In-der-Welt-Sein niemals endgültig vollständig oder sicher, und es ist vor allem niemals *frei. Welches ist der Weg zur Freiheit?* – das scheint Eliades Hauptfrage zu sein. Er versucht, in den drei erwähnten Erzählungen eine Antwort darauf zu geben.

Die Ähnlichkeiten zwischen Eliades »Botschaft« und dem *Tschan*-Buddhismus gehen jedoch über diesen vertrauten Gedanken der Suche nach Freiheit hinaus. Beide bedienen sich insbesondere ähnlicher *Methoden,* einer metaphorischen Sprache, die beim Leser zu einer plötzlichen Erleuchtung führen soll.

Eliades Absichten, seine »Botschaft«, sind nur insofern »geheim«, als sie sich niemals gänzlich explizit nennen lassen, solange er aus seiner Dichtung keine geistreichen Essays über Mystizismus machen will. Um diese Absichten richtig zu verstehen, mag die folgende *Tschan*-Geschichte hilfreich sein:

Die Lostus-Schrift *(Saddharmapundarikâ)* spricht davon, daß die Chance, in menschlicher Gestalt die Freiheit zu erringen, so gering sei wie die Möglichkeit, »daß eine blinde Seeschildkröte genau in dem Augenblick aus dem Meer emportaucht, in dem ein Stück Treibholz mit einem genügend großen Loch darin vorüberschwimmt, durch das die Schildkröte ihr Element verlassen kann.«[9]

Die Funktion des *Tschan*-Meisters besteht darin, Treibholzstücke mit Löchern darin ins Meer zu werfen, um blinden Seeschildkröten eine möglichst große Chance zu geben, auf diesem Wege aus dem Wasser zu gelangen.

Zweifellos erfüllt Eliade eine solche Funktion: Seine Epik, insbesondere seine Erzählungen, besteht aus solchen »Treibholzstücken«, die dazu dienen sollen, blinde Seeschildkröten zu einem reichlich ungewöhnlichen Verhalten anzuleiten, das in mustergültiger Weise in einem von Brâncuşis Meisterwerken dargestellt ist: *Die fliegende Schildkröte.*

2. Der rumänische Sokrates hieß Nae Ionescu

Doch diese religiöse Seite der Botschaft Eliades ist nicht das einzige »Geheime« daran. Jedenfalls ist sie nicht das »Geheimnis«, an dem der italienische Professor für deutsche Literatur anscheinend ein morbides Interesse fand. Verfolgte er damit seine eigenen Absichten? Niemand weiß es, und der Professor steht uns nicht mehr zur Verfügung, um seine verborgenen Gedanken zu enthüllen.

Wie auch immer, dieses zweite »Geheimnis« ist Eliades Werdegang in Rumänien, es liegt in den Einflüssen, die dort auf ihn wirkten, den Entscheidungen, die er dort traf. Vor dem Erscheinen meines Buchs über Eliade im Jahre 1978 war seine frühe Tätigkeit als Religionshistoriker und Essayist völlig unbekannt. Das *Cahier de l'Herne 33,* das kurz darauf erschien, hatte den Verdienst, den westlichen Leser mit einigen Originaltexten aus Eliades »rumänischer Periode« bekanntzumachen. Die französische Veröffentlichung seiner Memoiren tat ein Weiteres zur Erhellung der Lebensgeschichte Eliades.[10] Dennoch bleibt in dieser Hinsicht noch einiges zu tun, und Gelehrte, die in Rumänien leben, sind zweifellos in einer besseren Lage als andere, Dokumente auszugraben, jene Personen zu porträtieren, die Eliades Denken am meisten beeinflußt haben, und den Autor in dessen ursprünglichen kulturellen Rahmen zu stellen.[11] Leider ist ein solches Vorgehen nur theoretisch möglich und hat wegen der Kurzsichtigkeit der Zensur vorläufig keine Chance der praktischen Verwirklichung. Insbesondere darf der Name von Nae Ionescu, dem Professor und Lehrmeister Eliades, einem äußerst großherzigen Menschen, der in die tragischen Ereignisse von 1938-1940 verwickelt wurde, nur ausgesprochen werden, um seine Irrtümer zu verurteilen. Und es waren Irrtümer; doch muß ein ernsthafter wissenschaftlicher Ansatz tief in die gesellschaftlichen und persönlichen Ereignisse eindringen, statt diese mit Verachtung zu strafen, weil sie den Charakter des offensichtlich Falschen und Monströsen an sich tragen. (Eine Geschichte des Dritten Reiches hätte nach einer solchen Vorstellung nie geschrieben werden können; wenn man dies den Rumänen überlassen hätte, gäbe es eine solche Geschichte überhaupt nicht).

Die spärlichen verfügbaren Informationen über Eliades Werdegang in Rumänien reizte die Neugier im Westen. So kam es, daß einige junge Wissenschaftler wie D. Doeing, R. Scagno und unlängst M. Linscott-Ricketts und F. Foralosso sich bemühten, Rumänisch zu lernen, um unmittelbar zu den Quellen von Eliades Denken vorzudringen.[12] Soweit ich sehe, waren es die italienischen Gelehrten, die sich am leidenschaftlichsten an der Debatte um Eliades Wirken im Rumänien der Vorkriegszeit beteiligt haben. Trotzdem ist es ihnen bislang nicht gelungen, zu diesem Thema einen mehr als nur allgemeinen Einblick zu gewinnen. Eine Verallgemeinerung ist in diesem Fall vielleicht besonders gefährlich, da sie Verwirrung stiften könnte. Und das tat sie auch. Das ist der Grund, warum mehrere Personen an den Autor dieses

Beitrags herangetreten sind bzw. ihn ermutigt haben, seine Meinung zu diesem Punkt zu äußern. Er ist diesem Ansinnen nur widerstrebend nachgekommen, da seine früheren Äußerungen über Eliades Beziehung zur rumänischen Intelligenz in der Zeit von 1925-1945 mißverstanden worden sind.[13] Außerdem hat Eliade selbst sich zwar nicht gerade von dieser Darstellung distanziert, schien jedoch zumindest durch ihre Unbeholfenheit verwirrt. Dies führte zu weiteren Nachforschungen, die zwar noch immer höchst unvollständige, dafür jedoch unparteiische und aus erster Hand gewonnene Informationen ergaben.

Mit ganz wenigen Ausnahmen sind weder Nae Ionescus Universitätsvorlesungen gedruckt worden, noch hat man seine Tausende von Artikeln zu einem oder mehreren Bänden zusammengestellt, die in *Cuvântul, Predania* und anderen Zeitschriften erschienen.

Die Ausnahmen sind: *Roza Vînturilor* (Windrose), eine Auswahl von Artikeln, die 1936 von Eliade herausgegeben wurde[14], und die Vorlesungen über Logik und Metaphysik, die von 1941-1943 erschienen und für die etliche seiner ehemaligen Studenten (A. Botez, C. Floru, T. Ionescu, C. Noica, O. Onicescu, St. Teodorescu und M. Vulcănescu) als Herausgeber fungierten.[15] Daß Eliade dem Herausgebergremium der Werke Nae Ionescus nicht angehörte, erklärt sich aus seiner diplomatischen Mission, die ihn seit 1940 praktisch im Ausland festhielt, kurz vor und während des Krieges.[16] Nach 1945 zählten M. Eliade, G. Racoveanu und D. C. Amzăr zu den anerkanntesten Schülern von Nae Ionescu (1890-1940). Eliade und Racoveanu gaben 1951 in Freising eine Auswahl von Artikeln Ionescus unter dem Titel *Convorbiri* (Erörterungen) heraus[17], und Amzăr war der Herausgeber eines *Indreptar ortodox* (Handbuch der Orthodoxie), das in der Sammlung *Frăția ortodoxă* in Wiesbaden erschienen ist.[18] 1971 widmete der kürzlich verstorbene Verleger Ioan Cuşa die zehnte Ausgabe seiner Zeitschrift *Prodromos* Nae Ionescu, da sich 1970 zum dreißigsten Mal dessen Todestag (15. März 1940) jährte.[19] Eingeleitet wurde diese Ausgabe durch einen Gedenkbeitrag von Mircea Eliade.[20]

Diese Angaben wären sicherlich nicht ausreichend, um eine Monographie über Nae Ionescu zu schreiben, können jedoch eine solide Grundlage für ein Verständnis der Beziehung Eliades zu seinem Lehrer bilden.

Für mich ist folgende Bemerkung Eliades die interessanteste: in der modernen rumänischen Kultur habe Nae Ionescu die Rolle eines Sokrates gespielt. Die »Vorsokratiker« waren N. Iorga und V. Pârvan[21] sowie – weniger bedeutsam – Eminescu und Hasdeu.

Wer waren diese Männer?

Mihai Eminescu (1850-1889) war ein bedeutender Vertreter des romantischen Nihilismus und Dualismus. Seine Dichtung ist noch immer ein so gut wie unerforschter Schatz mythischer und mystischer Vorstellungen, und Mircea Eliade ist wahrscheinlich der erste, der die tiefe Bedeutung mancher dieser Bilder enthüllt hat.[22] Doch Eminescu war auch ein überzeugter konservativer Denker, ein großer Nationalist und in gewissem Maße der Exponent einer Art von idealistischem Chauvinismus, der sich niemals gegen Personen, sondern einzig gegen Tatsachen richtete. Innerhalb der konservativen Partei trat Eminescu für eine Art nationalen Weg zu einer Ordnung ein, in der Macht nicht allein auf Reichtum oder persönlichen Fähigkeiten beruhen sollte, sondern hauptsächlich auf Tradition, Blut, Rechtschaffenheit und Hingabe an eine gemeinsame Sache und das Wohlergehen aller.

Hasdeu (1838-1907) und Iorga (1871-1940) waren gleichfalls von radikalen nationalistischen Ideen erfüllt und unterstützten im selben Maß wie Eminescu autochthone Kulturwerte und traten für den politischen Anschluß Transsylvaniens – damals eine österreichisch-ungarische Provinz – an Rumänien ein.[23] Vasile Pârvan (1882-1927) war ebenfalls Nationalist und nicht weniger leidenschaftlich als Hasdeu und Iorga. Allerdings trug sein Nationalismus asketischere Züge: Pârvan wurde zum fast puristischen Gelehrten, dessen mehr oder weniger erklärte Absicht es war, das hohe geschichtliche Alter und die Größe der Urväter des rumänischen Volkes zu beweisen.

Neben ihrem Nationalismus hatten diese vier »Vorsokratiker« noch andere Merkmale gemeinsam: Sie waren die Genien, Propheten und Begründer der modernen rumänischen Kultur und Sprache. Mircea Eliade selbst hegte ihnen allen gegenüber eine tiefe Bewunderung.[24] Zu etlichen Anlässen hat er über Eminescu und Pârvan[25] geschrieben und gab eine zweibändige Auswahl der »literarischen, moralischen und politischen Schriften« Hasdeus heraus, der er eine 80seitige Einleitung voranstellte.[26] Iorga und Pârvan waren zweifellos die beiden großen »Propheten« Rumäniens.[27] Doch waren sie davon überzeugt, mit der historischen Methode das Wesen des Nationalen, die rumänische Kulturseele (dt. im Orig.) *(sufletul românesc)* zu enthüllen.[28] Nae Ionescu zufolge handelt es sich hierbei jedoch nicht um ein historisches, sondern um ein ontologisches Problem.[29] Um zu verstehen, worin ein bestimmtes Sein *(fiinţă)* besteht – insbesondere »das rumänische Sein« *(fiinţa românească)* – muß der Philosoph zuvor verstehen, was das *Sein* überhaupt ist. Nae Ionesco *verlagerte die nationale Debatte, die Eminescu eröffnet hatte, von der historischen auf die ontologische Ebene.*

Das war der eigentliche Zweck seiner sokratischen Botschaft. Aber welches waren ihre Inhalte, und worin bestand seine Methode?

Sicherlich ist für die jüngeren Generationen Nae Ionescus Methode weit reizvoller als seine Ideen über das Wesen des »rumänischen nationalen Seins« oder die Wahl seiner Themen. Nae Ionescu verlangt vom Philosophen, all seine beruflichen Äußerlichkeiten – Bücher, Sophismen, Rhetorik – aufzugeben und sich dem »Erlebnis« zu öffnen, das »Abenteuer« zu suchen, zu »leben« und in dieser Weise »authentisch« zu sein. Durch Authentizität erlangt der Philosoph Einmaligkeit, er »wird er selbst«.[30] Um seinen Schülern ein Beispiel zu geben, weigerte sich Nae Ionescu beispielsweise, seine Vorlesungen veröffentlichen zu lassen (1936 gab es 16 voluminöse Bände seiner Vorlesungsskripte). Er zog den lapidaren Stil kurzlebiger Zeitungsartikel der Unpersönlichkeit von Büchern vor.[31] Als Sokrates hatte Nae Ionescu auch viele Schüler. Von ihnen verlangte er keinen strengen Gehorsam und keine Gleichförmigkeit. Im Gegenteil, er war ihnen behilflich, ihre eigene Persönlichkeit zu entdecken. So befanden sich unter seinen treuesten Schülern höchst unterschiedliche Menschen wie Emil Cioran, Iosif Hechter (der unter dem Pseudonym Mihail Sebastian schrieb), George Racoveanu und Mircea Vulcănescu. Und wo ein Sokrates ist, da ist auch ein Plato: Mircea Eliade.

Der junge Eliade hat sehr viel von seinem Lehrer geerbt. Ich möchte fast sagen, daß alle zwischen 1934 und 1939 von ihm veröffentlichten Essays und die Mehrzahl der *ideellen Ausgangspunkte* seiner wissenschaftlichen Arbeiten von 1935-1943 *stark von Nae Ionescus Persönlichkeit geprägt sind.*

Dennoch besteht zwischen beiden ein grundlegender Unterschied: Nae Ionescu war ein orthodoxer *Gläubiger,* er hätte jedes Wort des Credo unterschrieben, und er war zutiefst davon überzeugt, daß Tertullian geschrieben hatte, *credo quia absurdum* (der darüber verärgerte rumänische Philosoph Lucian Blaga hielt es für seine Pflicht zu erklären, daß Tertullians Ausspruch lautete: *credo quia absurdum est non credere,* was etwas ganz anderes ist). Obwohl er sich darum bemühte, *konnte der junge Eliade unmöglich ein Gläubiger sein.*[32] Deshalb verleiht Eliade auch selbst dann, wenn er christliche Begriffe verwendet wie »Liebe«, »Nächstenliebe«, »Erlösung« oder »Gemeinschaft« – und er tut dies nur allzu häufig –, diesen einen persönlichen, »empirischen«, um nicht zu sagen irdischen Wert. Nae Ionescu war vermutlich aufrichtig in seinem Glauben, obwohl er aus demselben »schwachen Fleische« gemacht war wie jeder andere. Eliade seinerseits *hatte etwas von einem Reformer an sich*: er gehörte zu jenen höchst seltenen Persönlichkeiten, welche die Fähigkeiten besitzen, altvertrauten Begriffen eine neue, persönliche, unerwartete Bedeutung zu geben.

Aber eine grundlegende Lehre hat er niemals vergessen: daß der Mensch auf der Suche nach *Erlösung* ist, nach einem geschichtslosen Leben, einem »Entrinnen aus der Geschichte« – und sich somit im paradoxen Zustand eines »Lebens ohne zu leben« befindet[33], wie es im tantrischen Begriff des *jîvan mukta* dargestellt ist – die menschliche *Liebe* soll *unpersönlich* sein und sich nicht auf einzelne Lebewesen richten, sondern auf das Sein überhaupt.

Nae Ionescu, der in Deutschland studiert hatte, war ein großer Verehrer Goethes.[34] Vermutlich hat er immer wieder die Bedeutung des merkwürdigen Pakts zwischen Faust und dem Teufel erklärt: Faust ist verdammt, *wenn und nur wenn* er zum »Augenblick« sagt, »verweile doch, du bist so schön!« – mit anderen Worten, wenn er der zeitlichen Dimension des Lebens erlaubt, räumlich zu werden und damit zu einem Teil des unbeweglichen Todes.[35] Was bedeutet dieses »verweile doch«? Es bedeutet, Einzelwesen zu lieben und nur diese, einzelne Verantwortungen auf sich zu nehmen, die andere Bindungen ausschließen, begrenzte und konstante Meinungen und Beschäftigungen zu haben, kurz, ein Durchschnittsmensch und doch nicht zufällig zu sein, ein unauffälliger Vertreter der westlichen Zivilisation.

Das Geheimnis der *Erkenntnis durch die Liebe,* dem Eliade in vielen seiner Romane eine wirklich biblische Bedeutung verleiht, wurde von Nae Ionescu als die *Identifikation von Subjekt und zu erkennendem Objekt* bestimmt. Liebe ist eine vollkommene Form der Erkenntnis insofern, als sie dem Subjekt ermöglicht, mit dem Objekt zu »leben«, zu »erleben«, das zugleich und im Wechselspiel ein Gefäß ist, in dem das Objekt lebt.[36]

Wenn man den Essayisten Eliade liest, der fortwährend von »Erlebnis«, »Authentizität«, »Liebe« usw. spricht, so gewinnt man einen Blick dafür, wie weit der Einfluß Ionescus reicht. Und dieser Einfluß blieb auch nicht auf das »außerwissenschaftliche« Werk Eliades beschränkt. Nach meiner Meinung ging auf dem Gebiet der Religionswissenschaft für Eliade der wesentliche Anstoß vom selben Lehrer aus: von Nae Ionescu.

Die ersten wissenschaftlichen Arbeiten Eliades werden von drei Ideen beherrscht, die auch die Grundgedanken von Ionescus Metaphysik bilden: der Zustand der Erlösung, der die höchste Freiheit von jeder geschichtlichen Bedingtheit ist und eine paradoxe Erfahrung des Todes repräsentiert, während das menschliche Subjekt biologisch noch am Leben ist; die Funktion des religiösen Symbols und schließlich das Problem der Alchemie.

Die »Techniken der Erlösung«, mit einer Phänomenologie, die starke Ähnlichkeiten mit Ionescus Vorstellungen von orthodoxer *soteria* aufweist, haben zeitlebens das Hauptinteresse Eliades auf sich gezogen, von seinen frühen Arbeiten über Yoga und Tantrismus bis zu seinem Schamanismusbuch.[37]

Das Problem des *religiösen Symbolismus,* das in der Metaphysik Ionescus einen Ehrenplatz einnahm, wurde ebenfalls zu einem der beständigsten Forschungsthemen für Eliade – den Essayisten wie den Religionshistoriker.[38]

Was die *Alchemie* anlangt, so genügt wohl ein Zitat aus Ionescus Vorlesungen über Metaphysik aus der Zeit 1928-1929, um zu zeigen, daß Eliades wissenschaftliche Forschungen sich bereits an den Lehren seines Vorbildes orientierten und von diesen leiten ließen: »Alchemie ist ein mystisches Verfahren ... Als Sie mit dem Studium der Chemie begannen, haben Sie gelernt, Alchemie sei eine rudimentäre Chemie gewesen, in der die spätere Chemie ihre Wurzeln hatte. Nichts wäre falscher als dies: Die Chemie hat weder in ihren Zwecken noch in ihrer geistigen Ausrichtung etwas mit Alchemie zu tun. Es war reiner Zufall, daß sich aus den materiellen alchemistischen Verfahren bestimmte Ergebnisse ableiteten, die später der Chemie von Nutzen sein sollten.«[39] Das sind Grundgedanken in Eliades Büchern über Alchemie.[40]

Um nicht mißverstanden zu werden, möchte ich betonen, daß es mir keineswegs um den Nachweis geht, Eliades Denken sei nicht selbständig. Im Gegenteil.

Als Mircea Eliade Ionescu mit Sokrates verglich, ahnte er noch nichts davon, daß die Geschichte diese Redewendung zur Realität werden lassen sollte. Und vermutlich wußte er auch nicht, daß er selbst einmal die Rolle eines rumänischen Plato spielen würde.

Ohne das immense Werk Eliades, ohne seine weltweite Anerkennung wäre Nae Ionescu gänzlich in Vergessenheit geraten. In den Schriften Eliades nimmt Ionescu nicht genau die Stellung des Sokrates in Platos Dialogen ein. Doch seine Ideen, in neuer Gestalt und ausgereift, scheinen mehr Früchte getragen zu haben als eines der großen Bücher Eliades.

3. Parsifal und Meister Manole

Nae Ionescu war nicht die einzige rumänische Persönlichkeit, die dem jungen Eliade ihre unauslöschliche Prägung gab. Zwei weitere Namen verdienen eine besondere Erwähnung: Nichifor Crainic und Lucian Blaga.

Nae Ionescu las Philosophie an der Universität Bukarest und war Chefredakteur der Zeitung *Cuvântul*. Nichifor Crainic (geb. 1889) hatte einen Lehrstuhl für mystische und asketische Theologie an der theologischen Fakultät Bukarest und leitete die Kulturzeitschrift *Gîndirea*. Crainic war Dichter, Essayist und Universitätsprofessor.[41]

Die ideologischen Positionen von Ionescu und Crainic, den beiden unbestrittenen geistigen Koryphäen der Orthodoxie in Rumänien, standen einander sehr nahe. Beide waren offene Anhänger eines strengen Gehorsams gegenüber den christlich-orthodoxen Vorschriften. Beide waren sie davon überzeugt, daß die Orthodoxie das wichtigste Merkmal der rumänischen Kulturseele (dt. im Orig.) sei[42]; daß eine erzwungene »Verwestlichung« Rumäniens eine Todsünde der Politiker sei.[43] Beide waren gegen den Positivismus und allgemein gegen den Rationalismus.[44] Nae Ionescu verabscheute die Psychoanalyse und glaubte an eine »mystische Revolution«[45], die auf den Trümmern des Rationalismus

Philosophie, Politik, Kunst und religiöses Leben reformieren sollte.[46] Diese »religiöse Revolution« sollte vor allem den Protestantismus ausrotten.[47] Crainic und Ionescu – der erstere mehr als der letztere – dachten der rumänischen orthodoxen Kirche eine wichtige Rolle bei den nationalen revolutionären Veränderungen zu.

Ich möchte hier weder Nichifor Crainics orthodoxe Ideen vorstellen noch seine Tätigkeit als einzigartiger Chefredakteur von *Gîndirea,* der einflußreichsten Kulturzeitschrift in Rumänien zwischen den beiden Weltkriegen, schildern.[48] Mircea Eliade veröffentlichte in *Gîndirea* und war vermutlich mit Crainics Essays wohlvertraut.[49] In manchen Fällen gibt es Spuren eines unmittelbaren Einflusses von Crainic auf Eliade. Ich möchte nur zwei anführen, obwohl es nicht die einzigen sein dürften.

Einer der einflußreichsten Essays von Crainic trägt den Titel »Parsifal« (1924).[50] Der orthodoxe Politiker und Denker gestaltet die Geschichte Parsifals zu einer Allegorie: Parsifal steht für Rumänien, das sich entscheiden muß zwischen Verwestlichung (Klingsors Gärten) oder einer »traditionalen Geistigkeit« (die Stadt des heiligen Grals). Nach 1924 wurde die Sage von Parsifal durch Crainics Interpretation ungeheuer populär. Ich glaube, daß Eliade diese Deutung im Sinn hatte, als er 1938 seinen Essay »Ein Detail aus dem Parsifal« schrieb.[51] Natürlich stammte höchstens die Anregung zu diesem Thema von Crainic, da im übrigen der Aufsatz Eliades mit seiner Berufung auf Authentizität und Erlebnis von Nae Ionescu geprägt ist, auf dessen Person überdies angespielt wird, wenn Eliade in der Entschlüsselung der Bedeutung seiner Parsifalallegorie bemerkt, »wenn in jedem Land, zu jedem historischen Augenblick, nicht einige bewußte und weitsichtige Menschen *die richtigen Fragen stellten* . . ., dann würden wir über Nacht unfruchtbar und verdorben, wie alles Leben in König Pescheors Schloß . . .«[52]

Ein anderer Gedanke, den Eliade von Crainic übernommen hat, ist der von der »Sehnsucht nach dem (verlorenen) Paradies«, die zur »Sehnsucht« oder »Suche« nach dem Ursprung des Menschen wurde.

Waren Nichifor Crainic und insbesondere Nae Ionescu seine Lehrer, so war der Philosoph, Dichter und Diplomat Lucian Blaga (1895-1961), obwohl er einer anderen Generation angehörte, seit

1934 Eliades Freund.[53] Blaga hatte kurz nach dem Ersten Welt-krieg Berühmtheit erlangt, als Eliade noch ein Kind war. Für die »Generation« Eliades waren Blagas Ideen beinahe ebenso ein-flußreich wie die von Crainic und Nae Ionescu.

Bis zu einem gewissen Grad teilten Blaga, Crainic und Ionescu die Überzeugung, daß es für einen rumänischen Philosophen die dringendste Aufgabe bedeutete, das »rumänische nationale Sein«, die Kulturseele seines eigenen Volkes zu bestimmen. Allerdings waren Ionescu und Crainic davon überzeugt, das spezifisch Ru-mänische im orthodoxen Christentum aufzufinden, während Blaga unter dem Einfluß Vasile Pârvans eher dazu tendierte, die rumänische Eigenart in der Mythologie und Kulturgeschichte sei-nes Landes zu suchen.[54]

Blaga war als Schriftsteller fast so fruchtbar wie Eliade und ge-hörte außerdem zu den ganz wenigen modernen rumänischen Philosophen, die Originalität für sich beanspruchen konnten. Er war ein großer Dichter und Verfasser von Theaterstücken. Unter dem Einfluß Oswald Spenglers nahm Blaga für jede Kultur einen »abyssischen Mutterboden« an, der sogar eine räumliche Gestalt aufweisen konnte.[55] Danach sollte der rumänische »abyssische Mutterboden« alternierend aus Tälern und Hügeln bestehen.[56]

Als Bühnenautor versuchte Blaga eine Bestimmung der rumäni-schen Kulturseele, indem er den Mythos, den Glauben und die Geschichte als Ausgangsort wählte. Von seinen neun Stücken ver-dienen hier nur zwei unsere besondere Aufmerksamkeit, da sie möglicherweise innerhalb der geistigen Entwicklung Eliades ein kulturelles Apriori bilden: *Zalmoxis* (1921) und *Meşterul Ma-nole* (1927).

Zalmoxis trägt den Untertitel »Heidnisches Mysterium«, beruht jedoch hauptsächlich auf der christlichen Vorstellung, daß »ein Prophet nichts (gilt), solange er kein ausgestoßener Prophet ist«.[57] Den Kern von Blagas erstem Stück bildet die Idee des Selbstopfers, die in seinem Schauspiel *Meşterul Manole* noch deutlicher hervortritt. Nach der Volkssage war Manole ein Bau-meister, den der König damit beauftragt hatte, eine große Kirche oder ein Kloster zu erbauen.[58] Die am Tage errichteten Mauern stürzen jedoch des Nachts immer wieder ein. In einem Traum erhält der Baumeister den Befehl, in die Fundamente des Bau-werks jene unter den Frauen der Maurergesellen einzumauern, die anderntags als erste ihrem Mann das Essen bringen würde.

Alle warnen ihre Frauen, außer Manole, der das Geheimnis für sich behält. Deshalb ist es Manoles eigene Frau, die eingemauert wird. Nach der Vollendung des Klosters ersteigt Manole dessen Turm und stürzt sich von ihm zu Tode. An der Stelle seines Sturzes entspringt eine wundertätige Quelle: dies ist ein wunderbares Zeichen dafür, daß sein Opfer angenommen ist.

In Blagas Theaterstück wie auch in Eliades *Comentarii la legenda Meşterului Manole* (Kommentar zur Legende vom Meister Manole, 1943)[59] steht der Gedanke im Vordergrund, *daß es keine wertvolle Schöpfung ohne persönliches Opfer gibt*. Doch Blaga geht mit seiner Deutung noch einen Schritt weiter: Manole ist zugleich ein Opfer des Königs samt seinen Hofleuten, die ihn beschuldigen, sich zur Erfüllung seiner Aufgabe der Hilfe dämonischer Kräfte bedient zu haben.[60] Mit anderen Worten, Manole opfert sich nicht selbst, er ist ein Sündenbock.

Mit seinen beiden frühen Stücken, in denen das Opfer als eine Quelle der Schöpfung dargestellt wird, nimmt Blaga die in den 30er Jahren aufgekommene Mode der Thanatologie vorweg, zu der Eliade mit seinem Stück *Iphigenia* (1940) und den bereits erwähnten *Comentarii* nur einen geringen Beitrag geleistet hat.[61]

Damit sind wir mit unserem knappen Überblick jener Einflüsse, denen der junge Eliade in Rumänien ausgesetzt war, am Ende. Die Frage nach den Einflüssen ist ein Kapitel der Eliadologie, das weiterer Untersuchungen bedarf. Unser Anliegen hingegen war es, in groben Zügen zu zeigen, daß Nae Ionescu in bezug auf seinen genialen Schüler die Rolle eines Sokrates gespielt hat. Weitere mehr oder weniger bedeutsame Einflüsse gingen von Nichifor Crainic, Lucian Blaga und zweifellos von den »Vorsokratikern« Eminescu, Hasdeu, Iorga und Pârvan aus.

4. Es muß eine Antwort gefunden werden

In seiner polemischen Schrift »Materialismus und Empiriokritizismus« hat sich Lenin um den Nachweis bemüht, daß es in der Geschichte der Philosophie nur zwei Hauptströmungen gegeben habe: Materialismus (gut) und Idealismus (schlecht). *Tertium non datur*. Deshalb wurden Plato, Aristoteles, Kant und Hegel wie durch einen magischen Kunstgriff zu ein und demselben: Waren sie letztlich nicht allesamt Idealisten?

Lenins Beispiel ist nach 1948 von der einzigen in Rumänien existierenden Partei gewissenhaft befolgt worden: Alles, was auch nur den entferntesten Zusammenhang mit der 1927 von Corneliu Zelea Codreanu (1899-1938) gegründeten faschistischen Organisation »Erzengel Michael« aufwies, wurde als »faschistisch« etikettiert. Eine weitere, noch erschreckendere Übervereinfachung machte (entsprechend der erwähnten Definition) aus jedem »Faschisten« einen Antisemiten, der für die grauenhaften Verbrechen der Nazis an den Juden mitverantwortlich war.

Es ist richtig, daß die Ideologie der »Eisernen Garde« viel gemeinsam hatte mit der von Ionescu und Crainic verkündeten Orthodoxie, aber auch mit der Theorie des »schöpferischen Opfers«, wie sie bereits in den frühen Stücken Blagas hervortritt (die in der Tat in gewisser Weise einen antizipatorischen Charakter tragen). Doch nicht jedes Ding mit zwei Flügeln ist ein Vogel . . . Trotz ihres gemeinsamen, sehr kritischen Urteils über die kapitalistische Gesellschaft und die westliche Demokratie vertraten Nae Ionescu und die »Eiserne Garde« unterschiedliche politische Positionen. Blaga hingegen wird von einer etwas ominösen Quelle einer tiefen, persönlichen Sympathie für Codreanu bezichtigt[62], was ihn freilich nicht daran hinderte, zeit seines Lebens Demokrat zu bleiben und sich von der Zeitschrift *Gîndirea* zurückzuziehen, als deren pronazistische Tendenz nicht mehr zu übersehen war.[63]

Ein Historiker, der diesen Namen verdient, muß ein Auge für bestehende *Unterschiede* zwischen Erscheinungen haben, auch wenn diese in mancher Hinsicht Analogien aufweisen, statt sie ebendeshalb derselben Kategorie zuzuordnen. Vorschnelle Zuordnungen sind das sicherste Zeichen für totalitäres Denken. Die Annahme, daß zwischen Nae Ionescu und Codreanu kein wesentlicher Unterschied bestand, wäre ebensofalsch wie die Behauptung, zwischen Ionescu und seinen Schülern oder innerhalb dieses Schülerkreises habe es keine Unterschiede gegeben.

Die Erforschung der Geschichte ist ein äußerst heikles Unternehmen, das Sachkenntnis und Unbeugsamkeit in der Suche nach Wahrheit erfordert – wobei letzteres eine ausschließlich demokratische Tugend darstellt, die nur allzuoft von Gelehrten außer acht gelassen wird, die sich als Demokraten ausgeben. Die westliche Literatur über Rumänien zwischen den beiden Weltkriegen bietet dem Leser ein sehr entstelltes Bild der Realität, weil sie die Übertreibungen politischer Kampagnen und die Parteilichkeit von Zeitungen überbewertet. Der unbefangene westliche Leser, der kaum einen Unterschied ausmachen kann zwischen Bukarest und Budapest (schließlich liegen beide hinter dem Eisernen Vorhang, oder nicht?), gewinnt nach der Lektüre von H. Roberts, H. Seton-Watson, E. Weber oder M. Nagy-Talavera von Rumänien zwischen 1918 und 1941 den folgenden Eindruck:[64]

Eine Art unkolonisierter afrikanischer Staat, in dem nur häßliche Barbaren lebten. In der überwiegenden Mehrzahl Bauern, die schlechter lebten als die Bauern Indiens.[65] Nur 20 Prozent der Bevölkerung wohnten in Städten. Bukarest, auch unter der Bezeichnung »Paris des Balkans« bekannt, war »eine unverträgliche Mischung aus Paris und Orient und repräsentierte die bösesten Verlockungen von beidem«.[66] Die Verwaltung war gänzlich korrupt. Nicht besser stand es um die politischen Parteien. Der König war ein unpopulärer Geschäftemacher, dessen einziges Ziel darin bestand, aus seinem einträglichen Amt ein Höchstmaß an Profit herauszuschlagen.[67]

Diese durchgängig bei allen genannten Autoren wiederzufindende Analyse der allgemeinen Lage Rumäniens in dieser Zeit mutet insofern recht eigenartig an, als sie fast in allen Punkten mit Codreanus schonungsloser Kritik der rumänischen Demokratie und auch mit der kommunistischen Ablehnung der bürgerlichen Demokratie schlechthin übereinstimmt. Natürlich kann daran nicht alles falsch sein, aber würden wir *mutatis mutandis* ein wahrheitsgetreues Bild des amerikanischen Volkes und der amerikanischen Demokratie erhalten, wenn wir ausschließlich etwas über die Mafia, Gewalt, politische Korruption, kurzsichtigen Machiavellismus, Arbeitslosigkeit, Verlust des internationalen Ansehens und Watergate erführen? Zweifellos nicht. Und dennoch war dies eine Zeitlang das einzige Bild, das sich aus amerikanischen Zeitungen, amerikanischen Erfolgsfilmen und sogar aus der Politik der amerikanischen Regierung selbst ergab!

Deshalb möchte ich dem oben skizzierten Bild meine eigene Charakterisierung entgegenhalten: die rumänische Demokratie zwischen 1918 und 1941 war, schlecht und recht, eine *westliche Demokratie*, die auf der Achtung einer (demokratischen) Verfassung beruhte. Die politischen Parteien konnten von ihrer Freiheit in jeder Hinsicht Gebrauch machen, einschließlich Wahlmanipulierungen, und ich glaube nicht, daß die alten, anerkannten westlichen Demokratien damals in dieser Hinsicht von Rumänien hätten etwas lernen müssen. Nicht alle Bauern waren arm, nicht alle Beamten korrupt, nicht alle Juden reich, und nicht alle Frauen waren Flittchen. Nach meiner Meinung lag das Verhältnis zwischen reich und arm, Korrupten und Unbestechlichen nicht sehr weit entfernt von den westlichen Verhältnissen der damaligen Zeit. Außerdem war die wirtschaftliche Lage bei weitem nicht so schlecht wie in den Ländern, die den Ersten Weltkrieg verloren hatten. Die Armee zeigte sich für Propaganda jedweder Art unempfänglich, und das Leben der Zivilbevölkerung war viel weniger vom politischen Terrorismus bedroht als in Deutschland, Italien oder Ungarn. Andererseits bildete sich die faschistische Bewegung in Rumänien zur selben Zeit heraus wie in Deutschland, Ungarn oder Italien. Ihr Wortführer war Corneliu Zelea-Codreanu, ein Jurastudent in Jassy (der ehemaligen Hauptstadt des Fürstentums Moldau), der dort Terroranschläge inszenierte.[68] Die faschistische Organisation »Erzengel Michael« wurde in der Johannisnacht (24. Juni) 1927 gegründet. Es war keine rein politische, sondern auch eine religiöse Organisation. Die Legionäre (Mitglieder der »Legion«) waren sehr stolz auf den mystischen Charakter ihrer Bewegung, weil sie ihn als Beweis dafür ansahen, daß der rumänische »archangelische Sozialismus« (die Formel stammt von M. Nagy-Talavera) gegenüber dem deutschen Nationalsozialismus und dem italienischen Faschismus etwas Eigenes darstellte.[69] Wahrscheinlich hielten sie Mystizismus für ein Merkmal der Zivilisation, während E. Weber die gegenteilige Auffassung vertrat: Für ihn war der religiöse Charakter des rumänischen Faschismus, der nur allzugut zu der völligen Rückständigkeit dieses (fast) asiatischen Landes paßte, ein weiterer Beleg dafür, daß Rumänien starke Ähnlichkeiten mit afrikanischen Staaten wie etwa dem Kongo aufwies, und Codreanu war eine Art Simon Kimbangu![70] Wie kann man ernsthaft über die »Eiserne Garde« diskutieren, wenn anerkannte Historiker solch hanebüchenen Unsinn verbreiten, den sie noch mit dem Etikett »Objektivität« schmücken?

Die »Legion« trug in der Tat die Merkmale eines Männerbundes, doch auch der Nazismus, Faschismus und der spanische Falangismus beruhten auf denselben »männlichen« Tugenden. Wa-

ren der Todes- und der Totenkult und die Grußformel »Lang lebe
der Tod!« ein besonderes Kennzeichen des rumänischen Faschismus? Keineswegs. Nach Salvador de Madariaga hatten sich die
Anarchisten als erste mit »Lang lebe der Tod!« gegrüßt, und erst
später hatte der *Tercio,* die spanische Fremdenlegion, unter Ge-
neral Millán Astray diese Formel übernommen.[71] Die Idee, daß
die toten Märtyrer des Faschismus bei Feierlichkeiten aufgerufen
und als »Angetreten!« gemeldet werden mußten, war dem
»ebenso genialen wie feinfühligen« Duce erst 1932 in den Sinn
gekommen.[72]

Doch selbst wenn »Thanatomanie« eine Besonderheit der Eisernen Garde gewesen wäre, so lagen ihre Ursprünge sicherlich nicht
allein in einer jahrhundertelangen Tradition des Umsturzes (zu
der Harmodias und Aristogeiton ebenso zu rechnen sind wie die
russischen Narodniki), sondern auch in einer äußerst weit verbreiteten westlichen Kulturmode seit dem Ersten Weltkrieg. Lucian Blaga, der erste rumänische Thanatologe, unterlag dem starken Einfluß des deutschen Expressionismus, einer Kunst- und
Literaturströmung, die unter anderem ein besonderes Vergnügen
daran zu finden schien, Abscheulichkeiten jeglicher Art darzustellen. In diesem Sinne war Codreanus Ideologie mit all ihren Übertreibungen weit »westlicher« als beispielsweise die gnostischen
Ausführungen von Malcolm X.

Codreanu sagte seinen Anhängern, wenn sie sich der Legion
anschlössen, würden sie sich nichts dafür einhandeln, im Gegenteil, es werde ihnen alles genommen, sogar ihr Leben. Harte Disziplin und Askese seien das Los eines Legionärs, der mit allen
seinen Kräften danach streben müsse, ein »neuer Mensch« zu
werden, indem er einen »inneren Wandel« erlebe. Das Ziel der
Legion war in den Worten eines Gelehrten ein »archangelischer
Sozialismus«, d. h. eine Gesellschaft, in der sämtliche Standesun-
terschiede aufgehoben würden. (Es war eine Gesellschaft mit einer Doppelhierarchie, in der allerdings die Güter absolut gleich
verteilt sein sollten, da ein »geistig« oder »weltlich« Hochstehen-
der an persönlichem Eigentum kein Interesse habe. All dies war
natürlich Theorie). Die neue Gesellschaft könne nicht ohne eine
Revolution verwirklicht werden; während jedoch die marxistische Revolution auf dem Haß zwischen den gesellschaftlichen
Klassen beruhe, solle die rumänische faschistische Revolution
cine »Revolution der Liebe« mit dem Ziel einer mystischen »Er-

lösung« der Nation sein.[73] In den Vorstellungen Codreanus nahm dies die Form einer Wiederauferstehung an, einer nationalen *Apokatastasis*, zu der die Aktionen der Legion führen sollten. In der Zeit bis zur völligen Abschaffung der korrumpierten kapitalistischen Gesellschaft durch das künftige »neue Volk« durfte ein Legionär sich des Mordes schuldig machen, vorausgesetzt, er tat dies um der Legion willen und stellte sich den Behörden, um sein Verbrechen zu sühnen. Aufgrund der freien Initiative der »Nester« (der kleinsten Einheiten der Eisernen Garde) konnten die Hierarchie der Legion und deren Befehlshaber nicht als die für derartige Verbrechen moralisch Verantwortlichen zur Rechenschaft gezogen werden. Und schließlich wurde Codreanu, ein scharfer Antisemit, nicht müde zu betonen, daß sein Antisemitismus *ökonomische* Ursachen habe. Nach M. Nagy-Talavera hat er zu keiner Zeit die deutsche Rassenideologie unterstützt. Zumindest in der Theorie wollte er nicht, daß gegen die Juden Spezialmaßnahmen ergriffen würden: »Das Problem der Minderheiten wird gelöst sein ... wenn sie gegenüber den Werten der rumänischen Nation bereitwillig Liebe und Achtung an den Tag legen ...«[74] Vor allem mußten die Rumänen selbst zum »neuen Volk« werden – d. h. zuverlässig, tolerant, einfach in der Lebensweise, ehrlich, loyal usw. usw. –, erst dann »würden die Minderheiten erkennen, daß sie im Land einer edlen Nation lebten«.[75]

Warum so viele Worte über die Ideologie der Eisernen Garde? Dies wäre völlig überflüssig, wenn nicht etliche schlecht unterrichtete Personen behaupteten, *Mircea Eliade habe die ideologischen Positionen der Legion vertreten, wenn er sich ihr nicht sogar als Mitglied angeschlossen habe.*

Für jeden, der mit Eliades Tätigkeit vor dem Zweiten Weltkrieg eingehend vertraut ist, sind diese Gerüchte unschwer zurückzuweisen. Ich halte es jedoch für ganz lehrreich, der Spur dieser absurden »schwarzen Legende« über Eliade bis zu ihren Anfängen nachzugehen.

In Italien hat Einaudi als erster Verleger Eliades wissenschaftliche Arbeiten veröffentlicht. Es war ein seriöser Verlag, der aus seinen politischen Sympathien für eine gemäßigte Linke nie einen Hehl gemacht hat. Die wissenschaftlichen Berater Einaudis waren der Ethnologe E. De Martino und der Schriftsteller Cesare Pavese. Trotz seiner zur Schau getragenen Bewunderung für die Arbeiten Eliades wollte De Martino sie nicht ins Italienische übersetzen lassen, so daß Eliades Bücher nur darum schließlich doch in Italien erschienen, weil sie in Pavese einen mehr als leidenschaftlichen Befürworter fanden.[76] Warum hatte De Martino dem Verleger abgeraten? Der Grund war der, daß ein streng moskautreuer Kommunist, Ambrogio Donini, geschrieben hatte, Eliade sei »Antisemit und Nazianhänger« gewesen. Das ist zwar schon lange her, doch Donini, der seine Stellung innerhalb der kommunistischen Partei wegen seiner unverbesserlichen stalinistischen Sturheit verlor, blieb bei seiner Meinung.[77] In seiner 1977 erschienenen *Enciclopedia delle religioni* wiederholte er seine bekannten Beschuldigungen gegenüber Eliade.[78] Aber das ist noch nicht alles.

Das in rumänischer Sprache erscheinende Bulletin des »Instituts Dr. J. Niemirower« in Jerusalem gab 1972 ein »Dossier Mircea Eliade« heraus, das sehr schwerwiegende Anschuldigungen enthielt.[79] Die Verfasser der Dokumentation hatten schlechte Arbeit geleistet, da sich mühelos beweisen läßt, daß mehr als 90 Prozent ihrer Informationen falsch und der Rest höchst unwahrscheinlich ist. Trotzdem hätten diese Verleumdungen Eliades öffentliches Ansehen zunichte machen können, wenn sie nicht fast wunderbarerweise seine Bekanntheit nachhaltig gesteigert hätten. (In Italien verkaufen sich Bücher über den Faschismus und die faschistische Herrschaft sehr gut. Einer der Verfasser der Dokumentation, der Anthropologe Furio Jesi, war im Verlagswesen tätig. Er benützte die Informationen, wie ich glaube, zu Publicityzwecken.)

Die erste Behauptung in dem Bulletin mit dem Titel *Toladot* besteht aus einem Zitat aus einem Artikel, den Eliade nie geschrieben hat, in einer Zeitschrift, in der er nie veröffentlichte.[80] Das Zitat klingt so unecht, so weitab von Eliades Stil, daß es ohne weiteres als schlechte Fälschung zu erkennen ist: »Wie kann die rumänische *Nation* diesem von *Elend und Syphilis* (?) verdorbenen Leben ein Ende machen wenn sie *von Juden und Fremden befallen* ist? ... Die Revolution der Legion muß das höchste Ziel erreichen: die Erlösung der *Nation* ...«

Ich habe jene Worte und Formulierungen hervorgehoben, die weder zum Wortschatz noch zum Stil Eliades gehören. Aber mehr noch, der Leser wird sehen, daß Eliade *die Juden verteidigte,* gegenüber Repräsentanten der Eisernen Garde und sogar *gegenüber seinem eigenen Lehrer Nae Ionescu.* Da eine solche Duplizität sehr unwahrscheinlich ist, wird der Leser nicht umhin können, unsere Hypothese zu akzeptieren: aus irgendeinem sehr zweifelhaften Grund ist eine »wohlmeinende« Person oder Institution auf den Gedanken verfallen, daß der Unterzeichner jenes Artikels niemand anderer sein konnte als Eliade – mit anderen Worten, daß Eliade ihn unter einem Pseudonym verfaßt hatte. Eliade hat nur ein einziges Mal unter einem Pseudonym geschrieben, aber Tatsache bleibt, daß er in der angeführten Zeitschrift *Buna Vestire* nie veröffentlicht hat.[81] Damit ist die erste und schwerste Beschuldigung von *Toladot* völlig widerlegt.

Was nun die zweite Behauptung von *Toladot* angeht, Eliade habe nach der Ermordung Corneliu Zelea Codreanus am 30. Oktober 1938 Trauer getragen, so kann ich dem nur entgegnen, wenn jemand tatsächlich am 30. Oktober 1938 Mircea Eliade mit einem Trauerstreifen am Arm gesehen hat, so muß Eliade um einen anderen als Codreanu getrauert haben, denn dieser wurde erst in der Nacht des 29./30. *November* 1938 umgebracht. Falls jedoch Jesi und *Toladot* den 30. November gemeint haben, so kann ich auf ihre Beschuldigung tatsächlich nur noch erwidern, daß Augenzeugen sich häufig irren.[82]

Die dritte und letzte Beschuldigung von *Toladot* und Jesi ist so erstaunlich, daß es zu ihrer Widerlegung keines Argumentes bedarf. Eliade, so heißt es, habe sich nicht gescheut, »als Kulturattaché im Ausland *dieselbe rumänische Regierung zu vertreten, die 1942 mit Gustav Richter, dem Abgesandten Eichmanns, das Abkommen über die Deportation sämtlicher rumänischer Juden in die Vernichtungslager unterzeichnet hat.*«[83] Diese Äußerung stammt von dem verstorbenen Furio Jesi, der sich darauf verstand, im Verlagswesen von sich reden zu machen (eine Kunst, um die ich ihn sehr beneidet habe!). Die Äußerung war aus zweiter Hand, da Jesi *Toladot* nicht im rumänischen Original gelesen hatte. Er war nicht imstande, Wunder zu vollbringen wie sein Kollege A. M. Di Nola, der *Toladot* entdeckt und gelesen hatte! Ebenso wie De Martino hatte Di Nola früher einmal Eliade sehr umschwärmt, obwohl er zugleich davon überzeugt war, daß dieser eine falsche politische und wissenschaftliche Wahl getroffen habe. (Warum dann diese übertriebene Bewunderung? Eliade selbst war darüber sehr irritiert). 1977 brachte Di Nola schließlich seine »Enthüllung«: Mircea Eliade – so *Toladot* – war Antisemit gewesen![84]

Furio Jesi, dessen Haltung gegenüber Eliade nicht weniger zwiespältig war, fand ein besonderes Vergnügen daran, Di Nolas »Enthüllungen« zu übernehmen und sie unverändert in seinem erstaunlichen Buch *Cultura di destra* wiederzugeben, einem brillanten Beispiel paranoischer »Wissenschaft«.[85] Eine der Zeitungen mit der höchsten Auflage druckte Jesis Behauptungen wörtlich ab.[86] Und der Wahn breitete sich munter aus: Auf der Grundlage seines eigenen Buchs gelangte Jesi zu der Schlußfolgerung, daß Eliade »Antisemit in konkretem Sinn« gewesen sei.[87] Ganz derselben Logik folgend dehnte ein gewisser E. Filippini Jesis groteske Vorstellung noch weiter aus: Eliade habe »die rumänischen Juden der SS ausgeliefert« und sei einer der moralisch unmittelbar Verantwortlichen für die Konzentrationslager!

Ich begreife nicht, *wie* ein Kulturattaché für die richtigen oder falschen Maßnahmen seiner Regierung verantwortlich gemacht werden sollte. Trotzdem geht es im vorliegenden Fall noch nicht einmal um diese Frage, da *Eliades Ernennung 1940 und nicht 1942 erfolgt ist, wie Toladot und Jesi behaupten.* Am 10. April 1940, weniger als einen Monat nach Nae Ionescus Tod, wurde Eliade nach London berufen. *Von wem?* Es war nicht die Regierung Antonescu (die übrigens, wie M. Nagy-Talavera feststellt, *niemals* das von Eichmann geforderte Abkommen unterzeichnet hat), da Antonescu erst am 14. September 1940 an die Macht kam. Dagegen hatte die bis dahin amtierende Regierung unter I. Gigurtu tatsächlich antisemitische Gesetze erlassen. Wenn Eliade von dieser Regierung ernannt worden wäre, so ließe sich die Behauptung von *Toladot* (und Jesi) zumindest verstehen, wenn auch nicht gutheißen. *Toladot,* Di Nola, Jesi und Filippini wären allerdings sicher enttäuscht zu erfahren, *daß die Regierung, von der Eliade seine Ernennung erhalten hatte, von einem Mann namens Gh. Tătărăscu (24. 11. 1939-4. 7. 1940) geführt wurde, einem Gegner der Achse und einem bekannten Befürworter eines Bündnisses mit England.* Eliade ist unmittelbar vom Kulturminister C. C. Giurescu ernannt worden, einem Demokraten, der später zu einem offiziellen kommunistischen Historiker wurde (aus dessen Buch ich etliche der hier wiedergegebenen Informationen entnommen habe).[88] Wenn man der eigenartigen Argumentation von *Toladot* & Co. folgte, nach der Eliade das getreue Ebenbild der Regierung ist, von der er seine Ernennung entgegengenommen hat, dann müßte er antideutsch, Philosemit und Demokrat sein. Wenn er auch kein Demokrat war, *ein Antisemit ist Eliade zweifellos nicht gewesen,* und ein besonderer Freund der Deutschen war er auch nicht. Glücklicherweise verfüge ich über genügend Belege, um dies zu beweisen.

In seinen Memoiren erinnert sich Eliade an eine sehr interessante Episode aus dem Jahr 1934. Sein bester Freund, Mihail Sebastian (Pseudonym von Iosif Hechter, einem jungen Juden aus Brăila, den Nae Ionescu entdeckt hatte), war der Autor eines Romans (*Seit zweitausend Jahren,* 1934), in dem er die zahllosen Demütigungen schilderte, denen er als Jude sein ganzes Leben lang ausgesetzt gewesen war. Sebastian war Schüler Ionescus und gehörte dem Herausgebergremium von *Cuvîntul* an. Aus Dankbarkeit gegenüber seinem Lehrer Ionescu bat er diesen um ein Vorwort zu seinem Roman. Mit Nae Ionescu war 1933 eine tiefe Veränderung vor sich gegangen. Bis zu dieser Zeit war er fraglos ein toleranter und großzügiger Charakter und obendrein einer der ganz wenigen Rumänen, die aus einer profunden Wißbegier und Achtung gegenüber der jüdischen Kultur Hebräisch gelernt und eine umfassende Kenntnis der hebräischen Literatur erworben hatten. Doch jetzt erwies sich sein Vorwort zu Sebastians Roman als »Todesurteil« für seinen jungen Schüler.[89] Ionescu rechtfertigte die Leiden der Juden und implizit auch den Antisemitismus mit dem Umstand, daß die Juden Jesus Christus gekreuzigt hatten. Dieser reichlich einfältige religiös motivierte Antisemitismus entsprach ganz dem Geist der Eisernen Garde, zu deren bedingungsloser Unterstützung Ionescu sich entschlossen hatte. Was war geschehen? 1933 warfen sich die beiden Zeitschriften *Gîndirea* und *Cuvîntul* zu Verteidigern der Eisernen Garde auf, die offenbar von der Regierung verfolgt wurde. Kurze Zeit später ermordeten die Legionäre den Premierminister I. G. Duca. Das Erscheinen von *Gîndirea* und *Cuvîntul* wurde verboten, ihre Herausgeber – N. Crainic und N. Ionescu – wurden als Komplizen an dem von ihren Schützlingen begangenen Mord festgenommen. Von da an entwickelte sich Nae Ionescu zum aktiven Anhänger der Eisernen Garde. Infolgedessen wurde seine Zeitung bis zum Januar 1938 vorläufig und im März desselben Jahres endgültig verboten.

Als Eliade Ionescus Vorwort zu Mihail Sebastians Roman gelesen hatte, stellte er sich gegen seinen Lehrer auf die Seite seines Freundes. Nae Ionescu, der trotz allem immer noch generös war, tadelte ihn deshalb nicht. Im Sommer 1934, erinnert sich Eliade,

»schrieb ich in *Vremea* zwei lange Artikel, die von Racoveanu übel aufgenommen wurden. Er hatte sich nämlich mit Sebastian nach der Lektüre seines Buches überworfen, und ich gewann inzwischen den Eindruck, daß er sich ebenso mit mir entzweien würde. Er nahm mir übel, daß ich gewagt hatte, unser beider Lehrer zu kritisieren, und er kritisierte schonungslos die theologischen Voraussetzungen meiner Dissertation. Racoveanu veröffentlichte seine Artikel in *Credința,* und ich erwiderte diese ohne jede Schärfe in *Vremea.*«[90] Ich zweifle, ob *Toladot* & Co. Eliade Glauben schenken. Zum Glück existieren beide Artikel, und ein Mann wie Di Nola, der sich der Mühe unterzog, Rumänisch zu lernen, um *Toladot* selbst zu lesen, dürfte keine Mühe haben, sich diese Artikel zugänglich zu machen.[91]

Eine weitere wichtige Information, die von dem Historiker D. Micu stammt, sollte dem noch hinzugefügt werden: Im Winter 1933 sah sich Eliade wegen seiner Haltung zur »nationalen Frage« von seinem Freund M. Polihroniade, einem Mitglied der Eisernen Garde, Angriffen ausgesetzt.[92] Eliade erwiderte aufgebracht, es gebe keine nationalistischen Ideen, mit denen sich die Vertreibung großer jüdischer Gelehrter wie L. Seineanu oder Moses Gaster aus Rumänien rechtfertigen ließe.[93]

Eliade, Sebastian und Polihroniade waren Freunde und gehörten demselben Kulturzirkel *(Criterion)* an, dessen Veranstaltungen in der Hauptsache von jüngeren Leuten besucht wurden und in denen das gesamte politische Spektrum des Landes, von den Kommunisten bis zu den Faschisten, vertreten war. 1933 war diese friedliche Koexistenz bereits problematisch geworden. Eliade hat die Beendigung dieses paradiesischen Zustandes, der das besondere Kennzeichen von *Criterion* war, sehr schmerzlich empfunden: *habitabat lupus cum agno, et pardus cum haedo accubabit* (Is. 11, 6). Die Harmonie war für immer dahin, und die Regierung begann, ein wachsames Auge auf Eliade zu haben. War er für sie nicht der Lieblingsschüler dieses aufrührerischen Mannes namens Nae Ionescu?

Diese Situation wird auf den autobiographischen Seiten des Romans *Noaptea de Sânziene* (Johannisnacht) geschildert: All die wichtigen Ereignisse im Leben der Hauptfigur Stefan sind eine Folge seiner verblüffenden äußeren Ähnlichkeit mit einem großen Schriftsteller, Ciru Partenie.[94] Es ist eine Möglichkeit, zum Ausdruck zu bringen, daß nicht nur *Toladot* & Co. ihn mit seinem

Lehrer Nae Ionescu verwechselt hatten, der *tatsächlich* ein Theoretiker des religiösen Antisemitismus und ein Befürworter des Faschismus gewesen war, sondern daß auch die rumänische Regierung denselben Irrtum begangen hatte.[95]

Ich muß leider an dieser Stelle abbrechen, weil sonst der vom Herausgeber vorgesehene Rahmen gesprengt würde. Gern hätte ich auch auf die *positive* Seite im politischen und gesellschaftlichen Denken Eliades hingewiesen. Es war unschwer zu beweisen, daß Eliade nie ein Mitglied der Eisernen Garde gewesen ist, niemals antisemitische Gedanken geäußert hat (sondern im Gegenteil die Juden gegenüber der extremen Rechten verteidigte) und daß es die einzige antideutsche und proenglische Regierung in der Zeit von 1938-1944 war, die ihn zum Kulturattaché in London ernannte. Wenn er kein Antisemit war, kein Legionär, kein Nazi oder Nazifreund und auch kein Demokrat, was war er dann? Ich hoffe, darauf an anderer Stelle eine Antwort geben zu können.

Aus dem Englischen von Udo Rennert

Anmerkungen

1 Furio Jesi, *Cultura di destra*, Mailand 1979, S. 38 ff.
2 In einer Rezension des Buches von Adrian Marino, *Hermeneutica lui Mircea Eliade,* Cluj-Napoca 1980, in *Aevum 54* (1980), S. 541 b. Auf die Notwendigkeit, den geistigen Werdegang Eliades näher zu beleuchten, hat unlängst F. Foralosso hingewiesen: *Spazio sacro e tempo mitico nella ricerca storico-religiosa di Mircea Eliade,* Diss. Padua 1981.
3 Vgl. I. P. Culianu, »Mircea Eliade la 70 de ani«, *Limite 26/27* (Aug. 1978), S. 12 und »L'anthropologie philosophique«, in: C. Tacou (ed.), *L'Herne 33* (über Mircea Eliade), Paris 1978, S. 203-209.
4 »Generalsuniformen«, in: *Bei den Zigeunerinnen. Phantastische Geschichten,* Frankfurt 1980, S. 64-132.
5 Culianu, »Mircea Eliade la 70 de ani«, a.a.O.
6 Laotse, ed. Lin Yutang, Frankfurt 1955, S. 155 f.
7 Vgl. das Nachwort von E. Simion zu Mircea Eliade, *In curte la Dionis,* Bukarest 1981; N. Manolescu, »Sărbătoarea povestirii«, *România Literară,* 30. 7. 1981, S. 9.
8 »Incognito la Buchenwald« in: *In curte la Dionis,* Madrid 1977, S. 191-220; *Neunzehn Rosen,* Frankfurt 1982.
9 *The Blue Cliff Record,* Übersetz. a. d. Chines. von Th. und J. C. Cleary, Bd. 1., Boulder/London 1977, S. 128.

10 *Mémoire I: 1907-1933. Les promesses de l'équinoxe,* Paris 1980.

11 Auf diese Tatsache hat A. Marino sowohl in dem bereits erwähnten Buch (vgl. Anm. 2) als auch in etlichen seiner Interviews in rumänischen Zeitungen und Kulturzeitschriften hingewiesen.

12 Zu Doeing u. Scagno s. Ioan Culianu, *Mircea Eliade,* Assisi 1978, Index, s. v.; zu Linscott-Ricketts s. M. Vaida, »Interview with A. Marino«, *Tribuna,* 9. 7. 1981, S. 3; zu Foralosso s. Anm. 3.

13 Vgl. Ioan Culianu, *Mircea Eliade,* a.a.O., S. 33-36.

14 *Roza Vînturilor 1926-1933. Culegere îngrijită de Mircea Eliade,* ed. Cultura Națională, Bukarest 1936. Neuabdr. i. d. Sammlung »Omul Nou« (Der neue Mensch), München 1973.

15 *Istoria Logicei,* Bukarest 1941; *Metafizica I-II,* Bukarest 1942/43. *Metafizica I* wurde 1978 von Ioan Cușa in Paris neu aufgelegt.

16 Die Kriegserklärung gegen die Sowjetunion wurde am 22. Juni 1941 von Marschall Ion Antonescu abgegeben.

17 Mit einem Vorwort von Mircea Eliade und G. Racoveanu, dat. vom Juni 1951.

18 Nae Ionescu, *Indreptar ortodox,* Texte alese, adunate și adnotate de D. C. Amzăr, »Frăția ortodoxă«, Wiesbaden 1957.

19 *Nae Ionescu 1890-1940 (treizeci de ani de la moarte).*

20 »Profesorul Nae Ionescu: 30 de ani de la moarte«, ibid., S. 1 f.

21 Vgl. Eliades Nachwort zu *Roza Vînturilor,* a.a.O.

22 Vgl. Culianu, *Iter in silvis,* Bd. 1, Messina 1981, S. 147-156, sowie die Beiträge des Autors in *Romanistische Zeitschrift für Literaturgeschichte* 4 (1980), S. 422-433 und in *Neophilologus* (1981), S. 229-238; Mircea Eliade, *Insula lui Euthanasius,* Bukarest 1943, inzwischen auf Französisch in: I. P. Culianu (Hg.), *Libra* (Festschrift W. Noomen), Groningen/Dordrecht 1983, S. 1-12.

23 Zu dieser Einigung kam es erst nach dem Ersten Weltkrieg, am 1. Dez. 1918.

24 Mit der (partiellen) Ausnahme von N. Iorga, mit dem er im Alter von 18 Jahren eine öffentliche Auseinandersetzung geführt hatte; vgl. Culianu, *Mircea Eliade,* a.a.O., S. 33. Nachdem ihn der alte Professor in die Schranken gewiesen hatte, machte er einen Rückzieher und entschuldigte sich.

25 Zu Eminescu s. M. Handoca, *Mircea Eliade – Contribuții biobibliografice,* Bukarest 1980, Index s. v.; zu Pârvan ibid., s. 462.

26 B. P. Hasdeu, *Scrieri literare, morale și politice,* ed., mit einer Einl. u. Anm. von Mircea Eliade, 2 Bde., Bukarest 1937. D. Allen und D. Doeing – *Mircea Eliade. An Annotated Bibliography,* New York 1980, s. A 38 – haben nur eine Auswahl aus Hasdeus literarischen Schriften erfahren, die 1944 erschienen ist. Nach Handoca ist 1942 ein Band *Ausgewählte Werke* von Hasdeu erschienen; Handoca, a.a.O., S. 89.

27 Eliade, Nachwort zu *Roza Vînturilor.*

28 Der Begriff wurde von Oswald Spengler geprägt.

29 Eliade, ibid. Vor kurzem hat Mircea Martin die Gründe dafür aufgezeigt, daß die Vorstellung von einer »nationalen Besonderheit« in der gesamten rumänischen Kultur von den Anfängen bis zur Gegenwart beinahe einen Zwangscharakter angenommen hat: *Călinescu și complexele literaturii române,* Bukarest 1981, S. 13 ff. Ionescu und Crainic waren nicht die ersten mit ihren Ideen. Der Gedanke, daß die Orthodoxie ein Grundzug der rumänischen Kulturseele sei, tauchte bereits zum Ende des 18. Jahrhunderts in den Schriften des Bischofs Grigore Râmniceanul auf; vgl. Martin, S. 20 ff.

30 Eliade, Nachwort zu *Roza Vînturilor.*

31 Ibid.

32 Eliade, *Mémoire,* S. 190 f.

33 S. Ionescu, *Indreptar ortodox,* a.a.O., S. 20.

34 S. Eliade, Nachwort zu *Roza Vînturilor,* in: *Prodromos,* 20.

35 Eliade, Nachwort zu *Roza Vînturilor.*

36 Vgl. G. Racoveanu, »N. Ionescu: Metafizicianul«, *Cuvîntul în exil* (1965) H. 1, S. 3.

37 Vgl. Culianu, *Mircea Eliade,* S. 69-86.

38 Zu Ionescu vgl. G. Racoveanu, a.a.O.; zu Eliade s. Culianu, *Mircea Eliade,* S. 47 u. 55.

39 *Metafizica,* Bd. 1 (ed. Cuşa), S. 147. Es ist jedoch möglich, daß Ionescu hier einen Gedanken seines jungen Schülers Eliade aufgreift.

40 Culianu, *Mircea Eliade,* S. 49-53, 63 f., 82-86.

41 Vgl. D. Micu, *Gîndirea şi gîndirismul,* Bukarest 1975, S. 540-557. Crainics Essays erschienen 1940 in Bukarest unter dem Titel *Nostalgia Paradisului.* Was seine Lehrtätigkeit angeht, so habe ich die Manuskripte seiner Vorlesungen über Hesychasmus und Meister Eckhart gelesen. Sehr wahrscheinlich ist Eliade von der »positiven« Methode Crainics beeinflußt worden.

42 N. Ionescu, *Indreptar ortodox,* S. 74 ff.; zu N. Crainic s. Micu, a.a.O., S. 62 ff.

43 Micu, ibid.

44 N. Ionescu, *Indreptar ortodox,* S. 21; zu Crainic s. Micu, S. 62 ff.

45 Ionescu, *Indreptar ortodox,* S. 26 ff. u. S. 18.

46 Ibid., S. 16 f.

47 Ibid. Obgleich er eine andere Position einnimmt, wiederholt Ionescu hier einen Gedanken, der sich bereits bei Nietzsche *(Ecce homo)* findet.

48 Die Zeitschrift wurde 1921 gegründet und Crainic 1928 ihr alleiniger Herausgeber; vgl. Micu, a.a.O., S. 29.

49 Nach eigenen Angaben Eliades in *Mémoire,* S. 272, verließ er die Zeitschrift *Gîndirea* 1930, da Crainic ihn wegen seines ersten Romans angegriffen hatte. Nach Micu, a.a.O., S. 33, erfolgte diese Abkehr erst 1933, nachdem Crainic in den Prozeß gegen die Eiserne Garde verwickelt war (*Gîndirea* und *Cuvîntul* wurden verboten, ihre Herausgeber verhaftet, s. u.). Nachen Allen und Doeing, a.a.O., Abschn. H 366, veröffentlichte Eliade seinen letzten Beitrag in *Gîndirea* 1930, so daß der Irrtum höchstwahrscheinlich bei Micu liegt.

50 Micu, a.a.O., S. 66 und passim.

51 *Insula lui Euthanasius* (vgl. Anm. 22), S. 196 ff.

52 Ibid., S. 202.

53 *Mémoire,* S. 407. S. heute M. Handrea, in: I. P. Culianu (Hg.), *Libra,* 147-58.

54 Vgl. Al. Tănase, *Lucian Blaga – Filosoful poet, poetul filosof,* Bukarest 1977, S. 259 ff.; dies wurde später zu einer allgemeinen Haltung: »Die Mythen einer Nation«, schrieb Emil Cioran 1936, »sind ihre lebendigen Wahrheiten«, zit. bei O. S. Crohmălniceanu, *Literatura română între cele două războaie mondiale,* Bukarest 1972, Bd. 1, S. 108.

55 L. Blaga, *Trilogia Culturii* (Neuabdr.), Bukarest 1970, S. 15.

56 Ibid., S. 119 ff. Dies nannte er den »mioritischen Raum«, in Anlehnung an die Ballade »Mioriţa«, in der die periodischen Wanderungen der Hirten zwischen Berg und Tal geschildert werden. Mir selbst sagen diese Ideen Blagas recht

wenig, obwohl sie auch heute noch in weiten Kreisen Bewunderer finden.

57 L. Blaga, *Teatru,* Bukarest 1970, S. 15.
58 Zu dieser Legende s. Ion Taloş, *Meşterul Manole,* Bukarest 1973.
59 Culianu, *Mircea Eliade,* S. 58-62.
60 L. Blaga, *Teatru,* S. 198-204.
61 Zu dieser Mode s. Crohmălniceanu, a.a.O. (Anm. 54), S. 108-113.
62 Vgl. *Corneliu Codreanu Prezent,* Colecția Dacoromania, Madrid 1966, S. 98 f.
63 Micu, a.a.O. (Anm. 41), S. 202 ff. Blaga hat insbesondere nachdrücklich jeden Rassismus angeprangert; ibid., S. 205 f.
64 H. Roberts, Rumania: *Political Problems of an Agrarian State,* New Haven 1951; H. Seton-Watson, *Eastern Europe between the Wars 1918-1941,* New York 1967; E. Weber, »Romania«, in Rogger und Weber (eds.), *The European Right. A Historical Profile,* Berkeley/Los Angeles 1965, S. 501-574; M. Nagy-Talavera, *The Green Shirts and the others: A History of Fascism in Hungary an Romania,* Diss. 1965, Univ. Microfilm Int., Ann Arbor/London, S. 414-602 (beruht auf den Arbeiten von Roberts und Weber).
65 Nagy-Talavera, a.a.O., S. 425. Der Autor, der offenbar für Rumänien und dessen Bevölkerung keine besonderen Sympathien hegt, zeigt andererseits eine tiefe Bewunderung für Iuliu Maniu, den Führer der Nationalzaranistischen (Bauern-) Partei, und findet überdies lobende Worte für den unbestechlichen Marschall Ion Antonescu, der vom 27. Jan. 1941 bis 23. Aug. 1944 in Rumänien als Militärdiktator herrschte. Talavera macht darauf aufmerksam, daß weder Antonescu noch die Eiserne Garde für den Erlaß antisemitischer Gesetze verantwortlich waren, sondern die Regierungen unter Goga und Gigurtu. Antonescu war zwar für Deportationen und andere antisemitische Maßnahmen verantwortlich, lehnte jedoch über seinen Emissär Radu Lecca kategorisch den Vorschlag Hitlers ab, in Rumänien eine »Endlösung« der Judenfrage vorzunehmen, »sehr zum Leidwesen von Eichmann«; a.a.O., S. 426.
66 Ibid.
67 Das scheint allerdings leider der Wahrheit zu entsprechen.
68 Vgl. Stelian Neagoe, *Triumful rațiunii împotriva violenței,* Iaşi 1977. Dieses Werk ist gut belegt und abgesehen von einigen sich wiederholenden Tiraden objektiv genug. Vgl. aus anderer Sicht: C. Z. Codreanu, *La Garde de Fer (Pour les Légionnaires),* Paris 1938, Neudr. Grenoble 1972. Vgl. a. *Corneliu Codreanu Prezent,* S. 114-120.
69 Vgl. V. Gârniceanu in *Corneliu Codreanu Prezent,* S. 184.
70 Vgl. Culianu, *Mircea Eliade,* S. 34 f.
71 F. Jesi, a.a.O. (Anm. 1), S. 33 ff.
72 Ibid., S. 32. Während der kurzlebigen Regierung der rumänischen Legionäre wurden überall riesige Plakate mit dem Bildnis des ermordeten Führers *(Căpitanul)* und der Unterschrift »Corneliu Codreanu Prezent« angebracht.
73 *Corneliu Codreanu Prezent,* S. 75 f.
74 Ibid., S. 190.
75 Ibid. u. S. 335-337.
76 Vgl. Culianu, *Mircea Eliade,* Anhang; eingehender hierzu Foralosso, a.a.O. (Anm. 2), S. 324 ff.
77 Vgl. G. Romanato, »I marxisti di fronte al fenomeno religioso«, *Il Popolo,* 11. März 1978, S. 3.
78 »Antisemita e filonazista«, in A. Donini, *Enciclopedia delle religioni,* Mailand 1977, S. 189 (unter dem Stichwort »Fenomenologia della religione«).

79 »Dosarul Mircea Eliade«, *Toladot. Buletinul Institutului Dr. J. Niemirower 1* (1972), S. 24-26.

80 *Buna Vestire,* 17. Dez. 1937. Der Leser wird diesen Artikel in Eliades Bibliographien für das Jahr 1937 vergeblich suchen; vgl. Allen u. Doeing, S. 45-47 u. 205-207 sowie Handoca, s. 887-931.

81 *Mémoire,* S. 391.

82 Ein allgemein bekannter kommunistischer Berichterstatter, inzwischen der Herausgeber einer Kulturzeitschrift, beharrte trotz aller Gegenbeweise auf seiner Behauptung, er habe Eliade »im Grünhemd vor dem Grünen Haus« gesehen – das letztere war das Hauptquartier der Legion, das erstere die Uniform der Eisernen Garde. Im Französischen nennt man das »avoir la berlue«.

83 Jesi, a.a.O. (Anm. 1), S. 38.

84 A. M. Di Nola, »Mircea Eliade e l'antisemitismo«, *La Rassegna mensile di Israel 43* (Jan./Febr. 1977), S. 2 u. 12-15.

85 Vermutlich ist er der Autor des unsignierten Artikels »Eliade, Mircea« in der *Enciclopedia Europea Garzanti,* Mailand 1976, Bd. IV, S. 449, in dem Eliade als Vertreter der »traditionellen Rechten unter den Humanisten« bezeichnet wird. Vgl. a. Jesi, a.a.O. (Anm. 1), S. 38 ff.

86 E. Filippini, »Quando Liala incontra Julius Evola«, *La Republica,* 4. Mai 1979.

87 F. Jesi, »Un caso imbarazzante«, *Tutto Libri 5* (1979).

88 C. C. und D. C. Giurescu, *Istoria Românilor,* Bukarest 1971, S. 651.

89 *Mémoire,* S. 336.

90 Ibid., S. 398 f.

91 »Creştinătatea faţă de Iudaism«, *Vremea 7* (1934); »Consideraţii oarecum actuale«, ibid.

92 Micu, a.a.O. (Anm. 41), S. 333. M. Polihroniade in *Axa 1* (1933).

93 Eliade in *Cuvîntul,* 22. Sept. 1933, S. 3021.

94 *Noaptea de Sânziene,* ed. Ioan Cuşa, Paris 1971, 2 Bde.

95 Sogar einige Neolegionäre sind in diesen Irrtum verfallen. So schrieb etwa I. Marii, Eliade habe einem »Nest« der Eisernen Garde als Mitglied angehört (in seiner Einleitung zu I. I. Moţa, *L'Uomo nuovo,* Padua 1978, S. 11). Die italienischen Neofaschisten glauben, daß Eliade Codreanu nahestand. Bei A. Romualdi ist zu lesen, daß J. Evola »nach Bukarest (ging) und Codreanu und Mircea Eliade (sah), die der Eisernen Garde angehörten« (*Julius Evola: L'uomo e l'opera,* Rom 1968, S. 43). Ich weiß nicht, ob Evola jemals Eliade in Rumänien gesehen hat. Wenn er nach Bukarest kam, um mit Codreanu zusammenzukommen, dann traf er dort wahrscheinlich auch Nae Ionescu und in diesem Fall möglicherweise auch dessen Schüler Mircea Eliade. Aber weder Ionescu noch Eliade *gehörten* zu irgendeiner Zeit der Eisernen Garde *an.*

(Postscriptum 1983: Meine Vermutung ist durch Mircea Eliade selbst bestätigt worden, *Fragments d'un journal II, 1970-1978,* Paris 1981, S. 193 f. Eliade ist tatsächlich mit Evola zusammengekommen, und zwar im Haus von N. Ionescu. Evola hatte am Morgen ein Gespräch mit Codreanu gehabt und war von dessen Mystizismus sehr beeindruckt. Eliade notiert in seinem Tagebuch mit feiner Ironie die Reaktionen Evolas auf die Ausführungen seines Gesprächspartners, in denen Codreanus völliger Mangel an politischer Urteilskraft zum Ausdruck kam. Eliades Verhältnis zu Evola wird anschließend mit derselben distanzierten Ironie beschrieben. Eliade war niemals bereit, »Initiierte« wie Evola und Guénon ernstzunehmen, da er, wie er sagte, für ein anderes Publikum schrieb).

Constantin Noica
Eines Menschen Leben als Stufen des Konkreten
Die sieben Schritte von Buddha

In *Das Heilige und das Profane* notiert Eliade, daß die Uitoto-Indianer sagen, sie arbeiteten, um tanzen zu können. Nach einem Leben voll Arbeit tanzt er nun selbst durch die Kultur unserer Zeit. Wir wissen nicht mehr genau, welchem Stamm er angehört – den rumänischen hat er seit langem verlassen, wenn auch nicht ganz; von den indischen Sekten hat er sich rechtzeitig frei gemacht, und auch die westeuropäischen Stämme vermochten ihn nicht festzuhalten; seit geraumer Zeit jedoch hält er sich erfolgreich bei einem amerikanischen Campus-Stamm auf, und er würde Aufnahme finden, wenn so etwas zustande kommen sollte, im Stamm der richtungsweisenden Intellektuellen, der homines planetarii, die wesentlich dazu beitragen können, über die Probleme der Gegenwart Rechenschaft zu geben, sei es über die wirtschaftliche Misere, sei es über die geistige Glorie –, wir wissen also überhaupt nicht, wohin er gehört, aber wir sehen ihn durch unsere Kultur tanzen, die Kultur, die sich heute so verkrampft ausnimmt.

In einer Zeit unerbittlicher Spezialisierung hat Eliade den Mut und die erstaunliche Kompetenz, über *alle* großen Religionen der Geschichte zu schreiben, ohne daß, soweit uns bekannt, von namhaften Fachleuten schwerwiegende Einwände gekommen wären. Ja es scheint, als bedauere er, daß es nicht noch andere große Religionen gibt, wie der Don Juan Molières, der sich noch einen Globus mit anderen schönen Frauen wünscht, um auch diese zu erobern. Wie Frazer – der Vergleich wird immer wieder angestellt – nimmt er eine Bestandsaufnahme der Stammesreligionen vor, um sie aufgrund ihrer Archetypen an die Seite der Universalreligionen zu stellen. Die großen Probleme der Philosophie, der Literatur und der Geschichte Europas – das er beschuldigt, andere Kulturen viel zu lange ignoriert zu haben – hinter sich lassend, spricht er, der nicht nur die modernen und klassischen, sondern auch die archaischen und traditionellen Kulturen in eminenter Weise kennt, von Prä-Kulturen, Sub-Kulturen und denkt womöglich an Post-Kulturen, denn er gehört zu den wenigen Gelehrten, die Zeit gefunden haben, sich mit den Propheten oder Pseudo-

Propheten aus den Reihen der Hippies zu unterhalten. Eliade bedauert und verurteilt nichts, und nichts beängstigt ihn, weder im Bereich des Profanen noch die technisch-wissenschaftliche Revolution. Im Gegenteil, gelassen und heiter verkündet er die Entstehung einer neuen Religion oder die positive und notwendige genetische Mutation des Menschen nach den atomaren Selbstmordversuchen dieser Terra (was er sich in der herrlichen Novelle *Tinereţe fără tinereţe/Der Hundertjährige* einfallen läßt). Es gelingt ihm, das Schrille seines Jahrhunderts zu orchestrieren, sich darüber hinwegzusetzen und alles in Harmonie zu verwandeln. Wie war ihm das nur möglich?

Manche Menschen leben, um herauszufinden, wie Goethe gelebt hat, so daß der Spruch auf dem Grabstein Eckermanns auf dem eigenen stehen könnte. In seiner Art mag auch Eliade andere Leben in sein Geschick aufnehmen: denn ein Geschick, das sich im Chaos und im Exzeß des 20. Jahrhunderts erfüllt – und wäre es nur das Chaos im Geistigen und der Exzeß an Kenntnissen –, hat etwas Unwahrscheinliches und nicht minder Faszinierendes an sich. Es muß also der Mühe wert sein, eine Erklärung zu suchen für etwas, das sich prinzipiell der Erklärung entzieht.

Er ist 11 Jahre alt, als es mit ihm anfängt. Der Lehrer in Naturkunde setzt den Schülern ein Mikroskop vor und verlangt, daß nachgezeichnet wird, was das Auge sieht. Bei Eliade vereinigt sich die Genugtuung des Sehens und des Nachzeichnens mit dem Gefühl, eine andere Natur mit anderen Formen und Organen wiedergeben zu können. Was das elfjährige Kind eben nur ahnen konnte, darauf bezieht sich der reife Mann in seinen *Erinnerungen*: »Es gab also gewisse Gesetze, die sich entziffern ließen, und so gewann alles Sinn und Zweck«. Die Gesetze des reifen Mannes haben jedoch das staunende Kind in ihm nie auszulöschen vermocht: Eliade ist stets bezaubert von dieser anderen Welt, deren Wahrheit er im Konkreten entdeckt. Und wer nach dem Konkreten sucht, der wird der Welt des Unmittelbaren untreu.

Ein anderes Sehorgan ermöglicht einen anderen Kontakt zur Realität, es bildet die Fähigkeit des aufmerksamen »Beobachtens« aus, das nicht nur für Goethe, sondern, durch Konzentration, auch für die Menschen des Orients den Anfang der geistigen Erfahrung darstellt. Je näher man die Dinge sieht, desto wunderbarer erscheinen sie uns; man erkennt das Ausnahmehafte im Unmittelbaren, und vor allem erkennt man in der Ausnahme die

Regel, das Reale, die Wahrheit. Bei Eliade vereinigt sich alles im »Durst nach dem Konkreten«, im Durst nach dem Sein, wie er selber sagt. Und wenn er diesen Durst zum Schlüssel seines Forschens und seiner fachlichen Lösungen macht (– er deutet etwa die Tendenz zum Konkreten als das geistige Charakteristikum der präarischen Schichten Indiens, eine Tendenz, die wesentlich zur Durchsetzung von Yoga und zur Durchsetzung der lokalen Gottheiten beigetragen haben soll –), so dürfte hier auch der Schlüssel zu seinem Geschick, zu seiner Biographie zu finden sein.

»Ich werde nie ein Gelehrter«, heißt es in einer seiner Jugendschriften (*Şantier/Baustelle,* 1935), obwohl er zu jener Zeit begonnen hatte, einer zu werden, doch er denkt dabei an einen bestimmten, einen bedeutenden Orientalisten und fügt hinzu: »denn ich bin ein unverbesserlicher Abenteurer«. Gerade sein Hang zum Abenteuerlichen jedoch macht aus ihm den Gelehrten und führt ihn über oder besser: *durch* viele Welten, die er nur dann verläßt, wenn er sie in ihrer detailhaften Bibliographie – in wörtlichem und in übertragenem Sinn – beherrscht. Durch diesen Durst nach dem Konkreten erfährt der Begriff des »humanistischen Gelehrten« eine neue Bedeutung: Wenn einst Aristoteles Sekretär der Natur genannt wurde, so versucht Eliade, Sekretär des Geistes zu sein. Er findet und beschreitet alle Stufen des Konkreten, dessen letzte Version der Geist ist; und da Eliade auf den Geist stößt, ist er unentwegt bemüht, sein Sekretär zu sein.

Sein Abenteuer läßt sich also beschreiben, wenn *die Stufen des Konkreten* in seiner Biographie transparent gemacht werden. Das ist Eliades eigentliche Biographie (auch wenn er so oft die andere, die Biographie der realen Ereignisse erzählt, die eben nur dann bedeutsam werden, wenn ihm der Anschluß zur Biographie seiner Stufen gelingt, zu seiner Stufenleiter und zu seinem Kampf mit dem Engel, wie Jakob), die Biographie, die ihn sein Herkunftsland mit Indien auswechseln läßt, um ihn sodann in die weite Welt zu schleudern. In einem gewissen Sinn sind die Stufen des Konkreten die Kultur eines Menschen, die – wie zu zeigen sein wird – Geister wie Eliade ontogenetisch decken. An seinem Geschick läßt sich erkennen, was das Konkrete ist, inwieweit und warum echte Kultur zur Erfahrung »im Konkreten« wird, selbst dann, wenn es sich um das Abstrakte der Wissenschaften handelt. In diesem Sinne ist, obwohl das Werk Eliades als etwas Singuläres erscheint, das Geschick dieses Menschen ein exemplarisches. Die scheinbare Exzentrizität – nämlich was im 20. Jahrhundert einem gebildeten Menschen in seinem Durst nach dem Konkreten widerfährt – wird zur Regel für jeden gebildeten Menschen, der durch Kultur die Stufen des Konkreten abschreitet, um das Konkrete als »Hierophanie« zu erfahren.

Die *erste Stufe* des Konkreten stellt die Natur dar, die mit Hilfe des verdoppelten Sehorgans wahrgenommen wird: mit dem gewöhnlichen wie mit dem vergrößernden Auge, das der Naturwissenschaftler vor der Erfindung des Mikroskops einsetzte, als er Botanik und Zoologie, die zahmen Elementarwissenschaften, entwickelt hat. Für den jungen Eliade wurden diese noch zum Abenteuer; »außer Zoologie interessierte mich überhaupt nichts mehr«, erinnert er sich, so daß er ohne den Lehrer in Naturkunde sitzengeblieben wäre. In einer kleinen Kiste mit Glasdeckel, einem Terrarium, sammelte er Pflanzen und Insekten, deren düsteres Treiben er stundenlang beobachtete. Die Welt der Pflanzen und der Tiere stand ihm näher als die Welt der Menschen, von der ihn seine zunehmende Kurzsichtigkeit entfernte. Hinzu kam dann noch die Leidenschaft des Forschens, die ihn völlig vereinnahmte. Manchmal hat er das Gefühl des Verfolgtseins, das ihn aber eher beschwingt als deprimiert: Als großer Zoologe oder als großer Entdecker möchte er der Gesellschaft einmal Rede und Antwort stehen.

Dieser Anfang zeigt ihn bereits in vollem Einsatz; der Durst nach dem Konkreten führt zum Abenteuer, das Abenteuer zur Vereinsamung, und erst durch die spätere Ausnahme-Erfahrung findet er zurück zu den Menschen. Auch verzweigt sich das Abenteuer der Erkenntnis. Die Leidenschaft, entfacht durch die Begegnung mit der Natur, veranlaßt ihn zu intensiver Lektüre, er beginnt zu schreiben und zu dichten. Wahrscheinlich im Gefühl des Konkreten betitelt er eine Schularbeit: »Wie ich gespürt habe, daß Frühling wird« (Cum am simţit că se face primăvară«); mit seinem verdoppelten Sehorgan dringt er ins Phantastische ein, vor dessen Verführungen ihn nur sein wissenschaftliches Interesse bewahrt hat. Seine Lektüre von Brehm und Faber verwertend, führt er bei einer populärwissenschaftlichen Zeitschrift die Rubrik: »Entomologische Gespräche«. Auf weite Strecken wird die Darstellung durch die Ingeniosität des Kindes geprägt, aber Bildungshunger und eine wahre Sucht nach dem Konkreten steigern deren Reiz. Eigentlich müßte das Leben Eliades für die Europäer, die die Kultur in die Entfremdung von der Natur geführt haben, zur aufregenden Lektion dadurch werden, daß er die Tugend, besser: die fundamentale Intuition hat, daß kulturell motiviertes Engagement nicht ins Abstrakte, sondern zu einer tieferen Realität führt. Das enthüllt sich bereits an seinem Schritt von der ersten zur zweiten Stufe des Konkreten.

Auf dieser *zweiten Stufe* des Konkreten entdeckt er durch die Chemie eine Natur, die im Unterschied zu den mannigfaltigen Erscheinungen der Natur nicht mit dem gewöhnlichen oder dem mikroskopisch ergänzten Auge erfaßt werden kann. Was das Laboratorium offenbart, ist eine analysierte Natur. Obwohl es sich noch immer um Schulbildung handelt (die aber gerade deshalb so schätzenswert ist, weil sie das Wunder der Kultur in unwiederholbarer Vollständigkeit vermittelt), weiß der junge Eliade auch jetzt das Gewöhnliche ins Ungewöhnliche zu verwandeln. Seit frühester Jugend unzufrieden, auf Befehl lernen zu müssen, beschäftigt er sich mit Chemie, wenn Physik vorgetragen wird, und umgekehrt. In den Ferien auch weiterhin Insekten für seine Kiste sammelnd, richtet er sich – wie andere junge Leute und dennoch *anders* als sie – ein Laboratorium ein. Chemie fesselt ihn über alle Maßen, und er kommt auf den Gedanken, Chemiker zu werden. Doch wie mit Botanik und Zoologie ergeht es ihm auch mit der Chemie: Er verbindet sie mit dem Phantastischen und Wunderbaren; den Zugang dazu verschafft ihm sein zweites Sehorgan.

Sein Durst nach dem Konkreten steigert sich, richtet sich aufs Ganze, aufs Enzyklopädische. Mit 15 Jahren schreibt er die »Erinnerungen eines Bleisoldaten« (»Memoriile unui soldat de plumb«), nachdem er ein Jahr vorher einen Preis für seine literarische Erzählung »Wie ich den Stein der Philosophen fand« (»Cum am descoperit piatra filosofală«) erhalten hat. Im »bleiernen Soldaten« will er die Geschichte der Menschheit aus der Perspektive eines chemischen Elements darstellen, indem er das Blei, woraus der Soldat gemacht ist, sich alle Abenteuer, die es in der Geschichte und im Kosmos erlebt hat, in Erinnerung führen läßt. Wie beladen von jugendlichem Titanismus dieses Projekt auch erscheinen mag, der Kenner des späteren Eliadeschen Werkes empfindet es kaum als übertrieben. Mit seinen im Konkreten schwelgenden Situationen erreicht Eliade die Dimension des Romantischen. Der auf komisch-historischer Intention aufbauende Roman verwebt die im Laboratorium erworbenen Erfahrungen mit dem Element Blei und die Kenntnisse über dessen chemische Eigenschaften zu einem Neben- und Ineinander des menschlichen Wesens und der menschlichen Geschichte. Ganz unbefangen geht Eliade von der Natur der Botanik, Zoologie und Chemie zur Natur der Alchemie über.

Diese von der Alchemie als verwandelt präsentierte Natur stellt die *dritte Stufe* des Konkreten dar. Auf dieser tritt die menschliche Natur ins Blickfeld Eliades, die aus seinem Abenteuer im Konkreten nicht mehr wegzudenken ist. Die Verquickung von Natur und Mensch, die die Alchemie vollzieht, sowie ihre Aktualität in der heutigen Kultur, mag ihr tieferes Verdienst ausmachen. Sie kann in diesem Sinne nicht eine Vorform der Chemie sein; kulturell gesehen, dürfte letztere trotz ihrer außerordentlichen Erfolge bloß als verarmte Alchemie gelten. Bezeichnenderweise haben zur bewundernswerten Rehabilitierung der kompromittierten Alchemie Jung und Eliade beigetragen. Gewiß, in der Jugend war die Auseinandersetzung nicht möglich, dazu bedurfte es eingehender Kenntnisse auf den Gebieten der östlichen wie der europäischen Alchemie. Und dennoch, das frühe Interesse für diese Disziplin bringt Eliade etwas Unerwartetes: die Begegnung mit dem Menschen, mit der menschlichen Natur, auf die sich mit Ausschließlichkeit sein Durst nach dem Konkreten überträgt.

Der Übergang von der Chemie zur Alchemie wird durch die Art bedeutsam, wie Eliade ihn vollzieht. Seine Suche nach dem *Absoluten* in der Chemie zeichnet sich vorerst in der Geschichte des »bleiernen Soldaten« ab und später in der Rezeption von Balzacs Roman *Der Stein der Weisen,* den zu lesen Eliade von einem Klassenkameraden empfohlen wird. Nicht nur, daß er in Balzac den Urheber der Konversion der Natur zur menschlichen Natur, zur Gesellschaft und zur Geschichte erblickt, durch den Franzosen offenbart sich ihm eine Über-Natur, die eins mit dem Menschen ist. Zwar handelt es sich auf dieser dritten Stufe noch immer um eine Natur, die sich im vollen Besitz ihrer Rechte befindet, nur daß der Mensch auch anfängt, seine Rechte zu behaupten, und die eine wie der andere erscheinen verwandelt. Mit der ihm eigenen Art, jede Erfahrung voll auszukosten, liest Eliade nicht nur *Der Stein der Weisen,* sondern den ganzen Balzac. Von daher rührt seine Aufgeschlossenheit für alles Menschliche, die sich für einen Augenblick mit dem Durst nach dem Konkreten die Waage hält: Wird er sich für die Vielfalt der verwandelten Natur entscheiden oder für die Vielfalt des Menschlichen? Ein wundervoller Streit entbrennt im Inneren dieses außerordentlichen jungen Menschen, er will *alles* wissen, weil es ihn nach dem Sein dürstet, das ja überall sein muß, wenn die Inder recht haben: »Wer sagt, er sei nicht Brahma, der irrt sich«; Eliade wollte sich nicht irren, er sucht unentwegt weiter.

So gelangte er zur *vierten Stufe* des Konkreten, wo die Natur und das Menschliche ineinander verschmelzen (was durch die Alchemie nicht deutlich genug verständlich wird), da sie das Göttliche zusammenschweißt. Es sind dies die Erfahrungen im Bereich der Theosophie, die Eliade als bedeutsam für seinen Werdegang ansieht, weil sie ihm einerseits die Richtlinien seines eigenen Suchens vorzeigt und ihm andrerseits den Zugang zum Orient, dessen Erfahrung für ihn ausschlaggebend wird, erschließt. Er scheut sich also nicht zu gestehen, daß er Indien durch . . . *Les grands initiés* kennenlernt. Dieses Buch hat ja in vielen jungen Menschen das leidenschaftliche Interesse für Kultur geweckt und verdient es, gerechter eingeschätzt zu werden als das im allgemeinen bisher der Fall war. Schuré ist ein Jules Verne des Geistes. Gerade die Theosophie als »degradierte« Praxis oder die Anthroposophie als ihre verfeinerte und kulturell vertiefte Version haben sich in der Erziehung der europäischen Jugend als fruchtbar erwiesen, insbesondere als Mittel der Befreiung vom leeren Intellektualismus. Wie andere kulturelle Persönlichkeiten mußte auch Eliade ihre Grenzen erfahren. Jedoch entwickelt sie einen Sinn für *Totalität,* was andernorts nicht der Fall ist und in jungen Jahren kaum erreicht wird; die europäischen Philosophien, die bei weitem nicht so zugänglich sind und weniger Gewißheit verschaffen, sind dazu am wenigsten geeignet. Dagegen läßt die Theosophie »Korrespondenzen« erkennen, die immerhin das Modell einer möglichen Konsistenz des natürlichen und des menschlichen Universums transparent werden lassen. Wenn auch in nicht annehmbarer Version führt ferner die Theosophie eine Form des »Geistes« ins Spiel und bietet dem nach dem Konkreten hungernden und durch die Natur irrenden Menschen die Möglichkeit, das Konkrete als Geist zu erfahren. Letzten Endes werden weder das Göttliche dieser Philosophie noch ihr Geist akzeptiert; doch beide tauchen in der Wüste des europäischen Positivismus auf, und wenn dann noch über die Theosophie die Botschaft des Orients vernehmbar wird, so kann sie kaum als unverbesserliche Anschauung abgetan werden. Das von ihr invozierte Konkrete ist natürlich vulgär, beinahe materiell, dargeboten in Form des unmittelbar wahrnehmbaren Geistes, als eine undifferenziert beschaffene Welt, die nur ätherischer als die Welt des unmittelbar Realen ist. Der Orient dagegen ist in der Lage, eine andere Erfahrung des geistig Konkreten zu vermitteln, da er den Geist aus dem Zustand einer ätherisierten und materiell aktiven Substanz herausführen will.

Hierein kann sich Eliade in seinem Durst nach dem Konkreten versenken, ausgerüstet mit einem verdoppelten Sehorgan, das ihm den Zugang sowohl zum Nahen als auch zum Wunderbaren sichert. Der Erfahrung im positiv Faktischen und dem Wissen um die Materie überlagert sich das Übernatürliche, das etwas anderes ist als die Natur, sie aber dennoch nicht widerlegt. Es ist wie Brahma, das allseitig widerlegt wird (neti . . . neti), selbst aber alles bestätigt. Wenn auch nicht in eindeutiger Klarheit stand für die europäische Kultur seit eh und je fest, daß der Orient das Reale zu steigern, nicht zu annullieren lehrt. Aber unmittelbaren Zugang zum Orient konnte nicht die Theosophie verschaffen, die auf ihre Fragen bloß orientalische Antworten bereithielt. Und ihr Konkretes ist unannehmbar; seine Erfahrung ist also in Indien selbst zu machen. Vor Eliade, der von der Erfahrung der Natur ausgeht und zum in die Natur integrierten Menschen gelangt, tut sich nun als nächste Etappe der Erfahrung die universale Geschichte des Menschen auf.

Auf dieser *fünften Stufe* des Konkreten handelt es sich also um die menschliche Natur in ihrer Manifestation als Geschichte der Menschheit. Unter dem Druck, dem Eliade durch seinen Drang nach dem Realen ausgesetzt ist, und durch sein Bewußtsein, daß das Reale nicht punktuell, sondern universell verbreitet ist, gerät er in einer Phase seines Lebens ins Enzyklopädische. Doch von anderem Geist als der professorale Enzyklopädismus ist sein Streben beseelt, das aus ihm eine Zeitlang einen Polyhistor macht. Die Begegnung mit *Ein erledigter Mensch* von Papini, der ebenfalls leidenschaftlich alles wissen will, veranlaßt ihn, die italienische Sprache zu lernen, was für seine geistige Entwicklung entscheidend war. Denn unter den großen europäischen Kulturen vermag sich allein die italienische aus ihrer nationalen Selbstgefälligkeit zu lösen und sich dem Universalen zu erschließen; genau das sollte ja mit Eliade selbst geschehen. Papini verehrt er auch nach dessen persönlicher Bekanntschaft und trotz der Grenzen des Werkes. Allein schon der einfache Vergleich von Eliades universalem Geschick und von Papinis gespanntem, rhetorischem Universalismus (der möglicherweise mit dem Umstand, daß er Autodidakt war, zusammenhängt) mag zu erkennen geben, was eine Bildungsstufe im Werden einer kulturellen Persönlichkeit ausmacht. Übrigens nicht nur Papini, sondern Balzac und *Die Menschliche Komödie* sowie andere Autoren führen ihn über diese Stufe. Der Gymnasiast begeistert sich unter Balzacs Einfluß für Voltaire, selbst für den trockenen und ironischen, dem wohl verziehen werden kann, daß er sich aus Mangel an Kreativität in einen breitangelegten Enzyklopädismus flüchtet. Genauso begeistert ist er von zwei außergewöhnlichen Gestalten der rumänischen Kultur: von Hasdeu, dem Historiker und Philologen, der allein ein Magnum Etymologicum der rumänischen Sprache erstellen wollte und dazu beauftragt war, aber glorreich im Buchstaben B steckenblieb, sowie von N. Iorga, dem Historiker, Mediävisten, Byzantologen, Universalhistoriker, dem (letzten Endes) einzigen Historiker der Rumänen und des Rumänentums, der vollständig gelesen werden muß, was wohl auch Eliade getan hätte, wenn er nicht durch die universale Geschichte des Menschen die Version des Konkreten im Menschen überwunden hätte.

Denn mehr als die eigentliche Geschichte und jedenfalls mehr als die Systeme interessiert ihn bereits jetzt die Selbstaufgabe und die Wiederfindung des Menschen zu sich selbst durch Religiosität, d. h. also die Versenkung der historischen Menschheit im Ozean des Glaubens. Frazer und Ridgeway ziehen ihn stärker an als jede Philosophie. Er entdeckt jetzt Ernesto Buonaiuti, Macchiaro, Tucci; und als er die erste Etappe seiner Studien in Rumänien beendet, schreibt er seine Dissertation über die italienische Renaissance, die für ihn nicht wie für die meisten die Wiederbelebung klassischer Humanitätsideale bedeutet, sondern die Verbindungsbrücke zum Orient. Im wörtlichen Sinn muß man ja auch heute noch das Flugzeug von Italien nach Indien nehmen. In seinen *Erinnerungen* schreibt Eliade, er habe das Gefühl gehabt, in Indien würde er verstehen lernen, warum die Pflanzen, Insekten, chemischen Stoffe und danach die Literatur, die Philosophie und die Religionen sein Interesse gefesselt haben.

Auf der *sechsten Stufe* als der vorletzten zum Konkreten macht er die geistige Erfahrung der indischen Religiosität. Und wer sein Leben und Werk verfolgt, der mag erstaunt sein, daß sich Eliade durch seinen dreijährigen Indien-Aufenthalt geistig nicht festgelegt oder sich nicht in einer Spezialität, als Indologe etwa, verengt hat. Doch er war noch immer der Mann des »Abenteuers«. Seine Reise nach Indien war in gewisser Weise Goethes Reise nach Italien. So wie Goethe ohne Italien nie zur Ruhe gekommen wäre, aber durch die dort verbrachten Jahre sein Gleichgewicht findet, ohne vom Inhalt dieser Erfahrung Gebrauch zu machen, oder indem er diesen überwindet und sich eine Zeitlang statt mit Kunst mit Wissenschaft, die auch für ihn eine Art »Abenteuer« ist, beschäftigt, genauso wäre auch Eliades weiterer Lebensweg ohne die Indien-Reise unvorstellbar. Auch er kann Indien zufrieden verlassen und befreit sich trotz seines Verständnisses und einer stillen Zuneigung von dieser Welt des Orients, lebt eine kurze Zeit von ihr, um sie dann zu überwinden. Auch wenn er sich anderen Kulturen widmet und andere geistige Erfahrungen macht, muß es doch so gewesen sein, wie er selber sagt: Indien hat ihn die bis dahin gemachten Erfahrungen im Konkreten zu verstehen gelehrt. In Fortsetzung der Indienerfahrung und gewissermaßen die indische Geistigkeit überwindend, gelangt Eliade in den Bereich seiner letzten Erfahrung. Nicht die Natur, nicht der Mensch und nicht das Göttliche erfüllen die Jugend Mircea Eliades vollständig. Denn Natur läßt sich durch die Tätigkeit des Menschen aufheben (verändern durch Ackerbau und nicht erst durch Industrie) oder umsetzen in Relationen oder in abstrakte Gesetze. Der Mensch als Zwitterwesen aus Natur und etwas anderem bietet viel zu wenig Sicherheit, um alles Suchen auf ihn zu konzentrieren. Und das Göttliche – wie immer konzipiert oder empfunden – behält zu viel für *sich;* also kann seine konkrete Erfahrung nicht die Erfahrung des Konkreten sein, was das indische Denken wohl meint, wenn es das menschliche Selbst vom kosmischen Selbst unterscheidet.

Eliade begreift, daß Natur, Mensch und Göttliches das Sein jeweils in ihrer eigenen Kategorie äußern, daß das Sein die Substanz des Konkreten nach unzählig durchlaufenen Hypostasen ist, daß aber die Erfahrung im Konkreten des Seins nicht in der Modalität einer einzigen Hypostase stattfindet, sondern in ihrem Zusammenwirken – man könnte sagen: in ihrem Übergang aus der Hypostase ins Element der Welt –, das das Heilige ist. Und wahrscheinlich sogar jenseits des religiös Heiligen, das dem Profanen gegenübersteht, dieses jedoch bestätigt, ist das Ziel, das der Durst nach dem Konkreten und nach dem Sein anstrebt, angesiedelt.

Sobald Eliade die *siebente Stufe* des Konkreten erreicht, wird das Abenteuer des Suchens zum Abenteuer allseitiger Identifizierung des Heiligen. Diejenigen, die die rumänische Periode des Gelehrten kennen und ihn bis zu seinem 33. Lebensjahr erlebt haben, schätzen insbesondere die Einwirkung, die sein heißes Suchen und die faszinierende Präsenz seiner Persönlichkeit auf die Geister dieser kleinen kulturellen Gemeinschaft ausgeübt haben. Im Vergleich zu dieser ersten mag seine zweite Schaffensperiode – trotz der Vielzahl der im Okzident erschienenen Werke und trotz des Widerhalls, dessen sich der Professor von Chicago erfreut, einiges an Reiz eingebüßt haben. Doch das Heilige bewirkt die Verankerung, und Eliades Stimme, die in der großen Gemeinschaft der Kultur hörbar wird, ist die Stimme nach der »Begegnung«.

Die Stufen des Konkreten, die in den Jugendjahren Eliades so natürlich aufeinander folgen, führen ihn also von der Natur (über die gewöhnlichen Wissenschaften) zum Menschen (über das Okkulte, über die Literatur und die Universalgeschichte) und von hier zum Göttlichen (über die Religionen und das Folklore-Gut der Stammeskulturen) und zum Sakralen. Die anfänglich naive Erfahrung wird zu einer bewußten; sie ist vom Geist des Abenteuers geprägt, dessen Dimensionen wie bei einem Huxley, Malraux oder Ernst Jünger unabschätzbar zu sein scheinen. Dann aber vollzieht sich die Verankerung dennoch und zwar an einem Punkt, wo das gewöhnliche Bewußtsein, das nicht das Konkrete und das Sein sucht, da es von Anfang an diese zu beherrschen glaubt, zum Scheitern verurteilt ist. In der *Phänomenologie des Geistes,* im Kapitel über die Gewißheit der Sinnlichkeit, erkennt das Bewußtsein, daß auf seiner Stufe das Konkrete sich auflöst und sich mit ihm zusammen aufhebt, um im Abstrakten aufzugehen; denn der Mensch »glaubt« nicht an die Realität der Früchte, die er verzehrt, sagt Hegel; wenn er Getreide ißt, so ernährt er sich mit Ceres samt ihren Gaben. Für Hegel stellt diese Erfahrung die erste Katastrophe der sinnlichen Gewißheit dar. Bei Eliade wird sie zur *letzten* Erfahrung des Hungers nach dem Konkreten; denn die Wiederentdeckung der Ceres im Brot, das den Menschen nährt, führt dazu, daß der Akt des Essens einen ontologischen

Sinn gewinnt und daß das Symbol, der wiederentdeckte Mythos, der realisierte Archetyp den Dingen die Weihe des Seins geben. Das Heilige heiligt die Welt.

Alle späteren Werke Eliades kreisen um das Heilige, um die Sichtbarwerdung des Heiligen, um die Hierophanie, während sich in Hegels Werk alles um den Geist dreht, um dessen Sichtbarwerdung, um die Noophanie, von *nous,* wie man sagen könnte. Möglicherweise hat unsere Kultur *zwischen* diesen zwei Anschauungen zu wählen, wenn nicht jemand im Bann der Hegelschen Daimonie Eliade philosophisch zu verstehen sucht und im Unterschied zu Hegel nicht in historischer Folge, sondern essentiell beweist, daß das Generelle ohne Individuelles nicht sein kann, daß Hunger nach dem Konkreten Hunger nach dem Sein bedeutet, das samt dem Individuellen ist; ohne das Individuelle verschließen sich die abstrakten Gesetze der Erkenntnis in ihrem Himmel und werden zu bösen Göttern. Dieser Gefahr scheint unsere herrliche wissenschaftliche Kultur und die explosive Technik ausgesetzt zu sein, was nichts als Ratlosigkeit der trägen Götter sein mag, die sich von jüngeren verdrängt wähnen oder sich davor fürchten.

Doch lassen wir jede Anschauung in *ihrer* Wahrheit gelten. Wie über Brancusis Bildhauerei wurde auch über Eliades Anschauung gesagt, sie sei eine Philosophie vor den Philosophien. Die letzte Tugend der Philosophie beinhaltet das Werk Eliades, sowie deren spekulativen Mut, wenn der Religionswissenschaftler das multiple Eine verteidigt, indem er sich auf das konkret Universelle beruft und den kosmogonischen Mythos als ein Zusammenwirken aller Mythen begreift (die alle das Eingehen ins Sein verkünden, also eine »Ontophanie« sind); oder wenn er nach zweitausendjährigem Bestehen des Christentums sagt, Hierophanie sei die *Präfiguration der Menschwerdung.* Das Konkrete ist nicht der Leib, sondern die Leibwerdung. Georges Dumézil hat Eliades Anschauung eine Philosophie vor den Philosophien genannt, deren Bemühen darauf gerichtet ist, den bescheidensten Religionen und Glaubensformen einen theoretischen Sinn abzugewinnen. An jeder Religion, so ließe sich hinzufügen, zeigt sich, daß die Dinge Träger zweier Namen sind. Und diesen zweiten Namen entdeckt Eliade überall.

Daher tanzt er durch die Kultur unserer Zeit. Jeder von uns tragt das Geschick und das glorreiche Los Buddhas in sich, der, kaum geboren, mit sieben Schritten den Gipfel der Welt ersteigt. Sind wohl die vorhin aufgezeigten Stufen, die Stufe der einfachen Natur, der artikulierten, der verwandelten, der durch das Göttliche gesteigerten Natur, die Stufe der geschichtlichen Natur des Menschen, die Stufe der ahistorischen Natur der Welt als Splitter des Großen Ganzen oder die Natur, der Mensch und das Göttliche als Hierophanie die Schritte Eliades? Oder gibt es sieben andere Schritte einer Supra-Biographie? Jedenfalls hat man das Gefühl, wenn man ihn vollständig kennt, daß er *begriffen* hat; er hat den Namen der Dinge gefunden, und vielleicht geht er im Tanzschritt zwischen ihnen, in jenem Schritt, der, wie er selber sagt, uns in einen anderen als den Raum des Profanen führt, nämlich in den des Heiligen. Auch die zukünftige Menschheit mag über ihre planetarischen Landeplätze tanzen und versuchen, einen anderen Raum im Kosmos zu betreten. Mircea Eliade hat den sakralen Raum *hier* gefunden, hier auf dieser Erde, die vergänglich ist, wo aber Worte gesprochen wurden, die unvergänglich sind.

Aus dem Rumänischen von Gertrud Sauer

Joseph M. Kitagawa
Eliade und Tillich
Gedanken über ihre Begegnung

In seinem Tagebuch schreibt Eliade höchst anerkennend über seine Erfahrungen, die er in den 60er Jahren bei gemeinsamen Universitätsseminaren mit Paul Tillich gemacht hatte.[1] Als Tillich 1962 den John-Nuveen-Lehrstuhl in philosophischer Theologie an der Divinity School der Universität Chicago übernahm, war er sehr daran interessiert, mit Mircea Eliade zusammenzuarbeiten, dessen Arbeiten er kannte und schätzte. Eliade reagierte begeistert auf diesen Vorschlag. Damit begann eine anregende, zwei Jahre dauernde Begegnung zweier schöpferischer Köpfe, die sich gegenseitig stimulierten und voneinander lernten. In seiner letzten Vorlesung, nur zehn Tage vor seinem Tod, sagte Tillich:

An diesem Punkt möchte ich den Dank meines Freundes Eliade erwidern für seine Zusammenarbeit mit mir in zwei Jahren gemeinsamer Seminare, in denen jede einzelne christliche Lehre und jeder einzelne christliche Ritus für mich eine neue, tiefere Bedeutung gewonnen hat. Und als Erklärung, aber auch als Selbst-Anklage, muß ich erwähnen, daß meine *Systematische Theologie* entstanden war, bevor diese Seminare stattfanden. ... Aber vielleicht ist eine längere und intensivere gegenseitige Durchdringung von systematischer Theologie und Religionsgeschichte nötig. Unter ihrem Einfluß könnte sich die Struktur des religiösen Denkens im Zusammenhang mit einer neuen fragmentarischen Manifestation der Theonomie oder einer *Religion des konkreten Geistes* entwickeln. Das ist meine Hoffnung für die Zukunft der Theologie.[2]

Es war in der Tat interessant zu beobachten, wie diese beiden Gelehrten trotz ihrer unterschiedlichen akademischen Ausbildung, Gemütsart und Herkunft sinnvolle Möglichkeiten eines Diskurses entwickelten, während sie gemeinsam das Wesen der religiösen Erfahrung des Menschen untersuchten.

Jeder, der Eliade und Tillich kennt, ist sich zweifellos bewußt, daß beide bedeutsame Eigenschaften gemeinsam haben – ein enormes Wissen, außergewöhnliche Geistesgaben, unersättliche Neugier, ein ausgezeichnetes Gedächtnis und die Fähigkeit, sich auf einen weiten Freundeskreis in unterschiedlichen Disziplinen zu beziehen. Als junge Männer waren Eliade wie Tillich fest im kulturellen Erbe ihrer Heimat verankert. Das flößte ihnen nicht nur eine Leidenschaft für Erkenntnis (Wissen) ein, sondern auch für Bildung *(paideia)* im griechischen Sinn des Wortes. Später vollzogen beide mehrfach einen radikalen Wandel, jeweils durch Weltereignisse verursacht, von denen das Geschick ihrer Herkunftsländer verändert wurde. Gut zwei Jahrzehnte früher geboren als Eliade, wurde der Lebensweg Tillichs durch die Erfahrung des Ersten Weltkriegs grundlegend beeinflußt. Hören wir seine Biographen:

Zu Beginn des Krieges war Tillich ... ein deutscher Patriot, ein stolzer Preuße, so begierig, für sein Vaterland zu kämpfen, wie jeder andere auch, aber politisch naiv. Als er vier Jahre später nach Berlin zurückkehrte, war er ein völlig anderer Mensch. Der traditionsbewußte Monarchist war zum religiösen Sozialisten geworden, der gläubige Christ zum Kulturpessimisten ... Diese Jahre bilden *den* Wendepunkt in Paul Tillichs Leben ...[3]

Nach dem Krieg verwendete Tillich – jetzt ein junger Akademiker – viel Energie auf die Erneuerung seiner Heimat und der westlichen Zivilisation in der festen Überzeugung, daß das Ende des Weltkriegs in der Tat der *kairos* sei »für eine allgemeine Kulturreformation in Übereinstimmung mit der *Vision eines neuen Humanismus,* der den Erfordernissen des modernen Lebens ebenso entsprechen sollte wie den überkommenen Idealen jüdischen, griechischen und christlichen Ursprungs«.[4] Doch der Aufstieg der Nazis gab seinem Leben erneut eine andere Richtung. Seines Lehrstuhls in Frankfurt enthoben, begann er ein neues Leben in Amerika. »Emigration im Alter von 47 Jahren«, so schrieb er, »das bedeutet, daß man zwei Welten angehört: der alten und der neuen ...«[5]

Tillichs Engagement in der ökumenischen Bewegung bot ihm die Möglichkeit, 1936 Deutschland zu besuchen – es war das erste Mal seit seiner Emigration, daß er nach Europa zurückkehrte. In seinem Tagebuch notierte er seine tiefe Liebe zur Landschaft und zu den Menschen seines Heimatlandes, verabscheute jedoch die Lage Deutschlands unter den Nazis: »Tot, zerstört; Stacheldraht und Gestapo.«[6] Verständlich, daß Tillich während des Zweiten Weltkriegs zutiefst eine frühe Niederlage der Nazis erhoffte und einen gerechten Frieden in Europa und andernorts ersehnte. Doch das Kriegsende brachte keinen Frieden, sondern markierte lediglich den Beginn des Kalten Krieges. Enttäuscht, aber nicht hoffnungslos steckte Tillich damals seine ganze Energie in die Vollendung seiner *Systematische(n) Theologie,* die in den Worten Wilhelm Paucks »erkennen läßt, daß sie von einem Mann geschrieben wurde, der über seinem mit höchstem Bewußtsein erlebten Gang durch tiefreichende historische Veränderungen nie aufgehört hat, über Möglichkeiten des Handelns für sich und seine Mitmenschen nachzudenken, durch die eine *echte Humanität verwirklicht werden könnte* ...«[7] In meinen Augen ist ein anderes herausragendes Merkmal an Tillichs Unternehmen der Umstand, daß er die Religions- und Kulturgeschichte zusammen mit der Bibel und der Kirchengeschichte als legitime Quellen der systematischen Theologie anerkennt. Nach seinen eigenen Worten sollte »eine theologische Religionsgeschichte ... theologisch das Material deuten, das durch die Untersuchung und Analyse des vorreligiösen und religiösen Lebens der Menschheit bereitgestellt wurde. Sie sollte die Motive und Typen des religiösen Ausdrucks herausarbeiten und zeigen, wie sie aus dem religiösen Anliegen folgen, und daher notwendig in allen Religionen einschließlich des Christentums, soweit es eine Religion ist, auftreten.«[8]

Tillichs Biographen sagen uns, daß er sich der Unvollständigkeit seiner *Systematische(n) Theologie* durchaus bewußt war und nach seinen Reisen nach Griechenland und Japan die Überzeugung äußerte, daß »sein ganzes System im Licht seiner neugewonnenen Vorstellungen von der Welt der Antike und der des Fernen Ostens umgeschrieben werden müßte«.[9] Insbesondere seine Japanreise 1960 hatte ihn tief beeindruckt. Er selbst hat dazu gesagt: »... Ich weiß, daß etwas geschehen ist: Von nun an werde ich in meinem Denken und Tun keinen westlichen Provinzialismus mehr dulden, soweit ich mir seiner bewußt bin ...«[10] Somit ist leicht zu verstehen, wie sehr er darauf brannte, seine Forschungen mit Eliade zusammen zu betreiben, als er 1962 an die Universität Chicago kam.

Tillich vergleichbar sollte auch Eliade sein ganzes Leben hindurch Zeuge umwälzender historischer Ereignisse sein. 1907 in Bukarest geboren, erlebte er die Besetzung seiner Heimat durch die Deutschen, als er neun Jahre alt war.[11] Auf dem Gymnasium fühlte er sich nicht nur von der Literatur angezogen, die er schon immer geliebt hatte, sondern auch von Philosophie, Untersuchungen über den Fernen Osten, Alchemie und Religionsgeschichte.

Außerdem hatte er zum Zeitpunkt seiner Aufnahme in die Universität bereits seinen einhundertsten Artikel veröffentlicht. Für seine Doktorarbeit an der Universität wählte er ein Thema aus der Philosophie der italienischen Renaissance, was – sicherlich unbewußt – ein Gegengewicht bildete zu seiner »Passion für Transzendenz, Mystizismus und fernöstlichen Spiritualismus«.[12] Im deutlichen Bewußtsein, zur »jungen Generation« zu gehören, die während des Ersten Weltkriegs aufgewachsen war, empfand Eliade, daß die vorangegangene Generation sich vor der Aufgabe gesehen hatte, das rumänische Volk zu reintegrieren und die nationale Identität Rumäniens zu festigen, während seine eigene Generation kein vorgefertigtes Ideal vorfand. »Wir waren die erste rumänische Generation, die nicht von vornherein durch ein Ziel festgelegt war, das in der Geschichte verwirklicht werden sollte. Um nicht im Kulturprovinzialismus oder in geistiger Sterilität dahinzudämmern, mußten wir wissen, was überall in der Welt, in unserer *eigenen* Zeit geschah«.[13] Bemerkenswerterweise riet er in einem seiner an die jüngere Generation gerichteten Artikel dem Leser, »sich das kommende Jahr 1928 als *sein letztes Jahr* vorzustellen und in diesen zwölf Monaten danach zu streben, all das zu tun, was er sich für sein Leben vorgenommen hatte«[14] – es war derselbe Rat, dem Eliade seither in jedem neuen Jahr gefolgt ist. In der Rückschau erwies sich sein Gefühl einer dringenden Notwendigkeit angesichts der späteren Ereignisse als richtig. »Tatsächlich«, so schrieb er später, »blieben unserer Generation nur zehn oder zwölf Jahre einer ›schöpferischen Freiheit‹. 1938 wurde die monarchistische Diktatur errichtet; es folgte der Zweite Weltkrieg und 1945 die russische Besetzung – und völliges Schweigen«.[15]

Wie zu erwarten, war Eliade während der allzu kurzen Periode »schöpferischer Freiheit« alles andere als untätig. So seltsam es klingen mag, seine Hingabe an die Untersuchung der italienischen Renaissance verstärkte noch sein Empfinden, zum Orientalisten, insbesondere zu Untersuchungen über Indien berufen zu sein, weil für ihn Orientalismus eine neue Version der Renaissance darstellte: »Ich befand mich, vielleicht ohne es zu wissen, auf der Suche nach einem *neuen, umfassenderen* und gewagteren *Humanismus* als dem der Renaissance, der zu sehr in Abhängigkeit von den Vorbildern des mittelmeerischen Klassizismus stand ... ein provinzielles Menschenbild genügte (mir nicht) und ... im

Grunde träumte (ich davon), das *Modell eines ›Universalmen-schen‹* wiederzuentdecken«.[16] Zufälligerweise, als erfülle er das vorherbestimmte Schicksal Eliades, bot ihm der Maharadscha von Kassimbazar finanzielle Unterstützung an, damit er einige Jahre in Kalkutta mit dem Philosophen Surendranath Dasgupta zusammen Forschungen betreiben konnte. Indien lockte ihn jedoch nicht nur als Forschungsfeld. Er hatte das unbestimmte Gefühl, irgendwo in Indien warte auf ihn das unbekannte Geheimnis und es sei an ihm, es zu enträtseln, und, so schreibt er selbst, »während ich es entschlüsselte, würde sich mir zugleich das Geheimnis meiner eigenen Existenz enthüllen; ich würde am Ende entdecken, wer ich war und warum ich das sein wollte, was ich sein wollte, warum alle die Dinge, die mir geschehen waren, geschehen waren . . .«[17] So machte sich Eliade 1928 im Alter von 20 Jahren kurz nach dem Erwerb der *licence ès lettres* nach Indien auf, wo er drei Jahre lang indische Philosophie und die Praxis des Yoga studierte, ein Thema, zu dem er anschließend einen bedeutenden wissenschaftlichen Beitrag leisten sollte. Aber auch seine literarische Produktivität hielt während dieser Zeit in Indien an.

Offenbar war Eliade von indischer Philosophie und Askese tief beeindruckt, weil sie zeigen, wie der Mensch als freies Wesen existieren kann, indem er die Bedingungen seiner Existenz abstreift oder transzendiert.[18] Ein weiterer Aspekt des Geheimnisses, das Eliade in Indien entschlüsselte, war die Bedeutung der bäuerlichen Wurzeln der rumänischen Kultur, »die uns zwangen, unseren Nationalismus und Kulturprovinzialismus zu überwinden und nach ›Universalismus‹ zu streben.« Er gelangte zu der Überzeugung, daß »die gemeinsamen Elemente der Volkskulturen Indiens, des Balkans und des Mittelmeerraumes für mich bewiesen, daß *hier* der Ort ist, wo ein *organischer Universalismus* herrscht, daß es die *gemeinsame Geschichte* (die Geschichte der Bauernkulturen) ist und kein abstraktes Konstrukt«.[19] In der Vorahnung, daß die unterdrückten Völker Asiens und anderswo in Kürze den ihnen zustehenden Platz in der Weltgeschichte einnehmen würden, war er der Meinung, Rumänien könne als Brücke dienen zwischen dem Westen, Asien und Kulturen des archaischen »Folk-Typus«.

Eliade kehrte 1932 nach Bukarest zurück und nahm im folgenden Jahr seine Lehrtätigkeit auf. Und er stürzte sich wie ein Getriebener auf die Abfassung wissenschaftlicher und literarischer Arbeiten. Die 1936 erfolgende Veröffentlichung von *Yoga* – worin er eine »Neuinterpretation von Mythos und Symbolismus, archaischen und fernöstlichen Religionen« versuchte[20] – erregte die Aufmerksamkeit einer Reihe hervorragender Orientalisten, Ethnologen und Religionshistoriker. Zu dieser Zeit war die Zukunft Europas durch Hitler bedroht, während in Rumänien die politischen Verhältnisse immer unsicherer wurden. Als Eliade im Sommer 1936 nach Berlin kam – damals kannte er Tillich noch nicht, der zur selben Zeit Deutschland besuchte –, da prophezeite ihm ein rumänischer Landsmann den in wenigen Jahren bevorstehenden Krieg und sagte: »dann ständen wir Rumänen vor einem großen Problem: eine Möglichkeit zum ›Überwintern‹ zu finden, um diese neue Katastrophe zu überleben«.[21] Diesen Eindruck teilten viele Rumänen, auch Eliade selbst.

In einer Hinsicht gelang es Eliade, der Katastrophe des Zweiten Weltkriegs zu entgehen, da er – zunächst in London, dann in Lissabon – als Kulturattaché Dienst tat. Nach dem Krieg ließ er sich in Paris nieder und begann das Leben eines freiwillig Verbannten fern der Heimat. »Es war«, so erinnert er sich, »ein beschwerliches Unternehmen, im Alter von 38 Jahren in einem anderen großen Land von vorn anzufangen und mit dem Schreiben in einer fremden Sprache zu beginnen«.[21a] Auf der anderen Seite gab ihm die neue Heimat die Möglichkeit, zahlreiche Gelehrte kennenzulernen, ausgezeichnete Bibliotheken zu benutzen, in Paris und an anderen europäischen Universitäten Vorlesungen und Seminare abzuhalten, an unzähligen wissenschaftlichen Tagungen teilzunehmen und vor allem eine Reihe wichtiger wissenschaftlicher und literarischer Arbeiten zu veröffentlichen. Obgleich er zugibt, daß er sich zu dieser Zeit der strukturellen Entsprechung zwischen wissenschaftlichen und literarischen Vorstellungen noch nicht bewußt war, faszinierte ihn dennoch die Tatsache, daß »der Religionshistoriker ganz wie der Autor fiktiver Literatur unterschiedlichen Strukturen des sakralen und mythischen Raumes, unterschiedlichen Eigenschaften der Zeit und insbesondere einer Vielzahl seltsamer, unvertrauter und rätselhafter Bedeutungswelten gegenübersteht«.[22] Damals dachte Eliade kaum daran, daß sein zufälliges Zusammentreffen mit Joachim Wach – der wie Tillich von den Nazis aus Deutschland vertrieben worden war und damals Religionsgeschichte in Chicago lehrte –

auf dem internationalen Kongreß über Religionsgeschichte 1955 in Rom zu einer Einladung führen sollte, im darauffolgenden Jahr in Chicago die Haskell-Vorlesungen zu halten[23], was wiederum den Weg dafür ebnete, daß er einen Lehrstuhl an der Universität Chicago erhielt.

Eliades Fortgehen nach Chicago im Alter von 49 Jahren bedeutete für ihn die zweite Auswanderung, aber er und seine Frau Christinel lebten sich in der neuen Umgebung sehr gut ein. Sie wurden nicht nur von der Fakultät und den Studenten in Chicago herzlich willkommen geheißen, sondern auch seine Bücher fanden in vielen Teilen der nordamerikanischen akademischen Welt interessierte Leser. Inzwischen wurde sein Vortrag »The Structure of Religious Symbolism« auf dem internationalen Kongreß der Religionshistoriker 1958 in Tokyo begeistert aufgenommen – zwei Jahre vor Tillichs Japanbesuch.[24] Eliade selbst zeigte sich von zwei Merkmalen des religiösen Lebens in Japan besonders beeindruckt:

Das erste ist die kosmische Dimension der japanischen religiösen Erfahrung. Die Tatsache, daß das Heilige und Göttliche sich in der Natur, genauer gesagt in den Schönheiten der Natur zeigt ... Es gibt keinen Bruch zwischen Göttlichem, Menschlichem und der Welt der Natur. Das Heilige manifestiert sich in den kosmischen Schöpfungen ebenso wie in den erhabensten spirituellen Erlebnissen ...

Das zweite ist der Umstand, daß das archaische Element der Religion zugleich mit dem modernsten zusammen existiert, und daß beide manchmal symbiotisch, manchmal getrennt voneinander bestehen ... Hier in Japan stößt man noch auf lebendige und schaffende religiöse Kräfte, die in anderen Teilen der Welt seit langem zum Erlöschen gebracht wurden.[25]

Das zunehmende Ansehen Eliades brachte es mit sich, daß seit Anfang der 60er Jahre mehr und mehr Studenten aus allen Teilen der USA, aber auch aus Europa und Asien den Weg nach Chicago fanden. Verständlicherweise waren seine Studenten genauso neugierig wie er selbst, was aus den angebotenen gemeinsamen Seminaren von Eliade und Tillich werden würde.

Die Eliade-Tillich-Seminare sollten die Möglichkeit für eine gegenseitige Durchdringung von Religionsgeschichte und systematischer Theologie bieten. Ebenso bedeutsam aus unserer Sicht war der Umstand, daß sie eine faszinierende Begegnung zwischen diesen beiden schöpferischen Menschen, ihren Gedanken, Lebensgeschichten und Weltbildern sein würden. Beide verkörperten sie einen vielfältigen Schatz von Kulturerbe und Erfahrung, denen sie neue Gestalten und Formen verliehen. Beide waren bereit, mutige Fragen zu stellen und in allen Bereichen des Lebens religiöse Bedeutungen und menschliche Werte zu erkennen. Indem sie diese gemeinsamen Seminare abhielten, erwarteten sie natürlich nicht, zu irgendeiner neuen Synthese zwischen Religionsgeschichte und systematischer Theologie zu gelangen, aber sie hegten die Hoffnung, daß sowohl die Religionshistoriker als auch die Theologen, bereichert durch ihre Begegnung, den Anlaß verspürten, grundsätzlichere Fragen zu stellen, und ihre fachgebundene Kurzsichtigkeit, Ängstlichkeit und ihren Provinzialismus zu überwinden.

Tillich war zweifelsohne in vieler Hinsicht ein ungewöhnlicher Theologe. Als Kind – so wissen wir durch Pauck – nahm er im Pfarrhaus seines Vaters eine lutherisch-evangelische Frömmigkeit in sich auf, und aus diesem Erbe speiste sich in der Folgezeit »sein ursprüngliches Gefühl für Religion«, obgleich er in seiner philosophischen und theologischen Entwicklung neben Luther stark beeinflußt wurde von den Vorsokratikern, Plato, Plotin, den Stoikern, Augustinus, Meister Eckhart, Nikolaus von Kues, Böhme, Kant, Schelling, Hegel, Schleiermacher, Kierkegaard, Nietzsche, Marx und Freud.[26] Als Theologe und Religionswissenschaftler wie als Humanist und neuzeitlicher Mensch beschäftigte sich Tillich mit dem Problem der Begegnung zwischen Christentum und den Weltreligionen, aber auch mit dem, was er als Quasi-Religionen bezeichnet, z. B. dem liberalen Humanismus, Faschismus und Kommunismus.

In seinen Überlegungen zu den Phänomenen der Begegnung von »Hochreligionen« und »säkularen Quasi-Religionen« stellt Tillich (in den Bampton Lectures von 1962) zwei alternative Ansätze vor: »Man kann ein Phänomen ... entweder als außenstehender Beobachter so objektiv wie möglich beschreiben, oder ... als ein an dem dynamischen Geschehen Teilnehmender bestimmte Tatsachen als besonders bedeutsam auswählen, sie nach eigenem Verstehen interpretieren und im Hinblick auf ihr *telos* bewerten.« Obgleich ihm bewußt ist, daß ein »außenstehender Beobachter ... immer mit einem Teil seines Wesens auch ein innerlich Beteiligter (ist), denn auch er hat Antworten auf die Fragen, die aller Religion zugrunde liegen, ganz gleich ob er sie ausspricht oder verschweigt«[27], hält Tillich im Prinzip an dieser Form einer methodologischen Zweiteilung fest, so wie er etwa zuvor in seiner *Systematische(n) Theologie* die Aufgabe der Deskription der Religionsgeschichte zuweist, während es der Theologie oder genauer der theologischen Religionsgeschichte zukommt, die aus der Religionsgeschichte gewonnenen Daten zu interpretieren.[28] So sagt Tillich in einer Wiederaufnahme dieses Gedankens in den Bampton Lectures, es sei die Aufgabe des Theologen, »der bewußt vom Standpunkt einer bestimmten Religion ausgeht, ... die Tatsachen so genau wie möglich zu erfassen; zugleich zeigt er, daß es in der menschlichen Natur Elemente gibt, die in allen religiösen Symbolen zum Ausdruck kommen und die denen seiner eigenen Religion verwandt sind«.[29] Im Hinblick auf die Aufgabe, religiöse Daten zu vergleichen, gegenüberzustellen und zu bewerten rät Tillich den Theologen, mit der Frage nach dem inneren Ziel des Daseins *(telos)* zu beginnen, das der Bewegung der Geschichte allgemein und insbesondere der Religionsgeschichte zugrunde liegt. So erörtert er beispielsweise den Dialog zwischen Christen und Buddhisten im Sinne der beiden *telos*-Figuren, nämlich der des Königreichs Gottes im Christentum und der des Nirwana im Buddhismus.[30] Im Bewußtsein seiner eigenen provinziellen Ausrichtung, die für ihn nach seinem Japanbesuch offenbar wurde, wollte sich Tillich intensiv mit für ihn unvertrautem Material auf dem Gebiet der Religionsgeschichte beschäftigen, um seine systematische theologische Forschung weiterzuführen. Dank des Einflusses von Eliade entdeckte Tillich schnell, daß im Gegensatz zu seiner früheren Annahme die Religionsgeschichte mehr sei als eine rein deskriptive Untersuchung religiöser Daten.

Die Zusammenarbeit mit Tillich war für Eliade zweifellos ein bewegendes Erlebnis. »Es war nicht allein das erstaunliche Schauspiel eines Meisters von 78 Jahren, der nach einer dreistündigen Diskussion geistig noch wacher und beweglicher war als viele Teilnehmer des Seminars ... es war erfrischend zu erleben, wie das von den Religionshistorikern beigebrachte riesige und gestaltlose Material seine Strukturen (für Tillich) enthüllte und allein dadurch einer Klassifizierung und Analyse zugänglich wurde«.[31] Wer Eliade kennt, der kann bei ihm eine ähnliche intellektuelle Leidenschaft wie auch das Sendungsbewußtsein, das sein Leben und seine Arbeit kennzeichnet, bezeugen. Er selbst räumt ein, daß er bereits während seiner Zeit auf dem Gymnasium von dem besessen war, was er zu tun hatte: »Diesmal war es keine Frage

mehr, die nur mich allein betraf. Ich fühlte mich für die gesamte
›junge Generation‹ verantwortlich, die ich für ein großes Geschick
bestimmt hielt«.³² Auch seine Studien in Indien waren von diesem
Gefühl einer Pflicht als Mentor der nachwachsenden Generation
junger Rumänen geleitet; er verspürte das Bedürfnis, ihren kulturellen Horizont zu erweitern und für sie Fenster aufzustoßen »zu
(jenem) spirituellen Universum, das bislang unzugänglich gewesen war«. So forderte Eliade von sich selbst »eine übermenschliche Anstrengung, zu lernen und alles zu tun, zu dem unsere Vorfahren keine Muße hatten«.³³ Als er in Indien war, schrieb er
überschwenglich über das spirituelle Universum, das er dort gefunden hatte – »eine bestimmte Atmosphäre der Entsagung,
... der Bewußtseinsbeherrschung, der Liebe ... ein außerge-
wöhnlicher Glaube an die Wirklichkeit der Wahrheiten, an die
Macht des Menschen, sie zu erkennen und durch eine innere
Erkenntnis, durch Reinheit und vor allem Meditation auch zu
leben«.³⁴ Eliade, der Befürworter einer modernen Renaissance,
bekannte jedoch später, »zehn Jahre habe ich gebraucht, um ein-
zusehen, daß das indische Leben allein mir diesen *Universalmen-
schen,* den ich seit meinen Jünglingsjahren suchte, nicht zeigen
konnte.« Und er fährt fort: »So habe ich mich seit damals mehr
und mehr den zwei Welten zugewandt, die mir heute einen unerschöpflichen Reichtum an ›menschlichen Situationen‹ aufzuweisen scheinen: der Welt der ›Primitiven‹ und der Folklore«.³⁵

Es fällt auf, daß sämtliche Arbeiten Eliades, die wissenschaftlichen und die literarischen, die Zeichen einer spirituellen Geographie tragen, die er entschlüsselt hat. Es sind Aufzeichnungen von
Situationen, in denen er das praktiziert hat, was er als Hermeneutik religiöser Schöpfungen bezeichnet. Das war jedoch mehr als
nur ein intellektuelles Unternehmen für Eliade. In seinen Erinnerungen äußert er sich sehr pointiert darüber:

Diese dreißig und mehr Jahre, die ich unter exotischen, barbarischen,
unbezähmbaren Göttern und Göttinnen zugebracht habe, genährt von
Mythen, besessen von Symbolen, eingeweigt und behext von so vielen
Bildern, die aus diesen verschollenen Welten bis zu mir gelangt sind, erscheinen mir heute wie die Wegstrecken einer langen Initiationsreise ...
Eine unendliche Reihe intellektueller Abenteuer ... Es waren nicht nur
die »Kenntnisse«, die ich mir langsam und nach Belieben aus den Büchern
erwarb, sondern ebenso die Begegnungen, die Herausforderungen und
Versuchungen. Ich bin mir jetzt all der Gefahren klar bewußt, die ich auf

dieser langen »Suche« in Kauf nahm ... (die) Gefahr, zu vergessen, daß ich ein Ziel hatte, daß ich nach etwas unterwegs war, in ein »Zentrum« gelangen wollte.[36]

In alldem hat Eliade die verborgenen Bedeutungen zu enträtseln versucht, von denen diese Begegnungen, Herausforderungen und Versuchungen durchdrungen waren. Gleich den Protagonisten in vielen seiner Erzählungen, welchen Situationen und Orte, das tägliche Dasein in der Mitte geschichtlicher Zeiten in Bukarest, Indien, London, Lissabon und Paris Zeichen einer Wirklichkeit auf einer anderen Ebene enthüllen, hat Eliade einen Schimmer des Heiligen im Profanen erblickt, des Phantastischen im Wirklichen, des Ewigen im Zeitlichen und des verlorenen Paradieses in der trivialen Existenz der Gegenwart. Für Eliade ist darum die Religionsgeschichte ein entscheidend wichtiger Weg zu einer tieferen Erkenntnis der Menschheit und der Bedeutung der menschlichen Existenz, eine Erkenntnis, der es in seinen Augen bestimmt ist, bei der Entwicklung eines »neuen Humanismus« in unserer Zeit eine wesentliche Rolle zu spielen. Dieses Sendungsbewußtsein veranlaßte ihn, 1938 eine internationale Zeitschrift zu gründen – mit dem bezeichnenden Titel *Zalmoxis,* dem Namen eines volkstümlichen Gottes in der rumänischen Folklore. Dasselbe Sendungsbewußtsein führte dazu, daß er 1961 eine weitere internationale Zeitschrift gründete, die *History of Religions.*

In einer Rückschau auf die gemeinsame Lehrerfahrung mit Tillich trifft Eliade drei wichtige Feststellungen. Zum ersten war es eine »einzigartige Erfahrung« für ihn, Tillichs Denken zu verfolgen, wenn Tillich unbekannte religiöse Gegenstände miteinander verglich – etwa einen kosmogonischen Mythos, ein Initiationsritual oder einen fremdartigen Gott –, und er war beeindruckt von Tillichs Fähigkeit, in jedem Einzelfall eine besondere Begegnung mit dem Heiligen zu sehen. Zweitens war Tillich stets an der existentiellen Bedeutung von Geschichte interessiert; für ihn war sie *Geschichte,* nicht *Historie.* Angesichts archaischer, traditioneller und fernöstlicher Religionen galt Tillichs Interesse vorrangig der Entschlüsselung ihrer Bedeutung, indem er ihre Strukturen erfaßte. Drittens war Tillich, der sich früher mit der Frage beschäftigt hatte, »was es bedeutet, in einer Welt ohne Gott ein religiöser Mensch, insbesondere ein Christ zu sein«, zu dieser Zeit sehr darauf bedacht, nicht-christlichen und außerreligiösen Wirklichkeiten zu begegnen, weil sie für ihn »wesentliche Bestandteile seines geschichtlichen Augenblicks waren«.[37]

Tillich seinerseits war fasziniert von den theologischen Implikationen in Eliades Deutung der Religionsgeschichte, insbesondere von seinem Begriff des *deus otiosus*. Nach Eliade »(sind) die Mythen und ›Religionen‹ in ihrer ganzen Bandbreite das Ergebnis der Leere, die der Rückzug Gottes in der Welt hinterlassen hat, seine Umwandlung in den *deus otiosus* und sein Verschwinden aus dem religiösen Geschehen ... (aus dem) ›religiösen Erleben‹ der primitiven Menschen ... Er ist von anderen göttlichen Formen – von aktiven, fruchtbarmachenden, dramatischen usw. – verdrängt worden«.[38]

Tillich interessierte sich für die Wiederholung des ähnlichen Phänomens des »Rückzugs« und der »Passivität« Gottes in den Religionen des Alten Orients und in Griechenland. Eliade bemerkt dazu:

Wir fragen uns beide, ob sich derselbe Vorgang nicht im Judaismus gezeigt hat. Jahve wird im Spätjudaismus mehr und mehr transzendent. Mittelsmänner nehmen seinen Platz ein. Die Kräfte Jahves erscheinen hypostasiert: seine »Weisheit«, sein »Ruhm«, oder sein »Geist« und sein »Wort«. Im Bilde des Messias, des Menschensohns, haben wir es mit einer »Mittlerkraft« par excellence zu tun.

Tillich geht noch weiter: Für ihn stellt die Theologie der ›Lichter‹ eine deistische Form des Rückzugs Gottes aus der Welt dar. Was die amerikanische protestantische Theologie der letzten fünfzig Jahre betrifft, so sieht sie Tillich »unitarisch in Christus«. Gott wird auf die zweite Person der Dreieinigkeit reduziert. Die dämonischen Elemente Jahves verschwinden. Gott wird das moralische Gesetz.[39]

Tillichs negatives Urteil über die gegenwärtige theologische und religiöse Praxis im Westen hat ihn jedoch nicht entmutigt. Im Gegenteil, es verstärkte noch sein Gefühl einer dringend notwendigen Erneuerung seiner systematischen Theologie, die jetzt, um den Titel seiner letzten Vorlesung vor seinem Tode zu zitieren, »die Bedeutung der Religionsgeschichte für den systematischen Theologen« ganz ernst nimmt. In einer solchen Aufgabe fühlte Tillich sich als christlicher Theologe berufen, das »innere *telos*« der Religionsgeschichte zu entschlüsseln, das ihre Partikularität durchbricht und »geistige Freiheit schafft und mit ihr eine Vision des Göttlichen, das in allen Formen des Lebens und der Kultur gegenwärtig ist«.[40] In seiner letzten Vorlesung führte er versuchsweise den Begriff »Religion des konkreten Geistes« ein, um das innere Ziel der Religionsgeschichte zu bezeichnen, das in den Tiefen einer jeden konkreten Religion die Grundlage bildet. Tillich war darauf bedacht, die »Religion des konkreten Geistes« nicht mit einer bestimmten Weltreligion gleichzusetzen, nicht einmal mit dem Christentum. Er sah die gesamte Religionsgeschichte »als einen Kampf für die Religion des konkreten Geistes ... als einen Kampf Gottes gegen die Religion innerhalb der Religion«.[41] Ganz am Ende seiner letzten Vorlesung äußerte Tillich seine Erwartung, daß wiederum »der Religionshistoriker die neu interpretierten Begriffe in den Rahmen der religionsgeschichtlichen Entwicklung und der profanen Geschichte (stellt) und sie in Beziehung zu unserer gegenwärtigen religiösen Lage und unserer kulturellen Situation (setzt)«.[42]

Wer die Arbeiten Eliades verfolgt hat, dem werden die verblüffenden Parallelen aufgefallen sein zwischen seiner und Tillichs Sicht der gegenwärtigen religiösen und kulturellen Situationen, auch wenn sie nicht dieselben Worte verwenden. Beide Denker teilen mit Teilhard de Chardin eine Zukunftsorientiertheit. Nach Eliades Sicht der religiösen und kulturellen Entwicklung des Westens war es das Christentum, das den Kosmos des Heiligen beraubt hat, indem es die Betonung auf die persönliche religiöse Erfahrung legte. Die moderne Naturwissenschaft »wäre ohne eine ›desakralisierte‹, von Göttern entleerte Natur nicht möglich gewesen«. Eigentlich war das Christentum dazu gar nicht gezwungen, »weil der Kosmos darum für das Christentum nicht weniger die Schöpfung Gottes bleibt«. Doch, so fährt Eliade fort,

... von dem Augenblick an, in welchem die historische Zeit und die unumkehrbare Dauer sich durchgesetzt haben, war der religiöse »Zauber« des Kosmos dahin. Es gab aber auch noch etwas anderes: Die Natur war von heidnischen Göttern bevölkert gewesen, die das Christentum in Dämonen verwandelte. Die Natur als solche konnte die Christen existentiell nicht mehr interessieren.[43]

Trotz seiner negativen Beurteilung des christlichen Erbes im Westen sieht Eliade eine glückliche Ausnahme in der bäuerlichen Tradition Osteuropas, in der die kosmische Dimension des Christentums bewahrt bleibt. So verweist er etwa darauf, daß die rumänischen Bauern zwar Christen sind, aber zugleich ein »kosmisches Christentum« praktizieren, das andernorts verlorengegangen ist. »Die Bauern glauben, daß die Welt gut ist, daß sie nach der Fleischwerdung, dem Tod und der Wiederauferstehung des Erlösers in diesen Zustand zurückkehren wird«.[44] Eine ähnliche »kosmische Orientierung« entdeckt er auch in archaischen und fernöstlichen Religionen. Nebenbei verteidigt sich Eliade gegen den Vorwurf, daß er die primitiven Völker lediglich »idealisiere«. Er räumt die Bedeutsamkeit historischer Situationen und den Nutzen ihrer Kenntnis für das Verständnis religiöser Schöpfungen ein. Er ist allerdings davon überzeugt, daß der Westen die Gegenwart des Transzendenten in der menschlichen Erfahrung wiederentdecken und in dieser Hinsicht einiges von den primitiven, archaischen und fernöstlichen Religionen lernen muß.

Eliades Gefühl der bedrängenden Situation rührt aus seiner Erkenntnis, die er in seiner theoretischen und empirischen Arbeit gewonnen hat, daß »die Völker des Westens nicht länger die einzigen sind, die Geschichte ›machen‹«, und daß »ihre geistigen und kulturellen Werte nicht länger privilegiert bleiben, gar nicht zu sprechen von der unbezweifelten Autorität, derer sie sich noch vor einigen Generationen erfreuten«. Die Völker Asiens sind bereits aufs neue in die Geschichte eingetreten, und die sogenannten »Primitiven« »bereiten ... ihren Eintritt in die Weltgeschichte vor«.[45] In diesem Sinne ist Eliade ganz wie Tillich davon überzeugt, daß die authentische religiöse Orientierung für die Verwirklichung echter Humanität von höchster Bedeutung ist. Sie sind sich auch beide darin einig, daß die westliche Kultur dringend »entprovinzialisiert« werden muß. Es war zweifellos eine schöne Erfahrung für Eliade zu sehen, daß die geplante Überarbeitung von Tillichs *Systematische(r) Theologie* die Bedeutung der Religionsgeschichte ganz besonders ernst nahm.

... Der Religionswissenschaft (kommt) eine bedeutende Rolle im heutigen kulturellen Leben zu ..., und zwar nicht nur, weil das Verständnis exotisch-archaischer Religionen im Dialog mit den Vertretern dieser Religionen eine große Hilfe sein wird, sondern weil, was noch wichtiger ist, der Versuch, die existentielle Situation zu verstehen, die sich in dem Material offenbart, das dem Religionswissenschaftler zur Verfügung steht, unweigerlich zu einem vertieften Wissen vom Menschen führt. Auf der Basis solchen Wissens könnte sich ein neuer weltweiter Humanismus entwickeln.[46]

Aus dem Englischen von Udo Rennert

Anmerkungen

1 Das Zitat lautet wörtlich: »Obgleich ich über Tiefenpsychologie kaum etwas Sicheres wußte, haben mich diese Gespräche mit Jung zutiefst beeindruckt. (Die einzige Erfahrung, die sich damit vergleichen ließe, waren für mich die Seminare, die ich gemeinsam mit Paul Tillich an der Universität Chicago in den 60er Jahren abgehalten habe).« *No Souvenirs: Journal, 1957-1969*, New York 1977, S. xiii. Das Vorwort ist in der (gekürzten) deutschen Ausgabe nicht enthalten: *Im Mittelpunkt*, Wien 1977.

2 Paul Tillich, »Die Bedeutung der Religionsgeschichte für den systematischen Theologen«, in: Manfred Baumotter (Hg.), *Tillich-Auswahl*, Gütersloh 1980, Bd. 2, S. 297 f.

3 Wilhelm und Marion Pauck, *Paul Tillich: His Life and Thought*, Vol 1: *Life*, New York 1976, S. 41.

4 Wilhelm Pauck, »Paul Tillich«, *Criterion* 5 (1968), S. 7 (Hervorh. von mir).

5 Paul Tillich, *My Search for Absolutes*, New York 1967, S. 50.

6 Paul Tillich, *My Travel Diary: 1936 – Between Two Worlds*, ed. Jerald C. Brauer, New York 1970, S. 72.

7 Wilhelm Pauck, »Paul Tillich«, S. 8 (Hervorh. von mir).

8 Paul Tillich, *Systematische Theologie*, Bd. 1, Stuttgart/Frankfurt 1958, S. 49 f.

9 W. und M. Pauck, a.a.O., S. 245.

10 Ibid., S. 261.

11 Mircea Eliade, *Autobiography*, Vol. 1, 1907-1937, *Journey East, Journey West*, New York 1981, 2. Kap., S. 20-36.

12 Ibid., S. 128.

13 Ibid., S. 132. Er sagt dann weiter, daß für einen Teil der jüngeren Generation »das orthodoxe Erbe eine umfassende Anschauung der Welt und der Existenz begründen konnte, und wenn es möglich wäre, diese Synthese zu verwirklichen, dann würde dies ein neues Phänomen in der Geschichte der modernen rumänischen Kultur sein.«

14 Ibid., S. 135.

15 Ibid., S. 136.

16 Mircea Eliade, *No Souvenirs*, S. 17 (Hervorh. von mir).

17 Eliade, *Autobiography*, S. 153.

18 Eliade, *No Souvenirs*, S. 122: »Mehr noch als dem Christentum kommt der Hindu-Spiritualität das Verdienst zu, die Freiheit in den Kosmos einzuführen. Die Seinsweise eines *jivanmukta* ist im Kosmos nicht gegeben; ganz im Gegenteil, in einem von Gesetzen beherrschten Universum ist absolute Freiheit undenkbar. Indien hat das Verdienst, dem Universum eine neue Dimension hinzugefügt zu haben: die der Existenz als ein freies Wesen.«

19 Eliade, *Autobiography*, S. 204 (Hervorh. von mir)

20 Ibid., S. 314.

21 Eliade, *No Souvenirs*, S. x f.

21a Ibid.

22 Ibid, S. xi.

23 Die Haskell-Vorlesungen über komparative Religionswissenschaft wurden 1895 durch eine Spende von Caroline Haskell begründet. Angeregt durch das 1893 in Chicago zusammengerufene »Weltparlament der Religionen«, hatte sie der eben erst gegründeten Universität Chicago vorgeschlagen, namhafte Wissenschaftler

auf den Gebieten der komparativen Religionswissenschaft und der Religionsgeschichte aus Europa und Asien einzuladen. Eliades Vorlesungen trugen den Titel
»Patterns of Initiation« und wurden 1958 erstmals auf Englisch und wenig
später auf Deutsch veröffentlicht: *Das Mysterium der Wiedergeburt*, Zürich
1961.

24 *Proceedings of the IXth International Congress for the History of Religions*,
   Tokyo/Kyoto 1958, S. 506-512.

25 Ibid., S. 839: Mircea Eliade, »Impression of Japan«.

26 W. Pauck, »Paul Tillich«, S. 5 f.

27 Paul Tillich, *Das Christentum und die Begegnung der Weltreligionen*, Stuttgart
   1964, S. 9 f. (Hervorh. von mir).

28 P. Tillich, *Systematische Theologie*, Bd. 1, S. 49 f.

29 *Das Christentum und die Begegnung der Weltreligionen*, S. 10.

30 Ibid., S. 40.

31 Zit. aus Eliades Laudatio beim Gedächtnisgottesdienst für Tillich, *Criterion* 5
   (1968), S. 11.

32 *Amintiri: I. Mansarda*, Madrid 1966, S. 153. Zit. bei Virgil Ierunca, »The Lite-
   rary Work of Mircea Eliade«, in J. M. Kitagawa und Charles H. Long (eds.),
   Myths and Symbols: Studies in Honor of Mircea Eliade, Chicago 1969, S. 349,
   Anm. 24.

33 Eliade, *Autobiography*, S. 136.

34 Şantier, Bukarest 1935, S. 52. Zit. bei Ierunca, a.a.O., S. 344.

35 Eliade, *No Souvenirs*, S. 17 (Hervorh. von mir).

36 Ibid, S. 74 f.

37 Zit. aus Eliades Laudatio (vgl. Anm. 31), S. 11-14.

38 Eliade, *Im Mittelpunkt*, S. 197.

39 Ibid., S. 256.

40 Tillich, *Das Christentum . . .*, S. 57.

41 Tillich, »Die Bedeutung der Religionsgeschichte . . .« (Anm. 2), S. 294 f.

42 Ibid., S. 299.

43 Eliade, *Im Mittelpunkt*, S. 194.

44 *No Souvenirs*, S. 189 (nicht i. d. dt. Ausg.).

45 Eliade, *Die Sehnsucht nach dem Ursprung*, Frankfurt 1977, S. 18.

46 Ibid., S. 18 f.

Claude-Henri Rocquet
Fragmente eines imaginären Tagebuchs
Über Eliade

Saint Modeste

Ich lese erneut *Fragments d'un Journal.*[1] Eliade zitiert Julien
Green: Manche haben die Begabung, Tagebücher zu schreiben,
andere nicht. Ich glaube, an einer anderen Stelle sagt er, daß derjenige, der ein Tagebuch führt, auf diese Weise ein Mittel gefunden hat, das Werk seiner Träume zu schreiben, das er aus Mangel
an Zeit oder Energie nicht zustandebringt. Diese Begabung fürs
Tagebuch hätte ich gern selbst. Manchmal lese ich zur Erinnerung
wieder in flüchtig skizzierten Notizen für einen Artikel. Sie gefallen mir weit besser als der sorgfältig ausgearbeitete Artikel selbst!
Und ich sage mir: Diese Lässigkeit, diese Ellipsen, diese Geistes-
blitze – so müßte man eigentlich schreiben. Warum zwinge ich
mich zu dieser zahmen Gangart, wenn ich, ohne es zu merken, in
einem wilden Galopp davongetragen werde?

Immer, wenn ich das Tagebuch Eliades aufschlage, überkommt
mich ein leichtes Neidgefühl: »Morgen fange auch ich an, fange
wieder mit meinem Tagebuch an! ... Das Jahresende wird mir
ein schönes Buch von 300 Seiten zum Geschenk machen. Ich
brauche nur noch etwas mit meinem Namen zu versehen, was
mich kaum mehr Anstrengung gekostet haben wird als Träumen
oder Briefeschreiben ...«

Saint-Claude

Claude Bonnefoy hatte mir gesagt, Eliade werde mich am Tag
seiner Ankunft in Paris anrufen. Ich warte den ganzen Nachmit-
tag auf diesen Anruf und verlasse schließlich das Haus. In der Rue
Jacob sehe ich einen Mann, von dem ich mir sage, er könnte
Eliade sein: ein Eliade als *gewöhnlicher Passant.* Vor dem Schau-
fenster eines Antiquitätenladens bleiben wir beide stehen. Einen
Augenblick lang bin ich versucht, diesen Passanten anzusprechen
und ihn zu fragen, ob ... Doch ich tue es nicht.

Anderntags erwarte ich Eliade bei Belfond, dem Verleger unseres bevorstehenden Bandes *L'épreuve du labyrinthe* (Paris 1979), und vor mir taucht der Passant aus der Rue Jacob auf.

Saint Christophe

Eliade sieht in der Religionsgeschichte eine Arche Noah. Durch das finstere Zeitalter hindurch, in dem wir leiden, rettet der Historiker der Riten, Mythen und Symbole die heilbringenden Geheimnisse – den Samen des Menschen. Fest steht, daß Eliade manche Geister vor der Bedeutungslosigkeit bewahrt hat. Mehr als einer von ihnen hat durch Eliade zu sich selbst zurückgefunden.

Saint Jérôme

Eliades Tagebuch ist beinahe unwirklich in seiner Art. Subtil ausgewählte Bruchstücke, die Nachbereitung von Aufzeichnungen aus dem Notizbuch ... Doch wie findet er die Kraft, neben seinen Aufgaben als Professor, seinen Vorlesungen, seiner Arbeit als Historiker und Romanautor; wie nur findet er die Kraft und die Zeit, ein Tagebuch zu führen, und dazu ein so reichhaltiges? Dieser Mann von zierlicher Gestalt war einst der Heranwachsende, der seinen Schlaf auf wenige Stunden reduzierte, um die ganze Bibliothek der Welt zu verschlingen.

Saint Etienne

Gelegentlich scheint es mir, als hätte ich Eliades Antworten auf meine Fragen erst lange Zeit nach den Gesprächen wirklich *verstanden*. Als ich ihm begegnete, war ich ziemlich durchdrungen von der Epistemologie, die damals Mode war. Ich habe Eliade nach dem Kriterium seines Forschungsgegenstandes – »Religion« – gefragt. Seine Antwort: »Das Heilige«. Aber was ist das *Heilige?* – »Wie soll man es definieren? Das ist sehr schwer. Was mir jedenfalls absolut unmöglich erscheint, ist, sich vorzustellen, wie der menschliche Geist tätig sein sollte ohne die Überzeugung, daß es in der Welt etwas absolut *Wirkliches* gibt ... Die Erfahrung des Heiligen ist der Seinsweise des Menschen in der Welt eigen. Ohne die Erfahrung des Wirklichen – und dessen, was nicht wirklich ist –, könnte das menschliche Wesen sich nicht entwerfen.«

Zu Recht feiert man Eliade als einen derjenigen, die den Wert des *Imaginären* ins Licht gerückt haben: In dieser Hinsicht ist sein Werk in seinen Wurzeln und Zweigen mit denen Bachelards verwachsen. Das Wertvollste jedoch, was es mir in einem bestimmten Augenblick gegeben hat, ist zweifellos dieses Gefühl von etwas absolut Wirklichem als dem Wesen des Heiligen. (Und es scheint mir, als sei es von einem solchen Verständnis des Heiligen aus möglich, den Gegensatz des Heiligen und des Profanen adäquat zu behandeln; erst von dort aus ist es aussichtsreich, täglich die Entschlüsselung des Heiligen vorzunehmen, das sich im Profanen *verbirgt*: eines der Hauptthemen im Denken Eliades!)

Man kann sich in der Erforschung des *Imaginären* zerstreuen – und schließlich verlieren. Man kann aber auch verstehen, daß der Sinn der Fiktionen und Mythologien in ihrer Beziehung zu dieser Grunderfahrung des *Wirklichen* liegt, die jeder machen kann. Bei dieser »geheiligten Existenz«, von der Eliade spricht, geht es nicht nur darum, daß man von ihr gehört hat.

Saint Hermès

Noch etwas Kostbares, das ich der Begegnung mit Eliade verdanke: der Sinn für den Wert von Geschichten. Erzählen, das heißt dem Leben einen Sinn geben. Es heißt, eine Welt begründen.

Den Raum orientieren. Die Geschichte sagen. Den Mittelpunkt und den heiligen Ursprung benedeien.

Im Ritus verknüpfen sich Raumkunst und Mythos, Geste und Wort.

Die große Kunst, die sakrale Kunst und der Archetypus jeder Kunst ist die Liturgie. Eliade hilft uns, dies zu verstehen. Es ist nicht so sehr der Mythos, der dem modernen Menschen fehlt, sondern der Ritus: die Liturgie, die im Innersten die Welt begründet und verklärt.

Schöpferische Hermeneutik, sagt Eliade: das, was wir verstehen, verwandelt uns. Kann man einen Mythos *verstehen,* ohne ihn erneut zu durchleben? Trotzdem ist es eine *profane* Weise, im Heiligtum zu sein.

Saint Roch

Christinel und Mircea Eliade machen uns die Freude, nach Gordes zu kommen. Ioan Cusa und Marie-France Ionesco begleiten sie. Wir nehmen sie mit zu einem Ausflug zum *Village des Bories.* Manche »bories«[2] stammen möglicherweise aus der Jungsteinzeit. Es war einer unserer Freunde, der dieses ganz aus Stein bestehende Dorf vor dem überwuchernden Gestrüpp gerettet hatte. Ein Bauwerk aus dem 18. Jahrhundert beherbergt eine Dokumentation über die Verbreitung der »bories« in Europa. Wir sind voller Staunen über diese elementare Architektur, die an Ägypten und Indien erinnert. Eliade stellt unserem Freund Pierre Viala eine Frage nach der anderen. Aufmerksam und lange betrachtet er die Photos auf den Tafeln. Ich wollte unseren Besuchern einen Ausflug bieten, und statt dessen sehe ich Eliade, der sich informiert.

Wir beschließen, im kommenden Sommer einige Freunde um Eliade zu versammeln, um gemeinsam eine Vollmondnacht auf dem Kreis der »bories« zu verbringen.

Sainte Anne

Christinel und Eliade laden uns in ein Restaurant ein, das sie kennen und das in der Nähe vom Place Charles-Dullin liegt. Wir kommen in unmittelbarer Nähe von »La Nouvelle Eve« vorbei, einem Amüsierlokal. Quer durch Pigalle in Begleitung von Mircea Eliade! Wenn ich zu der Zeit, als ich noch Student in Bordeaux war und *Ewige Bilder und Sinnbilder* las, eine solche Szene geträumt hätte, wäre ich sicher nie auf den Gedanken gekommen, daß sie eines Tages Wirklichkeit werden könnte.

Am Tisch, in der Wärme und dem Stimmengewirr. Mir kommt der Gedanke, Eliade über die Hochzeit in der orthodoxen Kirche zu fragen. »Dreimal!« sagt er. »Man darf sich dreimal verheiraten. Öfter nicht . . .« Er spricht zu uns über das Ritual der Hochzeitskronen. Ich denke an das Gold, damals auf unseren Köpfen. Ich sehe wieder den Baldachin vor mir, der in Flandern nach dem Hochzeitsschmaus über dem Brautpaar gespannt wird, während die Freunde und Verwandten auf Französisch und Latein singen: »Qu'ils vivent, qu'ils vivent à jamais, en santé, en paix!« Ich denke an das Dreikönigsfest in Saint-Lô, als ich fünf Jahre alt war: an die schwarzen Haare meiner kleinen gekrönten Spielgefährtin, plötzlich eine richtige Königin unter dem vergoldeten Karton.

Schließlich sprechen wir über die Apokatastasis. Welches Herz würde darin nicht alles erkennen, wonach es verlangt?

Saint Jonas

Würde es ihn freuen, von mir zu hören, daß ich von all seinen Büchern seine Tagebücher am meisten schätze? Ich fühle mich wohl mit ihnen, ich fühle mich dort – *zu Hause!* In ihnen finde ich die Substanz seines Wissens, die Bewegung seines Geistes vermischt mit der des alltäglichen Lebens. Ich liebe diese Schärfe des Blicks, diesen Humor, diese Freiheit des Geistes und auch diese Zartheit. Ich liebe dieses Dahingehen eines ganzen Lebens . . . Und manchmal wird die Schilderung eines Augenblicks des Tages zu einer »phantastischen Nachricht«.

Ich stelle mir in dem ausgedehnten Massiv des Werks von Eliade eine sorgsame Wanderung vor. Zu unterscheiden zwischen der »Tagseite« (die Wissenschaft) und der »Nachtseite« (die Literatur) genügt nicht. Man muß sich die Übergänge vorstellen, die schmalen Stege, die Überraschungen . . . Einige Romane bergen zweifellos ein Wissen, von dem die Abhandlungen schweigen, und Erfahrungen oder Hoffnungen, an die das veröffentlichte Tagebuch nicht erinnert. Bei Eliade steht das Wesentliche häufig zwischen den Zeilen.

Saint Grégoire Palamas

1977, während unserer »Gespräche«, habe ich nicht daran gedacht, Eliade über die Orthodoxie zu befragen. Er hat mir von sich aus ganz kurz etwas über Ikonen erzählt. Als ich *L'Ortho-*

doxie von Evdokimov las, mußte ich an Eliade denken. Es war dasselbe Licht, dieselbe Liebe des schöpferischen Geistes, dieselbe Freiheit, dasselbe kosmische Gefühl ... ich habe mir gesagt: Wollte man eine *Hermeneutik* des eliadeschen Werks vornehmen, würde man dann nicht den Ursprung seines Geistes in dem der orthodoxen Kirche finden?

Als ich die orthodoxe Liturgie entdeckte – das goldene Evangelium, feierlich hereingetragen, die vier Wachskerzen, von denen es während der Lesung der Schrift umgeben wird, die Flammen, das Weihwasser, die Zweige ... da wußte ich, daß das Licht, das in Eliades Büchern leuchtet, ein Licht ist, das stets gegenwärtig ist, selbst hier.

Saint Athanase

Ich nehme noch einmal die Erzählung »Iwan« zur Hand: die Erfahrung des Lebens nach dem Tod. Ich glaube, daß in ihr das *Phantastische* das Übernatürliche verdeckt. Was sagt der Sterbende zu dem, der ihm die Hand hält: »Sagt ihr, sie möge keine Angst haben. Alles kam so, wie es kommen mußte – und es ist schön. Sagt ihr, es sei sehr schön. Es ist wie ein großes Licht. Wie in der Toamnei-Straße ...«

Und die Erzählung geht weiter: »Er stand jäh auf und machte sich, ohne sie anzublicken, von neuem geschwind, fast laufend, auf den Weg. Das goldene Licht an der Brücke war nicht mehr zu sehen, und auch der Strom kam ihm nicht mehr so nahe vor. Er glaubte, ihn in weiter Ferne, im Westen, vor sich zu sehen. Aber er lief in einer längst vergessenen, kindlichen Freude und fühlte sich von einer namenlosen, ihm unbegreiflichen, sein ganzes Wesen erfüllenden Glückseligkeit übermannt.«[3]

Wir werden dieses Glücksgefühl und diese Freude wirklich kennenlernen. Im Licht des Paradieses werden wir uns schließlich so *sehen,* wie wir sind. Auf den Wegen dieser Welt können wir nicht anders als uns lediglich ahnen und vermuten. Ich werde Mircea Eliade im Licht ohne Dämmerung erscheinen sehen, so wie ich eines Tages den Passanten der Rue Jacob gesehen habe, wie jener ganz ohne Zweifel das Gesicht und den Namen Eliades annahm.

Aus dem Französischen von Udo Rennert

Anmerkungen

1 Paris 1973; deutsche (gekürzte) Ausg.: *Im Mittelpunkt,* Wien 1977.
2 Mörtelloses Mauerwerk, aus flachen Steinen zu einer falschen Kuppel aufge-
  schichtet (A. d. Ü.).
3 *Bei den Zigeunerinnen. Phantastische Geschichten,* Frankfurt 1980, S. 63.

Daniel C. Noel
Der sakrale Raum im Raumfahrtzeitalter beim Wort genommen
Der Fall Arthur C. Clarke und die »Quellen des Paradieses«

Das Thema, um das es mir geht, möchte ich mit einem kurzen Abschnitt aus dem 1966 erstmals erschienenen Buch *Natur und menschliche Natur* des Biologen Alex Comfort einführen:

Wenn wir den Inbegriff des Modernen bezeichnen sollten, könnten wir wohl auf den Astronauten verfallen – den Meister der Technik, der mit ihrer Hilfe im Dienst der Wissenschaft Bereiche erobert, in denen keiner vor ihm je war. Doch was tut er? ... Er umkreist die Erde oder landet auf dem Mond. Damit kommt er dem, was ein Schamane oder der Angekok der Eskimos tut, erstaunlich nahe. Seine Himmelfahrt unterscheidet sich von der, die wir seit der Steinzeit kennen, nur durch ihre Wirklichkeitstreue.[1]

Die Frage lautet, welche Bedeutung der hier angeführte Unterschied – das wörtliche Verständnis – vom Standpunkt der Religionsgeschichte aus hat. Das Beispiel des Astronauten legt den Kontext des Raumzeitalters nahe, innerhalb dessen ich dieser Frage nachgehen möchte.

Mein Interesse gilt weiterhin dem besonderen Fall des »sakralen Raums« als einem Aspekt traditionaler Religionen, der in unserem Zeitalter der Raumfahrttechnik unter der Ägide eines zweifelhaften modernen wörtlichen Verständnisses wiedererscheinen kann. Vor einigen Jahren wurde ich gebeten, ein Vorhaben zu prüfen, in dem es um die Erforschung zweier »Heilquellen« (in Texas und Mexico) ging, um das Phänomen der »sakralen Stätte« zu erkunden. In dem Vorhaben wurde sogar Mircea Eliade zitiert – allerdings ziemlich zurechtgebogen –, um die Relevanz der Erforschung dieser beiden Stätten zu unterstreichen, die seit langem für ihre heilenden und Sehergaben verleihenden Kräfte berühmt sind. Wie sich indessen herausstellte, zielte das ganze Vorhaben darauf ab, eine naturwissenschaftliche Grundlage für jene angeblichen Kräfte zu finden: »Tatsächlich«, so schrieb die Forschungsgruppe, »lautet die Arbeitshypothese, daß sich die Besonderheit des Ortes zumindest zum Teil natürlichen Verhältnissen verdankt, die sich messen und belegen lassen.« Das Forschungsziel bestand in erster Linie darin, die chemische Zusammensetzung von Wasser und Boden, elektromagnetische Felder und Ionen sowie die Naturgeschichte zu untersuchen – mit anderen Worten, es war das Bestreben einer mythengläubigen Wissenschaft, mit den ihr zu Gebote stehenden Mitteln Phänomene zu erklären und zu erhärten, die bisher allein durch die unwissenschaftliche Erfahrung des *homo religiosus* bestätigt worden waren.

Welcher Stellenwert läßt sich unter dem Blickwinkel der Religionsgeschichte diesem Bedürfnis unseres Raumfahrtzeitalters nach technischer Inszenierung und naturwissenschaftlicher Bestätigung von Phänomenen wie dem einer sakralen Stätte einräumen? Sind diese zeitgenössischen Verhaltensformen ein Beleg für das Überleben einer Sakralität, wie Eliade sie beschrieben hat, wenn auch in – wie er sagen würde – »verdeckter« oder »entstellter« Form?

Manche wollen genau diese Position vertreten. Sie ist implizit in der Bitte des Astronauten Edwin Aldrin von Apollo 11 an seinen presbyterianischen Seelsorger enthalten, die symbolischen Dimensionen der Mondfahrt zu erforschen, um darin einen Sinn zu entdecken, der »die modernen Zeiten transzendiert«. Der Geistliche, Reverend Dean Woodruff, verfaßte daraufhin einen Artikel, »The Myth of Apollo II: The Effects of the Lunar Landing on the Mythic Dimensions of Man«, in dem er sich auf das Kapitel über »Himmelfahrtssymbolik« aus Eliades Buch *Mythen, Träume und Mysterien* bezieht. Für Reverend Woodruff »kommt das Apolloereignis zu einer Zeit, da wir ein Symbol brauchen und auf einen Mythos zurückgreifen müssen, der anschaulich die unendliche Fahrt ins Weite zum Ausdruck bringt«.[2] Man muß feststellen, daß der Astronaut Aldrin in der Religion und mittelbar in der Religionsgeschichte nach der symbolischen Bedeutung seiner technischen Großtat sucht, während Woodruff sich des Raumflugs im wörtlichen Sinn als eines Ereignisses bedient, das jene Form einer mythischen Sakralität heraufzubeschwören vermag, wie sie in Eliades Arbeiten ausführlich behandelt wird. Keiner von beiden sieht im »Literalismus«, also dem wörtlichen Verständnis, der Naturwissenschaft und Technik ein Hindernis für das Wiedererscheinen der religiösen Wirklichkeiten, nach denen sie suchen.

Das Buch, in dem Edwin Aldrins Bitte und Reverend Woodruffs Antwort diskutiert werden, *Wir waren die ersten,* enthält ein Nachwort des englischen Autors Arthur E. Clarke, der zahlreiche

Science-Fiction-Romane sowie Fachbücher und -artikel über Raumfahrttechnik verfaßt hat. Da Clarke wohl der herausragende populäre Wortführer des Raumfahrtzeitalters ist – einer Ära, in der sich der Literalismus der Naturwissenschaft und Technik mit den traditionellen Motiven des sakralen Raums überschneidet –, und da der Zusammenhang zwischen religiösem Denken und modernen literarischen Texten einen Großteil meiner eigenen wissenschaftlichen Arbeit ausmacht, möchte ich einen seiner Romane zum Modellfall einer Untersuchung der bislang knapp skizzierten Fragen wählen. Nach einigen allgemeinen Bemerkungen über Clarke und sein Verhältnis zu der von Eliade vertretenen Auffassung von der religiösen Erfahrung des Menschen werde ich mich besonders seinem jüngsten Roman *Fahrstuhl zu den Sternen* zuwenden. Dabei geht es mir vor allem um die Frage, ob sich in diesem Text eine wirkliche Erfahrung des sakralen Raums im profanen Kontext des Raumfahrtzeitalters widerspiegelt oder ob sich darin ganz im Gegenteil ein wörtliches Verständnis des sakralen Raumes ausdrückt, das in eine endgültige Profanisierung mündet.

I

Clarke ist der Autor von etwa 500 Artikeln und Berichten und vielleicht 50 Science-Fiction-Romanen und populärwissenschaftlichen Fachbüchern. Er ist nicht nur als Schöpfer von Romanen bekannt wie *Die letzte Generation, Die sieben Sonnen, Rendezvous mit 31/439* und *Makenzie kehrt zur Erde heim* – oder des Drehbuchs zum Film *2001: Odyssee im Weltraum* (Regie Stanley Kubrick) –, sondern auch als eifriger Befürworter der Raumfahrttechnologie und der Weltraumforschung. Sein 1945 verfaßter Essay »Extraterrestrial Relays« prophezeite exakt den Einsatz von Kommunikationssatelliten in einer geostationären Umlaufbahn von 35 000 km Höhe über dem Äquator. Er hat eine der Apollo-Mondfahrten im Fernsehen kommentiert, vor dem Komitee für Raumforschung des amerikanischen Kongresses als Sachverständiger ausgesagt und für seine Romane wie seine wissenschaftlichen Veröffentlichungen begehrte Preise erhalten.

Auf dem Gebiet der Science-Fiction mag er vielleicht einige ebenbürtige Rivalen haben, doch macht ihn die Verbindung seiner literarischen und seiner wissenschaftlichen Werke zu einem ganz besonders repräsentativen Sprecher des Raumfahrtzeitalters. Und es ist weitgehend das *Verhältnis* der Fakten zur Fiktion in seinen Büchern, dem ich nachgehen möchte, um auf diesem Weg die Aufwertung des sakralen Raums im Raumfahrtzeitalter kritisch beurteilen zu können.

Viele Kritiker, die nur die Romane Clarkes vor Augen haben, halten ihn für einen optimistischen, rationalen Fürsprecher der Raumfahrt, der dennoch in seinen Büchern (und ihm selbst vielleicht nur halb bewußt) als eine Art atheistischer Mystiker und moderner Mythenschöpfer erscheint. Dieses Verständnis von Clarke als dem Verfasser von Science-Fiction-Romanen wird an einer 1977 erschienenen Sammlung von Essays über seine Arbeiten deutlich. Ein eindrucksvolles Beispiel hierfür ist der Beitrag von Betsy Harfst, »Of Myths and Polyominoes: Mythological Content in Clarke's Fiction«. Unter Verwendung der Metapher für komplizierte geometrische Muster – die »Polyominoes« – inszeniert Harfst eine kunstvolle mythische Interpretation von vier Romanen Clarkes, in der sie mit Mythosvorstellungen arbeitet, wie sie von C. G. Jung, Joseph Campbell und, besonders interessant, von Mircea Eliade vorgetragen wurden.

Harfsts Essay ist eine insgesamt geschickte Anwendung dieser Mythentheorien, doch ihr Verständnis von Mircea Eliade erliegt einem aufschlußreichen Irrtum. Sie beschreibt den typischen Clarkeschen Helden und sagt, »im Gegensatz zu manchen seiner fromm-ergebenen jüdisch-christlichen Vorfahren . . . ist er in seiner Autonomie Gott *ebenbürtig*«.[3] Harfst versucht, ihr Urteil mit einer Passage aus Eliades Buch *Kosmos und Geschichte* zu belegen, wo von »schöpferischer Freiheit« die Rede ist, doch geht es Eliade an dieser Stelle nicht um einen Menschen wie Clarkes rationalen modernen Ungläubigen, wie Harfst nahelegt, sondern um den jüdisch-christlichen *Glauben*. Nur dieser Glaube, sagt Eliade, kann dem Menschen die von ihm erstrebte Freiheit geben, eine Freiheit, »die von Gott ausgeht und in ihm ihre Garantie und ihre Stütze hat«.[4]

Das ist himmelweit entfernt von einer zügellosen Autonomie – Gottgleichheit –, die Harfst an Clarkes Helden zweifellos zutreffend beobachtet. Dieser falsche Gebrauch eines Eliadezitats ist bemerkenswert, weil er darauf verweist, daß es in Clarkes Romanen möglicherweise eine Ebene des profanen Bewußtseins gibt, die für seine Visionen von größerer Bedeutung ist als der »mythologische Gehalt«, den Harfst in ihrem Essay insgesamt nachweisen kann.

Ein ähnlich aufschlußreicher Vergleich zwischen Eliade und Clarke zur Frage der menschlichen Autonomie läßt sich am Beispiel ihrer Aussagen über Astrologie ziehen. In seinen veröffentlichten Tagebüchern bemerkt Eliade: »Es war das große Verdienst des Christentums, sich gegen den astrologischen Fatalismus, der in der ausgehenden Antike so mächtig war, erhoben und dem Menschen so das Vertrauen in sich selbst und in die Möglichkeiten seiner Freiheit wiedergegeben zu haben.«[5] Und Clarke schreibt in seinem Schlußkommentar des Buches *Wir waren die ersten* am Ende: ». . . es könnte sein, daß die alten Astrologen die Wahrheit genau umgekehrt hätten mit ihrem Glauben, die Sterne bestimmten die Schicksale der Menschen. Die Zeit mag kommen, in der die Menschen die Schicksale der Sterne bestimmen.«[6]

Diese Äußerung legt die Vermutung nahe, daß Clarke gleich seinen Romanhelden die Vision einer durch die Wissenschaft bewirkten Autonomie hat, die von dem jüdisch-christlichen Glauben weit entfernt ist, auf den Eliade sich bezieht. Und noch viel weniger gemeinsam hätte diese Autonomie mit dem, was Eliade zufolge von diesem Glauben entthront wurde: jene Freiheit, die der *homo religiosus* in seinem sakralisierten Universum von zyklisch wiederkehrenden mythischen Archetypen gefunden hat.

Man muß hier anmerken, daß Clarkes wissenschaftliche Schriften von Belegen einer überzeugten Profanität nur so strotzen; so brandmarkt er etwa in unbekümmert rationalistischer Manier allenthalben den antiken Mythos wegen seiner abergläubischen Vorstellungen. Im besten Fall läßt er gelten, daß der Mythos unbestimmte Ankündigungen und Visionen bietet, die erst von der Wissenschaft und der Technik zu »ver*wirklich*en« sind. Clarke teilt in keiner Hinsicht Eliades Auffassung vom traditionalen Menschen, der seine Wirklichkeit gerade in dem Heiligen fand, von dem seine nicht wörtlich zu verstehenden Mythen berichteten. Hier stimmt Clarke in den Chor anderer Wortführer des Raumfahrtzeitalters mit ein – Männer wie Präsident Carter bei einer zeremoniellen Ordensverleihung an die amerikanischen Raumfahrer vor einigen Jahren, die über unseren Flug zum Mond und weiter hinaus ins All sagen, daß »wir den Stoff unserer Phantasien und Träume genommen und daraus Erfüllung und Wirklichkeit gemacht (haben)«.[7]

Das ist ein weiteres Beispiel für das, was ich im Anschluß an Alex Comforts Schilderung vom schamanischen Flug des Astronauten mit dem Unterschied des wörtlichen Verständnisses gemeint habe. Nach diesen kurzen Bemerkungen über Clarkes Bücher und einigen allgemeinen Vergleichen mit Eliades Kategorien, aus denen die Problematik eines jeden Versuchs deutlich wird, den einen mit dem anderen in Einklang zu bringen, möchte ich nun Clarkes offenbar mythenträchtiger Science-Fiction-Literatur tiefer auf den Grund gehen. Mein Ziel ist es, mit Hilfe der Religionsgeschichte die Rolle der faktischen Wirklichkeitstreue wissenschaftlicher und technischer Bestätigungen in diesen Fiktionen genauer zu bestimmen. Zu diesem Zweck müssen wir untersuchen, wie Clarke in seinem Roman *Fahrstuhl zu den Sternen* aus dem Jahr 1978 den sakralen Raum behandelt.

II

Der amerikanische Titel dieses Romans, *The Fountains of Paradise,* ist – wie Clarke in einem kurzen Vorwort erläutert – einem Ausspruch entlehnt, der angeblich von dem päpstlichen Legaten Bruder Marignolli aus dem Jahr 1335 stammt: »Vom Paradies bis nach Taprobane sind es vierzig Meilen. Man kann dort die Quellen des Paradieses hören«.[8] Taprobane war der lateinische Name der Insel Ceylon und ist zugleich der Name der erfundenen Insel in Clarkes Roman. Die »Quellen« sind ein Bestandteil der Story, die mit der Herrschaft König Kalidasas auf Taprobane im 2. Jahrhundert beginnt. Zu Füßen seiner Burg auf dem Gipfel eines riesigen Felsens mit Namen Jakkagala oder Teufelsfelsen hatte er ein System von Wasserkanälen, Brunnen und Gärten errichten lassen, die von einem Schutzwall umgeben waren.

In dieser Umgebung herrschte Kalidasa mit wachsender Unruhe, die Augen immer wieder nach Süden gerichtet, zum Heiligen Berg Sri Kanda. Auf dessen kegelförmigem Gipfel lag der Tempel des Mahanajake Thero, Taprobanes Hoherpriester, der Kalidasas blutige Machtergreifung verurteilte und geduldig auf dessen Sturz wartete. Diese Geschichte von König Kalidasa, der seinen Vater umgebracht hatte und schließlich in einer entscheidenden Schlacht von seinem Halbbruder überwunden wurde, ist lediglich die Einleitung des Romans. Sie dient als Einführung des Themas vom himmelstürmenden Erbauer und bildet zugleich die Kulisse der Haupthandlung, die im Taprobane unserer Zukunft, zweitausend Jahre nach Kalidasas Fall, spielt.

Vannevar Morgan, die Hauptfigur des Romans, ist ein Ingenieur des 22. Jahrhunderts, der bereits die größte Brücke der Welt über die Straße von Gibraltar gebaut hat. Er reist nach Taprobane, um einen pensionierten Diplomaten – Radschasinghe, der im Schatten des Teufelsfelsens lebt – für ein neues und noch ehrgeizigeres Projekt um Hilfe zu bitten.

Während seines Aufenthalts bei Radschasinghe wird Morgan von der Legende um König Kalidasa gefesselt, und eines Morgens ersteigt er in aller Frühe den Berg, um die Reste der Königsburg in Augenschein zu nehmen. Während er von Jakkagala aus auf die Teiche des Lustgartens hinabsieht, erinnert sich Morgan an den Ausspruch Bruder Marignollis: »Er genoß die Bezeichnung, während er sie halblaut aussprach: *Brunnen des Paradieses.* Hatte Kalidasa hier, auf der Erde, einen Garten zu schaffen versucht, in dem sich selbst Götter wohlfühlen würden, um seinen eigenen Anspruch auf Göttlichkeit zu unterstreichen? Wenn das so war, dann ließ sich verstehen, warum der Priester ihn der Lästerung beschuldigt und sein gesamtes Werk mit einem Fluch belegt hatte«.[9] Wie Kalidasa zweitausend Jahre vor ihm blickt Morgan nach Süden zum Heiligen Berg Sri Kanda. Offensichtlich spielt er für sein Projekt eine wichtige Rolle, obgleich die Art dieser neuen Großtat der Ingenieurskunst nicht sofort enthüllt wird. Morgan kommt in den Sinn, daß »für Kalidasa Sri Kanda sowohl die Macht der Priesterschaft als auch die der Götter dar(stellte), die sich beide gegen ihn verbunden hatten. Seitdem waren die Götter verschwunden, aber die Priester gab es noch immer. In Morgans Planung waren sie eine unbekannte Größe. Er würde sie daher mit vorsichtigem Respekt behandeln«.[10]

Morgan wird somit als der ganz und gar säkulare Mensch dargestellt, als Ingenieur, der wie ein Ingenieur denkt und Kalidasas Herrschaft als Urbild seiner eigenen himmelstürmenden Pläne bewundert. Sein in Taprobane zu verwirklichendes Projekt erweist sich schließlich als der Bau eines »Raumfahrstuhls« oder »Orbitalturms«, der die Erde mit einem geosynchronen Satelliten verbinden soll, der über dem Äquator schwebt. Diese Konstruktion, so wird dem Leser erklärt, wurde erstmals 200 Jahre früher von dem russischen Ingenieur Artsutanow erdacht, konnte jedoch nicht realisiert werden, da bis zum 22. Jahrhundert das geeignete Material dafür fehlte. Die erfolgreiche Umsetzung des Projekts würde den Zugang zu ferneren Himmelsräumen weit weniger kostspielig machen als treibstoffverzehrende Raketen. Doch dieser Orbitalturm, das hatte Morgan inzwischen herausgefunden, konnte seinen Standort nur an einem einzigen Ort der Erde haben. Einerseits mußte er auf dem Äquator liegen, andererseits waren nach Aussagen von Morgans Freund Maxine Duval »Afrika und Südamerika . . . für den Fahrstuhl nicht geeignet. Das hängt mit instabilen Punkten im Gravitationsfeld der Erde zusammen. Nur Taprobane kommt in Frage. Um genau zu sein: Nur ein einziger Punkt in Taprobane«.[11]

Der allein in Frage kommende Standort für die Erdstation des Fahrstuhls ist schließlich der Gipfel des Heiligen Berges Sri Kanda, der noch von einem Nachfolger von Kalidasas Widersacher, dem Hohenpriester Mahanajake Thero, bewohnt wird. In Gedanken bei diesem vermutlichen Hindernis für Morgans Pläne ersteigt der tiefsinnige Diplomat Radschasinghe den Teufelsfelsen, um mit den auf die Felswände gemalten Göttinnen zu sprechen, und bemerkt: »Vielleicht wird unser Land zum Mittelpunkt der Welt werden – vieler Welten sogar. Es kann sein, daß der große Berg dort im Süden, den ihr so lange angeblickt habt, der Schlüssel zum Universum wird . . .« Und dann wendet er sich an die Figur seiner Lieblingsgöttin an der Felswand: »Was weißt du schon von den *wirklichen* Welten jenseits des Himmels, oder von dem Drang des Menschen, sie zu erobern? Du warst zwar einst eine Göttin, aber Kalidasas Himmel war nichts als eine Illusion.«[12]

Mit diesem Selbstgespräch Radschasinghes soll zum Ausdruck kommen, daß der Himmel von Vannevar Morgan wirklich ist – d. h. ein wörtlich zu verstehender Himmel; er ist das richtige Objekt für einen nüchternen Ingenieur der Raumfahrttechnik zu einer Zeit in der Zukunft, die von uns noch weiter entfernt ist als unsere traditionellen religiösen Vorstellungen der Vergangenheit. Der übrige Teil des Romans handelt hauptsächlich von politischen Schachzügen zur Bewilligung des Projekts und vom Bau des Raumfahrstuhls und beschreibt eine kritische Situation, die Morgan löst, indem er sein Leben opfert. Während der vorangegangenen Verhandlungen begibt sich Morgan auf den Gipfel des Sri Kanda, um mit dem derzeitigen Mahanajake Thero zu sprechen, wobei er die Seilbahn nimmt, statt »die längste Treppe der Welt« zu Fuß zu ersteigen[13], die zum Schrein des Heiligen Fußabdrucks – der in den einzelnen religiösen Überlieferungen Adam, Schiwa oder Buddha zugeschrieben wird – auf dem Gipfel in der Nähe des Tempels des Hohepriesters führt.

Das einzige weitere bemerkenswerte Thema des Buches und ein Lieblingsthema Clarkes ist die Ankunft eines fremden Raumschiffs aus einer fernen Galaxie namens »Starglider«, das in einhundert Tagen das Sonnensystem durchquert, Informationen über die Kulturen und die Technologie der Erde sammelt und, so will es der Roman, den menschlichen Religionen den Todesstoß versetzt. Hier wird angenommen, daß diese im wesentlichen auf einem geozentrischen Anthropomorphismus beruhen. In der für Clarke so charakteristischen übertreibenden Sprache heißt es: »(Starglider) hatte den Milliarden von Worten eines frommen Kauderwelsch ein Ende gemacht, mit dem scheinbar intelligente Menschen jahrhundertelang ihre Köpfe vernebelt hatten.«[14]

Das Ende des Romans spielt 1500 Jahre nach Vannevar Morgans Tod und der Vollendung des Orbitalturms. Ein Geschöpf von dem Planeten, der den »Starglider« ausgesandt hatte, sitzt mit einer Gruppe irdischer Kinder auf dem Teufelsfelsen und blickt zum Heiligen Berg im Süden, von dessen Gipfel sich noch immer das Bauwerk Morgans in den Himmel erhebt. Das Geschöpf, in dem Buch als »Es« bezeichnet, sagt, es wisse, daß der Fahrstuhl 2000 Jahre nach Kalidasas Burg gebaut worden sei, deren Trümmer noch immer um das Bauwerk herum zu sehen sind. Es verstehe deshalb nicht, warum Morgans Schöpfung »Kalidasas Turm« genannt werde.

III

Was wir in Clarkes neuestem Roman vor uns haben, ist das Thema der himmelstürmenden Hybris, das in einem fast vollkommen außer- oder antireligiösen Kontext eines prometheischen Rationalismus abgehandelt wird. Es könnte demnach so scheinen, als ließen sich in diesem Text nur schwerlich Bilder einer traditionellen Sakralität auffinden, wenn man einmal von der Unterbrechung der profanen Zeit absieht, die – wie Eliade betont hat – durch die Lektüre einer jeden Erzählung bewirkt werden kann.[15]

Doch trotz der säkularen Ideologie, von der *Fahrstuhl zu den Sternen* durchdrungen ist, gibt es in dem Buch wichtige Bilder, denen die Religionsgeschichte eine große Bedeutung zuerkannt hat. Hierher gehört beispielsweise das paradiesische Bild, das der Roman von der tropischen Insel zeichnet.

In seinem Aufsatz »Das Heimweh nach dem Paradies in den primitiven Überlieferungen« und an anderen Stellen seines Werks bemerkt Eliade, daß zahlreiche Mythen die paradiesische Situation als etwas beschreiben, das eine Nähe zwischen Erde und Himmel impliziert – »daß man ohne weiteres durch Vermittlung eines Baumes, einer Liane oder einer Leiter oder durch die Besteigung eines Berges in den Himmel Zutritt hatte«[16] – und sich »im Mittelpunkt der Welt« auf der Spitze des höchsten Gipfels befand.[17] Eliade schildert weiter, wie das Bild vom Paradies die großen Entdeckungsfahrten beflügelte, die über ihre ökonomischen Ziele hinaus auch eine Suche nach den Inseln der Seligen oder anderen Versionen des irdischen Paradieses waren.[18] Als die Geographie naturwissenschaftlich wurde, nahm sich die Literatur dieser Suche an und fuhr fort »in der Preisung der paradiesischen Inseln des Großen Ozeans, Zufluchtsstätten für alle Seligkeiten ... auch wenn die Wirklichkeit ein völlig anderes Gesicht zeigte ...«[19]

Die meisten dieser Paradiesmotive finden sich in Clarkes Taprobane wieder: König Kalidasas Lustgarten und seine Burg auf dem Teufelsfelsen sind hierfür zweifellos ebenso Beispiele wie Sri Kanda, der Heilige Berg, mit seinem Heiligen Fußabdruck und der riesigen Treppe zum Gipfel. Außerdem gibt es den Orbitalturm selbst, eine *axis mundi* oder Jakobsleiter, deren Lage Taprobane in den Worten Radschasinghes zum »Mittelpunkt der Welt ... vieler Welten sogar« macht. Insbesondere der Turm scheint sich als Symbol für den sakralen Raum schlechthin im ungastlichen Umfeld eines postreligiösen 22. Jahrhunderts im Roman zu eignen.

IV

Und genau an dieser Stelle müssen wir auf das Problem des wörtlichen Verständnisses zurückkommen, wenn wir den Versuch unternehmen, die Erkenntnisse der Religionsgeschichte auf Kulturerscheinungen anzuwenden, wie sie für das Raumfahrtzeitalter charakteristisch sind. Bei Arthur C. Clarkes Science-Fiction-Roman haben wir ein Dokument mit einer großen Lesergemeinde vor uns, das auf der einen Ebene jene überzeugte Irreligiosität aufweist, die man mit einem technischen Zugang zur Welt in Verbindung bringt. Auf einer zweiten Ebene, das habe ich oben zu zeigen versucht, erinnern die wesentlichen Motive oder zentralen Bilder des Buches deutlich an Mircea Eliades Begrifflichkeit des sakralen Raums, wie er uns in den Mythen und Riten traditionaler Kulturen begegnet: als Paradies, heiliger Berg oder Weltenberg, Mitte der Welt, *axis mundi* usw. Doch das Entscheidende für mich ist der Umstand, daß auf einer dritten Ebene das wörtliche Verständnis dieser Bilder und Motive in Clarkes Roman ihren Wert als Beispiele für eine archaische Sakralität, die bis ins Zeitalter der Raumfahrt überlebt hat, zunichte macht.

Die Art und Weise, wie Clarke dazu kam, *Fahrstuhl zu den Sternen* zu schreiben, liefert einen ersten Beleg für dieses wörtliche Verständnis. In seiner Aufsatzsammlung *The View from Serendip* bemerkt Clarke, daß ihm die Idee zu diesem Roman 1966 kam, im selben Jahr, als er zum ersten Mal von der Möglichkeit eines Raumfahrstuhls erfuhr.[20] Außerdem berichtet er, daß er kurz nach der Beendigung seines Romans *Makenzie kehrt zur Erde heim* 1975 in einem russischen Bildband mit Farbtafeln zum Thema Raumfahrttechnologie einen Raumfahrstuhl entdeckte, der »unmittelbar über Sri Lanka (schwebte), obgleich der Schacht vermutlich in Afrika endete, da die Erdstation auf dem Äquator liegen muß und die Abbildung den siebten nördlichen Breitengrad zeigt«.[21]

Ich ziehe aus diesen Angaben den Schluß, daß Clarke 1966 zwar die Anregung erhielt, einen Roman über einen Raumfahrstuhl zu schreiben, als er sich mit den Möglichkeiten und Schwierigkeiten eines solchen Projekts beschäftigte, das Manuskript tatsächlich jedoch erst ein Jahrzehnt später in Angriff nahm, nachdem er auf der russischen Abbildung die verführerische Kombination des Fahrstuhls mit Sri Lanka gesehen hatte – jener Insel (vormals Ceylon), auf der er sich seit 1956 dauerhaft niedergelassen hatte. Ich habe schon erwähnt, daß es Clarkes eigener Artikel aus dem Jahr 1945 war, der die Möglichkeit von geostationären Satelliten über dem Äquator prophezeite; so wäre es nur naheliegend, daß ihn ein Romanthema besonders interessierte, bei dem der Einsatz eines solchen Satelliten eine dramatische Rolle spielte. Ein weiterer Faktor für die Entstehung des Romans war möglicherweise die erste Veröffentlichung einer Photographie unseres Planeten. Sie wurde 1967 vom Satelliten Orbiter 5 aus aufgenommen und von Clarke ein Jahr später in seinem Buch *Unsere Zukunft im Weltall* mit einer Bildunterschrift wiederabgedruckt, in der sich folgender vielsagender Satz findet: »Durch einen dünnen Wolkenschleier sind Indien und Ceylon in der Mitte zu erkennen . . .«[22]

Wenn an allen diesen Einzelheiten sichtbar wird, daß Clarkes Roman *Fahrstuhl zu den Sternen* auf Tatsachen und sogar auf autobiographischen Tatsachen beruht, so ist dies zweifellos bei jedem Romanautor wenigstens zu einem Teil zu erwarten, vor allem dann, wenn er mit der klassischen Methode der Science-Fiction-Literatur arbeitet, von wissenschaftlichen Daten und Technologien der Gegenwart aus zu »extrapolieren«. Das Problem geht jedoch über diese übliche Extrapolation bei Science-Fiction-Romanen hinaus – sofern es nicht jenen Rest an Wahrheitstreue in der klassischen Methode impliziert –, sobald erkennbar wird, daß Clarke die Motive und Bilder seines Romans als etwas tatsächlich Wahres und technisch Erreichbares bestätigt sehen möchte. Einen ersten Hinweis darauf findet man in seinem Vorwort, in dem er sich zu der Erklärung genötigt fühlt: »das Land, das ich Taprobane genannt habe, gibt es nicht in Wirklichkeit, aber es stimmt zu neunzig Prozent mit der Insel Ceylon (heute Sri Lanka) überein.«[23] Doch die Schlußfolgerung auf einen durchgängigen Literalismus bestätigt sich besonders bei der Lektüre der Quellenangaben nach dem Schlußkapitel des Romans.

Dort bemerkt Clarke einleitend: »Der Verfasser historischer Romane hat seinen Lesern gegenüber eine besondere Verantwortung, besonders wenn er über nicht weithin bekannte Zeiten und Orte schreibt. Er sollte Tatsachen und Ereignisse nicht verdrehen, wenn sie bekannt sind, und wenn er sie erfindet, wie er es oftmals tun muß, dann ist er gehalten, die Trennlinie zwischen Phantasie und Wirklichkeit deutlich zu markieren. Der Verfasser von Science-Fiction-Romanen hat dieselbe Verantwortung, nur in noch höherem Maß.«[24]

Es folgt Clarkes Eingeständnis, daß er in seinem Roman Sri Lanka nach Süden versetzt hat, so daß sich die Insel über den Äquator erstreckt und damit erst zu einem wissenschaftlich akzeptablen Standort für den Orbitalturm wird. Außerdem vermerkt er ausdrücklich: »›ich habe die Höhe des Heiligen Berges verdoppelt und ihn näher an ›Jakkagala‹ herangesetzt. Beide Orte gibt es nämlich, fast so, wie ich sie beschrieben habe.«[25] Weiter geht er ausführlich darauf ein, daß der Heilige Berg und die Felsenfestung Jakkagala des Romans ihre Vorbilder im Adam's Peak und im Sigirija (Löwenfelsen) in Sri Lanka haben – er läßt es sich nicht nehmen, diese »mindere(n) Veränderungen an der Geographie von Ceylon« anzuführen – und daß die Figur des Königs Kalidasa auf den ceylonesischen König Kasjapa aus dem 5. Jahrhundert zurückgeht.[26]

Drei volle Seiten dieser Quellennachweise werden schließlich dem beherrschenden Bild des Romans, dem Raumfahrstuhl gewidmet. Wir erfahren, daß Artsutanow, der russische Ingenieur, von dem im Roman als dem ersten die Rede ist, der auf den Gedanken zu einem solchen Bauwerk verfiel, der wirkliche Name jenes Mannes ist, der tatsächlich 1960 eine »himmlische Seilbahn« vorgeschlagen hatte.[27] Selbst die Einzelheiten, daß es die Bedingungen des Gravitationsfeldes sind, die Taprobane zum einzig möglichen auf dem Äquator gelegenen Standort für den Orbitalturm machen, wird noch durch Fakten belegt, wenn Clarke einräumt, daß ein Haus, das er an der Südküste Sri Lankas besitzt, »genau an dem Ort (steht), der, wenn man von Punkten im Ozean absieht, der Stelle maximaler geosynchroner Stabilität am nächsten ist«.[28]

V

Alle diese Aussagen in Verbindung mit anderen im Text des Romans selbst – so z. B. Radschasinghes Frage an das Bild seiner Lieblingsgöttin: »Was weißt du schon von den *wirklichen* Welten jenseits des Himmels?« – bestärken unsere Vermutung, daß Clarkes Vision im *Fahrstuhl zu den Sternen* von dem Wunsch nach buchstäblicher »Ver*wirklich*ung« der Bilderwelt sakraler Räume beherrscht wird. Während für Eliade die paradiesischen Inseln des Stillen Ozeans in der modernen Literatur als überlebende mythische Bilder gepriesen wurden, »auch wenn die Wirklichkeit ein völlig anderes Gesicht zeigte«, kann Clarke für seine Zwecke gar nicht *zulassen,* daß die Wirklichkeit anders aussieht: Er will nämlich zeigen, daß Sri Lanka und sein Heiliger Berg *tatsächlich* im Mittelpunkt der Welt liegen und das Paradies sind und daß es *tatsächlich* möglich ist, und zwar hier allein, eine *axis mundi* zu errichten, welche die Erde mit dem Himmel verbindet.

Ein weiterer aufschlußreicher Vergleich mit Eliades Sichtweise ergibt sich, wenn wir dessen Erzählung »Nächte in Serampore« betrachten, in der die Hauptfigur an einem bestimmten Punkt eine Verwandlung der vertrauten indischen Landschaft im Norden Kalkuttas – wo Eliade ebenso eine gewisse Zeit zugebracht hat wie Clarke in Sri Lanka – in eine »mythische Geographie« erlebt. In seiner Einleitung zur amerikanischen Ausgabe der Erzählung bemerkt Eliade, er habe mit dieser literarischen Transformation vom Wörtlichen zum Mythischen zeigen wollen, wie »jede Hierophanie das in einem *profanen* Gegenstand oder einer *profanen* Wesenheit verborgene *Heilige* (enthüllt)«.[29] Für mich ist hierbei von Bedeutung, daß »Nächte in Serampore« keine wörtliche Bestätigung der Dimension des Mythischen oder Heiligen impliziert. Demgegenüber kehrt der Roman *Fahrstuhl zu den Sternen* Eliades Kunstgriff um und macht aus dem sakralen Raum des antiken Ceylon eine technologische Realität, die für das Denken eines Ingenieurs akzeptabel ist. Mit anderen Worten, Clarkes Vision enthüllt das in dem einstmals Heiligen verborgene Profane oder wertet das Heilige um ins Profane.

Zum Schluß sollte ich noch anmerken, daß Eliade nach seinen Tagebüchern zu urteilen in seiner einsamen Begegnung mit Clarkes Science-Fiction diese profanisierende Wirkung selbst gespürt haben muß. Er schreibt dort, er sei nach der Lektüre von *The City and the Stars* (*Die sieben Sonnen*) deprimiert gewesen, weil in diesem Roman Unsterblichkeit als etwas dargestellt wird, das in einer fernen Zukunft von der Wissenschaft erreicht worden sei. »Niemals habe ich das Gewicht der angehaltenen Zeit drückender empfunden«, heißt es da, »es ist tatsächlich eine ewige Wiederkehr.«[30] Er geht auf das Thema nicht näher ein, so daß unklar bleibt, ob eine mythische Unsterblichkeit, wie sie in traditionellen Kulturen erstrebt wurde, ihm *per se* als beklagenswerter Zustand erscheint, oder ob es der Gedanke einer wörtlich verstandenen Arretierung jeder zeitlichen Dauer in einer wirklichen Zukunft ist, der ihm Unbehagen bereitet. Meine eigene Vermutung ist jedenfalls, daß das wörtliche Verständnis heiliger Phänomene durch die Technologie unseres Raumfahrtzeitalters, Phänomene, wie sie in der Religionsgeschichte im übertragenen, nicht wörtlich gemeinten Sinne geschaut wurden, gleichbedeutend sein könnte mit einem endgültigen Triumph des Profanen in Gestalt von verwirklichten Träumen – zweifellos von Eliades Blickwinkel aus eine bedrückende Aussicht.

Was immer der eigentliche Grund für Eliades Reaktion auf Clarkes früheren Roman gewesen sein mag, das jüngste literarische Werk dieses repräsentativen Autors des Raumfahrtzeitalters behandelt jedenfalls den sakralen Raum in einer Weise, daß die traditionellen religiösen Bilder, die von Kritikern hinter der säkularen Tarnung Clarkes entdeckt wurden, eine noch tiefer reichende Irreligiosität verbergen. Es ist letztlich dieser Rückgriff auf wortgetreue Einschätzung und Darstellung, der den in *Fahrstuhl zu den Sternen* nachweisbaren mythischen Mustern zugrunde liegt – und darüber hinausgehend auch in manch anderer Entäußerung der Kultur des Raumfahrtzeitalters –, den die Religionsgeschichte zu untersuchen hat, um auszumachen, ob und welche sakralen Phänomene sich hinter *ihm* verbergen.

Aus dem Englischen von Udo Rennert

Anmerkungen

1 Alex Comfort, *Natur und menschliche Natur,* Reinbek 1970, S. 231 f. Anstelle von »Wirklichkeitstreue« (literalism) sollte man eher von »wörtlichem Verständnis« sprechen. In der angeführten deutschen Übersetzung heißt es irreführend »Mondfahrt« anstelle von »Himmelfahrt«. (A. d. Ü.)

2 Neil Armstrong, Michael Collins und Edwin E. Aldrin Jr., unter Mitarbeit von Gene Farmer und Dora Jane Hamblin, *Wir waren die ersten,* Nachwort von Arthur C. Clarke, Frankfurt 1970; übers. n. d. amer. Ausg. *First on the Moon,* Boston 1970, S. 224.

3 Betsy Harfst, »Of Myths and Polyominoes«, in: J. D. Olander und M. H. Greenberg (eds.), *Arthur C. Clarke,* New York 1977, S. 93.

4 Mircea Eliade, *Kosmos und Geschichte,* Reinbek 1966, S. 130.

5 Mircea Elaide, *No Souvenirs: Journal, 1957-69,* New York 1977; dt. (gekürzte) Ausg. *Im Mittelpunkt,* Wien 1977, S. 220.

6 Armstrong et al., *Wir waren die ersten,* S. 495.

7 James Earl Carter, Jr., »On the Uses of Spaces«, *Michigan Quarterly Review* XVIII (1979), S. 351.

8 A. Clarke, *Fahrstuhl zu den Sternen,* Rastatt 1979, S. 9.

9 Ibid., S. 60.

10 Ibid., S. 64.

11 Ibid., S. 85.

12 Ibid., S. 92 f.

13 Ibid., S. 105.

14 *The Fountains of Paradise,* New York 1978, S. 83. Diese Stelle fehlt in der deutschen Ausgabe.

15 Vgl. z. B. Mircea Eliade, *Myth and Reality,* New York 1963, S. 192.

16 Mircea Eliade, *Mythen, Träume und Mysterien,* Salzburg 1961, S. 89.

17 *Kosmos und Geschichte,* S. 16.

18 Mircea Eliade, *Die Religionen und das Heilige,* Darmstadt 1976, S. 491.

19 Mircea Eliade, *Ewige Bilder und Sinnbilder,* Freiburg 1958, S. 10.

20 A. Clarke, *The View from Serendip,* New York 1978, S. 240 u. 203.

21 Ibid., S. 203.

22 *Unsere Zukunft im Weltall,* Bergisch-Gladbach 1969; nach dem Original: *The Promise of Space,* New York 1968, S. 151, übersetzt, da die dt. Ausgabe an dieser Stelle unkorrekt ist.

23 *Fahrstuhl zu den Sternen,* S. 9.

24 Ibid., S. 365.

25 Ibid.

26 Ibid. Der einzige Hinweis auf Ceylon, den ich in den wissenschaftlichen Arbeiten Eliades ausfindig machen konnte, bezieht sich auf den Festungspalast von Sigirija, erbaut von König Kasjapa »nach dem Vorbild der himmlischen Stadt Alakamanda ... schwierig zu erreichen für menschliche Wesen ...« D. h., Eliade bestätigt den paradiesischen Archetypus, der Kasjapas und Kalidasas und vielleicht sogar Clarkes Projekt angeregt hat. Vgl. *Kosmos und Geschichte,* S. 14.

27 *Fahrstuhl zu den Sternen,* S. 368.

28 Ibid., S. 372.

29 Mircea Eliade, *Two Tales of the Occult,* New York 1970, S. x.

30 Mircea Eliade, *No Souvenirs,* S. 149 (fehlt in der deutschen Ausgabe).

Adrian Marino
Mircea Eliade und die Säkularisierung der Literatur

In einer Welt, die scheinbar bis ins Innerste säkularisiert worden ist wie die unsrige, sind auch die Literatur – und mit ihr alle anderen Schöpfungen des Geistes – ebenso durchgängig und tiefgreifend säkularisiert, so möchte man annehmen. Dennoch erheben sich hier sogleich eine ganze Reihe von Fragen und Zweifeln: 1. Ist die Welt wirklich und vor allem restlos säkularisiert, und auf welcher Ebene vollzieht sich dieser Vorgang? 2. Läßt sich infolgedessen zu Recht von einer *gänzlich* säkularisierten Literatur sprechen, und in welchem Sinn ist dieser Begriff zu verstehen? 3. In welcher Weise existiert das Heilige trotz allem fort, selbst noch in der These von der fundamentalen und umfassenden Säkularisierung der Literatur? 4. Auf welche Formen bezieht sich diese literarische Säkularisierung – ein Phänomen, das von niemandem bestritten wird –, und welcher Mittel bedient sie sich zu diesem Zweck? Die Überlegungen und Untersuchungen von Mircea Eliade liefern zwar keine ausgearbeiteten oder erschöpfenden, aber doch wichtige und fruchtbare Antworten auf alle diese Fragen. Das heißt, daß sich, von Eliades Ansatz ausgehend, eine kohärente Theorie der Säkularisierung der Literatur entwickeln läßt. Diese Theorie betrifft sowohl die Phänomenologie und Morphologie der Literatur als auch die Literaturgeschichte und die Komparatistik. Es ist dies ein Grundproblem, zu dessen Aufklärung jede Hermeneutik der Literatur – das Wort und die Sache – aufgerufen ist.

1. Trauer? Resignation vor dem Unabänderlichen? Zweifellos erkennt Mircea Eliade immer und immer wieder die Wirklichkeit der Profanisierung in der modernen Welt, d. h. die Emanzipation und die Trennung und, in ihrem Gefolge, die Opposition gegenüber allen heiligen, transzendenten, überzeitlichen Werten des Menschen und der Kultur. Das zeigt schon ein flüchtiger Blick auf sein Gesamtwerk, von seinen frühesten bis hin zu seinen letzten Schriften.[1] Die Kritiker Mircea Eliades haben dasselbe Phänomen im Blick[2], und mit ihnen eine ganze Reihe von Denkern, von Rudolf Otto bis Bultmann und Paul Tillich, von van der Leeuw bis Gilbert Durand und selbst zu den »Gott ist tot«-Theologen, um bei jenen zu bleiben, die mit unserem Gelehrten eine Ver-

wandtschaft aufweisen. Alle konstatieren sie die Entmythifizierung, die Herabsetzung und Entwertung der Symbolik, den Rückgang des Glaubens, den absoluten Primat des *saeculum,* des Säkularen, die Autonomie jeder religiösen Motivation, einen permanenten, seit langem zu beobachtenden und in der Geschichte begründeten Vorgang.[3] Zugleich aber stellt man einen äußerst subtilen Prozeß der erneuten Beschäftigung mit dem Heiligen fest, der »Rehabilitierung«, der »Akklimatisierung« an die neuen geistigen Bedingungen des modernen Menschen. Man könnte sagen, daß dieser sich nicht darein schickt, sich gänzlich vom Heiligen zu trennen, es endgültig zu verlieren oder es zu »töten«. Mircea Eliade fügt sich in diese Bewegung ein, indem er den bedeutsamsten Beitrag dazu geliefert hat.

Kann dennoch von einer umfassenden, radikalen Säkularisierung die Rede sein? Eliade stellt, wie viele andere, eine solche Behauptung in Abrede. Man sollte in diesem Zusammenhang zwei Tatsachen festhalten, die für die Lösung unseres Problems von entscheidender Bedeutung sind:

a. Wenn auch das Heilige eine Kategorie des Geistes ist, ein Apriori des Bewußtseins, eine ursprüngliche spirituelle Struktur, so gibt es doch keine rein »heiligen« oder »profanen« Erscheinungen, die gänzlich autonom wären. Das heißt – so die Schlußfolgerung unseres grundlegenden Beweises –, daß das Heilige und das Profane *ab origine* nebeneinander bestehen, daß sie permanente, universelle, irreduzible und insbesondere ambivalente Wirklichkeiten darstellen. Das Heilige kann in das Profane »übergehen«, das Profane vermag völlig unvorhersehbare heilige Epiphanien aufzunehmen. So etwas wie völlig autonome, irreduzible, abgeschlossene heilige oder profane Erscheinungen gibt es nicht. Die Ambivalenz ist ihr Wesen, ihr struktureller Zustand. Hinweise auf diese entscheidende Situation finden sich bei Eliade sehr häufig.[4] Er gelangt schließlich zu einer ebenso radikalen wie prägnanten Definition: ». . . daß sich rein äußerlich das Heilige vom Profanen nicht unterscheidet, daß das Phantastische die Zeichen des Natürlichen trägt, und daß die Welt in dem Zustand, in dem sie uns erscheint, zugleich Chiffre und Schlüssel ist.«[5] Diese grundlegende Zweideutigkeit und dieser Funktionswandel (Resultate spontaner Grenzziehungen und existentieller Entscheidungen) sind von weitreichendem Einfluß auf den Inhalt aller geistigen Schöpfungen einschließlich der Literatur.

b. Folgendes ist ein für uns noch gewichtigerer Tatbestand. Der Widerstreit »heilig – profan« ist ebenfalls ursprünglicher Natur, woraus folgt, daß auch das Heilige eine unausweichliche und ebenso fortwährende »Profanisierung« erfährt. Das Heilige, *per definitionem* strahlend und verblassend, ist immer der Gefahr der Säkularisierung, der Entmythifizierung ausgesetzt. Seine Dauer und seine Reinheit sind nur für kurze, stets privilegierte Augenblicke gesichert. Die ursprüngliche Einheit des Bewußtseins ist somit *ab initio* zerbrochen[6], eine Wahl und Trennung, die auch unter »literarischem« Gesichtspunkt von weitreichender Bedeutung ist. Halten wir das Wesentliche dieser Situation fest: Wenn das Bewußtsein selbst zu dieser radikalen Trennung fortschreitet, so folgt daraus, daß die säkularisierte, weltliche, entmythifizierte etc. »Ladung« aller geistigen Schöpfungen (einschließlich der Literatur) eine wichtige und elementare Gegebenheit ist. Es kann ebensowenig eine vollkommen »heilige« und/oder vollkommen »säkularisierte« Literatur geben wie es eine radikale Zurückweisung im einen oder anderen Sinn geben kann. Die Entsakralisierung der Literatur ist folglich ursprünglich, unausweichlich und unleugbar. Man kann diesem Prozeß Widerstand leisten – ist doch die Religionsgeschichte selbst nichts anderes als die Geschichte der »Widerstände« gegenüber dem Heiligen[7] –, doch läßt er sich nicht aus der Welt schaffen. Wenn im übrigen das Heilige fortwährend in die Welt einbricht, so ist seine Säkularisierung einzig die Folge der Ritualisierung der mündlichen oder schriftlichen Mitteilung (der Interpretation), die sich daraus ergibt und zwangsläufig mit Entgrenzung und Flucht aus dem Bereich des Heiligen verbunden ist, fundamentale Opposition somit und dialektische Beziehung in einem. Diese Situation ist, wie wir sehen werden, folgenschwer. Rufen wir uns außerdem noch in Erinnerung, daß Mircea Eliades Beobachtungen über diese ursprüngliche Spaltung des Bewußtseins sich mit den Schlußfolgerungen der Religionsphänomenologen (wie Rudolf Otto und Gerardus van der Leeuw), der Religionshistoriker (wie R. Pettazzoni) oder der Anthropologen (wie B. Malinowski) decken. Diese zugleich phänomenologische und methodologische Trennung stellt das Problem der Säkularisierung der Literatur in seinen fundamentalen Zusammenhang und definiert es in seinem Wesen. Innerhalb welcher Grenzen und unter welchen Bedingungen offenbart das literarisch Säkulare seine Gegenwart?

2. Mircea Eliade akzeptiert selbstverständlich die Realität der säkularisierten Literatur, er erklärt ihre Bedingungen und ihre Grenzen – und auch ihre Illusionen –, während er sich einen Begriff von ihr zu machen versucht, der sich zugegebenermaßen nicht durch besondere Klarheit auszeichnet. Begnügen wir uns für den Augenblick mit einer vorläufigen und in erster Linie heuristischen Definition: Die säkularisierte Literatur umfaßt die Gesamtheit aller dichterischen Werke ohne jede religiöse Voraussetzung, ohne jede religiöse Motivation und/oder Zweckbestimmtheit, also außerhalb jeder Transzendenzvorstellung; tatsächlich wird sie auf der Ebene des literarischen Bewußtseins und des individuellen schöpferischen Vorhabens ausgeschaltet. Die Definition von Mircea Eliade geht etwa in dieselbe Richtung: »die profane Literatur« bildet sich »aus den Überresten der traditionellen Mythologien«[8], im wesentlichen durch die Aufgabe des archetypischen Kunstbegriffs, der diese Mythologien kennzeichnet[9], sowie des »rituellen Kontexts« der Mythen. Die Folklore, die Märchen und Geschichten – und um so mehr die »moderne« individuelle Schöpfung – haben sich vollständig aus ihren rituellen Bindungen gelöst.[10]

Dieser Prozeß geht natürlich nicht so weit, die immanente Gegenwart des Heiligen gänzlich verschwinden zu lassen; es erleidet dennoch sein Schicksal bis zum Ende: Gleichgültigkeit, Verdrängung, Übertretung, Verwandlung, eine mehr und mehr »demütigende«, »zwangsweise« Koexistenz, die es durch das säkularisierte Bewußtsein erduldet, vor allem in dessen stark individualisierten künstlerischen Manifestationen. Hierfür einige kurze Beispiele: Man kennt den symbolischen, mystischen Sinn von *ligare* (binden, verbinden: das Schicksal, die Elemente usw.).[11] Doch nimmt dieser Begriff, so möchten wir gleich hinzufügen, seit dem Mittelalter und besonders bei Dante (De vulg. Eloc., II, IV, 6) den weltlichen, technischen, profanen, strukturalen Sinn an: »komponieren«, »die Worte zusammenfügen«, sie »musikalisch aneinanderbinden«, kurz, Poesie schaffen.[12] Was die Poesie anlangt, und das hebt auch Mircea Eliade selbst hervor, so ist es sehr schwierig, streng zu trennen zwischen dem buchstäblichen und dem allegorischen und symbolischen Sinn; das gilt selbst für jene Dichter und Texte, die von höchster religiöser Eingebung durchdrungen sind (das Hohelied, Hafis usw.).[13] Die zutiefst zweideutige Situation der Literatur wird so selbst auf der

Ebene der poetischen Sprache sichtbar.

Es zeichnet sich allmählich deutlicher ab, daß die Säkularisierung im wesentlichen einer intellektuellen, individuellen Wahl, einem persönlichen ästhetischen Vorhaben entspringt und weniger einer existentiellen Entscheidung. Somit handelt es sich einzig um eine Tatsache des Bewußtseins (und nicht des Überbewußtseins), bei der weder die Tiefenpsychologie noch das imaginäre (oder, wenn man will, das »imaginale«) Universum eine Rolle spielt. Sie ist das Ergebnis einer vielmehr oberflächlichen, bewußten und vor allem gewollten Trennung.[14] Nichtsdestoweniger sind die Folgen davon erheblich und für das literarische Bewußtsein in der Tat entscheidend. Nur so kann es seine Autonomie und seine spezifische Tätigkeit erlangen. Dies ist die wesentliche Voraussetzung für die Autonomie der Kunst.[15]

Obgleich Mircea Eliade sich weder auf die Geschichte des Literaturbegriffs noch auf seine ebenso präzise wie reichhaltige terminologische Tradition bezieht, decken sich seine Überlegungen weitgehend mit den grundlegenden lexikographischen Angaben. Die indische Bezeichnung »skeptische Bücher« (*Manu*, II, 11) entspricht zweifellos dem Begriff des »atheistischen«, »antireligiösen« und natürlich auch des »säkularen« Textes. An anderer Stelle (*Manu, XI, 65*) ist die Rede vom Verbot der Lektüre »areligiöser Werke«. Andererseits erweist sich eine Definition Mircea Eliades, mit der er die europäische Tradition der Literatur kennzeichnet, als eng verwandt mit dem Sinn des Wortes »lettré«, »gebildet« (das sich auf die »Schrift«, auf den »geschriebenen Text« bezieht): ». . . die bei weitem gebildetste, d. h. die profanste, die vom ursprünglichen religiösen Sinn am weitesten entfernte Formel«.[16] Der Begriff der »profanen Literatur« in seinen ersten, sozusagen ursprünglichen Varianten – seit *litteratura mundi* (Cassian, *De coenobiorum Institut.*, V, 33), *saeculari litteratura* (Tertullian, *De spect.*, 18) bis hin zu Cassiodorus *(Institutio divinarum et saecularium litterarum)* und Alkuin (*Ep.*, 169; P. L., 100, c. 441), etc. – verknüpft die Idee des Studiums, der schriftlichen Bildung, der literarischen Kenntnisse mit der der weltlichen, profanen Bestimmung (welcher Art auch immer) und grenzt sich deutlich von der »sakralen Wissenschaft«, der Heiligen Schrift und der christlichen Apologetik des 2. nachchristlichen Jahrhunderts ab. Die »Literatur« (in diesem Fall = die Totalität aller geschriebenen Werke) vermag demnach zwei dia-

metral entgegengesetzte Zweckbestimmungen anzunehmen: eine
heilige und eine profane. Das beweist, daß der Begriff der »profanen Literatur« bereits genügend Autonomie gewonnen hat, um
als »vollberechtigt« gelten zu können.

Einige allgemeine Schlußfolgerungen drängen sich bereits an
dieser Stelle auf. Zunächst ist die Trennung »heilig – profan« der
Literatur, als einem autonomen Phänomen, äußerlich; dennoch
bedarf sie in ihrer ursprünglichen Entstehung des schöpferischen
Aktes. Diese Trennung ist auf zahlreichen Ebenen (theologischer,
didaktischer, rhetorischer, phänomenologischer, formaler etc.
Art) wirksam, von denen die Literatur vielfach durchschnitten
wird und die mit ihrer Entfaltung in einer je historisch bestimmten Beziehung stehen. Dessen ungeachtet enthüllt das Phänomen
der Säkularisierung in einem deskriptiven, systematischen, morphologischen und phänomenologischen Zugang seine Strukturen
deutlicher als in einem historischen Ansatz zur Literatur. Der »historische« Rhythmus der Säkularisierung bleibt im übrigen nicht
konstant: Auf der theologischen und allgemein der theoretischen
Ebene ist er langsamer als auf der objektiv-formalen. Was die
Trennung »heilig – profan« im eigentlichen Sinne angeht, so enthält sie die Tendenz zu einer strukturellen Polarität, die sich so
skizzieren läßt: Während das Heilige die Neigung zeigt, sich
innerhalb des gesamten mythischen, magischen, symbolischen,
allgemein des »unaussprechlichen«, vor- oder halbbegrifflichen
Bereichs oder durch diesen am Leben zu erhalten, besetzt das
Profane in der Regel die theoretischen, kulturellen und ästhetischen Positionen der Literatur. Im großen und ganzen neigt oder
strebt die »Poesie« zum Heiligen, die »Literatur« zum Profanen.
Das »Wörtliche« wäre *per definitionem* »weltlich«, die Polysemie
»heilig«. Selbstverständlich läßt sich die Säkularisierung mit der
Gegenwart und der Versuchung des Bösen in Verbindung bringen
(die »Versuchung des Teufels«, die Blasphemie, die Profanisierung und im weiteren Sinne die Negation, die Leugnung jeglicher
geheiligter Ordnung), während zum Heiligen das absolute Heil
gehört, das Dogma und das unverletzliche Prinzip. Die »Klassik«
ist »heilig«, während die antiklassische »Avantgarde« »profan«
und erst recht »entweihend« etc. ist. Ungeachtet der zwangsläufig
auftretenden terminologischen Unterschiede finden sich diese
Schlußfolgerungen bei einem ziemlich weiten Kreis von Forschern: Volkskundlern, Anthropologen und Komparatisten. Alle

verstehen den Übergang vom »Mysterienspiel« zur »Romanze« als eine Säkularisation, sogar als »Dekadenz«[17]; sie alle verweisen auf den von der »Literatur« bewirkten Bruch in der Einheit, Magie und Reinheit des Wortes (Zaubersprüche, Lyrik und Poesie, die von der Prosa verdrängt werden)[18]; sie alle liefern Beispiele für »zwei komplementäre Gesetze, denen die ›Mythistorie‹ und die Folklore unterworfen sind: dort wird das Heilige profanisiert, das Profane geheiligt«.[19] Besonders diese Formulierung geht in die Richtung des Denkens von Mircea Eliade.

3. Wenn die vollkommene Säkularisierung der Literatur eine Unmöglichkeit ist, eine Illusion, wenn sie trotz der großen Herausforderung, die sie darstellt, gescheitert ist, so erklärt sich dies aus der enormen, unerschöpflichen Widerstandsfähigkeit des Heiligen gegenüber allen möglichen Entstellungen und Verstümmelungen. Mircea Eliade zufolge gelingt es diesem tatsächlich immer zu überleben, sich noch in den feindseligsten, den der Transzendenz am wenigsten zugänglichen »Milieus« zu verstecken, sich zu »tarnen«, sich auf allen Ebenen des Daseins einzunisten und zu verwandeln. Diese These unseres Autors ist zu bekannt, als daß sie besonderer Ausführungen bedürfte: ». . . Literatur als das exemplarische Mittel zur Mitteilung einer Theologie, einer Metaphysik und selbst einer Soteriologie.«[20] Trotzdem wollen wir einige noch unmittelbarere und präzisere literarische Implikationen festhalten. Zunächst empfiehlt es sich, die uranfängliche, ursprüngliche und immanente »Tarnung« von jenem bewußten, beabsichtigten Hermetismus zu unterscheiden, wie er etwa für den *trobar clus* charakteristisch ist. Die großen dichterischen Themen (u. a. der Vergleich der menschlichen Existenz mit dem Leben der Pflanzen) leiten sich allesamt aus bestimmten urzeitlichen Intuitionen ab, deren Bilderwelt noch für den modernen Menschen »wahr« bleibt.[21] Das bedeutet, daß das Heilige seine Gegenwart auf der archetypischen Ebene der Tiefenpsychologie, »auf den Ebenen des Träumerischen und Imaginären« bestätigt und fortsetzt.[22] Der Zauber und die Faszination (die nicht unbedingt »magisch« sein müssen), die von den wunderbaren Geschichten und ihren »geheimen Botschaften« immer wieder ausgehen, erklären sich vor allem aus dieser archetypischen *anamnesis,* aus diesem periodischen Versenken – durch die »erlebte« Lektüre hindurch – in den weiten und tiefen Ozean, den Urgrund ontologischer Symbole, von dem die Totalität der mythischen

und volkstümlichen Welt durchdrungen ist.[23]

Man kann daher von der Wandlung und dem Überleben des Heiligen und des Mythos in der modernen Kunst und Literatur sprechen. Dieses Thema ist von Mircea Eliade wiederholt aufgenommen worden, stets mit einem Hauch von »Offenbarung«, von »Initiation« in ein großes, vergessenes »Geheimnis«.[24] Eliade ist im übrigen fest davon überzeugt, daß »die modernen Eliten versuchen, durch Initiation eine verlorene Welt wiederzufinden«[24a], und daß immer ein gewisser Prozeß der »Remythologisierung« im Gange ist. Man bemächtigt sich profaner Ereignisse und Helden und verleiht ihnen mythische, »heroische« Dimensionen und Bedeutungen. Dennoch kann man sich fragen, ob all diese – im übrigen unbestrittenen – modernen Manifestationen und Umdeutungen trotz allem »heilig« genannt werden können. In der Terminologie Mircea Eliades ist dies natürlich möglich, doch ist gleichwohl eine gewisse Zirkularität und fortwährende Homologisierung festzustellen: Heiliges-Mythos-Mysterium-Phantastisches-Polysymbolik. Die Untersuchung dieser besonderen Semantik würde indessen zu weit führen. Halten wir für den Augenblick lediglich ihre innere Kohärenz und die Konstanz ihrer fundamentalen Invarianten und Voraussetzungen fest.

Wir müssen unsere Aufmerksamkeit noch auf einen anderen Tatbestand »komparatistischer« Natur richten: Das Denken und die Forschungen Mircea Eliades, alles andere als isoliert exzentrisch oder höchst »esoterisch«, fließen in einen ununterbrochenen Strom heiliger Gegenwart und Bewußtheit ein, die nicht nur implizit, sondern auch insofern explizit sind, als sie seit der Morgendämmerung der Menschheit fortwährend bestätigt, theoretisch begründet, aufgewertet etc. wurden. Lassen wir die literarischen Geschichten religiösen Empfindens im Stil Henri Brémonds beiseite (die deshalb keineswegs belanglos sind) und erinnern wir ganz kurz an den modernen Weg der Idee vom Überleben des Mythos, des Zweiten Gesichts, der »Alchemie«, der Orphik usw. in allen ihren Formen, auch den ästhetischen, dekadenten oder heruntergekommenen. In der Philosophie tritt sie besonders deutlich seit Nietzsche hervor, in der Dichtung seit den Romantikern über Baudelaire, Rimbaud und Mallarmé bis hin zu den Avantgardisten. Überall dieselbe Richtung und derselbe Rückgriff auf die mythisch-symbolische Literatur initiatorischer, esoterischer, spiritualistischer und okkulter Prägung. Wir haben bestimmte

Übereinstimmungen zwischen dieser Ästhetik *sui generis* Mircea Eliades und einigen »schamanischen« Orientierungen festgestellt, die als höchst modern gelten.[25] Sie ließen sich vervielfachen, und überdies könnte man noch die Untersuchungen zum selben Thema mit anführen[26], einschließlich jener, die unmittelbar von Eliade inspiriert sind. Diese letztgenannten teilen sich in zwei Gruppen: a) Exegeten und Kritiker des philosophischen Werks von Mircea Eliade, die das Fortbestehen des religiösen Gefühls und Bewußtseins – selbst unter einer »Tarnung« – bei den modernen Schriftstellern nachweisen wollten, Initiationsthemen oder die Wiederauferstehung der mythischen Zeit bei Romanautoren wie Dostojewski, Joyce, Eliot, Faulkner etc.[27]; b) Kritiker, die sich offen auf Mircea Eliade berufen und sich hauptsächlich mit den Initiationsmustern in der modernen Literatur, dem imaginären und symbolischen Universum literarischer Texte beschäftigen.[28] Die zuletzt genannten Forschungen profitieren von einem gewissen *exequatur* durch den Inspirator selbst.[29] Vergessen wir auch nicht die früheren gelehrten Studien, welche die These von der »Tarnung« des Heiligen und von der »Mythisierung« historischer Helden bestätigen (und möglicherweise sogar antizipieren)[30], sowie überhaupt alle Veröffentlichungen über die literarische Verwendung und das Wirken alter und moderner Mythen (z. B. Don Juan) von Forschern und Kritikern wie P. Albuy, Pierre Brunel, Jean Rousset etc. Diese Arbeiten, die unter einer völlig anderen Perspektive konzipiert wurden, laufen auf ganz verschiedenen Ebenen mit Mircea Eliades Vorstellungen zusammen und bestätigen sie.

4. Das Schlüsselproblem läßt sich demnach so formulieren: Wenn die Säkularisierung der Literatur außer Zweifel steht, unter welchen Bedingungen und in welchen Formen ist sie wirklich möglich? Läßt sich eine Dynamik, eine Phänomenologie und eine Morphologie des literarischen Profanen entwerfen? Während das literarische »Heilige« eine starke Neigung zu Unbeweglichkeit und Kodifizierung, Dogmatismus und Traditionalismus aufweist, zeichnet sich das literarische »Profane« – stets *grosso modo* – durch Spontaneität, Nonkonformismus, Liberalität, persönliche Schöpfung, durch Modernismus aus. Es ist *per definitionem* »heterodox«. Untersuchen wir etwas genauer, welche Position Mircea Eliade gegenüber diesen komplexen Problemen einnimmt.

Alles spielt sich einmal mehr auf der Ebene der Herabsetzung, der Auflösung des Phantastischen, des Mythos, des Symbols etc. ab. Mircea Eliade erhebt diese Feststellung, die er bereits in seinen frühen Arbeiten getroffen hatte, zum universellen Gesetz des Geistes.[31] Die unmittelbarste und wichtigste »literarische« Konsequenz ist die Transformation »mythischer« Helden und Schauplätze in »literarische« Helden und Schauplätze, Typen, Themen und Motive, die damit aller religiösen Gefühle, Werte und Bedeutungen entleert werden. Ich werde gleich erläutern, wie dieser Mechanismus funktioniert. Halten wir für den Augenblick diese wesentliche These fest: Die Aushöhlung, die Nachahmung und Entwertung jeder Initiation oder Gnosis[32], das Phantastische als weltliches Surrogat des Mythos, des Wunders, des »Numinosen«, kurz die Säkularisierung der Literatur implizieren zwangsläufig einen Einschnitt, einen »Sündenfall« oder jedenfalls eine Verlagerung vom Mythischen und Symbolischen zum Kulturellen und Folkloristischen. Wir erleben zugleich eine Entwürdigung, eine Umwertung, eine Loslösung aus dem ursprünglichen, religiösen Kontext und eine Reintegration in neue spirituelle Strukturen und Kategorien.[33] Dieses Phänomen ist beispielsweise dem Scharfblick eines Rudolf Otto nicht entgangen, der ebenfalls – neben anderen – die Entwürdigung (Schematisierung, Rationalisierung) des Phantastischen und des numinosen Mysteriums festgestellt hat. Die Literaturhistoriker, die Anthropologen, die Ästheten, alle heben sie dieselbe, überall beobachtete Transformation hervor: in der tibetanischen oder serbischen Heldendichtung[34], in der griechischen Tragödie usw. In jedem einzelnen Fall »(wird) der Ritus zur Literatur« . . .[35]

Das Beispiel des Mythos ist besonders überzeugend. Es ist im übrigen das typische Beispiel, das Mircea Eliade selbst anführt, um die relative, »fehlgeschlagene«, wie wir sagen würden, Säkularisierung der Literatur zu verdeutlichen. Wenn auch der Mythos nicht von Anfang an »Literatur« ist, so wird er es doch zwangsläufig durch »Tarnung«, auf dem Weg über eine ganze Reihe strukturaler Vermittlungen (Bericht, epische Schilderung, »Erzählung«, »Geschichte«, Lokalisierung). Die Götter verwandeln sich in Helden, in Könige etc., der Mythos wird zum *Chanson de geste*.[36] Die (moderne) Lektüre ersetzt die (traditionelle) mündliche Verbreitung und Rezeption, an die Stelle des mythischen Berichts tritt der Roman.[37] Wir sind Zeuge eines Übergangs vom *Mythos* zum *Logos* auf allen Ebenen . . .

Diese allgemein anerkannte Schlußfolgerung bildet tatsächlich den *locus communis,* was im übrigen von Georges Dumézil, einem der besten Kenner der Materie, beobachtet wurde.[38] Die Formenreihe »Fakten, Fälschungen, Fabeln . . .«[39], die im romanischen und indoeuropäischen Bereich nachgewiesen wurde, erweist sich für die Gesamtheit der Beziehungen zwischen Mythologien und Literaturen als paradigmatisch. Überall ist der mythische Bericht nichts anderes als eine in Romanform gestaltete Mythologie, die Entartung und die literarische Formung des lebendigen Mythos. Damit hört er auf, initiatorisch, exemplarisch, universell, *in illo tempore* zu sein, und handelt nicht länger von letzten, absoluten Wahrheiten. An deren Stelle tritt der Bericht von vergänglichen, relativen Begebnissen, in einer entsakralisierten Sprache, die ihrer symbolischen Attribute entkleidet ist. Es gibt eine ganze Reihe von Untersuchungen über die Umwandlung von Mythen und Legenden in Märchen und mittelalterliche Romane (Gralserzählung etc.), in Short-stories, in das »Phantastische« und »Märchenhafte«. Ich will hier nicht weiter ins Detail gehen, da Mircea Eliade letztlich eine hermeneutische Synthese durchführt, die über die anthropologischen, folkloristischen und literaturgeschichtlichen Daten im eigentlichen Sinn weit hinausgeht. Auf dem Weg über die Säkularisierung der Literatur stellt sich ein wesentliches Problem völlig anderer Art: Wie ist überhaupt Literatur möglich? Was ist ihre Stellung? Warum vermag sie nur ins Leben zu treten, indem sie sich säkularisiert, sich vom Heiligen entfernt?

Die fundamentale Trennung »heilig – profan« äußert sich in dem ursprünglichen Antagonismus zwischen »Geist« und »Buchstabe«, d. h. zwischen »mündlich« und »schriftlich«, dem eigentlichen Kern des Problems. Das göttliche Wort, der heilige Geist – dies belegt die gesamte religiöse Tradition der Menschheit – sind ihrem Wesen nach mündlich; jede Botschaft, jeder verbreitete, öffentlich gemachte Mythos ist letztlich eine Botschaft, ein säkularisierter oder in der Säkularisierung begriffener Mythos. Die Schrift ist ganz besonders entheiligend, da sie ein Geheimnis mitteilt, enthüllt, ein Siegel bricht, eine heimliche Initiation öffentlich macht, weil sie die schöpferische Kraft des Geistes, der weht, wo er will, in eine feste Form gießt. Das ist der Sinn des alten Wortes: »Der Buchstabe tötet, der Geist aber schafft Leben.« Mircea Eliade nimmt genau diese Position ein. Er konstatiert immer wieder das grundsätzlich Mündliche aller fundamentalen religiösen Botschaften[40], die unerschöpfliche Kreativität der mündlichen Literatur, ihr Überleben im Inneren der Schriftkultur.[41] Er hat – und dies schon sehr früh – ein besonders waches Gespür für den Konflikt zwischen göttlichem Wort und Buchstabe entwickelt[42], und in diesem Licht behandelt er die Gesamtheit aller heiligen Verbote der Schrift[43]; er weiß, daß die Initiation *per definitionem* »heimlich« ist und daß jedes Buch, alles Geschriebene, einen Fall in das Profane, eine Verbreitung bedeutet. Sobald man ein schamanisches Gedicht in schriftlicher Form aufzeichnet und verbreitet, wird es zu einem literarischen Text.[44] Natürlich räumt auch Mircea Eliade – zusammen mit McLuhan und anderen – ein, daß das Buch »gesiegt« hat (ein deutliches Zeichen für eine säkularisierte Kultur und Zivilisation) und daß der Geist sich heutzutage durch das Buch äußert.[45] Doch wird das Heilige darum keineswegs zunichte gemacht; abermals tritt es hervor, indem es die Idee des Buches für sich reklamiert, das in diesem Fall zum »Heiligen Buch« wird, auch im Mallarméschen Sinne dieses Wortes.

Mircea Eliade hat anscheinend wenig übrig für das große Kapitel der Parodie, der kritischen, ironischen, polemischen Entmystifizierung, eines der sichersten Zeichen für eine literarische Säkularisierung, die bekanntlich hartnäckig gegen die »Falschheit« der heiligen Sache vorgeht. Mircea Eliade nimmt eben diese Unterscheidung »wahr – falsch« wieder auf und formuliert sie in seiner Sprache neu: das Heilige ist »wahr«, das Profane ist »falsch«, d. h., es gehört ins Reich der Fabel, der Erfindung, der literarischen »Unwahrheit«. Dem gegenüber erzählt der Mythos grundsätzlich *wahre* Dinge, essentielle Wahrheiten kosmogonischer, ontologischer Natur.[46] Es entspricht demselben Geist, wenn die poetischen Theogonien und Mythologien (Hesiod, Homer etc.) seit dem Altertum zu »Unwahrheiten« erklärt wurden, zu »Erfindungen«, so wie die Gralslegende seit dem 12. Jahrhundert.[47] Der Ursprung der Unterscheidung »schön – falsch« und der Homologisierung »falsch = häßlich«, die polemisch, kritisch gemeint war, ist ganz derselben Art.

Diese »Falschheit« oder »Erdichtung« beruht stets auf einer persönlichen, schöpferischen Initiative, die sich aus einem bestimmten mythischen und rituellen Schoß befreit. Man erfindet völlig frei eine phantastische, vielleicht sogar »göttliche« Geschichte oder entfernt sich deutlich von der kanonischen Tradition, dem geheiligten Handlungsschema. Die Säkularisierung ist somit das Resultat der Individualisierung der geschriebenen, »literarischen« Schöpfung, die unmittelbare Konsequenz aus diesem Bewußtsein. Dieser grundlegende und sehr alte Prozeß durchläuft mehrere Abschnitte. Der erste ist das Auftreten der poetischen »Identität«, des Namens eines »Autors«, das bereits im *Rigveda* deutlich sichtbar wird: »Des Kaṇva Sohn, der Ṛṣi Vatsa, hat euch mit Lobreden erbaut.« (8. Liederkreis, 8.8). Zweifellos ist der Hymnus sakral, doch wird das Bewußtsein eines persönlichen Werkes klar zum Ausdruck gebracht (ebenda). Die »Spezialisierung«, die Rollenverteilung unter den Spezialisten des »Heiligen« (Dichtung, Gesang, Gebet) ist unbestreitbar und überdies sehr klar definiert.[47a]

Die »schöpferische Intention«, das *Kunstwollen* (dt. im Orig.), der Faktor der persönlichen Schöpfung ist von größter Bedeutung. Die Säkularisierung der Literatur ist das doppelte Produkt der »berufsmäßigen« Arbeit und der persönlich-subjektiven Initiative. Mircea Eliade räumt ein, daß sich das angeborene Talent im allgemeinen allen Anforderungen des archaischen Denkens unterwirft, gesteht zugleich aber zu, daß der Dichter, d. h. eben dieses seherische Talent, die Fähigkeit besitzt, eine Tradition zu schaffen und zu begründen, daß die mystischen Dichter wie etwa Hafis gleichzeitig eine »persönliche Inspiration« erfahren können, welche die von ihnen geachtete symbolische Tradition durchbricht, etc.[48] Die mystische Erfahrung schließt die literarische (ästhetische, autonome, »subjektive«, formale usw.) Absicht nicht aus. Im übrigen ist selbst bei den Schamanen eine gewisse ästhetische Absicht zu beobachten.[49] Der »Schöpferwille«, die manifeste Intention der literarischen Erfindung und der Neugestaltung der (literarischen, historischen) Tradition ist eine allgemein anerkannte Tatsache.[50]

Die literarische Säkularisierung impliziert folglich eine Distanzierung von der Tradition, d. h. von der Norm. Sie impliziert die Abweichung, die Innovation, den Unterschied, die »Originalität«, alles höchst folgenreiche Phänomene. Mircea Eliade – Bewunderer und Exeget der Unveränderlichkeit der Mythen – gesteht dennoch zu, daß auch der mythische Bericht schöpferisch sein, daß er dem »geltenden Text« Änderungen hinzufügen kann. Der Eingriff der Phantasie ist immer möglich (um nicht zu sagen unvermeidlich). Diese Fähigkeit kann selbst bei einem sehr traditionsverbundenen Geist zu »Innovationen, besonderen Modifikationen oder Auslassungen ...« führen, die sich sowohl historisch als auch persönlich erklären lassen⁵¹. Die »freien« Kompositionen finden sich selbst bei den traditionellsten Texten (Genealogien, Panegyriken, Sagas, Legenden, traditionelle Themen), die schon früh »Varianten« kennen. Hierzu gehört etwa die mittelalterliche Gralslegende⁵², doch ließen sich unschwer zahlreiche weitere Beispiele anführen ...

Alle diese Schritte ebnen den Weg für das, was man seit dem 19. Jahrhundert als Autonomie, Zweckfreiheit, Ästhetik, »l'art pour l'art« bezeichnet hat. Jede dieser Formeln markiert einen Bruch mit dem sakralen Denken in der Kunst und Literatur, einem zutiefst funktionalen, rituellen, jeder Zweckfreiheit entgegengesetzten Denken. Der Ästhetizismus ist im Grunde eine Entsakralisierung, eine radikale Umkehrung axiologischer Akzente: Der sakrale Wert des Rituals wird durch ein Ritual ganz anderer Art verdrängt, das auf seinen eigenen Gang gerichtet, autotelisch und autonom ist. Wenn »viele Schamanen ... auch nur zum Vergnügen (trommeln und singen)«, außerhalb der Schamanensitzung, wie Mircea Eliade selbst bemerkt⁵³, so ist auch dies ein Beweis, daß dieses »ästhetische Vergnügen« selbst ein ursprüngliches Datum ist. Man glaubt an die Mythen, weil sie wahr sind, man glaubt nicht an »Geschichten«, die nichts anderes sind als »Erzählungen«, die einzig der »Zerstreuung« dienen. Wenn diese Unterscheidung auch »nur für die Oberflächenschicht (des Bewußtseins) gilt«⁵⁴, so ist sie doch auf der Ebene der Säkularisierung nicht weniger wirklich und wirksam. Im übrigen stimmen alle Beobachtungen über den »Ursprung« der Dichtung und der Literatur überein: Das »reine« Vergnügen am Rhythmus und am musikalischen Wortklang, die sinnleeren, improvisierten, zweckfreien Lieder verweisen auf in höchstem Maße bestätigte anthropologische Gegebenheiten.⁵⁵ Säkularisierte Literatur bedeutet Kunst des Wortes, an sich und für sich, losgelöst von der Alltagssprache. Persönliche Schöpfung, Erdichtung, »Vergnügen«, all dies hat Teil an ein und demselben schöpferischen Prozeß in den Anfängen der Dichtung.⁵⁶ »L'art pour l'art« – so liest man in einem Buch über das Heilige in der Kunst, zu dem kein anderer als Mircea Eliade das Vorwort geschrieben hat – bedeutet die gerade Antithese der religiösen Haltung.⁵⁷ Daß dieselbe »l'art pour l'art« ihrerseits zu einer heruntergekommenen und verkehrten »Religion«, einem ästhetischen Kult wird, ist ein weiterer Beweis für das Wiedererscheinen des Heiligen. Entsakralisierung und Entmythifizierung, Übergang vom Heiligen zum Profanen, weltliche Emanzipation, literarische Autonomie, dieses Anfangsglied einer Kette kennzeichnet bereits die mündliche Literatur[58] und um so mehr die geschriebene, gelehrte, die *Hochliteratur* (dt. im Orig.).

In gewisser Hinsicht ist die Literatur auf der Ebene des gegenwärtigen ästhetischen Durchschnittsbewußtseins in ein Stadium vollkommener Säkularisierung eingetreten. Man schreibt und liest außerhalb der Kategorie des Sakralen. Das Problem stellt sich nicht einmal mehr. Diese Evolution ist ihrerseits – da Literatur notwendig der Lektüre, der Deutung bedarf – durch einen eigenen Prozeß der »Rezeption« determiniert, der einen ausgesprochen entsakralisierenden Charakter hat. Es läßt sich »schwarz auf weiß« beweisen, daß die primitive Sprache in höchstem Grade magisch und funktional ist, daß sie eine »schöpferische«, somit »sakralisierte«, unmittelbare Wirkung anstrebt, daß unsere Denkkategorien auf eine solche Sprache keine Anwendung finden können usw.[59] Sobald man beginnt, sie in *unsere* Sprache (die der Missionare, der Anthropologen etc.) zu übersetzen, erfährt die primitive Sprache zwangsläufig eine Vermittlung, eine Umwandlung, eine Umgestaltung im Sinne unserer Denkkategorien und unserer notwendig säkularisierten oder jedenfalls völlig andersartigen Begriffe: Der gegenwärtige Sinn von Begriffen wie »Gott«, »Religion«, das »Heilige« unterscheidet sich vollkommen von dem, den der Angehörige eines Naturvolks ihnen beilegen würde.[60] Wir lesen alles durch unser eigenes Raster. Können wir so zur Echtheit der primitiven Sprache vordringen, die einen gänzlich anderen, wesentlich magischen Horizont beschreibt? Sobald man auf diese Literatur Attribute ästhetischer Natur anwendet – »unvergleichliche Schönheit«, »literarischer Schatz« etc., wie dies übrigens Mircea Eliade selbst tut[61] –, überschreitet man bereits die Schwelle zur Säkularisierung. Für uns hat es den Anschein, als seien die Dichtungen der Naturvölker auf einer ästhetischen Ebene abgefaßt, während sie tatsächlich nichts anderes sind als rituelle und magische Handlungen.

Dieser Prozeß ist auf der hermeneutischen Ebene noch deutlicher zu erkennen. Mircea Eliade weiß, daß die allegorische Deutung dem profanen Geist zuzurechnen ist.[62] Doch immer dort, wo er Entschlüsselungen und allegorische Deutungen vornimmt, da »säkularisiert« er selbst, gegen seinen eigenen Willen, wie es scheint.[63] Im übrigen betreibt Eliade eine letztlich »profane« Hermeneutik[64], und es ist auch nicht zu sehen, wie er anders verfahren sollte. Er tut dies zwangsläufig von dem Augenblick an, da er mit Voraussetzungen und Interpretationsrastern arbeitet, die »wissenschaftlich« und folglich entsakralisiert sind und außerhalb jeder dogmatisch religiösen Tradition stehen. Der Vorwurf einer »mystischen« Deutung, dem er sich mehrfach ausgesetzt sah, entbehrt deshalb jeder Grundlage.[65] Die immanente Säkularisierung der Literatur setzt sich also durch jede interpretatorische Arbeit hindurch fort, die der Literatur äußerlich ist. Sie hat mit der Entsakralisierung ein gemeinsames Interesse, während das »Heilige« am entgegengesetzten Pol und unter subtil oder raffiniert »getarnten« Formen sein Genügen findet. Doch das ist eine ganz andere Geschichte.

Aus dem Französischen von Udo Rennert

Anmerkungen

1 Dafür nur zwei Beispiele von vielen: *Das Heilige und das Profane,* Reinbek 1955, S. 9; »History of Religions and ›Popular‹ Cultures«, *History of Religions,* 20 (1980), S. 26.

2 Thomas J. J. Altizer, *Mircea Eliade and the Dialectics of the Sacred,* Philadelphia 1962, S. 23 u. 25; Guilford Dudley III, *Religion on Trial. Mircea Eliade and his Critics,* Philadelphia 1977, S. 99 f.

3 Der Sammelband *Herméneutique de la sécularisation,* Paris 1976, bietet einen nützlichen Überblick über diesen Problemkreis. Trotzdem ist zu bedauern, daß die Frage der Säkularisierung der Literatur den Mitarbeitern dieses Bandes völlig entgangen ist.

4 Mircea Eliade, »Phénoménologie de la religion et sociologie religieuse«, in *Critique,* 39 (1949), S. 718; *Die Religionen und das Heilige,* München 1954, S. 54 f. et passim.

5 Eliade, *Mémoirs I, 1907-1937. Les promesses de l'équinoxe,* Paris 1980, S. 446.

6 Eliade, Vorwort zu Gerardus van der Leeuw, *Sacred and Profane Beauty. The Holy in Art,* London 1963, S. VII; deutsch (ohne Eliades Vorwort) *Vom Heiligen in der Kunst,* Gütersloh 1957; Guilford Dudley III, a.a.O., S. 51 u. 54.

7 Eliade, »Phénoménologie de la religion et sociologie religieuse«, S. 718.

8 Eliade, »La mythologie primitive«, *Critique* 27 (1948), S. 712.

9 Eliade, *Kosmos und Geschichte,* Reinbek 1966, S. 41-45.

10 Eliade, Vorwort in T. H. Gaster, *Les plus anciens contes de l'humanité*, Paris 1953, S. 7 f.

11 Eliade, »Der Gott, der ›mit Banden bindet‹, und die Symbolik der Knoten«, *Ewige Bilder und Sinnbilder*, Freiburg 1958, S. 121-160.

12 Roger Dragonetti, *Aux frontières du langage poétique*, Gent 1961, S. 54 f., 80 f.

13 Eliade, »Limbajele secrete«, *Revista Fundaţiilor Regale* 5 (1938), S. 135; »Alegorie sau ›limbaj secret‹?«, ibid., S. 618, 625 u. 631.

14 Eliade, »Origines et diffusion de la civilisation«, *Critique* 29 (1948), S. 10-13; Vorwort in T. H. Gaster, a.a.O., S. 8.

15 Eliade, *Die Sehnsucht nach dem Ursprung*, Frankfurt 1977, S. 21-23; vgl. a. Guilford Dudley III, a.a.O., S. 130.

16 Eliade, *Die Religionen und das Heilige*, S. 137.

17 Jessie L. Weston, *From Ritual to Romance*, Garden City 1957, S. 113, 121 ff., 159, 161 u. 163.

18 Gerardus van der Leeuw, *Vom Heiligen in der Kunst*, a.a.O., S. 136-138.

19 Etiemble, *Essais de littérature (vraiment) générale*, Paris 1975, S. 66.

20 Eliade, *Aspects du mythe*, Paris 1963, S. 241 ff.; *Das Heilige und das Profane*, S. 121; »Les thèmes initiatiques dans les grandes religions«, *N.R.F.* 7 (1959), S. 644.

21 Eliade, *Geschichte der religiösen Ideen* I, Freiburg 1979, S. 47 f.

22 Eliade, *Aspects du mythe*, S. 242.

23 Eliade, Rezension von Hedwig von Beit, *Symbolik des Märchens. Versuch einer Deutung*, Bern 1952, in *Critique* 89 (1954), S. 905.

24 Eliade, »Littérature orale«, *Histoire des littératures I*, Paris 1955, S. 22-24; »Notizen über das Heilige in der Kunst«, *Antaios* 7 (1966), S. 305-309; *Aspects du mythe*, S. 223-232.

24a *Arts*, Dez. 1962, S. 5-11.

25 Adrian Marino, *L'Herméneutique de Mircea Eliade*, Paris 1981, S. 379 f.

26 Z. B. Vagu Lungaard Simonsen, »Thomas d'Aquin, Maritain Marcel de Corte. Le mystère de la connaissance poétique«, *Orbis Litterarum* 6 (1948), S. 70-99.

27 Thomas J. J. Altizer, a.a.O., S. 108 u. 130; Guilford Dudley III, a.a.O., S. 68 f. u. 99.

28 Simon Vierne, *Jules Verne et le roman intiatique*, Paris 1973; ders., *Rite, roman, initiation*, Grenoble 1973; Max Bilen, *Ecriture et initiation*, Paris/Lille 1977.

29 Eliade, »History of Religions and ›Popular‹ Cultures«, S. 24.

30 Z. B. S. Czarnowksi, *Le culte des héros et ses conditions sociales*, Paris 1919, S. 294 et passim.

31 Eliade, *Cosmologie şi alchimie babiloniană*, Bukarest 1937, S. 18; »Les livres populaires dans la littérature roumaine«, *Zalmoxis* 2 (1939), S. 71 u. 78; *Méphistophélès et l'Androgyne*, Paris 1962, S. 121-123 et passim.

32 Eliade, *Geschichte der religiösen Ideen* II, S. 163 f.

33 Eliade, »Les livres populaires dans la littérature roumaine«, S. 71; *Aspects du mythe*, S. 192 f.; Vorwort in T. H. Gaster, a.a.O., S. 7.

34 Rolf A. Stein, *Recherches sur l'épopée et le barde au Tiber*, Paris 1959, S. 325; Mathias Murko, »Nouvelles observations sur l'état de la poésie épique en Yougoslavie«, *Revue des études slaves, 13* (1933), S. 47 et passim.

35 Gerardus van der Leeuw, *Vom Heiligen in der Kunst*, a.a.O., S. 100.

36 S. u. a. Eliade, »Littérature orale«, S. 1517; *Aspects du mythe*, S. 13, 138, 152,

192, 201 f., 239-243; Vorwort in T. H. Gaster, a.a.O., S. 7. f.; *Geschichte der religiösen Ideen* I, S. 266, 280, 414.

37 Eliade, *Mythen, Träume und Mysterien,* Salzburg 1961, S. 37; *Aspects du mythe,* S. 230 et passim.

38 Georges Dumézil, *Légendes sur les Nartes,* Paris 1930, S. 167 f. Vgl. ders., *Mythe et épopée,* I-III, Paris 1968 ff.; *Du mythe au roman,* Paris 1970.

39 Georges Dumézil, *Servius et la fortune,* Paris 1943, S. 29.

40 Eliade, *Geschichte der religiösen Ideen* II, S. 126 f., 197.

41 Eliade, *Aspects du mythe,* S. 240; *L'épreuve du labyrinthe,* Paris 1978, S. 117.

42 Eliade, »Milarepa«, *Cuvîntul* 31. Juli 1928, S. 824.

43 Eliade, *Geschichte der religiösen Ideen* II, S. 134-137 et passim.

44 Eliade, *Schmiede und Alchemisten,* Stuttgart 1960, S. 92.

45 Eliade, *Aspects du mythe,* S. 192; *L'épreuve du labyrinthe,* S. 78 u. 190.

46 Eliade, »La mythologie primitive«, *Critique* 27 (1948), S. 712-714; *Aspects du mythe,* S. 18.

47 Johannes Geffcken, »Antike Kulturkämpfe«, *Neue Jahrbücher für klassisches Altertum,* 29 (1912), S. 593-611; Jessie L. Weston, a.a.O., S. 3.

47a *Das Rig Veda,* hg. von K. F. Geldner, Wiesbaden 1951, 3 Bde.

48 Eliade, *Kosmos und Geschichte,* S. 41 f.; »Symbolisme et histoire des religions«, *Critique* 83 (1954), S. 334; »Limbajele secrete«, S. 136.

49 N. Kershew Chadwick, *Poetry and Profecy,* Cambridge 1942, S. 45.

50 Dumézil, *Du mythe au roman,* S. 8 f.; Weston, a.a.O., S. 189 u. 207.

51 Eliade, *Aspects du mythe,* S. 179 u. 187; »La souveraineté et la religion indo-européenne«, *Critique* 35 (1949), S. 345 f.

52 Jessie L. Weston, a.a.O., S. 62 f., 65 u. 69.

53 Eliade, *Schamanismus und archaische Ekstasetechnik,* S. 176.

54 Eliade, Vorwort zu T. H. Gaster, a.a.O., S. 8.

55 Hier sei lediglich hingewiesen auf A. S. Mackenzie, *The Evolution of Literature,* London 1911, S. 65, 90, 109-115, 149-151 et passim.

56 Mario Untersteiner, »Per una storia della poetica classica«, *Revista di storia della filosofia, 1* (1946), S. 334-352; A. S. Mackenzie, a.a.O., S. 79.

57 Gerardus van der Leeuw, *Das Heilige in der Kunst,* S. 279.

58 Eliade, »Littérature orale«, S. 7 u. 12.

59 Bronislaw Malinowski, *Coral Gardens and their Magic,* London 1935, Vol. II, S. 52 und 216-218.

60 T. H. Gaster, »Mitologia e Folclore«, *Studi e materiali di storia delle religioni, 23* (1951/52), S. 3.

61 Eliade, Vorwort zu T. H. Gaster, a.a.O., S. 6.

62 Eliade, *Aspects du mythe,* S. 190.

63 Eliade, »Allegorie sau ›limbaj secret‹?«, S. 617 u. 619 ff.

64 Adrian Marino, a.a.O., S. 153.

65 Vgl. Guilford Dudley III, a.a.O., S. 39.

Eugen Simion
Die Schichten des mythischen Textes

Es gibt mehrere Schichten, mehrere Stilrichtungen in Eliades Prosa.[1] Die Literaturkritik der vierziger Jahre hat zwei davon hervorgehoben: eine realistische (»Isabel und die Wasser des Teufels«, *Das Mädchen Maitreyi*, »Die Rückkehr aus dem Paradies«, »Die Rowdies« etc.) und eine ritenverbundene, phantastische, mythische Stilrichtung *(Fräulein Christine, Das Geheimnis des Doktor Honigberger)*. Erstere bezeichnete George Călinescu[2] als eine getreue Verkörperung des »Gideismus« in der rumänischen Literatur, letzterer warf er einen Mangel an Tiefe vor.

Tatsächlich leiten beide Richtungen, falls es sie tatsächlich gibt, ihren Anspruch auf Legitimität aus der Ästhetik der Authentizität her, zu deren Jüngern in jener Zeit zahlreiche junge Erzähler gehörten. Sie wollten den in der Romantik verwurzelten Begriff der Originalität durch die Idee der Authentizität ersetzen, die ihrerseits von der Idee des *Erlebnisses* ausgeht. Camil Petrescu[3], der Theoretiker des neuen epischen Stils in der rumänischen Literatur, sieht die Folgen des neuen Ansatzes sogar im Bereich der Rhetorik. Er beginnt einen antiakademischen Feldzug, in dessen Verlauf ihm nicht Gide, sondern Proust als Modell dient. Eliade aber wollte den Roman auf einer anderen Ebene erneuern; für Rhetorik an sich hatte er wenig übrig. Durch *authentisches Erleben* und durch *Vergeistigung* der Konflikte wollte er die Typologie und die Problematik der Epik verändern. Die »indischen« Erzählungen öffnen sich einem Reich der Mythen und der magischen Praktiken, weit entfernt von der Welt unserer geistigen Vorstellungen, während die eher direkt realistischen Erzählungen (»Die Rückkehr aus dem Paradies«, »Die Rowdies« etc.) die Krise des Wertesystems der jungen Generation untersuchen und für den rumänischen Leser ungewöhnliche Lösungsvorschläge bereit halten: Revolte und Erotik, die Erfahrung des Tragischen, die Philosophie der Verzweiflung.

Eliade führt als erster eine existentialistische Problematik in die rumänische Literatur ein.

Die Schichten seiner Prosa müssen also anders entschlüsselt werden. Auf eine erste, »indische« Phase (»Isabel und die Wasser des Teufels«, *Das Mädchen Maitreyi*), in der er von einem eher angelsächsischen Modell ausgeht, eine Phase, in der sich das Geistige mit einer leidenschaftlichen, überschäumenden Erotik verbindet, folgt eine existentialistische Phase, in der die totale Krise der moralischen und intellektuellen Werte für die existentialistischen Ansätze steht: »Die Rückkehr aus dem Paradies«, »Die Rowdies« etc. Zwischen diesen beiden Erfahrungen ist der Roman »Das verlöschende Licht« angesiedelt, ein »fast joycehafter« Roman, den der Autor zum Zeitpunkt der Niederschrift nach eigener Aussage als einen Akt der Befreiung von der Obsession Indiens und der Rückkehr zur eigenen geistigen Identität begriffen hat.[4]

Die überwundenen, verdrängten Obsessionen aus den ersten Büchern tauchen in der späteren phantastischen Prosa (in der es allerdings um eine durchaus »wissenschaftliche« Phantastik geht) erneut auf. In dieser Prosa gibt es grundsätzlich zwei Typen der Symbolik: eine folkloristische (*Fräulein Christine, Andronic und die Schlange*) und eine indische (*Das Geheimnis des Doktor Honigberger, Nächte in Serampore*). Aber auch das Wort »indisch« trifft die Sache nicht im Kern, weil Eliade sich erst jetzt mit seinen eigentlichen Themen auseinandersetzt. Nur das Dekor ist manchmal exotisch, die Problematik ist stets die gleiche. Der Versuch Doktor Zerlindis (die physische Transzendenz ins *Shambala* durch Yoga-Technik) aus *Das Geheimnis des Doktor Honigberger* findet in Bukarest statt, in Eliades Prosa später ein wahres Zentrum der Einweihung in mythische Praktiken.

Der Band *Nuvele* (»Novellen«, Madrid 1963), gefolgt von *Auf der Mântuleasa-Straße* (1968), *Im Hof bei Dionis* (1977), *Der Hundertjährige* (1979) und *Neunzehn Rosen* (1980), leitet zweifelsohne einen neuen Abschnitt in Eliades Phantastik ein. Die Erzählungen behandeln ein einziges Grundthema (die *Beziehung zwischen dem Heiligen und dem Profanen*) und stellen als Lösung dieser konfliktreichen Beziehung das in den Vordergrund, was der Autor selbst die *Lektion des Schauspiels* genannt hat. In den frühen Erzählungen beherrscht das Magische die Oberfläche des Textes, in den weiter oben genannten zieht es sich in die tieferen Schichten zurück. Die Stelle des Magischen nimmt eigentlich eine komplexere geistige Kraft *(das Mythische)* ein, die auch in die Existenz des modernen Menschen eingreift. Dem ist noch etwas hinzuzufügen. Eliade arbeitet eine Reihe von Themen aus, die von einer Erzählung in die andere übergreifen, und schafft dadurch eine bemerkenswerte Typologie sowie eine ihm – und *nur* ihm – eigene imaginäre Welt. Es ist *die Welt Bukarests*: Bei Eliade ist Bukarest eine Stadt voller Zeichen und Epiphanien, eine Stadt der Einweihungsriten, mit Straßen voller uralter Geheimnisse, voller Gestalten, die, ohne es zu wissen, Mythenträger sind. Es ist die andere Seite der Prosa von Ion Luca Caragiale. In seinen »Momente și schițe« (»Momente und Skizzen«) erhält der Leser den Eindruck einer sterilen Unrast, das Bewußtsein der Helden wird von Wörtern narkotisiert, ihre Welt (einschließlich der physischen Welt) scheint unrettbar leer. Caragiales Welt trägt keine latente Botschaft in sich, ihre Bewohner sind nichts als Schaufensterpuppen, die sich an der Oberfläche tummeln. Eliade heiligt Miticăs[5] Welt, die Stadt in den Hundstagen ist ein weiträumiges Labyrinth der Zeichen, und Mitică selbst, der stets im Aufbruch begriffene Held, der dennoch sein Café selten verläßt, wird zu einem mythischen Helden. Fărâmă aus *Auf der Mântuleasa-Straße,* Iancu Gore aus *Zwölftausend Stück Vieh,* Gavrilescu aus *Bei den Zigeunerinnen* erleben seltsame Abenteuer, die Welt Bukarests steckt voller Fallen, in den Kellerräumen der Häuser liegen Schätze vergraben, die Kneipe ist ein Ort, an dem großartige Symbole entschlüsselt werden *(Im Hof bei Dionis).* Eine sakrale Stadt also, ganz wie eine uralte hellenische Siedlung, eine unversiegbare Quelle der Mythen – dies ist Mircea Eliades Bukarest. Eine *sakrale Geographie*[6], deren Bewohner nicht im geringsten mit dem Gefühl des Heiligen leben. Sie leben ahnungslos in einem fortgesetzten zeitlichen Paradoxon, ohne es zu wissen; ahnungslos überschreiten sie die kaum wahrnehmbare Grenze zwischen Leben und Tod. Sie nehmen schließlich an einem großartigen Schauspiel teil, in dem sie selbst berühmte Mythen verkörpern, während sie sich gleichzeitig einen fast mystischen Glauben an die Normalität der Existenz bewahren. Eine erste Eigenschaft der Gestalten Eliades (aus der Phase seiner – nennen wir sie: – *mythischen* Prosa) ist folgende: Allerweltstypen geraten ohne ihr Dazutun in abnorme Situationen; trotz der handfesten Beweise für das Abnorme ihrer Situation glauben sie weiter an die Normalität, an die Kohärenz der Existenz. Gavrilescu (aus *Bei den Zigeunerinnen*) hat durchaus nicht das Gefühl, sein Haus schon vor Jahren verlassen zu haben, Iancu Gore (aus *Zwölftausend Stück Vieh*) nimmt die Diskontinuitäten der Existenz gar nicht erst wahr, Logik und Determinismus bewahren in seiner Vorstellung ihre Allmacht. Beide Gestalten leiden an einer geheimnisvollen Amnesie. Erst in der Erzählung *Im Hof bei Dionis* wird die Bedeutung dieser doppelten Amnesie für die Existenz des nichtsakralen Menschen vollends klar. Dieser verteidigt sich vor der Invasion der Zeichen (der Zeichen einer paradoxen, abnormen Existenz) durchs *Fabulieren*. »Erzählen«, etwas »in Worten wiedergeben«, nachbilden, also schöpfen, ist in Mircea Eliades Prosa ein wesentliches Verb. Es bedeutet wenigstens zweierlei: 1. Große, mythisch verbürgte Ereignisse werden in eine profane Existenz »hinübergerettet«; 2. Dem Individuum wird Schutz davor gewährt, was Eliade den »Terror der Geschichte« nennt. Über die erste Bedeutung des Wortes spricht der Erzähler selbst in *L'Épreuve du Labyrinthe,* wo er die Literatur in ihrer Gesamtheit als »Tochter der Mythologie« definiert und das Interesse fürs Erzählen schlechthin als Teil des Da-Seins des Menschen in der Welt.[7] Über die zweite Funktion des Erzählens liefert Eliade vor allem in *Auf der Mântuleasa-Straße,* aber auch in *Bei den Zigeunerinnen, Die Brücke,* »Der aus den Steinen wahrsagt« u. a. mehr Klarheit.[8] Das Leben des Menschen, sogar das banalste, ist eine Folge von *Weiheprüfungen.* Mehr noch: der Mensch *wird, bildet sich* erst in einer Folge von bewußten oder unbewußten Einweihungsriten (*L'Épreuve du Labyrinthe,* S. 39), er lebt in einem Labyrinth, sein So-Sein wird erst durch diese Folge von Toden und Auferstehungen definiert (vgl. a.a.O., S. 107). Andererseits gibt es den Terror der Geschichte: die Erfahrung des religionslosen Menschen, der an der Geschichte wie an einer Krankheit leidet, der nichts versteht. Eliade sagt, daß der religiöse, der bibelgläubige Mensch die babylonische Gefangenschaft überstanden hat, ohne je seine Hoffnung zu verlieren: Sein Leiden war für ihn sinnvoll. Der moderne Mensch hat diesen Sinn verloren, und das *Er-Schaffen* (das Werk) soll ihm diesen Sinn wieder vermitteln, indem es seinen Kontakt zu den Mythen wiederherstellt. So kommt es, daß *dem Erzählen* (als einer mündlichen Form des Schaffensaktes) eine doppelte Funktion zukommt: Es eröffnet dem »gemeinen« Menschen die Perspektive des Heiligen und schützt ihn gleichzeitig vor der zerstörenden Macht der Geschichte. »Erzählen« bedeutet also auf eine ganz gewisse Art: überleben. Ist aber jenes »Erzählen« wohl nicht auch der Versuch, die Leere auszufüllen, die die geschichtliche Amnesie des Menschen hinterlassen hat? Eliade sagt es nicht ausdrücklich, aber seine Erzählungen lassen auch diese Interpretation durchaus plausibel erscheinen.

Wenden wir uns der Novelle *Auf der Mântuleasa-Straße* (1968) zu, Eliades komplexestem Prosawerk. Was bei der Lektüre zuerst auffällt, ist die Parabel. Die *Handlungs*schicht der Novelle ist realistisch (es wird von der Untersuchungshaft des pensionierten Lehrers Fărămă berichtet), aber es finden so viele ungewöhnliche Ereignisse statt, daß die ursprüngliche Bedeutung in den Hintergrund tritt, zugunsten anderer unerwarteter, seltsamer, fabelhafter Bedeutungen, die den Text überlagern. Es handelt sich um die Niederschrift von Ereignissen, die in den Hintergrund, dann erneut in den Vordergrund treten, um sich schließlich in einer Reihe von anderen seltsamen Ereignissen erneut aufzulösen. Das Ergebnis ist die Überlagerung der ersten (realistischen, nachvollziehbaren, »normalen«) Schicht durch eine andere: eine unkontrollierbare, fragmentarische, mythische Schicht. Der Verfasser bekennt, daß er programmatisch *zwei Mythologien* einander gegenüberstellen wollte: eine folkloristische Mythologie von zweideutigem Pragmatismus und eine moderne, rationalistische, gewalttätige Mythologie – die Mythologie einer entheiligten Welt.[9] Der Vertreter der ersten ist Zaharia Fărămă, Rentner, ehemaliger Rektor der Schule aus der Mântuleasa-Straße, ein erfinderischer Geist und, allem Anschein nach, Mythomane. Sein Name (Fărămă[10]) deutet die Fragilität, den Mangel an Stimmigkeit, den Fragmentarismus eines einfachen Menschen an. Eliade leugnet nicht, daß er bei der Niederschrift den Gedanken an die Parabel vom fragilen Menschen nicht außer acht gelassen hat, der dank seiner Begabung fürs Fabulieren über die Mächtigen siegt. Unter den schweren Bedingungen der Isolation haben jene Menschen überlebt, die die Gabe des Erzählens besaßen, behauptet der Autor.[11]

Der Mythos, an den man während der Lektüre von Fărămăs verworrenen Episoden zuerst denkt, ist der Mythos der Scheherezade. Die Geschichte des alten Lehrers ufert ins Grenzenlose aus, während seine Richter immer mehr Interesse an seinem Fabulieren finden. So gelingt es ihm, eine schwere Probe zu bestehen, dank seiner Fähigkeit, Geschichten aus verflossenen Zeiten zu erzählen, zu überleben. Aber das ist auch die einzige Ähnlichkeit mit dem erwähnten Mythos. In *Auf der Mântuleasa-Straße* gibt es mehrere morgenländische »Fürsten«, die zuhören (oder lesen), und wenigstens einen (den Offizier Dumitrescu, der mit der Untersuchung der Affäre betraut ist), der keinen Augenblick an den Wahrheitsgehalt des Erzählten glaubt. Die Mythologie des Alten scheint ihm verdächtig, er will die exakte (politische) Bedeutung der Fakten erfahren. Fărămă und Dumitrescu sind die Vertreter zweier Auffassungen von der menschlichen Existenz und, zweifelsohne, zweier Daseins-Weisen, und das heißt wiederum: zweier Modelle – zweier Mythologien. Sie sind Partner in einem geistigen Doppel, das in Eliades Prosa auch andernorts anzutreffen ist: Filip Zalomit – Inspektor Albini (*Die drei Grazien*), Adrian – Orlando (*Im Hof bei Dionis*) etc. Es wäre allerdings eine Übertreibung zu behaupten, daß der eine *das Heilige* (das Mythische) und der andere das *Profane* (den Rationalismus, das Politische) repräsentiert. Fărămă ist der profane Typ schlechthin, der – *erzählend* – eine Fabelwelt schafft, eine Welt, die durch *Zeichen* überlebt, wobei auch das Erzählen an und für sich ein Zeichen ist. Die Regionen, in denen die genannten Typen angesiedelt sind, können nicht streng voneinander abgegrenzt werden, da jedes Individuum letztlich Träger eines Mythos sein kann. Allerdings gibt es Gestalten, die an diese mythische Welt glauben (Fărămă, Oana, Lixandru, Leana u. a.), und andere, für die das nicht zutrifft. Letztere haben einen ihnen eigenen Code; hinter den Zeichen des Mythischen, des Rituellen, suchen sie die Äußerungen eines pragmatischen Geistes. Um die Bipolarität dieses Vorgangs zu unterstreichen, hat Eliade die französische Übersetzung dieser Novelle »Le vieil Homme et L'Officier« (1977) betitelt. »Der Alte« hat hier eine doppelte Bedeutung: Es handelt sich um einen Menschen in biologisch vorgerücktem Alter, aber auch um den Sendboten einer alten Welt.

Auf der Mântuleasa-Straße ist in elf Kapitel gegliedert, in denen die epischen Fakten nicht einer strikten Chronologie unterworfen sind. In jedem Abschnitt gibt es einen realistischen, kontrollierbaren Kern, sowie viele andere Ballungszentren, die ihn überlagern. Die Handlung hebt in der schon bekannten Art der realistischen Prosa mit dem Zögern des Helden an, einen ihm unbekannten Raum zu betreten: »Seit einigen Minuten bereits ging der Alte auf und ab vor dem Haus und wagte nicht einzutreten. Es war ein mehrstöckiges, im Stil der neuen Sachlichkeit gebautes Haus von geradezu strengem Aussehen.« In dieser kurzen *Eröffnung* läßt sich die epische Strategie des vorigen Jahrhunderts leicht erkennen. Allerdings verzichtet Eliade alsbald darauf; sein Held kommt nicht mehr dazu, den Raum, den er betritt, zu er-kennen, zu er-obern. Für Zaharia Fărămă ist das banale Gebäude mit mehreren Etagen nichts als das Vorzimmer eines wahrhaftigen Labyrinths. Die *Eröffnung* steckt übrigens voller Anspielungen, die für den Leser vorerst keinen Sinn ergeben. Welche Bedeutung kommt dem bescheidenen, redseligen Alten zu, der, genau wie Gavrilescu aus *Bei den Zigeunerinnen,* unter der Hitze leidet: »Ich halte es nicht aus (. . .). Vor allem in der Sommerhitze steigt mir das Blut zu Kopfe. Ich halte es nicht aus (. . .)« Die *Hitze* ist das für Eliades Prosa typische Wetter. Für einfache Gemüter ist die Hitze eine Erklärung für ungewöhnliche Situationen, in die sie geraten. Fărămă zögert also, ein ihm unbekanntes Haus bei Sommerhitze zu betreten. Am Ende der Erzählung, nachdem er das Labyrinth verlassen hat, finden wir ihn auf einer Bank wieder, »an einem heißen Julinachmittag«. Auch diesmal ist die *Hitze* seine größte Sorge: »es ist so heiß (. . .). Es ist sehr heiß . . .« Genau wie Caragiales Helden leidet auch Fărămă unter der Hitze, und ihn beunruhigt die Frage nach der genauen Uhrzeit: »Entschuldigen Sie, könnten Sie mir vielleicht sagen, wie spät es ist?« Es handelt sich um die Frage, die ihn auch am Anfang der Erzählung beschäftigt, und genau wie dort zeigt die Uhr auf *zwei*. Bei schrecklicher *Hitze,* um *zwei* Uhr (ein Viertel nach zwei) erlebt der genannte Held eine Begegnung mit für ihn und für andere weitreichenden Folgen. Ebenfalls um zwei Uhr (ein Viertel nach zwei), bei vergleichbarem Wetter, findet am Ende der Erzählung eine ähnliche Begegnung statt – zum Zeichen dafür, daß der alte Lehrer kurz vor dem Eintritt in ein nächstes Labyrinth steht. Sein Dasein konstituiert sich aus einer Reihe von Einweihungsriten. Einer Einweihung, muß hinzugefügt werden, des Lesers. Noch einmal: Der Held selbst hat nicht das Gefühl einer abnormalen Existenz. Für ihn besteht eine gewisse Verbindung zwischen den Begebenheiten, zwischen den am weitesten auseinanderliegenden Fakten besteht eine geheime Beziehung.

Untersuchen wir aber die Fakten der ersten, der realistischen Schicht. Fărămă sucht seinen ehemaligen Schüler, Borza I. Vasile, der seit kurzer Zeit in den Block in der Mântuleasa-Straße umgezogen ist. Das Erscheinen des Alten in einem, wie es scheint, Offizieren vorbehaltenen Haus macht ihn verdächtig. Auf eine entsprechende Frage antwortet Fărămă, er komme »von seiten der Familie«: »(...) ich *bin* ein Teil der Familie (...). Ich bin der kostbarste Teil: die Kindheit.« Diese Behauptung (wie auch die nächste Replik des Helden: »ich weiß, ich weiß«) haben vorläufig keine Bedeutung für den Leser. Wenn man aber nach der Lektüre der gesamten Erzählung diese Zeilen wieder liest, so entdeckt man, daß sie (und andere) auch einen hintergründigen Sinn haben. Eliades Text hat stets einen Subtext, jenseits der offensichtlichen Bedeutung gibt es eine latente Bedeutung, die sich unter der Oberfläche banaler Sätze nur dem versierten Leser zu erkennen gibt. Doch verweilen wir an der Oberfläche des Textes. Der pensionierte Lehrer Fărămă, ein neugieriger Mensch, eine der Bezugspersonen des Stadtviertels, sucht also seinen ehemaligen Schüler Borza, der jetzt Major ist. Als er die Wohnung endlich betreten kann, findet er einen Unbekannten vor. Er wird zur Rechenschaft gezogen und antwortet auf die entsprechende Frage: »Erinnern Sie sich immer noch nicht an mich?« Auch diesmal verbirgt sich hinter den einfachen Worten eine orakelhafte Bedeutung. Doch Major Borza will von einem Mißverständnis nichts wissen. In der Gestalt des höflichen, ein wenig verwirrten Lehrers vermutet er ein suspektes Individuum. Eine noch radikalere Ansicht vertritt Major Borzas Kollege Dumitrescu, der bei der Begegnung zugegen ist: »Der Mann weiß etwas. ... Der führt was im Schilde.« Tatsächlich entbehrt der Verdacht des Offiziers nicht jeder Grundlage. Fărămă *weiß* viel, er ist wirklich *verdächtig*, seine Konfusion bildet nur den Anfang einer langen Reihe von Enthüllungen, doch auf einer anderen Ebene als jener Borzas (der sich alsbald als falscher Borza entpuppt!) und Dumitrescus. Mit der Absicht, einen ehemaligen Schüler zu identifizieren, gerät Fărămă in ein anderes Zeichensystem, in ein anderes Chiffrensystem; von nun an wird er tatsächlich zu einer verdächtigen Gestalt mit potentieller Schuld. Nach einer ganzen Reihe von seltsamen Zufallen zieht er, ohne es zu wissen, auch andere in den Kreis der Schuldigen. Auf die Frage der Vertreter des Staatssicherheitsdienstes im Hinblick auf Borza (die Handlung spielt in den sechziger Jahren) gibt der Lehrer zusammenhanglose Antworten. Seine Erzählweise ist eine ständige Flucht aus der Erzählung. Er transponiert die Fakten in eine andere Welt, in eine andere Zeit. Er setzt in seinen Berichten immer bei *abwegigen Nebensächlichkeiten* ein, und jeder Versuch des verhörenden Offiziers, ihn zur Sache zu bringen, schlägt fehl. Als man ihn auffordert, seine Aussagen niederzuschreiben, ändert sich nichts: Er berichtet von unglaubwürdigen Fakten, z. B. vom Verschwinden eines Kindes in einer Höhle oder vom endlosen Flug eines Pfeiles, den Lixandru, ein anderes Kind, abgeschossen hat.

Dumitrescu, der Offizier, ist von den unerklärlichen Geschichten des Alten immer stärker verunsichert. Er ist der erste aus einer langen Reihe von *Lesern* und gleichzeitig jener, der Fărămăs Mythologie am meisten mißtraut. Er will etwas Genaues über Borza erfahren; daß ihm das mißlingt, irritiert ihn. Etwas allerdings bringt er in Erfahrung, nämlich daß Major Borza I. Mihail, sein Kollege, gedungener Schläger und Agent der Sigurantza[12] war. Die Verwirrung, die Fărămă stiftet, führt zur Demaskierung des Agenten, der sich unter einer falschen Identität in den Staatssicherheitsapparat eingeschlichen hatte. Aber es bleibt nicht dabei. Auch ein gewisser Economu aus der Führungsschicht des Sicherheitsapparates, sogar ein Minister, Anca Vogel, finden Interesse an den Geschichten des Lehrers, vor allem an jener, in der die Riesenfrau Oana im Mittelpunkt steht. Es stellt sich heraus, daß ihr Interesse nicht rein literarischer Natur ist. Economu ist den Überresten des polnischen Nationalschatzes auf der Spur, den er in den Frieden herübergerettet und im Keller eines Hauses in der Mântuleasa-Straße versteckt hatte. Als seine Absicht ruchbar wird, begeht der hohe Staatsbeamte Selbstmord, während Anca Vogel, die in die obskure (und etwas romantische) Affäre eingeweiht zu sein scheint, abgesetzt wird. Andere Vertreter der Untersuchung (andere *Leser,* letztlich) sehen in Fărămăs Fabelszenerie immer brisantere politische Fakten.

Fărămă schreibt und schreibt, er wiederholt sich, bringt alles durcheinander, flüchtet aus der Chronologie, im Versuch, zu jenem fernen Punkt zu gelangen, der am Anfang aller Ereignisse steht. Welches ist dieser Punkt? Mit dieser Frage betreten wir ein anderes Universum, eine andere Zeit. Bis dahin aber noch einiges über die erste Erzählschicht. Natürlich kann die Bedeutungstiefe des Buches nicht hier gesucht werden. Mircea Eliade kennt die politische Realität der sechziger Jahre in Rumänien nicht direkt; einige der von ihm beschriebenen Aspekte (die Mechanismen der Untersuchung, die Gespräche zwischen Fărămă und Economu, bzw. Fărămă und Anca Vogel) können für den rumänischen Leser, der ein anderes Bild jener Epoche kennt, den Eindruck der

Improvisation, des Artifiziellen erwecken. Hier müssen wir uns aber vergegenwärtigen, daß der Verfasser dieses Szenarium benötigt, um über die andere, die geheimnisvolle, fabelhafte Seite der Geschichte sprechen zu können. Hier haben wir es mit einer höchst originellen mythischen Erzählung im eigentlichen Sinne zu tun.

Der Verständlichkeit halber muß diese Erzählschicht aus den fragmentarischen, widersprüchlichen Geschichten des Erzählers (Fărâmă) rekonstruiert werden, eines unzuverlässigen und in seinen Berichten chaotischen Zeugen der Ereignisse.

Er schafft eine Welt, indem er von ihr berichtet; dies tut er stets »umständlich« und »von weit her«, indem er von einer Fabel zur anderen übergeht, mit dem Gefühl, nie den richtigen Anfang und das richtige Ende getroffen zu haben. Dem liegt zuerst eine innere Hemmung des Erzählers zu Grunde (eine Amnesie durch Auflehnung), dann zwingt ihn die Ungeduld seiner Zuhörer (seiner *Leser*) dazu, die diese nimmermüde Scheherezade zu ordnen. Fărâmă erwähnt Gestalten (Iozi, Lixandru, Darvari, Oana, Abdul, den Doktor, den Waldheger, Selim) im Zusammenhang mit wenig glaubwürdigen Begebenheiten. Iozi, der Sohn des Rabbiners im Ort, entdeckt in einem Keller eine überflutete Höhle; er zeigt sie seinen Freunden: die Höhle ist »wie ein ganz helles Licht«, sie ist »wie im Märchen«, »eine Diamantenhöhle«. Iozis Überzeugung ist, daß man durch diese Höhle ins Jenseits gelangen kann. Eines Tages wirft er sich ins Wasser und verschwindet. Lixandru, eine Poetenfigur, schießt einen Pfeil in die Luft; der Pfeil kehrt nie mehr zurück. Abdul, ein Tatarenjunge, geht von Haus zu Haus und vertilgt die Fliegen. Er murmelt einen Zauberspruch in seiner Sprache, worauf die Fliegen sich zu einem Schwarm versammeln und in Abduls Beutel verschwinden. Er ist es auch, der ein paar von den Kindern aus der Mântuleasa-Straße die geheimen Zeichen lehrt, an denen sie verzauberte Stellen erkennen können. Zusammen suchen sie auf verwahrlosten Höfen nach verlassenen Kellern. Ein Jahrmarktkünstler und Fakir, der Doktor, legt Zeugnis ab von seinen außergewöhnlichen Fähigkeiten. Er *verändert* nach seinem Willen die äußere Erscheinung von Menschen und Dingen, aufgrund einer erlernten und ihm allein bekannten Technik. Niemand kennt seinen wahren Namen. Der Doktor hat die Gabe (er beherrscht die Wissenschaft), solche Verwandlungen durchzuführen; er selbst zeigt sich in einer geliehenen Identität, in einer Maske. Hier klingt schon die Idee des *Schauspiels* an, über die Eliade im Erzählungsband »Im Hof bei Dionis« ausführlich sprechen wird.

In seinen Geschichten beginnt Fărămă zögernd, sich auf eine mythologische Gestalt zu konzentrieren: Oana, eine kräftige, 2,42 Meter große Frau, »schön wie die Statue einer Göttin«. Oana ist die Tochter des Fănică Tunsu, Gastwirt in Obor[13]; schon im Alter von 13 Jahren springt sie ungebärdigen Pferden auf die Kruppe. Die kräftigsten Männer unterliegen ihr im Ringkampf. Die Roßhändler nehmen sie auf die Jahrmärkte mit, wo sie die wildesten Pferde zureitet. Sie führt ihre Freunde Lixandru und Darvari sowie andere Halbwüchsige in den Pasărea-Wald, wo sich ungewöhnliche Dinge zutragen. Das Riesenmädchen geht um Mitternacht auf eine Waldlichtung, entkleidet sich, zieht einige Kreise, hält ein und ruft: »Leg mich zum Mann, he, das Hirn kocht mir über . . .« Aus dem Gebüsch taucht ein altes Weib mit gelöstem Haar und einer Kette aus Goldmünzen um den Hals auf und sagt zu Oana: »Was dir bestimmt ist, kann ich nicht lösen.« Sie prophezeit Oana eine Wanderung ins Gebirge, denn erst dort wird sie jenem begegnen, der ihr zum Mann bestimmt ist – ein Mann, feurig wie sie, rittlings auf zwei Pferden, mit einem roten Tuch um den Hals!

Als ihre Zeit gekommen ist, steigt Oana in die Karpaten; dort tanzt sie in einsamen Nächten und ruft dem Mond zu: »Herrin (. . .), finde einen Mann für mein Maß (. . .). Gott hat mich vergessen.« Ein älterer Schafhirt versetzt ihr einen Schlag mit dem Ochsenziemer und macht sie zu einer Geliebten; ihm folgen andere, jüngere Männer, doch die Riesenfrau erweist sich als unersättlich und die Hirten fliehen vor ihr. Oana vereinigt sich mit einem Stier (der Mythos der zyklopischen Sexualität), worauf der Mann, der ihr bestimmt ist (Cornelius Tarvastru, Professor für romanische Sprachen an der Universität zu Dorpat) bei ihr eintrifft. Die Riesenfrau reist nach einem kurzen Aufenthalt in Bukarest nach dem Norden.

Dies ist der zentrale mythische Kern der Erzählung, in dem die märchenhaften Elemente (oder jene der griechisch-lateinischen Mythologie) ungehindert den überlieferten Rahmen der Prosa sprengen. Es besteht eine gewisse Beziehung dieser Elemente zu der Grundidee von der ewigen Wiederkehr des Mythischen. Oana ist, wie der Ingenieur Cucoaneş aus der Erzählung *Der Makran-*

thropus (1945), Sproß eines Riesengeschlechts. Sie repräsentiert die Nachkommen einer Rasse, die einst in der Zeit biblischer Ereignisse gelebt hat. Ihre Anormalität ist Zeichen einer sakralen Biologie. Einfache Frauen, die Frauen der Hirten wissen es; bedroht von Oanas sexueller Leidenschaftlichkeit, verteidigen sie ihre Männer: »Denn du bist nicht wie wir, arme Weiber, Geschöpfe Gottes, sondern aus Riesen entsprungen. Du mußt wohl ein Sproß aus dem Geschlecht der Riesenjuden sein, die Unseren Herrn Jesus Christus ans Kreuz geschlagen, die waren ja so reich an Macht, daß sie sogar Ihn, Gottes leibhaftigen Sohn, ans Kreuz schlagen konnten . . .« Doch diese ungewöhnlichen Begebenheiten hätten nicht ihre Bedeutung, wären sie nicht Teil einer okkulten Ordnung, würde der Autor nicht das Gefühl der Allgegenwart einer magischen Kraft im Universum ermitteln. Oana muß ihr Schicksal erleiden, weil Selim, ein Türke, sie dazu verdammt hat. Dies ist die *lange Geschichte,* zu der Fărămă erfolglos gelangen will, weil seine ungeduldigen *Leser* ihn immer wieder zur jeweils letzten Schicht seiner Schilderungen zurückdrängen. Dennoch gelingt es Fărămă, zu jenem Ur-Anfang zu gelangen und die Geschichte vom Waldheger und dessen Freund Selim zu erzählen. Der Waldheger ist Oanas Großvater; im Alter von hundert Jahren verehelicht er sich noch einmal, weil er noch einen Sproß in die Welt setzen will. In seiner Jugend hatte er seinen Freund Selim mit dessen Geliebter hintergangen; nach Selims Fluch mußte sich nun in seiner Nachkommenschaft etwas Schreckliches ereignen. Oana wäre demnach nichts als die Frucht eines schrecklichen Fluches; eines Fluches freilich, der einen anderen Fluch biologischer Natur aufhebt, eines Wunders, der die riesenhaften Kräfte im Menschen freisetzt.

Doch zurück zu Zaharia Fărămăs Geschichten. Rund um Oana spinnt er ein lockeres Netz von Episoden, die bis ins Jahr 1700 zurück verfolgt werden können. »Wie könnte ich von den Folgen berichten, ohne zu den Anfängen zurückzukehren?« sagt er während der Verhöre ungeduldig. Dabei meint er die *Rückkehr* zum Ursprung der Geschehnisse, zu jenem Zustand, in dem Menschen wie Iorgu Calomfirescu, Arghira oder Zamfira an wunderbaren Ereignissen teilnahmen. Seine Anstrengungen richten sich darauf, eine Beziehung zu jener Welt anzuknüpfen, die nirgends als in seinem eigenen, unvollkommenen Gedächtnis lebt. Diese Anstrengungen werden von seiner eigenen Fabulierfreude sowie von der Ungeduld der Zuhörer immer wieder unterbrochen. In dieser fortlaufenden epischen Fuge erhalten die Gestalten wie auch die Geschehnisse, an denen sie teilnehmen, immer schwerer eine eigene Identität, die der Autor selbst dauernd ändert. Fast alle Gestalten wechseln ihre Namen, alle haben ein *Geheimnis,* eine lange und komplizierte Geschichte. Im Mittelpunkt der kleinen Welt jener jungen Leute, die zwanghaft nach den geheimen Zeichen in den Kellern der Bukarester Häuser suchen, steht Lixandru. Er liest spanische Lyrik und ist selbst eine Art Dichter (Was bei Eliade eine gewisse Bedeutung hat, da der *Künstler* in seinen späteren Prosaschriften mit geheimen Kräften ausgestattet ist); Lixandru versucht also, in die Geheimnisse der unterirdischen Welt einzudringen. Er ist dabei nicht der einzige (auch Darvari, Dragomir Calomfirescu, Borza, Leana und Mariana haben die gleiche Leidenschaft), aber er versteht die meisten *Zeichen.* Um was für Zeichen handelt es sich?

»Das kann ich Ihnen nicht verraten. Um die Zeichen zu verstehen, müßten Sie sie zuerst kennen . . .« Und weiter:

»Wüßten Sie, was ich weiß, Herr Direktor, Sie würden mich nicht auslachen. Ich habe Dragomir ausgehorcht und vieles von ihm erfahren. Ich fühle es, daß die Zeichen irgendwo hier, zwischen dem Boulevard, der Popa Soare und der Calea Moşilor sind«, sagte er. »Hätte ich eine Milliarde, ich würde all diese Häuser aufkaufen und niederreißen lassen. Da würden Sie und die Historiker und die Archäologen ihre blauen Wunder erleben, ja Sie alle würden große Augen machen, was sich Ihnen unter der Erde, unter diesen Gehsteigen, unter diesem Pflaster offenbaren würde!« rief er aus und stampfte verzweifelt mit dem Fuß. »Sie würden auf menschliche Siedlungen stoßen, die viel älter sind, als Sie ahnen können. Nicht daß ich danach aus wäre. Ich suche etwas ganz anderes. Für Sie alle wären solche Entdeckungen jedoch nicht uninteressant. Lockt es Sie nicht zu erfahren, welche Geheimnisse die Erde unter diesen Pflastersteinen, unter diesen Häusern verbirgt?«

Lixandru, Darvari und Borza suchen etwas, einen Ort des Übergangs ins *Jenseits*: die Höhle, in der Iozi, der Sohn des Rabbiners vom Moschilorweg verschwunden war. »Wenn ich wüßte, wohin der Pfeil verschwunden ist und wo sich Iozi befindet – *ich wüßte alles!*« sagt er. Als Oana in der Nacht vor ihrer Hochzeit von einer unterirdischen Höhle mit edelsteinbesetzten, im Kerzenlicht schimmernden Wänden erzählt, die sie im Traum gesehen hat, ruft Lixandru aus: »Das ist die Höhle unter dem Wasser, die auch

ich vor langer Zeit gesehen habe, dort lebt Iozi noch immer . . .«
Lixandru wechselt sein Aussehen oft, Dumitrescu und die anderen Offiziere vermuten, daß er auch jetzt noch unter einem falschen Namen lebt. Rätselhaft bleibt aber, weshalb die Beamten so großes Interesse an Lixandrus Person an den Tag legen. Ein anderer Zeichensucher, Darvari, ist 1930 auf der *Schlangeninsel* verschwunden, doch auch an seinem Tod zweifeln die Beamten des Ermittlungsverfahrens. Die Geschichte der Bildhauerin Marina (die sich aber Zafira nennt) erstreckt sich über mehr als 200 Jahre; beim Entschlüsseln dieser Geschichte wird deutlich, daß »die Leidenschaft für unterirdische Geheimnisse« in Bukarest alt war. Der Bojar Iorgu Calomfir, Ehemann der schönen Arghira, sucht im Keller seines Hauses nach einem Kristall mit wunderbaren Eigenschaften, mit dem er seine Frau von ihrer Kurzsichtigkeit heilen will. Er hat sich im Keller eine Werkstatt eingerichtet, die er schreckerfüllt erst verläßt, als ein Wasserstrahl aus dem Boden schießt. Die Mythen häufen sich in der Geschichte: Iorgu Calomfir sucht den Kristall für seine Frau (er sucht das Licht, die Wahrheit, die Weisheit), gleichzeitig sucht er – unter dem Einfluß des heidnischen Glaubens an die Ostern der Sanftmütigen[14] – eine Stelle des Übergangs ins Jenseits. Er will, anders gesagt, in die Welt der Sanftmütigen hinabsteigen, er wünscht sich den *Schlüssel zum Übergang*; nach drei vergeblichen Versuchen gibt er es auf und geht ins Ausland. Der schönen Arghira verhilft ein Wunder zum Augenlicht: Eines Tages erscheint eine junge Bäuerin, die sie auffordert, sich mit dem Wasser, das sie mitgebracht hat, zu waschen; Arghira befolgt ihren Rat und wird sehend.

Sie findet Gefallen am Theater und hat sich in ihrem Haus eine Bühne eingerichtet. Die Bildhauerin Marina kennt ihre Geschichte und nimmt, aus Achtung vor der Wunderheilerin Zamfira, deren Namen an – den Namen und die heilige Sendung, die Menschen zu lehren, wie *sie sehend werden können*: »Denn«, so beschreibt Fărămă ihre Auffassung, »die Menschen verstehen es nicht mehr zu sehen, sich in ihrer Umgebung umzuschauen; alles Unglück, alles Böse leitet sich daher ab, daß die Menschen heutzutage fast blind sind. Es gibt kein anderes Heilmittel dagegen als sie zu lehren, Kunstwerke anzuschauen, vor allem Skulpturen. Deshalb hatte sie eine so große Schwäche für Oana, jeden Tag kam sie in Tunsus Kneipe, um Oana zu zeichnen, ganze Alben füllte sie mit den Skizzen. Sie sagte, Oana allein sei es wert, für eine Göttin Modell zu stehen.« Von Marina und der Rettung der Menschen durch die Kunst (durch das Schauspiel) wird auch im Band »Im Hof bei Dionis« die Rede sein. Viele Rätsel aus jenem Band wurden in dieser Novelle gelöst. Bei Eliade gibt es nicht nur eine Wiederaufnahme der Mythen, sondern auch eine der Gestalten. In *Auf der Mântuleasa-Straße* z. B. gibt es eine Kneipensängerin namens Leana, die – wie alle Eliadeschen Helden – ein Geheimnis (eine Geschichte) hat. Sie kennt die *Zeichen*, und das sieht man an »einem bestimmten Lied«, das sie zu singen pflegt. *Das Lied* wird erst in der Erzählung *Im Hof bei Dionis* genannt – das Lied und die Identität der Sängerin, denn Leana ist nicht ihr wahrer Name. »Ich habe einen anderen Namen«, gesteht sie; das heißt, ihre Identität, ihre Geschichte, ihre Sendung bleiben verborgen.

In der Novelle *Auf der Mântuleasa-Straße* gibt es, genau gesehen, Spuren mehrerer Mythen. Einer davon ist jener der Höllenfahrt, ein anderer jener der *Wandlung*, der Identitätserneuerung. Marina ist mal eine junge, mal eine alte Frau, Darvari, ihr Geliebter, weiß nicht, was er davon halten soll. Die Frau verfügt über eine übernatürliche Kraft, die es ihr erlaubt, ihr Alter nach Belieben zu verändern. Das Thema der biologischen Erneuerung wird Eliade in *Die drei Grazien* und *Der Hundertjährige* weiterführen. Hier dienen die Verwandlungseffekte eher der Idee des Schauspiels. Schließlich ist in diesem Text auch der verkappte Mythos anzutreffen, den Eliade in der anspruchsvolleren Erzählung *Im Hof bei Dionis* verwenden wird. Lixandru verheimlicht seine Identität, er kann nicht mehr erkannt werden, andere Gestalten leben unter falschen Namen, Marina trägt das Geheimnis einer magischen Existenz in sich (man beachte die Variationen ihres Alters), während Fărămă der letzte Zeuge dieser Welt ist – ihr Zeuge und ihr Schöpfer. »Weshalb«, fragt Anca Vogel ihn, »erfinden Sie diese Welt, indem Sie von ihr berichten? Tun Sie es nur aus Angst, mit der Hoffnung, daß Sie so leichter davonkommen? Aber dann weiß ich nicht, *wovor Sie sich fürchten*, ich verstehe die Gefahr nicht, vor der Sie sich *retten* wollen . . .« Seine ungewöhnliche Erfindungsgabe macht aus Fărămă ein ständiges Opfer. Er wird zum Gefangenen in einer Welt, die er aus Angst oder aus Vergnügen erfunden hat. Anca Vogels Frage ist im Wesen richtig. Wovor will Fărămă sich *retten*, vor wem und vor was *fürchtet* sich der alte Lehrer? Am Ende der Erzählung treffen wir den Schöpfer und Sendboten dieser Mythologie als Opfer eines anderen Ermittlungsverfahrens. Kaum in Sicherheit vor Dumitrescu, Economu, Anca Vogel und den anderen Offizieren, gerät er an jene, die sich als seine ehemaligen Schüler zu erkennen geben: Borza I. Vasile und Lixandru. Eine überraschende Wendung! Wer sind die beiden? Handelt es sich um falsche Identitäten, oder gibt es den von der Polizei bisher vergeblich gesuchten Lixandru dennoch? Der Schluß bleibt offen. Daß Fărămă auf die beiden, die sich als seine ehemaligen Schüler ausgeben, nicht reagiert, bedeutet nicht, daß sein Abenteuer zu Ende ist. Es gibt Zeichen, die sich auf für ihn besorgniserregende Art wiederholen: die Hitze, die Verabredung um ein Viertel nach zwei, seine Sorgen, sich nicht zu verspäten . . . Als der *einzige,* der »eine ganze Menge weiß« – wie einer der Ermittlungsbeamten sagt –, ist Fărămă zu ewiger Verfolgung verurteilt. Er ist zu einem Jagdwild geworden, das seine Verfolger verzaubern muß; je stärker der Zauber, desto geringer sind seine Möglichkeiten, sich zu retten. Daß er die Probe des Labyrinths bestanden hat, rettet ihn nicht. Im Gegenteil, er hat doppelte Schuld auf sich geladen, denn durch seine Gespräche mit Economu und Anca Vogel ist er noch verdächtiger geworden. Auf diese Weise kennt er die Geheimnisse zweier Mythologien, er ist – ohne sein Dazutun – im Besitz des Schlüssels zur zweiten Schicht des Erzählten. »Er weiß eine ganze Menge!« – das klingt wie ein lebenslängliches Urteil. Schwere Nächte warten auf die moderne Scheherezade. Der »Fürst« ist ein anderer, und Scheherezade muß in alle Ewigkeit Geschichten erfinden, die sie immer mehr belasten werden.

Auf der Mântuleasa-Straße kann auch als die *Fabel der Fabel* gelesen werden, als eine große Metapher über den Ursprung des Erzählens. Es gibt zahlreiche Symbole, Bilder, die die Schwierigkeiten schöpferischen Schreibens andeuten. Fărămă fällt das Schreiben – ganz im Gegensatz zum mündlichen Erzählen – schwer. »Er hat eine unleserliche Schrift«, beklagt sich der Ermittlungsbeamte Dumitrescu. Dies bedeutet wenigstens zweierlei: 1. Seine Schrift ist »unleserlich«, weil sie schwer verständlich ist; der lediglich eng rationale Blick hat es schwer, über die Schwelle in *jenseitige* Räume zu dringen, in die Welt, die der alte Lehrer errichtet; 2. sie ist »unleserlich«, weil das mythische Erzählen sich nur schwer konstituiert. »Wie könnte ich von den Folgen berichten, ohne zu den Anfängen zurückzukehren«, beklagt sich Fărămă; und wenn man ihn schreiben läßt, hat er andere Schwierigkeiten: er vergißt schon Geschriebenes oder beschreibt mehrmals die gleichen Ereignisse. (»Und weil es ihm nicht immer gelang, sich daran zu erinnern, *schrieb er es neu.*«) Er hat für die gleiche Begebenheit mehrere Varianten und widerspricht sich selbst, ohne sich um die Kohärenz seiner Worte Sorgen zu machen. Lesen wir auch den folgenden Abschnitt: »Er schrieb, nach wie vor, jeden Tag, doch jetzt schrieb er mit großer Sorgfalt, er ließ sich Zeit und überlas das Geschriebene wieder und wieder, konzentriert, bevor er es dem Wachsoldaten übergab. Er wußte, daß er, ohne es zu wollen, immer wieder auf die Ereignisse zu sprechen kam, die ihm wesentlich erschienen; dabei fürchtete er nicht die unvermeidbaren Wiederholungen, sondern die Verwirrung, die die Varianten der gleichen Begebenheit stiften konnten, wenn sie aus unterschiedlichen Perspektiven dargestellt wurde. Klarheit darüber erhielt Fărămă eines Tages, als er nach mehrwöchiger Unterbrechung wieder einmal in Dumitrescus Büro gebracht wurde:

»Ich meine es gut mit Ihnen und frage mich, warum eigentlich«, empfing dieser ihn in seinem Büro. »Ich selber bin kein Schriftsteller und habe für Künstler und Leute, die Bücher schreiben, nicht viel übrig wie manch anderer hier. Sie dürften sich Rechenschaft geben, daß Ihre Berichte durch viele Hände gegangen sind. Sie wurden nicht bloß von vielen bedeutenden jungen und alten Schriftstellern gelesen, sondern auch von Leuten, die sehr verantwortungsvolle Stellungen haben.«

»Das wußte ich gar nicht«, sagte Fărămă errötend. »Ich wußte nicht, daß . . .«

»Dann erfahren Sie es eben nun«, unterbrach Dumitrescu ihn. »Ich möchte Sie aber darauf aufmerksam machen, daß der literarische Wert Ihrer Erklärungen für mich nicht zählt. Mich interessieren ausschließlich die Ergebnisse der Untersuchung. Aus den vielen hundert Seiten, die Sie vollgeschrieben haben, wie auch aus all Ihren mündlichen Erklärungen geht immer noch nicht klar hervor, in welcher Beziehung Lixandru zu Darvari stand.«

Ich glaube, es gibt in diesem Abschnitt einige Hinweise auf den mythischen *Schreibvorgang* und die *Lektüre*. Bleiben wir beim ersten Aspekt. Fărămă schreibt jetzt »mit großer Sorgfalt, er ließ sich Zeit« (das Ideal der klassischen Literatur, das Vorbild des alten Schreibvorgangs), er liest »konzentriert« durch, was er geschrieben hat, doch die Wiederholungen, Undeutlichkeiten häufen sich ohne seinen Willen im Text. Die Fakten werden aus unterschiedlichen Perspektiven gesehen, die gedächtnisabhängigen Varianten bringen Bewegung ins Bild und verdunkeln die Photographie. Dumitrescu ärgert sich über diese Verschiebungen im Text, und was ihn offensichtlich ärgert, ist gerade die *Flucht* des Schreibens ins mythisch Ungenaue. Fărămă versteht den Einwand sofort und akzeptiert ihn, er verspricht sogar, eindeutig zu sein, so eindeutig wie nur möglich, klar zu schreiben, andere Wörter zu benützen: sich beim Schreiben des Chiffrensystems zu bedienen, das Dumitrescu kennt.

»Ich habe begriffen. Ja, ich begreife und danke Ihnen sehr. Ich versuche nichts zu *verheimlichen*. Doch ich weiß, worauf Sie anspielen: Wenn man die Dinge nicht richtig erzählt, wirkt oft alles konfus, und *Geringfügigkeiten scheinen sozusagen das Ganze in Frage zu stellen*. Entschuldigen Sie, wenn ich mich etwas schulmeisterlich ausdrücke. Ich werde von nun an sehr aufpassen und mir Mühe geben, mich möglichst klar auszudrücken.«

Es scheint, daß Fărămă sich ehrlich Sorgen darüber macht, daß er nicht richtig verstanden wird; ohne zu zögern, beschreibt er seinen (den mythischen) *Schreibvorgang:* »(...) Geringfügigkeiten scheinen sozusagen das Ganze in Frage zu stellen.« Er verspricht, deutlich zu schreiben, aber dies gelingt ihm nicht. Die Verwechslungen, die seltsamen Zufälle und die Widersprüche zwischen den Details und dem Kern wird es in seinen »mit großer Sorgfalt« geschriebenen Berichten, bei denen er sich so viel Zeit läßt, weiterhin geben. Das mythische Erzählen konstituiert sich also ohne den Willen des Erzählers. Die Flucht aus dem mythischen Code der Erzählung ist nicht möglich. Der Erzähler will etwas sagen, die Existenz einer längst vergangenen Welt aufdecken, aber sein Gedächtnis läßt ihn im Stich. Während er das eine enthüllt, verhüllt er das andere, verdunkelt es. Die mythische Erzählung lebt in diesem und durch diesen Prozeß von sukzessiven Verdeutlichungen und Verdunkelungen des mythischen Kerns[15]. Für diesen Mechanismus hat die dritte Serie der Leser (die Ermittlungsbeamten) volles Verständnis; sie erscheinen nach dem Verschwinden von Economu und Anca Vogel, die ihrerseits seltsamerweise Fărămăs wohlmeinendste *Lektoren* sind, jene, die sich am ehesten von den mythischen Aspekten seiner Berichte verführen lassen. Die *neuen Lektoren* haben die Lust am Mythischen verloren. Sie haben den Mechanismus, *die Chiffre,* in Fărămăs Bekenntnis entdeckt und verwenden sie ausschließlich zum Zweck rationaler Interpretation:

».. . sehen Sie«, hörte Fărămă den Mann am Schreibtisch plötzlich wieder sprechen, »nun erst nehmen die Dinge Gestalt an und fügen sich zu einem Gesamtbild. Das Ganze hat überhaupt nur einen Sinn, wenn wir von der Annahme ausgehen, daß Sie einerseits ein Geheimnis wahren, uns etwas vorenthalten wollen, andererseits Ihr Gedächtnis offenbar gelitten hat und Sie verrät. Wer kann sich schon auf sein Gedächtnis verlassen?! Ihr Gedächtnis hat mit der Präzision eines Fotoapparates Nebensächlichkeiten registriert, das Wesentliche aber nicht festgehalten. Es genügte daher, diese Nebensächlichkeiten mit peinlichster Genauigkeit und unerbittlicher Strenge unter die Lupe zu nehmen, um den Schlüssel zu finden zu alldem, was Sie uns verschweigen: Personen, ihre Handlungen und ihre Absichten. Dieses rigorose Untersuchungsverfahren ist nun abgeschlossen, und ich werde Ihnen nun einige der Schlußfolgerungen nennen, die wir daraus gezogen haben.«

Zweifelsohne handelt es sich hier um eine *erste* zusammenhängende, realistische Lesart des Geschriebenen. Eine erste *Enthüllung* von Fărămăs Mythologie: Ich glaube, es gibt Argumente dafür, daß Eliade in dieser Erzählung, durch solche Details, auch eine innere Rhetorik der Lektüre aufbaut. Er suggeriert also nicht nur das Entstehen (das Schreiben) einer mythischen Erzählung, sondern auch die Möglichkeiten ihrer Lektüre. Denn was sind letztlich diese von Fărămăs Erfindungen zuerst bezauberten, dann verärgerten, schließlich wieder bezauberten Ermittlungsbeamten? Was sonst als *Leser,* die einen Code (eine Sprache) mit einem anderen Code lesen wollen? Dumitrescu und die letzte Serie der Beamten sind in dieser Hinsicht am strengsten; sie werden den Verdacht nicht los, daß Fărămă *sich entziehen, etwas verheimlichen, vor der Wahrheit flüchten* will. Fast könnte man sagen: sie wollen den Kopf der scheinheiligen Scheherezade, sie wollen in den Besitz der *Chiffre* gelangen (»/.. ./ um die Chiffre zu finden, mit der die Ereignisse /.. ./ identifiziert werden können«). Seltsamerweise gelingt ihnen das, Fărămăs Berichte erhalten in dieser Lesart einen Sinn. Oanas Träume von der Höhle mit edelsteinbesetzten Wänden werden sofort als Anspielung auf den polnischen Schatz verstanden, den Economu versteckt hatte usw.

Anca Vogel und Economu repräsentieren, um es noch einmal zu sagen, eine andere Kategorie von Lesern. Mit leidenschaftlichem Interesse verfolgen sie Oanas Geschichten, sie lassen sich von ih-

rer außergewöhnlichen Sexualität in Bann schlagen, von der mythischen Morphologie der Mântuleasa-Straße.

»Sie ahnen nicht, was für eine Überraschung ich Ihnen heute nacht bereiten wollte. Nein, das hätten Sie sich wirklich nicht träumen lassen«, fügte
sie mit ironischem Lächeln hinzu. »Draußen wartet eine Limousine, und
ich hatte mir vorgenommen, so gegen drei Uhr morgens, wenn, wie Sie so
schön sagen, Gott auf Erden wandelt, eine Spazierfahrt auf der Mântuleasa-Straße mit Ihnen zu machen. Ich wollte, daß Sie auch mir die Häuser
mit den alten Kellern, die Kneipen und vor allem Ihre Schule zeigen . . .«

Ist Anca Vogels Lektüre eine *ehrliche* Letüre? Glaubt Anca Vogel
wirklich an Fărămăs Welt? Diese Frage kann nicht beantwortet
werden. Die Ermittlungsbeamten (die *realistischen Leser*, die
Spione des Textes) glauben, daß Anca Vogel und Economu in den
Fabulationen des Lehrers etwas ganz Bestimmtes (den polnischen
Schatz) suchen. Der »Fürst« wäre also demnach nicht unschuldig,
er wäre kein selbstloser Zuhörer. Wie dem auch sei, in Eliades
Erzählung unterdrückt der »Fürst« das Vergnügen nicht, mit dem
er den fabulösen Berichten folgt. Jedenfalls gibt es eine Verfüh-
rungskraft der Erzählung, die sich in einer einzigen Richtung manifestiert: von der mythischen hin zur politischen Szene, von dem
Code (der Sprache) der Einweihungsriten hin zu dem Code (der
Sprache) der profanen Riten. Viele Details der Erzählung können
als eigentliche Metaphern aufgefaßt werden. Genauer wäre wohl:
auch als eigentliche Metaphern. Ein Beispiel:

Durch lange Korridore wurde der Alte zu einem geräumigen, schmutzigen
Aufzug gebracht. Am obersten Stockwerk wurde noch gearbeitet, und
man beförderte gerade Baumaterial hinauf. Sie fuhren mit. Auf welchem
Stock man ihn aussteigen ließ, wußte Fărămă nicht. Sie betraten einen
dunklen Korridor. Von der Decke herab hingen nur da und dort ganz
schwache Birnen. Sie stiegen mehrere Stufen zu einem anderen Korridor
hinunter, der nicht mehr im gleichen Gebäude zu sein schien. Die Fenster
dort waren groß und sauber, der Parkettboden neu und frisch gebohnert,
die Wände weiß getüncht. Vor einer der zahlreichen Türen bedeutete man
ihm durch ein Zeichen zu warten. Einer der Agenten trat allein ein und
kam nach einer Weile in Begleitung eines Beamten mit hängenden Schul-
tern zurück, der einen Stoß Akten unter dem Arm trug. Wieder gingen sie
einen Korridor entlang, der einen Halbkreis zu bilden schien, nahmen
einen anderen Aufzug und fuhren hinunter. Fărămă hätte gerne die Stockwerke gezählt, doch er stand eingeklemmt zwischen den beiden Agenten,
und vor ihm pflanzte sich der Beamte mit dem Aktenstoß auf, so daß er
nichts sehen konnte, bis sie ausstiegen.

Also: *dunkle Korridore, Treppen, Stockwerke, ein Aufzug,* wieder *Stockwerke, Korridore ...* An anderer Stelle lesen wir:

Der Wächter holte ihn ab, und Fărămă hatte den Eindruck, daß er immer einen anderen Weg geführt wurde, denn sie durchquerten immer wieder andere Korridore, stiegen Treppen hinauf und hinunter, gelangten in große finstere oder grell beleuchtete Säle, in denen ein Milizsoldat auf einer Bank gegen den Schlaf ankämpfte.

Die Bilder können auf mehrere Arten gedeutet werden: erstens, als eine Andeutung des Labyrinths, in das Fărămă geraten ist, als eine Reihe von *Proben,* die er bestehen muß. Gleichzeitig als eine Metapher des mythischen Erzählvorgangs, der Schwierigkeiten, sie aufzuschreiben. Die Korridore, Säle (abwechselnd hell und dunkel), Stockwerke, dieses Auf- und Absteigen – all dies kann einen Eindruck von der Vielschichtigkeit des Textes, von der Vieldeutigkeit seiner Botschaft vermitteln.

Auf der Mântuleasa-Straße ist ein komplexes sprachliches Kunstwerk mit mehreren epischen Handlungsebenen (Schichten), ein Meisterwerk hintergründiger Sprache.

Aus dem Rumänischen von Werner Söllner

Anmerkungen

1 Die deutschen Übersetzungen der im rumänischen Text erwähnten Titel lauten in der Reihenfolge ihrer Erwähnung (ins Deutsche übersetzte Titel sind kursiviert):

   1. Izabel și Apele Diavolului – »Izabel und die Wasser des Teufels«
   2. Maitreyi – *Das Mädchen Maitreyi,* Frankfurt 1975 (Bibliothek Suhrkamp 429)
   3. Întroarcerea din rai – »Die Rückkehr aus dem Paradies«
   4. Huliganii – »Die Rowdies«
   5. Domnișoara Cristina – *Fräulein Christine,* Frankfurt 1980 (Bibliothek Suhrkamp 665)
   6. Secretul doctorului Honigberger – *Das Geheimnis des Doktor Honigberger,* enthalten in (9)
   7. Lumina ce se stinge – »Das verlöschende Licht«
   8. Șarpele – *Andronic und die Schlange,* enthalten in (9)
   9. Nopți la Serampore – *Nächte in Serampore,* München 1953
  10. Nuvele – »Novellen«
  11. Pe strada Mântuleasa – *Auf der Mântuleasa-Straße,* Frankfurt 1972 (Bibliothek Suhrkamp 328)

12. În curte la Dionis – *Im Hof bei Dionis,* enthalten in (16)
13. Tinerețe fără tinerețe – *Der Hundertjährige,* Frankfurt 1979 (Bibliothek Suhrkamp 597)
14. Nouăsprezece trandafiri – *Neunzehn Rosen,* Frankfurt 1982 (Bibliothek Suhrkamp 676)
15. Douăsprezece mii de capete de vite – *Zwölftausend Stück Vieh,* enthalten in (16)
16. La țigănci – *Bei den Zigeunerinnen,* Frankfurt 1980 (suhrkamp taschenbuch 615)
17. Podul – *Die Brücke,* enthalten in (16)
18. Ghicitor în pietre – »Der aus den Steinen wahrsagt«
19. O fotografie veche de 14 ani – »Die 14 Jahre alte Photographie«
20. Un om mare – *Der Makranthropus,* enthalten in (16)
(A. d. Ü.)

2 George Călinescu (1899-1965), rumänischer Literaturkritiker, Verfasser der bedeutendsten Geschichte der rumänischen Literatur (1941).
3 Camil Petrescu (1894-1957), rumänischer Epiker, Dramatiker und Essayist.
4 »Das letztgenannte Werk /*Lumina ce se stinge*/, nicht lesbar, monoton, mißlungen, erscheint mir heute als eine unbewußte Abwehrreaktion gegen Indien, als ein verzweifelter Versuch der Verteidigung vor mir selbst, denn im Sommer des Jahres 1930 hatte ich beschlossen, mich zu ›indianisieren‹, in der indischen Masse aufzugehen. Das Rätsel des *Lichtes,* jenes geheimnisvollen Feuers, das eines Nachts in der Bibliothek ausbricht und unter anderem auch die Erblindung und die Zerstörung des psychischen Gleichgewichts des Bibliothekars verursacht, ist letztlich nichts anderes als das Rätsel meiner Existenz in Dasguptas Haus.« Mircea Eliade, *Fragments d'un journal,* Paris 1973, S. 120.
5 *Mitică,* Kurzform eines rumänischen männlichen Namens. Zahlreiche Gestalten aus Caragiales Werk tragen diesen Namen. Im heutigen rumänischen Sprachgebrauch ist der Name zum Gattungsbegriff für den kleinbürgerlichen, verschlagen-listigen, auf den eigenen Vorteil bedachten, dennoch harmlosen und manchmal liebenswerten Menschentypus geworden (A. d. Ü.).
6 »Jeder Geburtsort stellt eine sakrale Geographie dar. Für jene, die sie verlassen haben, wird die Stadt ihrer Kindheit und Jugend immer zu einer mythischen Stadt. Für mich ist Bukarest das Zentrum einer unversiegbaren Mythologie. Erst durch diese Mythologie habe ich die eigentliche Geschichte der Stadt kennengelernt. Und vielleicht meine eigene Geschichte.« *L'Épreuve du Labyrinthe,* entretiens avec Claude-Henri Rocquet, Paris 1978.
7 »Man weiß, daß die mündlich oder schriftlich überlieferte Literatur die Tochter der Mythologie ist und deren Funktion erbt: von Abenteuern berichten, davon zu erzählen, was es an *Bedeutsamem* in der Welt gegeben hat. Doch warum ist es so wichtig für uns zu wissen, was geschehen ist, zu wissen, was mit der Marquise geschieht, die um fünf ihren Tee trinkt? Ich glaube, jede erzählerische Wiedergabe eines noch so gewöhnlichen Ereignisses, die großen, in Mythen enthaltenen Geschichten gleichsam verlängert; die Geschichten aus jenen Mythen, die die Art und Weise der Entstehung dieser Welt deuten, der Entstehung unseres Seins, wie wir es heute kennen. Ich glaube, das Interesse an Erzähltem drückt die Art unseres Daseins in der Welt aus (. . .). Wir sind nicht auf die gleiche Weise da wie die unbewegten Steine, wie die Blumen oder Insekten, deren Leben vorherbestimmt ist: *Wir sind Wesen des Abenteuers* (Hervorhebung vom Verf.). Nie wird der Mensch es satt haben, Geschichten zu hören . . .«, a.a.O., S. 190.

8 Über die Novellen *Bei den Zigeunerinnen, Zwölftausend Stück Vieh,* »Die 14 Jahre der Photographie«, *Die Brücke,* »Der aus Steinen wahrsagt« u. a., alle in der Sammlung aus dem Jahre 1969 *(Editura pentru Literatură)* enthalten, habe ich ausführlich im Band ›Scriitori români de azi (Zeigenössische rumänische Schriftsteller), Bd. 2, 1976, berichtet.

9 Vgl. a.a.O., S. 208.

10 »Fărămă« hängt zusammen mit »fărîmă« *(rum.)* – Krümel (A. d. Ü.).

11 Vgl. a.a.O., S. 209.

12 Siguranţă *(rum.)* – Sicherheit; kurze Bezeichnung für den Staatssicherheitsdienst im bürgerlichen Rumänien (A. d. Ü.).

13 Stadtteil von Bukarest; früher kommerzielles und Jahrmarktszentrum (A. d. Ü.).

14 Im Frühjahr, eine Woche nach Ostern, werfen die rumänischen Frauen, nach alter Überlieferung, die Schalen der Ostereier in an ihren Häusern vorbeifließende Gewässer, die dann ins Jenseits gelangen; die Eierschalen stellen Ostergaben für die Seelen jener dar, die zu Lebzeiten »sanftmütige«, gute Menschen waren (A. d. Ü.).

15 »Wenn eine Seite des *Heiligen* in den Vordergrund tritt (Hierophanie), wird die andere gleichzeitig okkultiert, sie wird kryptisch. Dies stellt die eigentliche Dialektik des Heiligen dar: allein dadurch, daß das Heilige sich *offenbart, entzieht* es sich.« *Fragments d'un journal,* S. 506.

Matei Calinescu
Eine philosophische Deutung von Mircea Eliades Erzählung ›Auf der Mântuleasa-Straße‹

Mit Ausnahme des großen symbolischen Romans *Forêt Interdite* (1955) bestand das schriftstellerische Werk Eliades nach dem Zweiten Weltkrieg aus phantastischen Romanen und Erzählungen, etwa zwei Dutzend Arbeiten, die als unabhängige, phantasievolle Erkundungen der Paradoxien angesehen werden können, die mit der Dialektik des Heiligen und des Profanen verknüpft sind. Diese Dialektik steht im Mittelpunkt seiner theoretischen und wissenschaftlichen Abhandlungen aus derselben Zeit, von *Kosmos und Geschichte* und *Die Religionen und das Heilige,* die erstmals 1949 in französischer Sprache erschienen, bis zu seiner auf vier Bände angelegten *Geschichte der religiösen Ideen,* von der bis jetzt drei Bände vorliegen.[1] Doch muß ich sofort hinzufügen, daß das erzählerische Werk Eliades *keine* Abfolge von »Illustrationen« seiner philosophischen Ideen darstellt. Wenngleich der Ausgangspunkt seiner literarischen Arbeiten und seiner religionsgeschichtlichen Forschungen derselbe ist (ein Grundverständnis von der »Unerkennbarkeit des Wunders« oder auch von der Tatsache, daß das Heilige sich im Profanen »verbirgt«), so verfolgen doch der Literat und der Gelehrte zwei völlig verschiedene Wege, und dies so sehr, daß es unmöglich wäre, seine literarische *Welt* aus seinen nichtliterarischen Arbeiten abzuleiten. Die »Irreduzierbarkeit« von Eliades dichterischem Universum versperrt allerdings nicht die Möglichkeit, sinnvolle Beziehungen zwischen diesem und seinen übrigen Veröffentlichungen auszumachen. Diese Beziehungen sind eher komplementärer und wechselseitig bereichernder und erhellender Art und bringen weniger eine »Äquivalenz« zum Ausdruck (wie dies etwa zwischen einem »Original« und dessen »Übersetzung« der Fall ist).

Auf der Mântuleasa-Straße, vielleicht die meisterhafteste von Eliades Erzählungen, bietet eine ausgezeichnete Möglichkeit, die Gültigkeit dieser allgemeinen Bemerkungen etwas eingehender zu untermauern.[2] Ich möchte zunächst betonen, daß diese Erzählung den Leser vor ein Problem stellt, dem man (zumindest explizit) in Eliades philosophischen Schriften an keiner Stelle begegnet: Ich meine das Problem der politischen Macht. Als eine fiktionale Betrachtung über diese spezifische Form der Macht und deren Implikationen wirft *Auf der Mântuleasa-Straße* ein neues Licht auf Eliades allgemeinen Zugang zur Frage der Macht (der Macht der Mythen ebenso wie der Mythen der Macht) und erschließt unserem Verständnis von Eliade, wie ich zu zeigen versuche, eine völlig neue Dimension.

Die Erzählung rankt sich um das Thema der Inkompatibilität zwischen der Welt des *Mythos* und der antimythischen Welt der grundsätzlich mißtrauischen *politischen Macht*. Diese wird in ihrer totalen – d. h. totalitären – Verkörperung geschildert. Die Erzählung spielt im Rumänien der frühen 5oer Jahre, zur Blütezeit des Stalinismus, und eine der Hauptpersonen, welche die Welt der politischen Macht repräsentiert, die Ministerin Anca Vogel, ist erkennbar der historischen Figur von Ana Pauker nachgebildet. Vor diesem Hintergrund steht der eigentliche Held der Geschichte, der pensionierte Schuldirektor Zaharia Fărămă, eine humorvolle und gewinnende Gestalt, als Vertreter dessen, was für Eliade das absolute Gegenteil von Politik ist: mythische Phantasie. Fărămă hat anscheinend nicht viel zu tun, außer ziellos in seinem alten Stadtviertel herumzuschlendern und bei jeder sich bietenden Gelegenheit endlose Geschichten über seine früheren Schüler zu erzählen. Merkwürdigerweise ziehen diese Geschichten, so harmlos unglaubhaft sie klingen, die Aufmerksamkeit der Sicherheitspolizei auf sich, und es dauert nicht lange, bis Fărămă verhaftet und eingehenden Verhören unterzogen wird. Auf die Fragen, die man ihm stellt, antwortet der alte Mann – fast glücklich darüber, daß man ihm zuhört –, indem er immer neue Geschichten erzählt, und der Leser ist nach und nach in einem höchst verwickelten und immer fesselnderen Netz von Geschichten »gefangen«, in dem am Ende das »Phantastische« seine eigene Form der Plausibilität erzeugt, während das »Geschichtliche« sich in eine Art willkürlicher Unwirklichkeit auflöst. In der Zwischenzeit sind die Befrager damit beschäftigt, das wenige zu überprüfen, was es an den Geschichten des alten Mannes überhaupt zu überprüfen gibt. Und zweifellos scheinen die weitschweifigen Erinnerungen des Schuldirektors – nach einer sorgfältigen »Entschlüsselung« – wichtige Enthüllungen zutage zu fördern, die nicht nur bestimmte Ermittlungsbeamte betreffen, sondern selbst hochgestellte Mitglieder des Parteiapparats. Daraufhin werden auch prompt einige »Säuberungen« vorgenommen.

Doch alle diese Ereignisse, die sich eher der »geschichtlichen« Dimension der Erzählung zuordnen lassen, bleiben im Hintergrund. Den Vordergrund füllt das komplizierte Geflecht der Geschichten, die der alte Mann über seine früheren Schüler und deren Freunde erzählt. Auf diese Weise wird der Leser mit der Gruppe von Schulfreunden (Lixandru, Darvari und Iozo) bekannt gemacht, die sich für Symbolismus und Magie interessierten und die unterirdischen Keller und Gänge der Häuser im Viertel der Mântuleasa-Straße erforschten, um bestimmte geheimnisvolle »Zeichen« zu entdecken. Beim »Erkennen« eines dieser Zeichen war es einem der Freunde, Iozi, gelungen, die Grenze zwischen dieser und der Welt des Wunderbaren unter der Erde zu überschreiten, der »anderen Welt« der Volkserzählungen und Mythen. Bei den Freunden befindet sich Oana, ein abnorm großes Mädchen, deren Geschichte ausführlich immer und immer wieder erzählt wird – wir hören von ihren Eltern und Großeltern, ihrer Kindheit, ihrer Pubertät, von ihrem Flug auf die Berge, wo sie einer neuen Pasiphaë gleich in Liebe zu einem Stier entbrennt, und wir erfahren, daß sie schließlich einem menschlichen Partner begegnet, einem riesengroßen Mann, und wir hören von ihrer Hochzeit und ihren Träumen. Oana ist in Wirklichkeit eine Göttin, die sich unkenntlich gemacht hat, indem sie das Äußere eines Monsters annahm.

Der alte Mann mit seinen endlosen, wildwuchernden Geschichten wird von der Geheimpolizei für einen klugen, ungewöhnlich listigen Dunkelmann gehalten, der etwas zu verheimlichen sucht, das, ans Tageslicht gebracht, für sie von äußerster Wichtigkeit sein könnte. Auf einer rein ästhetischen Ebene finden Fărămăs Geschichten bei den hochgebildeten Amtsträgern des Polizeiapparats offene Bewunderung. Anca Vogel ist nicht nur höchst angetan, sie hält auch Fărămăs Kunst des Geschichtenerzählens bei weitem für besser als die der linientreuen Autoren des Regimes. »Sie könnten von Ihnen lernen«, sagt sie zu dem alten Mann. Ihr Sturz ist sozusagen eine Strafe für ihren »Ästhetizismus«: statt unnachgiebig zu versuchen, die »wahre« Bedeutung der kunstvollen Lügen Fărămăs zu entschlüsseln, läßt sie sich von der wißbegierigen Macht ihrer Phantasie entführen. Sie vergißt, daß andere Geheimdienstbeamte darauf erpicht sind, den »latenten Inhalt« dieser weitschweifigen Geschichten zu »interpretieren« und diese »Interpretationen« unter Umständen gegen sie zu verwenden.

Wäre sie nicht in ihren ästhetischen Betrachtungen befangen gewesen, so hätte sie vielleicht am Ende ihre eigenen »Interpretationen« zurechtgelegt und gegen ihre Feinde in der Partei benutzt. Zumindest hätte sie der Gefahr vorbeugen können, daß ihre Parteigenossen, die allesamt einen erbarmungslosen politischen Machtkampf gegeneinander führen, die verwirrenden Aussagen Fărămăs zu ihrem Schaden »interpretieren«.

Damit sind wir beim eigentlichen Konflikt angelangt, auf dem diese Erzählung beruht: dem Konflikt zwischen der »Logik des Mythos« und der »Logik der Macht«. Die »Logik der Macht« tritt in totalitären Staaten unmittelbarer zutage, hat jedoch in Eliades Augen etwas mit Modernität ganz allgemein zu tun, die für ihn das Zeitalter einer radikalen »Entheiligung« ist. Obgleich *Auf der Mântuleasa-Straße* als *literarischer* Text nichts zu wünschen übrig läßt (d. h., der Leser kann aus seinen bunten Mustern und der üppigen Entfaltung erzählerischer Phantasie genügend ästhetische Befriedigung beziehen, um auf die »theoretischen« Implikationen zu verzichten), ist seine Bedeutung doch besser im Kontext von Eliades Gesamtwerk zu erfassen, wenn man sich bewußt macht, daß es sich dabei – wie verdeckt auch immer – um eine *conte philosophique* handelt. (Fărămă selbst läßt sich als antivoltaireanischer Nachfahre des berühmten »Candide« verstehen). Die in der Erzählung implizierten philosophischen Probleme bewegen sich um eines der zentralen Themen im Denken Eliades – um das Wesen und die Formen der *Interpretation*. Die von Zaharia Fărămă erzählten Geschichten sind letztlich nichts anderes als Interpretationen bestimmter ungewöhnlicher Fakten oder Ereignisse, deren Bedeutungen durch andere Geschichten begründet werden, die ihrerseits wieder Interpretationen ungewöhnlicher Fakten und Ereignisse sind, usw. usw. Das mythische Denken, wie es in dem sympathischen und naiven Charakter des alten Schuldirektors zutagetritt, ist einfach eine Ausweitung der Fabel, der Story. Die *verborgene* Bedeutung jeder Geschichte ist immer eine weitere Geschichte, dies scheint der Autor sagen zu wollen. Unter diesem Aspekt heißt interpretieren: erzählen, Geschichten aus anderen Geschichten entwickeln. Diese Vorstellung von Interpretation steht in Einklang mit Eliades tiefverwurzelter Überzeugung von einer lebendigen, mannigfaltigen, irreduziblen Wahrheit (gleichbedeutend mit dem Heiligen), die sich genau dadurch verbirgt, daß sie sich offenbart. Geschichten zu erzählen, von Mythen zu berichten ist demnach eine Erkenntnistätigkeit – es ist die Erkenntnistätigkeit *par excellence*. Im Hinblick auf die Beziehung zwischen Erkenntnis und Erzählung würde Eliade sicherlich den folgenden anregenden Bemerkungen zustimmen, die sich im vierten Buch der *Neue(n) Abhandlungen über den menschlichen Verstand* von Gottfried Wilhelm Leibniz finden:

... Derjenige, ... der mehr geistvolle Romane gelesen, der mehr wissenswerte Erzählungen gehört hat – daß jener, sage ich, mehr Erkenntnis als ein anderer haben wird, wenn es auch kein wahres Wort in all dem gab, was man ihm schilderte oder berichtete; denn die Übung, die er darin besitzt, im Geiste viele Begriffe oder ausdrückliche und aktuelle Ideen darzustellen, macht ihn geeigneter, das zu begreifen, was man ihm vorlegt.[3]

Es mag interessant sein festzustellen, daß die impliziten, narrativen (und allgemeiner: die ästhetischen) Fundamente von Leibnizens metaphysischem Pluralismus *mutatis mutandis* denen des religiösen Pluralismus Eliades ähnlich sind.

Der entgegengesetzte Standpunkt – der in Eliades Erzählung implizit von den Repräsentanten der Geheimpolizei vertreten wird – gehört zu dem, was Paul Ricœur einmal als die »Hermeneutik des Mißtrauens« bezeichnet hat. Nach Ricœur sind die drei modernen Meister des Mißtrauens Marx, Nietzsche und Freud – und der Erstgenannte ist für unsere Erörterung besonders bedeutsam. Nebenbei bemerkt stand Eliade den Lehren dieser drei Philosophen der Moderne schon immer ablehnend gegenüber, insbesondere wegen ihres grundsätzlichen *Reduktionismus*. Für Eliade sind Mißtrauen und Reduktionismus eng verbundene geistige Haltungen, die beiden Seiten derselben metaphysischen Revolte gegen jede *Mannigfaltigkeit*: Sobald das Mißtrauen überzeugt ist, die Schleier der Illusion zerrissen zu haben, kann die Vielfalt der sichtbaren Tatsachen auf eine letzte, bestimmende Kraft reduziert werden – Sexualität und der Konflikt zwischen Lust- und Realitätsprinzip bei Freud, der Wille zur Macht und der Konflikt zwischen Herrenmoral und Ressentiment bei Nietzsche, die wirtschaftliche Produktionsweise und der Konflikt zwischen Produktivkräften und Produktionsverhältnissen bei Marx. Ein weiteres gemeinsames Merkmal der drei großen Schulen des Mißtrauens besteht in ihrem starken Hang zur *Entmythologisierung*. Ihre Methoden, Annahmen und Ziele gehen weit auseinander, doch es ist allen dreien darum zu tun, den *profanen* Inhalt *mythischer* (heiliger) Manifestationen aufzudecken.

Eliades ganzes Bemühen geht in die entgegengesetzte Richtung: statt die Welt zu »entmythologisieren«, so meint er, sollten wir sie »remythologisieren«; statt die im Mythos enthaltenen *profanen* Elemente herauszustellen (deren Existenz von Eliade an keiner Stelle bestritten wird), sollten wir danach trachten, die verborgenen mythischen Bestandteile der profanen Wirklichkeiten oder Ereignisse aufzuspüren (gleichgültig, ob diese zur Banalität der Geschichte gehören oder zu dem, was Eliade in *Kosmos und Geschichte* als »Schrecken der Geschichte« bezeichnet hat).

Doch möchte ich wieder zu Eliades Erzählung zurückkehren und versuchen, einige Implikationen aus Eliades Gegnerschaft zur »Hermeneutik des Mißtrauens« zu untersuchen, soweit sie aus dem Text erschlossen werden können, wenn wir diesen als *conte philosophique* verstehen. Ich glaube, daß die tieferen Gründe für diese Abneigung in einem literarischen Text wie dem vorliegenden deutlicher zutage treten als in seinen theoretischen Arbeiten. Das liegt daran, daß diese Gründe von ihrem tiefsten Wesen her eher eine Frage grundsätzlicher Wertsetzung sind als die einer verstandesmäßigen Auseinandersetzung. Nach meiner Meinung verwirft Eliade das Mißtrauen und die auf ihm beruhenden Interpretationsverfahren (die zum Teil äußerst subtil und komplex sind) letztlich einfach darum, weil für ihn das Ethos des Mißtrauens anstößig ist und er sich einem Ethos des Vertrauens verpflichtet. Dies läßt sich an der verständnisvollen Darstellung des alten Schuldirektors zeigen, der trotz seiner Verhaftung und der fortwährenden peinigenden Verhöre durch die Repräsentanten des Mißtrauens ihren Waffen gegenüber eigentlich unverwundbar ist und nicht einmal besonders zu leiden scheint, während er ihr Gefangener ist: Er wird durch die Geschichten, die er beständig erzählt, durch seinen Glauben an den Mythos *erlöst*.

Mißtrauen, so scheint Eliade uns sagen zu wollen, sollte nicht als »Mittel der Erkenntnis« gesehen werden, und selbst wenn man auf dem Weg über das Mißtrauen so etwas wie Erkenntnisse erlangt, so ist dies weitgehend dem Zufall zu verdanken, sofern die am Ende gewonnene »Wahrheit« nicht überhaupt während der Suche nach ihr »hergestellt« wurde.[4] Das ist allerdings nicht Eliades Haupteinwand gegen die Philosophie des Mißtrauens. Was er an dieser Philosophie am wenigstens schätzt, ist ihre *autoritäre*

Implikation, der eigenartige *Fanatismus,* der mit ihr einhergeht, die diktatorische Selbstsicherheit, die von vielen ihrer Verfechter an den Tag gelegt wird. Dieser autoritären Neigung stellt Eliade den Wert einer geistigen und moralischen *Toleranz* entgegen (Akzeptieren und Begrüßen der Mannigfaltigkeit, Anerkennung der Gültigkeit höchst unterschiedlicher Zugänge zu denselben Fragen, Unvoreingenommenheit und selbst Skeptizismus – der nicht mit Mißtrauen verwechselt werden darf – gegenüber halsstarrig dogmatischen Glaubensvorstellungen und Haltungen).

Eine solche Toleranz rührt aus Eliades tiefer Überzeugung, daß Mythen und Geschichten uns keine Ziffern und Kodes präsentieren, die zu »knacken« sind, sondern die eigentlichen Prozesse, durch die *neue Bedeutungswelten* geschaffen werden. Mythen und Geschichten erteilen uns diese wichtige Lektion: Um die wirklichen Bedeutungen der Dinge zu erfassen, müssen wir dem *Vertrauen schenken,* was Mythen und Geschichten uns über sich sagen. Das, so meine ich, ist das Grundprinzip von Eliades Ethik der Toleranz und zugleich der Ausgangspunkt seiner Kritik des Mißtrauens. Doch selbst diese Kritik, wie der Leser von *Auf der Mântuleasa-Straße* unschwer feststellen kann, ist vom Geist der Toleranz durchdrungen: Wenn die Vertreter des Mißtrauens mit der Funktion der Bildersprache nichts anfangen können (wenn man von der Möglichkeit absieht, die der Mythos ihnen bietet, ihrer Entschlüsselungsmanie freien Lauf zu lassen), dann macht eben diese Funktion, die mächtige Triebkraft des Geschichtenerzählens, sie in kluger Weise zum Gegenstand einer Dichtung, und indem sie ihre Geschichte erzählt, *versteht* sie sie. Das bedeutet jedoch nicht, daß im vorliegenden Fall diese »Fiktionalisierung« nicht auch als Waffe dient, und es bedeutet auch nicht, daß Verstehen dasselbe ist wie Versöhnung.

Aus dem Englischen von Udo Rennert

Anmerkungen

1 *Kosmos und Geschichte,* Reinbek 1966, erstmals unter dem Titel *Der Mythos der ewigen Wiederkehr,* Düsseldorf 1953; das französische Original *Le mythe de l'éternel retour* erschien zuerst 1949 in Paris. *Die Religionen und das Heilige.*

Elemente der Religionsgeschichte, München 1954, erschien zuerst unter dem Titel *Traité d'histoire des religions* 1949 in Paris. *Geschichte der religiösen Ideen,* Freiburg 1979-1983, Bd. 1-3.

2 Die Erzählung wurde erstmals von dem rumänischen Emigranten und Verleger Ion Cusa auf Rumänisch veröffentlicht: *Pe Strade Mântuleasa,* Paris 1968; dt. *Auf der Mântuleasa-Straße,* Frankfurt 1972.

3 G. W. Leibniz, *Neue Abhandlungen über den menschlichen Verstand,* ed. W. v. Engelhardt und H. H. Holz, Frankfurt 1961, Bd. II, S. 224.

4 Wie die Methode der, wie man es nennen könnte, »polizeilichen Psychoanalyse« angewandt wird, findet sich etwas ausführlicher im Kapitel IX der Erzählung. Ein interessanter und erhellender Vergleich zwischen bestimmten psychoanalytischen Verfahren und den in totalitären Ländern angewandten Untersuchungsmethoden ist von Michael Polanyi vorgenommen worden (*Personal Knowledge: Towards a Post-Critical Philosophy,* Chicago 1968), mit dessen Epistemologie des »Vertrauens« das Denken Eliades manche Elemente gemeinsam hat, unter anderem eine ausgeprägte Ablehnung des Marxismus und Freudianismus. »Eine moderne Diktatur«, schreibt Polanyi, »schafft eine Situation, in der jeder Nonkonformist in der Tat zu ihrem Todfeind werden muß, und dies rechtfertigt ein grenzenloses Mißtrauen. Wo es keine offen geäußerten Meinungsverschiedenheiten mehr gibt, kann sich Unzufriedenheit nur noch in Kleinigkeiten äußern, und deshalb muß es der Geheimpolizei erlaubt werden, Nichtigkeiten als potentiell konspirative Handlungen auszulegen. Die Unterstellungen derartiger Untersuchungen werden jenen analog, von denen die Freudsche Analyse eines Neurotikers geleitet wird. Unter der Annahme eines Ödipuskomplexes kann jedes Wort und jede Handlung des Patienten, ob geäußert oder nicht, ausgeführt oder nicht (und auch alle Ereignisse, in die er zufällig verwickelt wurde), so gedeutet werden, daß sie seine versteckte Feindseligkeit dem Vater gegenüber zum Ausdruck bringen. Und wenn man andererseits davon ausgeht, daß sich jede auch noch so bedeutungslose Kleinigkeit als Zeichen der politischen Unzufriedenheit deuten läßt, das seinerseits als hochverräterischer Akt ausgelegt werden kann, so wird man leicht feststellen, daß die in den Gefängnissen der Stalinzeit praktizierten Methoden der Beweiserhebung völlig diesen Zweck erfüllt haben«. A.a.O., S. 241.

Virgil Nemoianu
Das Aussprechen des Geheimnisses
Phantastische und politische Dimensionen der Romane von Charles Williams und Mircea Eliade

Die Forschung über das literarische Werk Eliades verfährt entweder streng analytisch oder versucht, die literarischen mit seinen philosophischen und religionshistorischen Arbeiten in Verbindung zu bringen. Meines Wissens hat noch niemand den Versuch unternommen, Eliades Romane und Erzählungen in ihrer zeitlichen Abfolge zu erforschen oder ihre Gattung näher zu bestimmen. Eine historische Einordnung der literarischen Arbeiten Eliades erweist sich als schwierig, da mindestens die Hälfte seiner Schriften im Exil veröffentlicht wurde und das rumänische Lesepublikum erst spät, unvollständig und in einer bestimmten Auswahl erreichte. Seit er zu Beginn der 50er Jahre wieder begonnen hat, auf Rumänisch zu schreiben, muß eine historische Zuordnung die rumänische Literatur der letzten 40 Jahre mit einbeziehen[1] – keine unmögliche Aufgabe; erst dann läßt sich die gesamte Periode in der rumänischen Literatur samt ihren einzelnen Strömungen mit der europäischen Literatur vergleichen.

Eine allgemeine Einordnung scheint noch größere Schwierigkeiten aufzuwerfen. Dazu müßten direkte Verbindungslinien zwischen den Romanen Eliades und denen einiger seiner Zeitgenossen gezogen werden. Der Nachweis von Ähnlichkeiten und Gegensätzen im Hinblick auf westliche oder osteuropäische Autoren mag vielleicht zur Erhellung der literarischen Produktion Eliades als solcher beitragen, aber auch (mittelbar) zur Bestimmung des Platzes, der seinen ungewöhnlichen Werken innerhalb der Galerie literarischer Werke des 20. Jahrhunderts zukommt. Ich habe an anderer Stelle versucht, bestimmte Ähnlichkeiten zwischen dem Spätwerk Eliades und Nabokovs aufzuweisen, und zwar unter dem Aspekt ihres Umgangs mit der Zeit und der philosophischen Implikationen dieses Werks.[2] Vielleicht ist es noch wichtiger, der Frage nachzugehen, in welcher Hinsicht Eliades literarischer Gebrauch von phantastischen Elementen sich damit vergleichen läßt, wie andere Autoren während der letzten 50 Jahre in ihren Werken das Phantastische eingebracht haben. Hierher gehören Autoren wie Ernst Jünger, Hermann Kasack, Alfred Kubin, Michail Bulgakov, Julien Gracq und Michel Tourneur, Dino Buzzati, Borges, selbst Kafka und Canetti, vielleicht auch Ursula Le Guin. Doch vor allem ist dabei an die Gruppe der »Inklings« im England der späten 30er bis zu den 50er Jahren zu denken. C. S. Lewis, Tolkien, Charles Williams, Dorothy Sayers und – mit Einschränkungen – Owen Barfield sind allesamt mit Eliade verwandte Schriftsteller. Es sind Menschen, die in enthusiastischer Weise ihr Leben einer wissenschaftlichen Arbeit und einer Literatur gewidmet haben, die allgemeinverständlich sein sollte. Viele von ihnen schrieben Dialogessays und Fragmente als eigenes Genre, ganz wie der Autor von *Oceanografie* und einer langen Reihe von Tagebüchern und Memoiren. Sie alle standen gleich Eliade mehr oder weniger unter dem Einfluß von G. K. Chesterton und anderen. Alle waren sie zutiefst der Bewahrung der Transzendenz als Alternative zum aufkommenden schrankenlosen, ungebundenen (entfremdeten?) Menschen des 20. Jahrhunderts verpflichtet. Ihnen war das Interesse an einer Gegenüberstellung geschichtlicher Ordnungen ebenso gemeinsam wie eine tiefe Melancholie angesichts der von ihnen beobachteten zeitlichen Veränderungen. Unter diesen englischen Literaten ist Charles Williams wohl der faszinierendste. Ein Vergleich zwischen ihm und Mircea Eliade wird etwas unhistorisch ausfallen, da Williams 1945 starb, als Eliade gerade mit seinen phantastischen Romanen und Erzählungen begann. Bis zu diesem Zeitpunkt waren seine phantastischen Arbeiten *Andronic und die Schlange, Fräulein Christine* und *Nächte in Serampore* innerhalb einer Vielzahl von weniger phantastischen Veröffentlichungen verstreut. Dennoch sind die gemeinsamen Merkmale beider Autoren verblüffend.

Charles Williams war ein produktiver Autor, aber anscheinend hielt er seine Essays und Gedichte (nicht jedoch seine Theaterstücke) für wichtiger als seine Romane. Heute sieht es so aus, als werde sein Ruf als Romancier am ehesten fortdauern. Seine Prosa zeichnet sich nicht durch einen besonderen Stil aus. Er bewegt sich im Kielwasser von James und Conrad und ist als Erzähler vielleicht mit Ford Madox Ford oder sogar Wyndham Lewis zu vergleichen. Gleich diesen und, wie ich hinzufügen möchte, Georges Bernanos oder Julien Green in Frankreich, läßt er seinen impliziten Erzähler eine Position einnehmen, die dem Erzählgegenstand sehr nahe ist. Es folgen eine Reihe hübscher, aber leicht entstellter Bilder aufeinander, die häufig an expressionistische

Malerei erinnern. Ist der Gegenstand der Erzählung das Innere einer Person, kommt es zu einer Komplikation: der Autor arbeitet mit einem anspielungsreichen oder kurzgeschlossenen System von Bezügen, das zur Voraussetzung hat, daß der Leser bestimmte grundlegende Vorstellungen und Annahmen teilt.

»Wirklich, Nancy. Eigentlich möchte ich das nicht – wenn du verstehst«, sagte Sybil entschuldigend, aber bestimmt. »Es wäre geradeso, als wolltest du jemand dazu bringen, ein Geheimnis auszusprechen.«

»Wer ist jemand?«, sagte Henry, und seine Stimme klang immer noch gereizt.

»Ich meine niemand bestimmten«, sagte Sybil, »einfach Dinge . . . die Welt, sozusagen. Wenn all der Ärger dazu führt, einmal einen Moment ruhig zu sein, sollten wir dies Geheimnis nicht antasten. Vergib mir.«[3]

Diese Vorstellungen werden dem Leser quasi aufgezwungen, der sie verinnerlichen muß, wenn er weiterlesen möchte, und der auch zum Nachdenken angehalten wird. In dieser Hinsicht verdankt die Erzählhaltung vielleicht mehr dem elitären Ästhetizismus von Pater, Wilde oder MacDonald, die allesamt die englische Prosa bis auf den heutigen Tag stark geprägt haben.

Es stand auf der anderen Seite von Zion; in Gestalt und Größe glich es einem Pferd, jedoch von einem blendenden Weiß, und mitten auf seiner Stirn wuchs ein einzelnes Horn. Er erkannte den Mythos von Dichtungen und Bildern; er sah das Göttliche Einhorn, wie es sich in dieser dunklen und abgelegenen Siedlung der Gläubigen sanft aufrichtete . . . Das Ding tat ein paar Schritte, rein und majestätisch, und währenddessen wurde er in seinem Innern eine Million Meilen weit hinweggetragen.[4]

Man hat immer wieder bemerkt, daß die Romane von Charles Williams oft eine bestimmte Kraft zum Gegenstand haben.[5] Ihr Handlungsablauf weist häufig folgende Struktur auf: Ein besonderer Gegenstand oder eine Kraft taucht unter den Menschen auf oder wird wiedergefunden. Dies gilt etwa für den Ring, der aus dem Urstoff der Schöpfung gemacht ist *(Many Dimensions),* oder für das Vermögen, Seelen zu fangen und einzukörpern *(All Hallows Eve),* den heiligen Gral *(War in Heaven)* oder das archetypische Tarotkartenspiel *(The Greater Trumps).* Boshaftigkeit und Habgier versuchen, aus eigensüchtigen und oftmals zerstörerischen Gründen sich dieser Kraft oder dieses Gegenstandes zu bemächtigen. Die alltäglichen Gestalten des heutigen Lebens (Geschäftsleute, Richter, Journalisten, Gelehrte, Angestellte), die in der Routine ihrer Ausweglosigkeit ein genügsames Leben führen, stellen bald fest, daß sie in eine Jasperssche *Grenzsituation* (dt. im Orig.) versetzt werden. Das außergewöhnliche Ereignis beschleunigt eine bestimmte Entscheidung und Entfremdung. Latente gute oder böse Neigungen gelangen schnell und voll zur Entfaltung. Viele verderben, manche werden geläutert, vielleicht einer oder zwei erreichen eine fast übermenschliche Größe, indem sie sich opfern oder einen Sieg erringen. Die Geschichte nimmt ein gutes Ende, das Böse wird vernichtet, und das natürliche Gleichgewicht ist wiederhergestellt, da die Guten nicht nach Beherrschung der übernatürlichen Kräfte streben, sondern nach deren Neutralisierung. Unmittelbare politische Bezüge oder Implikationen finden sich selten. Nur in dem Roman *All Hallows Eve* spielt Politik eine Rolle. Hier treten drei (identische) falsche Propheten in London, Moskau und Peking auf, die große Menschenmengen anziehen und eine heuchlerische Religion der Versöhnung und Gleichheit predigen. Der Magier in London wird als grausam und manipulierend vorgeführt; er strebt nach der absoluten Herrschaft über die Menschheit und deren Erniedrigung und ist in Wirklichkeit die Verkörperung des Bösen. Ihn niederzuwerfen erweist sich nicht als besonders schwierig; dies gelingt einer kleinen Gruppe engagierter Bürger. In den meisten übrigen Romanen von Williams finden sich lediglich triviale Bezüge zu unfähigen und bornierten Bürokraten, raffgierigen Finanzleuten, demagogischen Gewerkschaftsführern und dummen oder betrügerischen Politikern. Das eigentliche Interessante ist an anderer Stelle zu suchen.[6]

Man hat behauptet, die drei zentralen Themen von Charles Williams seien »die Immanenz der Welt des Geistes, die Würde der materiellen Schöpfung und die Möglichkeit ihrer Erlösung sowie die Solidarität der Menschheit in Gemeinschaft«; in den Romanen kommt das erste Thema zur Sprache in der »wechselseitigen Durchdringung der natürlichen und der übernatürlichen Welt, das zweite in den beiden Möglichkeiten des Glaubens – die Annahme oder Verwerfung der geschaffenen Dinge – und das dritte in Williams' Vorstellung von der Stadt«.[7] Dies sind Annahmen über das Wesen des Universums, die (notwendig) eine narrative, mimetische Sprache erzeugen, die mit der »mimetischen« Sprache des herkömmlichen Realismus nichts zu tun hat. Ewigkeit und vergängliche Realität durchdringen sich gegenseitig; der Leser muß ebenso wie die Hauptperson das subtile Wesen ihrer Dia-

lektik aufspüren und anerkennen.[8] Und wenn er dies nicht tut? In
The Greater Trumps ist die Welt durch einen fortwährenden
Sturm gefährdet, während in *Descent to Hell* Lawrence Wentworth seine persönliche Erlösung verwirkt, ohne die Fundamente
der Gemeinschaft ernsthaft zu erschüttern. Alle Versuche, die
Herrschaft über die Gesellschaft an sich zu reißen *(Many Dimensions, All Hallows Eve)*, sind zum Scheitern verurteilt, da Williams fest davon überzeugt ist, daß »Recht und Ordnung selbst
gegenüber den Pforten der Hölle die Oberhand behalten werden«.[9] Die Bedeutung dieses Netzes dialektischer Verknüpfungen
zeigt sich auch im Grundsatz der Substitution: Jeder ist imstande,
die Ängste und Leiden des Nächsten zu übernehmen *(Descent to
Hell)*. Fehlender Zusammenhang und Substitution sind beides
Formen eines dialektischen Austauschs, ohne den die Welt kaum
zu überleben vermag.

The Place of the Lion (1931) zeigt genau, was geschehen kann
und welche Heilmittel möglich sind. Der Roman schildert eine
Situation, in der die platonischen Archetypen der Eigenschaften
(Stolz, Schönheit, Klugheit, Schnelligkeit) als übernatürliche Geschöpfe auftreten und die von ihnen repräsentierten Eigenschaften in sich aufzusaugen beginnen. Die Welt droht in Stücke zu
gehen, da der Welt der Erscheinungen wesentliche Eigenschaften
entzogen werden. Der Prozeß hat keine rein zufällige Ursache.
Zum Teil wird er durch die bösen Machenschaften eines Zaube-
rers und zum Teil durch die Existenz verdorbener menschlicher
Wesen in Gang gesetzt. Zu den letzteren zählen alle, denen eine
richtige Harmonie und Ausgewogenheit der genannten Eigenschaften fehlt, d. h. alle, bei denen eine Eigenschaft dominiert, die
alle übrigen verkümmern läßt; solche Charaktere werden zu ge-
eigneten Werkzeugen der fortschreitenden Zerstörung aller Materie. Anthony Durrant rettet ein zum Untergang verurteiltes Universum, indem er die Namen der Archetypen ausspricht. Damit
stellt er das richtige Verhältnis zwischen der Vielfalt der Dinge
und Wesen einerseits und ihren idealen Prinzipien andererseits
wieder her, nach dem Abaelardschen Prinzip der *universalia in re*.
The Place of the Lion ist eine Geschichte, in der das Böse als eine
kategoriale Verlagerung betrachtet wird. Die Zeit spielt keine
allzu große Rolle, die Handlung kann sich überall und zu jeder
historischen Zeit zugetragen haben. Was zählt, ist die Aufspaltung von Wesenheiten, die eigentlich zusammengehören müßten.

Die Loslösung im Ideellen hat, dies wird dem Leser deutlich, auch politische Konsequenzen. Die Lösung ist »phantastisch«, weil das Problem, zumindest für Williams, oberhalb und jenseits der Dichotomie des Natürlichen und Übernatürlichen angesiedelt ist; um das heilende Ziel zu erreichen kann ein natürlicher, aber auch ein übernatürlicher Weg beschritten werden. Das Phantastische ist nur eine Möglichkeit, allerdings eine vollgültige.

Die phantastischen Romane und Erzählungen Eliades zeigten von Anfang an und häufig politische Untertöne. *Forêt Interdite* ist mindestens ebensosehr ein historischer und politischer wie ein phantastischer Roman. *Auf der Mântuleasa-Straße,* vermutlich Eliades Meisterwerk, berührt nur leicht das Phantastische und ist hauptsächlich eine wunderbar elegante und witzige Anklage des totalitären Denkens. Tatsächlich scheint es im literarischen Werk Eliades in den 60er und 70er Jahren zunehmend darum zu gehen, ein schwer zu fassendes motivisches Zentrum zu finden, in dem sich menschliches Verhalten, ob pragmatisch oder kontemplativ, als Ganzes erfassen läßt. Dies wird in vielen Erzählungen aus dem Sammelband *In Curte la Dionis* (1977) deutlich, in denen fortwährend die Bedrückung seit der totalitären Machtübernahme spürbar ist. Doch am besten zeigen sich die Assoziativkräfte Eliades vermutlich in seinen beiden jüngsten Romanen *Neunzehn Rosen* und *Der Hundertjährige*.[10] Eine knappe Analyse dieser beiden Bücher soll den Vergleich mit Williams und den »Inklings« erleichtern.

Der Hundertjährige bezieht sich auf einen der Grundmythen der rumänischen Volksüberlieferung, der durch die literarischen Sammlungen Petre Ispirescus Berühmtheit erlangte, von Victor Eftimiu dichterisch behandelt und von Constantin Noica philosophisch gedeutet wurde; seine allgemeine Bedeutung ist die Vergeblichkeit des Kampfes gegen den Tod. Allerdings ist Eliades Geschichte nur unbestimmt an den Volksmythos geknüpft und spielt in der Zeit zwischen 1938 und 1968. Ein älterer Gymnasialprofessor aus einer kleinen Stadt der Moldauprovinz macht sich auf die Reise nach Bukarest und wird kurz vor Ostern vom Blitz getroffen. Der Schlag ist nicht tödlich, er überlebt im Krankenhaus und wird wieder gesund; tatsächlich findet er sich körperlich und in seinen sexuellen Kräften verjüngt und, was noch bedeutsamer ist, mit unerhörten geistigen Fähigkeiten ausgestattet. Eine Zeitlang ist er ein Bauer im Schachspiel der Geheimdienste Ru-

mäniens, Frankreichs und Deutschlands, das Objekt von Geheim-
forschungen und die Beute von Sensationsreportern. Nach dem
Zweiten Weltkrieg wird er unabhängiger: Seine wachsenden seelischen Kräfte haben ihm eine ständige Einkommensquelle ermöglicht. Gelegentlich begegnet er anderen Menschen, die ähnliche Erfahrungen wie er gemacht haben; eine Liebesaffäre mußte
er aufgeben, weil das Mädchen seltsamerweise rasch alterte. Er
fürchtet um seine Sicherheit, ändert ständig seinen Paß und seinen
Namen, sucht nach einem sicheren Versteck für seine Tagebücher
und Aufzeichnungen und erfindet für sich einen besonderen
Kode. Doch seine eigentlichen Gedanken kreisen um die Ursache
seiner rätselhaften Verjüngung und die enorme Zunahme seiner
Geisteskräfte durch den Blitzschlag. Schließlich macht er sich auf
die Reise zurück nach Rumänien; in der kleinen Stadt, aus der er
stammt, hat er eine kurze, traumähnliche Diskussion mit den Intellektuellen des Orts im Hinterzimmer des Restaurants, in dem
diese sich zu treffen pflegten – die Zeit ist wieder das Jahr 1938.
Am anderen Morgen findet man in einer verschneiten Straße einen Leichnam mit den körperlichen Merkmalen von Dominic
Matei, dem alten Französisch- und Lateinlehrer, doch mit den
Kleidern und dem Ausweis eines jungen, in Honduras geborenen
Schweizers (seiner neuen Persönlichkeit).

Die Geschichte weist viele reizvolle Aspekte auf. Die Laufbahn
des alten Lehrers (das »erste« Leben des Helden) im Rumänien
der Zwischenkriegszeit wird knapp und präzis skizziert; internationale Ereignisse werden kunstvoll eingeführt; ein Nebenthema
(daß in den Körper von Dominic Matei nach dessen Unfall ein
»Double« geschlüpft ist) wird gut gestaltet. Trotzdem würde der
Roman ohne seine zweifache mythisch-politische Bildersprache
recht begrenzt erscheinen. Zu bestimmten Zeiten in ihrem »zweiten« Leben fühlt die Hauptfigur mit absoluter Sicherheit, daß ihr
Erlebnis beendet sein wird, sobald sie den Wunsch danach ver-
spürt; Mateis Freiheit der Wahl bleibt unangetastet, und am Ende
entschließt er sich, davon Gebrauch zu machen, indem er nach
Hause zurückkehrt. Die Anziehungskraft des Todes war stark
geworden, aber es kann auch sein, daß Mateis Wunsch nach absoluter Freiheit nur dadurch Erfüllung finden konnte, daß seinem
Leben der Tod hinzugefügt wurde. Seine »Sendung« war letztlich
beendet: seine Archive waren sicher. Eine künftige, postnukleare
Generation würde davon Gebrauch machen können. Matei hält

einen Atomkrieg für unausweichlich. Er begrüßt ihn nicht, wie sich an seiner Auseinandersetzung mit dem schwärmerischen Studenten zeigt, der sich dafür ausspricht, elektrische Schläge und Atomexplosionen zur Erneuerung auf die Menschheit anzuwenden, aber er hat sich damit ausgesöhnt. Damit wird das »große Geheimnis« zugleich enthüllt und verborgen. Eine grobe Übersetzung auf die politische Ebene würde lauten, daß individuelle Freiheit und individuelle Selbstbeherrschung untrennbar sind; oder auch, daß die Chance des universellen Überlebens von individueller Stärke abhängt und nicht von einem bestimmten geschichtlichen Verlauf.

Der Eingriff in den Zeitstrom wird ausdrücklich als Möglichkeit angenommen und ist die Hauptwaffe der allgemeinmenschlichen und der persönlichen Verteidigung im Kampf gegen die Geschichte. Das Erlernen dieser Techniken oder die Bewahrung dieser Möglichkeit ist eine drängende Aufgabe, weit dringlicher als etwa eine industrielle Entwicklung. Der postnukleare, posthistorische Mensch wird von materieller Technologie wenig halten; einzig geistige und seelische Strategien werden ihn vor der Verzweiflung bewahren.

Diese Grundwahrheiten (die das Ergebnis meiner bewußt kritischen Kurzfassung sind) gewinnen an Kontur, wenn man zudem den Roman *Neunzehn Rosen* heranzieht. Die Handlung spielt im Rumänien der Gegenwart. Die Hauptperson, der berühmte Schriftsteller Anghel Pandele (die Geschichte wird aus der Perspektive seines Sekretärs erzählt), wird in die dramatischen Darbietungen einer jungen Schauspielertruppe aus der Provinz hineingezogen, zu deren Übungen asiatische Rituale und rumänische prähistorische Traditionen gehören und die versucht, symbolisch das Ganze der Geschichte in den ursprünglichen Zustand zurückzuversetzen. Pandeles eigentliche Absicht ist es, die ihm kaum noch greifbaren Ereignisse einer Nacht wiederzuerleben, die mehr als 30 Jahre zurückliegt, als er den Schlüssel zur universellen Wahrheit und zu übermenschlichen Mächten zu besitzen schien. So läßt er sich darauf ein, in die Anamnesis versetzt zu werden. Wir müssen annehmen, daß ihm dies gelingt, da er auf geheimnisvolle Weise mit seinen jungen Freunden verschwindet; wir wissen, daß sie nicht tot sind, da sein treuer Sekretär Jahr für Jahr einen Rosenstrauß und eine kurze Botschaft von Pandele erhält. In dieser Geschichte wird der Sinn des Abenteuers weit deutlicher ausgesprochen, und dies zweimal, von dem gelähmten Dramaturgen Ieronim Thanase. Er ist davon überzeugt, daß eine nukleare Zerstörung auf der Erde undenkbar ist und der Menschheit insgesamt der totale Verlust der Freiheit bevorsteht. Bald, so heißt es im Schlüsselsatz der Erzählung, ist die einzige Freiheit, die uns noch möglich sein wird, die absolute. Diese kann unmöglich verlorengehen, da sie mit der menschlichen Natur selbst zusammenfällt. Was Ieronim Thanase (dessen beide Namen an Heiligkeit und Tod erinnern) anstrebt, ist die Inszenierung von Darbietungen, in denen diese absolute Freiheit sich zum Ausdruck bringen kann: Meditation, inneres Gebet, langsame Gebärden und Körperübungen, am besten Tänze und symbolische Pantomimen, Lieder und Gedichte abstrakter, hermetischer Art. Die Romanfiguren (die bereits unter einem leicht abgewandelten totalitären Regime leben) zeigen ihre Einmütigkeit gegenüber der bevorstehenden weltweiten Eiszeit.

Ich finde es bemerkenswert, daß die politische Perspektive von *Neunzehn Rosen* der von *Der Hundertjährige* diametral entgegengesetzt ist. Doch in beiden Fällen wird der Gegensatz zur geschichtlichen Katastrophe durch den Rückbezug auf eine ethisch geschulte Phantasie hergestellt. Das Phantastische ist bei Eliade nicht unheimlich im Sinn Todorovs. Doch ebensowenig ist es eine durch die Theologie oder Überlieferung gebilligte Erweiterung des Natürlichen in das Übernatürliche. Es ist vielmehr die Zuflucht zu den verborgenen Möglichkeiten und tiefsten Schichten menschlichen Wesens. Dies ist als neuer Schritt im Denken Eliades oder als Vervollkommnung seiner historischen Meditationen zu verstehen, soweit diese in seinen literarischen Werken ihren Ausdruck gefunden haben. In dem Roman *Forêt Interdite* wird der Gedanke eines Boykotts, eines kollektiven Rückzugs aus der Geschichte höchst detailliert und mit vielen Abwandlungen ausgeführt. Allerdings hat Eliade in seinem fruchtbaren Essay über den rumänischen Mythos Miorița die Idee des Boykotts der Geschichte modifiziert und erweitert. Nach diesem Mythos planen zwei Schäfer die Ermordung eines dritten Schäfers. Als dieser davon erfährt, faßt er den Entschluß, statt zu kämpfen ein zeremonielles Begräbnis vorbereiten zu lassen, in das der Kosmos in seiner Gesamtheit symbolisch miteinbezogen wird. Eliade behauptet in diesem Essay, daß der verlorene Schäfer keineswegs einen passiven Fatalismus verkörpere, sondern eine zutiefst aktive Rolle übernehme. Das Ereignis selbst verändert er nicht (nachdem ihm das Unsinnige eines solchen Unterfangens klar geworden ist), aber er verändert seinen *Sinn*. Statt seinen Tod als schmutzigen und gemeinen Mord hinzunehmen, gestaltet er ihn zu einem würdevollen rituellen Prozeß, der seinen Ort innerhalb einer kosmischen Ordnung hat. Die beiden hier diskutierten Romane Eliades haben diesen Gedanken literarisch ausgestaltet. Auf eine etwas »dekonstruktivistische« Weise bestreiten sie, daß ein Ereignis nur eine einzige immanente Bedeutung habe, sondern daß ihm diese Bedeutung zugewiesen oder gar auferlegt werden könne. Von daher begründet sich die Fähigkeit zu aktiver Gestaltung auch des schwächsten Individuums, das der Geschichte widersteht. Offizielle oder totalitäre Versionen von »Wirklichkeit« können durch die geistige Fülle jedes einzelnen umgebildet werden.

An dieser Stelle treten die tieferen Ähnlichkeiten zwischen Williams und Eliade ans Tageslicht. Ieronim Thanase, Dominic Matei, in gewissem Maße auch Anghel Pandele und andere sind isolierte Wesen, die über genügend Kräfte verfügen, wenn auch nicht die Ereignisse, so doch deren Bedeutung ändern zu können. Ihre Funktion besteht hauptsächlich darin, Dinge *auszusprechen,* so besonders Anthony Durrant in *The Place of the Lion,* aber auch, weniger explizit, Peter Stanhope in *Descent to Hell* oder auch Sybil in *The Greater Trumps.* Das Benennen schafft Ordnung oder stellt diese wieder her und bannt das Böse. An dieser zentralen Stelle bestehen einige Unterschiede, die sich aus der monotheistischen Weltanschauung Williams' gegenüber der pansakralen Konzeption Eliades erklärt. Anders als Williams sieht Eliade etwas Peinigendes in der Zeit. Williams' wichtigste Konsequenz hieraus ist ein grundsätzlicher philosophischer Optimismus. Nach seiner Auffassung muß die ethische Lösung unweigerlich die geschichtliche Unordnung beenden. Dagegen sind Eliades Gestalten ernüchtert und leicht melancholisch; seine Romane und Erzählungen haben häufig einen offenen Ausgang im Gegensatz zu den glücklichen Lösungen bei Williams. Es wäre interessant zu erfahren, was Eliade aus der Idee des fehlenden Zusammenhangs gemacht hätte, insbesondere im Hinblick auf das Teilen der Bürde; die demokratisch-polytheistische Seite an Eliade wäre damit sicher einverstanden.

Gleichwohl führt der zentrale Gedanke des Aussprechens zu ähnlichen Strategien des Phantastischen. Die Romanfiguren beider Autoren bestimmen sich mehr oder weniger danach, wie weit sie die Normalität des Übernatürlichen und den Umgang mit ihm akzeptieren oder nicht. Für Williams ist dies ein offenkundig ethisches Problem. Mangelnde Empfänglichkeit für das Übernatürliche bedeutet eine Entwertung des Seins und muß schließlich zur Entfremdung von Liebe führen. (Lawrence Wentworth in *Descent to Hell*). Das Übernatürliche ist der Lackmustest. Bei Eliade liegt die Betonung auf dem Skandal. Die »Guten« akzeptieren das Übernatürliche, die »Schlechten« sind jene, die es wegerklären möchten. (Ein typischer Fall ist der geheimdienstliche Ermittlungsbeamte Albini, eine immer wiederkehrende Figur in *Im Hof bei Dionis, Neunzehn Rosen* usw.). Die »guten« Menschen bei Eliades halten es für richtig, das Übernatürliche zu verinnerlichen, sich ihm anzuschmiegen) damit zu experimentieren, die Fülle von Bedeutungen zu bereichern – darin unterscheiden sie sich nicht von den Figuren in den Romanen von Williams. Das wahre Aussprechen bedeutet Heilung, die Rückkehr zu einer geschützten Normalität. Wenn dieses Aussprechen unterbleibt *(The Place of the Lion, The Greater Trumps)*, so werden Ideen, Prinzipien oder Goethesche »Mütter« entfesselt, die in sich zerstörerisch sind: Idealität ohne Stoff, Gerüst ohne Füllung. Bei Eliade werden die Romanfiguren eine Beute der Zeit und ihres blinden Dahinströmens.

Es finden sich auch zahlreiche unbedeutendere und doch reizvolle Ähnlichkeiten zwischen beiden Autoren. So ist beispielsweise der Gebrauch einer okkulten und geheimwissenschaftlichen Gelehrsamkeit für sie ebenso charakteristisch wie ihre Neigung zu unvermittelten Kulissenwechsel. Beide begnügen sich anscheinend mit durchaus konventionellen Figuren und Situationen, vermutlich, weil ihnen mehr an mythischen Strukturen gelegen ist, obwohl sich bei ihnen manche Stellen finden, die ihre Möglichkeiten erkennen lassen, komplexe Zustände anzudeuten oder tiefer in das Weltgefüge einzudringen. Beide vereint das Interesse an der Verteidigung dieses Gefüges und der Verletzlichkeit der Welt gegenüber dem Ansturm der Zeit und der Spaltung zusammengehöriger Kategorien. Ihre Hauptfiguren sind auf der Suche nach einem Geheimnis – obgleich es kaum jemals sinnvoll ist, es zu enthüllen. Gelegentlich gilt ein derartiges Geheimnis als nützlich für künftige Generationen (Eliade), dann wieder muß es nur zu dem Zweck entdeckt werden, um es zu verbergen oder in der

Verborgenheit zu bewahren (Williams). Um welches besondere Geheimnis es sich jeweils handelt, mag von Fall zu Fall unterschiedlich sein, doch in einem allgemeinen philosophischen Sinne läßt sich sagen, daß es eine Art Verschmelzung von Tat und Gedanke im Zustand vor dem Sündenfall ist; die Gebärde Adams samt der unmittelbaren Antwort der Wirklichkeit ist ein geeignetes Symbol für die Heilung der weitgehenden Trennung zwischen Kontemplation und Tun. Zumindest an bestimmten Orten mögen einige auserwählte Individuen in der einen oder anderen Weise imstande sein, diese Trennung zu überwinden und eine neue Art unschuldiger Macht zu erringen. Die Suche nach dem geheimen Zentrum ist – wo die Möglichkeit dazu besteht – zugleich eine Suche nach einer politischen Lösung. So läßt sich sagen, daß die Dimension des Phantastischen bei Williams wie bei Eliade letzten Endes durch diese unmittelbare (quasi politische) Suche nach dem heilenden Geheimnis notwendig und erzwungen wird.

Aus dem Englischen von Udo Rennert

Anmerkungen

1 Einige jüngere Historiker der rumänischen Literatur ordnen die frühen Romane Eliades (aus den 30er Jahren) unter dem Vorzeichen Gides und Huxleys der psychologisch-existentialistischen Strömung zu und nennen ihn in einem Namen mit M. Blecher, Anton Holban, Mihail Sebastian und einigen anderen. S. Ovid S. Cröhmalniceanu, *Literatura romana între cele două războiaie mondiale*, Bukarest 1962-1975, Vol. I.; Ion Rotaru, *O istorie a literaturii române*, Bukarest 1972, Vol. II, S. 698-701; Z. D. Bușulenga (ed.), *Istoria literaturii române*, Bukarest 1979, S. 256-260. Es sind nur wenige Versuche unternommen worden, seine Erzählungen und Romane nach dem Zweiten Weltkrieg mit den Hauptströmungen der rumänischen Literatur in Beziehung zu setzen. Man hat allerdings Ähnlichkeiten mit dem phantastisch-satirischen Stil einiger Autoren der 60er Jahre wie Stefan Bănulescu oder Dumitru Radu Popescu beobachtet.

2 Virgil Nemoianu, »Wrestling with Time: Some Tendencies on Nabokov's and Eliade's Later Works«, *Southeastern Europe* 7 (1980), S. 74-90.

3 Charles Williams, *The Greater Trumps*, London 1964 (zuerst 1932), S. 78.

4 Charles Williams, *The Place of the Lion*, Grand Rapids 1980 (zuerst 1933), S. 154. Hier und andernorts macht sich der unmittelbare Einfluß von George McDonald bemerkbar. Im amerikanischen Sprachraum waren es Cabell und – mit Einschränkungen – Lovecraft, die denselben Einfluß ausübten. William Morris hat sich bis heute eine kleine Schar von Anhängern als Leser bewahrt.

5 C. N. Manlove, *Modern Fantasy*, Cambridge 1975, S. 3. Gunnar Urang, *Shad-*

ows of Heaven, Philadelphia 1971, S. 51-53. W. R. Irwin, »Christian Doctrine and the Tactics of Romance. The Case of Charles Williams«, in Mark Hillegas (ed.), *Shadows of Imagination,* Carbondale 1969, S. 140 f.

6 Ich halte *Shadows of Ecstasy* nicht für einen politischen Roman. Der Angriff aller vereinten afrikanischen Stämme auf das britische Empire ist im Grunde ein rein allegorisches Bild der Polarisierung von Herrschaft und Gefühlsaufwallung; für viele moderne Leser ist es zwar ein Stück mißglückter politischer Literatur, aber die Absicht des Autors war schlichtweg nicht politisch.

7 Elizabeth Wright, *Theology in the novels of Charles Williams,* Stanford 1962 (Stanford Essays in Humanities VI), S. 17 f.

8 Gunnar Urang, a.a.O., S. 58-61, 70 f. und 89.

9 George Winship, »The Novels of Charles Williams«, in Mark Hillegas, a.a.O., S. 116.

10 *Der Hundertjährige,* Frankfurt 1979; *Neunzehn Rosen,* Frankfurt 1982. Der französischen Fassung von *Der Hundertjährige, Le temps d'un centenaire,* Paris 1981, ist eine weitere Erzählung beigegeben, *Dayan,* die sehr viel kürzer und offenbar eine einfachere Version derselben Fabel ist. Sie besteht aus einer Reihe erfolgreicher Episoden, spielt 1978 in Bukarest, und es wird ein unausgesprochenes letztes Geheimnis um die Zukunft stärker in den Vordergrund gerückt. (dt: *Dayan/Im Schatten einer Lilie. Zwei Erzählungen,* Frankfurt 1984.)

11 Mircea Eliade, *Von Zalmoxis zu Dschinghis-Khan,* Hohenheim 1982.

Bio-bibliographische Hinweise
(in der Reihenfolge der Aufsätze)

Paul Ricœur, geboren 1913 in Valence, aufgewachsen in der Bretagne, Studium zunächst in Rennes, dann an der Sorbonne, dort 1935 Agrégation, Lehrtätigkeit in der Provinz, Militärdienst, Kriegsgefangenschaft, 1948 Professor für Geschichte der Philosophie als Nachfolger von J. Hyppolite in Straßburg, 1956 Professor für Allgemeine Philosophie an der Sorbonne. Veröffentlichungen: *Karl Jaspers et la philosophie de l'existence,* Paris 1947 (mit M. Dufrenne), *Gabriel Marcel et Karl Jaspers,* Paris 1948, *Philosophie de la volonté I,* Paris 1950, *Histoire et vérité,* Paris 1955, 3. erw. Neuaufl. 1967 (deutsch: *Geschichte und Wahrheit,* München 1974), *Philosophie de la volonté II,* 2 Bde., Paris 1960 (deutsch: *Die Fehlbarkeit des Menschen* und *Symbolik des Bösen,* Freiburg 1971), *De l'interprétation. Essai sur Freud,* Paris 1965 (deutsch: *Die Interpretation,* Frankfurt/M. 1969), *Le conflit des interprétations,* Paris 1969 (deutsch: *Hermeneutik und Strukturalismus* und *Hermeneutik und Psychoanalyse,* München 1973 bzw. 1974), *La métaphore vive,* Paris 1975, *Temps et récit,* Bd. I, Paris 1983, sowie zahlreiche Aufsätze, darunter »Husserl et le sens de l'histoire«, *Revue de Métaphysique et de Morale* 1949, »Kant et Husserl«, *Kant-Studien* 1954, »Philosopher après Kierkegaard«, *Revue de Théologie et de Philosophie* 1963, »Husserl and Wittgenstein on Language« in *Phenomenology and Existentialism,* eds. E. N. Lee/M. Mandelbaum, Baltimore 1967, »Diskurs und Kommunikation«, *Neue Hefte für Philosophie* 11, 1977, »Philosophie et langage«, *Revue de Philosophie de la France et de l'Etranger* 1978, »The Function of Fiction in Shaping Reality«, *Man and World* 1979. Eine weitaus vollständigere Bio-/Bibliographie findet sich in B. Waldenfels: *Phänomenologie in Frankreich,* Frankfurt/M. 1983, S. 266 ff.

Guilford Dudley, geboren 1932 in Nashville, Tennessee, verbrachte den größten Teil seines bisherigen Lebens in Stamford, Connecticut und in Philadelphia, promovierte 1972 an der University of Pennsylvania, B. A., M. Div. und S. T. M. an der Yale University, M. A. an der University for Humanistic Studies, Studium an der University of Edinburgh, in Göttingen und Basel, Psychoanalytiker jungianischer Richtung mit privater Praxis in Solana Beach (Ausbildung am C. G. Jung Institute in Los Angeles), ordinierter presbyterianischer Priester, lehrte an der Temple University, der San Diego State University, der University of San Diego, dem Mira Costa College und innerhalb des Extension Program der University of California, San Diego. Dr. Dudley ist ebenfalls Familien- und Kindertherapeut sowie Professor für Religionswissenschaft an der San Diego State University. Außerdem arbeitet er an der Klinik des Zen Centers von Los Angeles. Veröffentlichungen: *The Recovery of Christian Myth,* Philadelphia 1967, *Religion on Trial: Mircea Eliade and His Critics,* Philadelphia 1977, sowie Poesie und zahlreiche Aufsätze in Fachzeitschriften, darunter »Mircea Eliade as the ›Anti-Historian‹ of Religions«, *Journal of the American Academy of Religion* 1976, »Jung and Eliade: A Difference of Opinion«, *Psychological Perspectives* 1979, »The Sun Also Falls«, *Psychological Perspectives* 1980. Professor Dudley hielt Vorträge über Eliade auf dem 13. Kongreß der International Association for the History of Religions 1975 in Lancaster, England und auf einem Kongreß über das Werk Eliades an der University of Notre Dame im Jahre 1978.

Kurt Rudolph, geboren 1929 in Dresden, studierte Orientalistik, Religionsgeschichte und Protestantische Theologie in Greifswald und Leipzig (1948 bis 53). 1956 Promotion zum Dr. theol. in Leipzig, 1958 Dr. phil. ebenda. 1961 Habilitation für Religionsgeschichte und Vergleichende Religionswissenschaft in Leipzig. 1963 Professor mit Lehrauftrag und Direktor des Religionsgeschichtlichen Instituts, seit 1969 o. Professor für Religionsgeschichte an der neugeschaffenen Sektion Geschichte der Karl-Marx-Universität in Leipzig, 1969 und 1977

Forschungsreisen in den Südiraq (Mandäer), zahlreiche Gastvorlesungen an in- und ausländischen Universitäten, zuletzt Gastprofessor am Centre for Religious Studies der University of Toronto, 1982 Einladung nach Chicago zu den Haskell-Lectures, 1983 Doctor of Divinity der University of St. Andrews. Veröffentlichungen: *Die Mandäer*, 2 Bände, Göttingen 1960/61, *Die Religionsgeschichte an der Leipziger Universität und die Entwicklung der Religionswissenschaft*, Berlin 1962, *Theogonie, Kosmogonie und Anthropogonie in den mandäischen Schriften*, Berlin 1965, *Mandaeism*, Leiden 1978, *Die Gnosis*, Leipzig 1977/78 (englisch Edinburgh 1983), *Antike Baptisten,* Berlin 1982, *Der mandäische ›Diwan der Flüsse‹*, Berlin 1982. Herausgeber von *Der Koran*, Leipzig 1968, *Festschrift Walter Baetke* (mit R. Heller/E. Walter), W. Baetke: *Kleine Schriften*, Weimar 1973 (mit E. Walter), *Gnosis und Gnostizismus*, Darmstadt 1975, sowie zahlreiche Artikel, darunter »Zarathustra – Priester und Prophet«, *Numen* 1961 (wiederabgedruckt in *Zarathustra*, ed. B. Schlerath, Darmstadt 1970), »Die Anfänge Mohammeds im Lichte der Religionsgeschichte« in *Festschrift Walter Baetke*, Weimar 1966, »Die Problematik der Religionswissenschaft als akademisches Lehrfach«, *Kairos* 1967, »Randerscheinungen des Judentums und das Problem der Entstehung des Gnostizismus«, *Kairos* 1967, »Problems of a History of the Development of the Mandaean Religion«, *History of Religions* 1969, »Der Beitrag der Religionswissenschaft zum Problem der sogenannten Entmythologisierung«, *Kairos* 1970, »Mandäische Quellen« in W. Foerster: *Die Gnosis*, Bd. II, Zürich 1971 (englisch Oxford 1974), »Religionsgeschichte und ›Religionsphänomenologie‹, *ThLZ* 1971, »Das Problem einer Entwicklung in der Religionsgeschichte«, *Kairos* 1971, »Das Problem der Autonomie und Integrität der Religionswissenschaft«, *Ned. Theol. Tijdschr.* 1973, »Das frühe Christentum als religionsgeschichtliches Phänomen« in *Das Korpus der Griechischen Schriftsteller*, ed. J. Irmscher/K. Treu, Berlin 1977, »Die ›ideologiekritische‹ Funktion der Religionswissenschaft«, *Numen* 1978, »The Position of Source Research in Religious Studies« in *Science of Religion*, ed. L. Honko, The Hague 1979, »Religionswissenschaft auf alten und neuen Wegen«, *ThLZ* 1979, »Synkretismus – vom theologischen Scheltwort zum religionswissenschaftlichen Begriff« in *Humanitas Religiosa. Festschrift Haralds Biezais,* Stockholm 1979, »Wesen und Struktur der Sekte«, *Kairos* 1979, »Basic Positions of Religionswissenschaft«, *Religion* 1981. Eine vollständigere Bibliographie findet sich bei H. Rollmann: »Gnosis and Logos: The Contribution of Kurt Rudolph to the Scholarly Study of Religion«, *Religious Studies Review 8,* 1982.

Ninian Smart, geboren 1927 in Cambridge, England, von 1945 bis 48 Offizier in der britischen Armee, hauptsächlich in Ceylon, 1952 bis 56 Lecturer für Philosophie am University College of Wales Aberystwyth, 1956 bis 61 Lecturer für Religionsphilosophie und Religionsgeschichte an der London University, 1961 bis 67 H. G. Wood Professor of Theology an der Birmingham University, seit 1967 Professor für Religionswissenschaft (Religious Studies) an der University of Lancaster, seit 1976 gleichzeitig Professor für Religionswissenschaft an der University of California in Santa Barbara, Gastprofessor in Benares, Yale, University of Wisconsin, Princeton, Dunedin (Neu-Seeland), University of Queensland, Gifford Lecturer an der University of Edinburgh, Ehrendoktor der Loyola University, Chicago, seit 1980 Präsident des Institute of Religion & Theology of Great Britain & Ireland, seit 1981 Präsident der British Association for the History of Religions. Veröffentlichungen: *Reasons and Faiths,* London 1958, *A Dialogue of Religions,* London 1960 (Penguin Books 1966), *Historical Selections in the Philosophy of Religion,* London 1962, *Philosophers and Religious Truth,* London 1964, *Doctrine and Argument in Indian Philosophy,* London 1964, *The Teacher and Christian Belief,* London 1966, *Secular Education and the Logic of Religion,* London 1968, *The Yogi and the Devotee,* London 1968, *The Religious Experience of Mankind,* New York 1969, *The Philosophy of Religion,* New York 1970, *The Concept of Worship,* London 1972, *The Science of Religion and the Sociology of Knowledge,* Princeton 1973, *The Phenomenon of Religion,* London 1973, *Mao,* London 1974, *Background to the Long Search,* London 1977, *The Phenomenon of Christianity,* London 1979, *Beyond Ideology,* New York 1981, sowie zahlreiche Aufsätze, darunter »The Perfect Good«, *Australasian Journal of Philosophy* 1955, »Being and the Bible«, *Review of Metaphysics* 1956, »Gods, Bliss and Morality«, *Proceedings of the Aristotelian Society* 1957, »Negative Utilitarianism«, *Mind* 1958, »The Criteria of Religious Identity«, *Philosophical Quarterly* 1958, »Paradox in Religion«, *Proceedings of the Aristotelian Society, Suppl. Vol.* 1959, »Integral Knowledge and the Four Theories of Existence« in *The Integral Philosophy of Sri Aurobindo,* London 1960, »Social Anthropology and the Philosophy of Religion«, *Inquiry* 1963, »Interpretation and Mystical Experience«, *Religious Studies* 1965, »The Mysteries« in *Secret Societies,* ed. N. Mackenzie, London 1968, »The Concept of Heaven« in *Talk of God,* ed. G. Vesey, London 1969, »Nirvana and Timelessness«, *Journal of Dharma* 1976, »Beyond

Eliade«, *Numen* 1978, »Funktion und Legitimität des Wunderglaubens« in *Glaube und Vernunft*, ed. N. Hoerster, München 1979, »Eliade and the History of Religious Ideas«, *Journal of Religion* 1980, »Religion, Myth and Nationalism«, *Scottish Journal of Religious Studies* 1980.

Ugo Bianchi, geboren 1922 in Cavriglia, Arezzo, promovierte 1944 an der Universität Rom in Literaturwissenschaft, 1947 diploma di perfezione in studi storico-religiosi dortselbst, libero docente für Religionsgeschichte seit 1954, außerordentlicher, dann ordentlicher Professor für Religionsgeschichte an den Universitäten Messina (seit 1960), Bologna (seit 1971) und Rom (seit 1974), Gastprofessor für Religionsethnologie an der Pontificia Universitas Urbaniana (seit 1977) und Gastprofessor für Religionsgeschichte an der Università Cattolica del Sacro Cuore in Mailand, Sekretär der Società italiana di storia delle religioni, Vizepräsident der International Association for the History of Religions, Berater des Vatikanischen Sekretariats für die Nicht-Christen, Mitglied der Akademien von Messina und Bologna, Mitglied des Gremiums für die Griechischen Christlichen Schriftsteller der ersten Jahrhunderte der Akademie der Wissenschaften der DDR, Ehrendoktor der Universitäten Löwen und Uppsala. Veröffentlichungen: Διὸς αἶσα. *Destino, Uomini e divinità nell'epos, nelle teogonie e nel culto dei Greci*, Roma 1953, *Zamān i Ohrmazd. Lo zoroastrismo nelle sue origini e nella sua essenza*, Torino 1958, *Il dualismo religioso. Saggio storico e etnologico*, Roma 1958, *Problemi di storia delle religioni*, Roma 1958 (deutsch: *Probleme der Religionsgeschichte*, Göttingen 1964, schwedische Ausgabe Stockholm 1968), *Teogonie e cosmogonie*, Roma 1960, *Storia dell'etnologia*, Roma 1965, Neuausgabe 1971, *Introduzione alle religioni dei primitivi*, Roma 1967, *La religione greca*, Torino 1975, *The History of Religions*, Leiden 1975, *The Greek Mysteries*, Leiden 1976, *Prometeo, Orfeo, Adamo. Tematiche religiose sul destino, il male e la salvezza*, Roma 1976, *Selected Essays on Gnosticism, Dualism and Mysteriosophy*, Leiden 1978, *Saggi di metodologia della storia delle religioni*, Roma 1979, *Tra mondo e salvezza. Problemi del cristianesimo di oggi*, Milano 1979, sowie zahlreiche Beiträge zu Sammelbänden und Fachzeitschriften, darunter »Disegno storico del culto capitolino nell'Italia romana e nelle provincie dell'Impero« in *Memorie*

dell'Accademia nazionale dei Lincei 7, 1950. Professor Bianchi ist Herausgeber von *Lo origini dello gnosticismo,* Leiden 1967, *Problems and Methods of the History of Religions* (mit C. J. Bleeker und A. Bausani), Leiden 1972, *Storia delle religioni,* Bd. 5, Torino 1971, *La ›doppia creazione‹ dell'uomo: negli Alessandrini, nei Cappadoci e nella gnosi,* Roma 1978, *Mysteria Mithrae,* Leiden 1979, *Arché et telos. L'antropologia di Origene e di Gregorio di Nissa,* Milano 1981, *La soteriologia dei culti orientali nell'Impero romano,* Leiden 1982.

Douglas Allen, geboren 1941 in New York, 1963 B. A. an der Yale University in Philosophie, studierte 1963 bis 64 Indische Philosophie an der Banaras Hindu University in Varanasi, Indien, 1967 M. A. und 1971 Ph. D. an der Vanderbilt University in Nashville, Tennessee, 1967 bis 72 Instructor, dann Assistant Professor an der Southern Illinois University, 1973 bis 74 Assistant Professor am Central Connecticut State College, seit 1974 Associate Professor, seit 1981 Professor für Philosophie an der University of Maine in Orono. Veröffentlichungen: *Structure and Creativity in Religion: Hermeneutics in Mircea Eliade's Phenomenology and New Directions,* The Hague 1978, *Mircea Eliade: An Annotated Bibliography* (mit Dennis Doeing), New York 1980, *Mircea Eliade et le phénomène religieux,* Paris 1982, sowie Artikel in Sammelbänden und Fachzeitschriften, darunter »The Aesthetics of Albert Camus« in *Criticism and Research,* ed. N. M. Kalkarni et al., Varanasi 1964, »Is Academic Freedom Still a Viable Principle?«, *Bulletin of Concerned Asian Scholars* 1971, »Mircea Eliade's Phenomenological Analysis of Religious Experience«, *Journal of Religion* 1972, »A Phenomenological Evaluation of Religious Mysticism«, *Darshana International* 1972, »Givenness and Creativity«, *Journal of Thought* 1973, »Universities and the Vietnam War«, *Bulletin of Concerned Asian Scholars* 1976, »Max Müller: India, Europe, and the Origin of Religion« in *Philosophical Reflections,* ed. R. S. Srivastava, New Delhi 1977, »Tylor, Otto, and the Irreducibility of the Religious«, *Darshana International* 1977, »Phenomenological Meaning and the Dialectic of the Sacred« in *Imagination and Meaning: The Literary and Scholarly Worlds of Mircea Eliade,* eds. N. J. Girardot/M. L. Ricketts, New York 1982, »Essential Religious Symbolism, Ontological Moves, and Levels of Generality« in *Encounters with Mircea Eliade* (im Druck).

R. J. Zwi Werblowsky, geboren 1924, Dr.-ès-Lettres 1951 in Genf, lehrte in England bis zu seiner Berufung 1956 nach Jerusalem, wo er Professor für Vergleichende Religionswissenschaft und für Geistesgeschichte des Judentums ist (Inhaber des Martin Buber-Lehrstuhls für Religionswissenschaft), 1965 bis 69 Dekan der Philosophischen Fakultät, Gastprofessor in Harvard, Chicago, Stanford, Notre-Dame, Melbourne und Tokyo, Mitglied verschiedener amerikanischer, holländischer und japanischer Forschungsinstitute und wiss. Gesellschaften, 1975 bis 80 Vorsitzender der Studiengruppe der israelischen Universitäten für Nahostprobleme, Vorsitzender der israelischen Nationalkommission der UNESCO, Vorsitzender des Israel Interfaith Committee, Generalsekretär der IAHR und Mitredakteur von *Numen*. Veröffentlichungen: *Lucifer and Prometheus: A Study of Milton's Satan* (Vorwort C. G. Jung), London 1952, *Joseph Karo: Lawyer and Mystic,* Oxford 1962, Neuausgabe Philadelphia 1980, *Beyond Tradition and Modernity: Changing Religions in a Changing World*, London 1976, italienisch 1978, spanisch 1980, sowie zahlreiche Artikel, darunter »The Male God and the God of Males«, *Hibbert Journal* 1955, »Milton and the Conjectura Cabbalistica«, *Journal of the Warburg and Courtauld Institutes* 1955, »Kabbalistische Buchstabenmystik und der Traum des Josef b. Abraham«, *Zeitschrift f. Religions- u. Geistesgeschichte* 1956, »Das Gewissen in jüdischer Sicht« in *Das Gewissen*, Zürich 1958, »Mystical and Magical Contemplation«, *History of Religions* 1961, »Führe uns, Mutter: Analyse eines indianischen Rituals«, *Eranos-Jahrbuch* 1963, »On the Mystical Rejection of Mystical Illuminations«, *Religious Studies* 1965, »A New Heaven and a New Earth: Considering Primitive Messianisms«, *History of Religions* 1965, »Some Observations on Recent Studies of Zen« in *Studies in Mysticism and Religion*, 1967, »Messianism in Jewish History«, *Journal of World History* 1968, »Judaism« in *Historia Religionum*, Bd. II, eds. C. J. Bleeker/G. Widengren, Leiden 1971, »Thora als Gnade«, *Kairos* 1973, »Die Rolle der Religionswissenschaft bei der Förderung gegenseitigen Verständnisses« in *Selbstverständnis und Wesen der Religionswissenschaft*, ed. G. Lanczkowski, Darmstadt 1974, »On Studying Comparative Religion«, *Religious Studies* 1975, »Paulus in jüdischer Sicht« in *Paulus – Apostat oder Apostel?*, Regensburg 1977, »Die verbotene Meditation« in *Munen Muso. Festschrift f. P. H. M. Enomiya-Lassalle,* ed. G. Stachel, 1978, »Krisenbewußtsein und Zukunft« in *Hoffnung in der Überlebenskrise?*, ed.

O. Schatz, Graz 1979, »Myth, Ritual and Syncretism: A Japanese Example«
im *Perennitas*, Rom 1980.

Werner Müller, geboren 1907 in Emmerich, studierte Geographie, Völkerkunde, Geschichte und Religionswissenschaften, promovierte 1930 in Bonn und habilitierte sich 1942 in Straßburg mit einer Arbeit über »Die religiösen Sinnbilder der Algonkin-Indianer Nordamerikas. Zum Weltbild der Polarität bei Naturvölkern«, Oberbibliotheksrat i. R. in Tübingen. Veröffentlichungen: *Die ältesten amerikanischen Sintfluterzählungen,* Bonn 1930, *Kreis und Kreuz,* Berlin 1938, *Die blaue Hütte,* Wiesbaden 1954, *Weltbild und Kult der Kwakiutl-Indianer,* Wiesbaden 1955, *Die Religionen der Waldlandindianer Nordamerikas,* Berlin 1956, Neuauflage 1978, *Die Religionen der Indianervölker Nordamerikas,* Stuttgart 1961, *Die heilige Stadt. Roma quadrata, himmlisches Jerusalem und die Mythe vom Weltnabel,* Stuttgart 1961, *Glauben und Denken der Sioux,* Berlin 1970, *Die Jupitergigantensäulen und ihre Verwandten,* Meisenheim 1975, *Geliebte Erde,* Bonn 1976, *Indianische Welterfahrung,* Stuttgart 1976, Taschenbuchausgabe Frankfurt/M. 1981, *Neue Sonne – Neues Licht. Aufsätze zu Geschichte, Kultur und Sprache der Indianer Nordamerikas,* ed. R. Gehlen/B. Wolf, Berlin 1981, *Amerika – die alte oder die neue Welt?* Berlin 1982, sowie zahlreiche Aufsätze, darunter »Optische Sprachen und Religionswissenschaft«, *Studium Generale* 1957, »Bild oder Begriff«, *Wiener Völkerkundliche Mitteilungen* 1961, »Raum und Zeit in Sprachen und Kalendern Nordamerikas und Alteuropas«, *Anthropos* 1962, »Der Mythos heute und die Wissenschaft von gestern«, *Antaios* 1963, »Raum und Zeit bei den Maya«, *Antaios* 1964, »Zum Mythologem des halben Menschen in Nordamerika« in *Festschrift für Ad. E. Jensen,* ed. E. Haberland et. al., München 1964, »Schwester Sonne und Bruder Mond«, *Antaios* 1964, »Erlebnis und Ergebnis. Zur Selbstbesinnung der Ethnologie«, *Anthropos* 1968, »Die Pawnee in Nebraska«, *Antaios* 1970, »Hera und Herakles«, *Scheidewege* 1974, »Poesie der Uramerikaner«, *Scheidewege* 1975, »Sprache und Naturauffassung bei den Sioux«, *Unter dem Pflaster liegt der Strand,* 4, 1977, »Vom Irrationalen in der Geschichte«, *Unter dem Pflaster liegt der Strand 5,* 1978, »Von der Ohnmacht der Wörterbücher«, *Unter dem Pflaster liegt der Strand 6,* 1979, »Die unheilige Stadt«, *Unter dem Pflaster liegt der Strand 9,* 1981, »O wie schön sein die Wildnussen!« in: *Der*

gläserne Zaun. Aufsätze zur ›Traumzeit‹ Hans Peter Duerrs, eds. R. Gehlen/B. Wolf, Frankfurt/M. 1983.

 **Thomas J. J. Altizer,** geboren 1927 in Cambridge, Massachusetts, Nachkomme und Namensvetter Stonewall Jacksons, aufgewachsen in Charleston, West Virginia, absolvierte 1944 die Stonewall Jackson High School, studierte ein Jahr lang am St. John's College in Annapolis, Maryland und diente danach ein Jahr bei der U. S.-Armee, 1948 graduierte er am College of the University of Chicago, kurzes Studium am Philosophy Department der University of Chicago, 1951 A. M. in Theologie an der Divinity School mit einer Arbeit über *Nature and Grace in the Theology of St. Augustine,* dort auch 1955 Ph. D. mit einer Dissertation über *A Critical Analysis of C. G. Jung's ›Understanding of Religion‹,* 1954 bis 56 Assistant Professor of Religion am Wabash College in Crawfordsville, Indiana, 1956 bis 61 Assistant Professor of Bible and Religion an der Emory University, 1961 bis 68 Associate Professor, 1968 Professor daselbst. 1968 ging er als Professor für Anglistik an die State University of New York at Stony Brook, seit 1970 dort Chairman eines neuen interdisziplinären Program of Religious Studies. Veröffentlichungen: *Oriental Mysticism and Biblical Eschatology,* Westminster 1961, *Mircea Eliade and the Dialectic of the Sacred,* Westminster 1963, *The Gospel of Christian Atheism,* Westminster 1966, *The New Apocalypse: The Radical Christian Vision of William Blake,* Michigan State University Press 1968, *The Descent into Hell,* Lippincott 1970, *The Self-Embodiment of God,* Harper & Row 1977, *Total Presence,* Seabury 1980, sowie etwa dreißig Artikel, darunter »The Religious Meaning of Myth and Symbol« in *Truth, Myth and Symbol,* ed. T. J. J. Altizer et al., Englewood Cliffs 1962, »Mircea Eliade and the Recovery of the Sacred«, *The Christian Scholar* 45, 1962, »Amerika und die Zukunft der Theologie«, *Antaios* 1964 und »Mircea Eliade and the Death of God«, *Cross Currents,* Herbst 1979. Professor Altizer ist Herausgeber bzw. Mitherausgeber von vier Sammelbänden. Vgl. auch *The Theology of Altizer: Critique and Response,* ed. J. B. Cobb, Westminster Press 1970.

Gustav Henningsen, geboren 1934 in Sorö, Dänemark, heiratete 1957 die spanische Schriftstellerin Marisa Rey (vier Kinder), seit 1953 Studium der Dänischen Literatur an der Universität Kopenhagen, 1962 Promotion in Skandinavischer Volkskunde mit einer Dissertation über gegenwärtigen Hexenglauben in einer kleinen süddänischen Stadt, seit 1962 Forschungsleiter am Dänischen Folklore-Archiv in Kopenhagen, 1965 bis 72 Feldforschungen bei galizischen Bauern im nordwestlichen Spanien, danach ethnohistorische Forschungen in den Archiven der Spanischen Inquisition in Madrid. Veröffentlichungen: *The Witches' Advocate: Basque Witchcraft and the Spanish Inquisition (1609-1614),* Reno 1980 (spanische Ausgabe: *El abogado de las brujas,* Madrid 1983), sowie zahlreiche Artikel, darunter »The Art of Perpendicular Lying. Concerning a Commercial Collecting of Norwegian Sailor's Tall Tales«, *Journal of the Folklore Institute* 2, 1965, »The Papers of Alonso de Salazar Frias: A Spanish Witchcraft Polemic 1610-14«, *Temenos 5,* 1969, »Witch-Persecution After the ›Era of the Witch Trials‹: A Contribution to Danish Ethnohistory«, *Folk og kultur* 1975, »La colección de Moldenhawer en Copenhague: Una aportación a la archivología de la Inquisición española«, *Revista de Archivos, Bibliotecas y Museos LXXX,* 1977, »El ›banco de datos‹ del Santo Oficio. Las relaciones de causas de la Inquisición española (1550-1700)«, *Boletín de la Real Academia de la Historia* 1977, »16 000 Jutland Judgments. A Case-Typology Analysis of Hofman Bang's Register of the Viborg Landsting Court Rolls, 1569-1805«, *Fortid og Nutid XXVII,* 1979, »Witchcraft in Denmark«, *Folklore 93,* 1982, Herausgeber (mit John Tedeschi in Zusammenarbeit mit Charles Amiel) von *The Inquisition in Early Modern Europe: Studies in Sources and Methods,* Dekalb (erscheint demnächst).

E. M. Cioran, geboren am 8. April 1911 in Rasinari bei Hermannstadt in Siebenbürgen (Rumänien) als Sohn eines griechisch-orthodoxen Priesters. Studium der Philosophie in Bukarest 1928-1931. – 1937 kam Cioran, »unter dem Vorwand, eine Doktorarbeit zu machen«, nach Paris: »Ich habe selbstverständlich keine Doktorarbeit gemacht, ging nie ins Kolleg und lebte zehn Jahre fern der Universität als ewiger Student. Erst 1947 begann ich französisch zu schreiben. Es war die härteste Erfahrung meines Lebens«. Folgende Bücher sind in deutscher Übersetzung erschienen. Im Klett Verlag: *Lehre vom Zerfall; Geschichte und Utopie; Absturz in die Zeit.* Im Suhrkamp Verlag: *Die verfehlte Schöpfung; Syllogismen der Bitterkeit; Vom Nachteil geboren zu sein; Über das reaktionäre Denken; Gevierteilt.*

Mac Linscott Ricketts, geboren 1930 in Florida, studierte an der University of Florida, der Emory University und an der University of Chicago, wo er mit einer Dissertation über die Rolle des »Tricksters« in der Mythologie der nordamerikanischen Idianer bei Mircea Eliade promovierte. Zunächst lehrte er an der Duke University, dann am Louisburg College in Louisburg, North Carolina (seit 1971). Dort ist er zur Zeit Professor und Chairman am Department of Religion and Philosophy. Professor Ricketts übersetzte Eliades *Autobiography, Volume I: 1907-1937* (1981) aus dem Rumänischen ins Englische, sowie Eliades Novelle »Les Trois Grâces« (in *Tales of the Sacred and the Supernatural*, 1981) und zusammen mit Mary P. Stevenson dessen Novelle *The Forbidden Forest.* Im Frühling 1981 forschte er mit einem Fulbright-Stipendium in der Biblioteca Academiei in Bukarest nach den zwischen 1921 und 1942 publizierten Aufsätzen Eliades. Veröffentlichungen: »Eliade and Altizer: Very Different Outlooks«, *Christian Advocate,* Oktober 1967, »Mircea Eliade and the Death of God«, *Religion in Life XXXVI,* 1967 (auch in *Cahiers de l'Herne 33),* »In Defence of Eliade: Toward Bridging the Communications Gap between Anthropology and the History of Religions«, *Religion* 1973, »The Nature and Extent of Eliade's ›Jungianism‹«, *Union*

Seminary Quarterly Review XXV, 1970, »Mircea Eliade and the Writing of *Noaptea de Sânziene*«, *Journal of Romanian Christian Literary Studies* 1980 (wiederabgedruckt in *Imagination and Meaning: The Literary and Scholarly Worlds of Mircea Eliade*, ed. N. Girardot/M. L. Ricketts, New York 1982, »Androgyny«, »Sacred Dance« und »Trickster« in *Abingdon Dictionary of Living Religions*, Nashville 1981 u. a.

Ioan Petru Culianu, geboren 1950 in Iasi, Rumänien, lernte Italienisch, Hindi und Sanskrit und promovierte 1972 mit einer Dissertation über die Philosophie der italienischen Renaissance an der Universität Bukarest, Stipendium für Arbeiten auf dem Gebiet der Religionsgeschichte in Mailand, arbeitete bei Ugo Bianchi und promovierte 1975 mit einer Dissertation über die Gnosis, post-doctoral work an der Divinity School der University of Chicago, danach Promotion an der Sorbonne mit einer Dissertation über ekstatische Erfahrungen, wie sie in griechischen, lateinischen, jüdischen und arabischen Dokumenten beschrieben sind. Zur Zeit bereitet Dr. Culianu sein »Doctorat d'Etat« vor. Veröffentlichungen: *Mircea Eliade*, Assisi 1978, *Iter in silvis. Saggi scelti sulla gnosi e altri studi*, Bd. I, Messina 1981 (die Bände II bis III sind im Erscheinen), *Eros et Magie dans la pensée de la Renaissance*, Paris 1983, *Psychanodia*, Leiden 1983, Herausgeber von *Libra. Etudes roumaines offertes à Willem Noomen*, Groningen 1983, sowie zahlreiche Artikel und Rezensionen in *History of Religions, Aevum, Revue de l'Histoire des Religions, Revue d'Histoire et de Philosophie Religieuses, Studi Storico-Religiosi, Cahiers de l'Herne, Kairos, Numen, Verifiche, Ragguaglio librario, Ethos, Limite, Acta Philologica, Neophilologus, Romanistische Zeitschrift für Literaturgeschichte*, etc., in Festschriften für A. Brelich, G. Quispel u. a., in Kongreßberichten zur Religionsgeschichte (Rom 1979, Löwen 1980, Rom 1981, Paris 1981), sowie in Sammelbänden und Jahrbüchern, darunter »Le vol magique dans l'antiquité tardive«, *Revue de l'Histoire des Religions* 1981, »Religione e accrescimento del potere« in G. Romanato/M. Lombardo/I. P. Culianu: *Religione e Potere*, Torino 1981 und »Eine Folge von Ereignissen«, *Unter dem Pflaster liegt der Strand 10*, 1982, »Mircea Eliade et la pensée moderne sur l'irrationnel«, *Dialogue* 1983, »Wer hat Angst vor Hans Peter Duerr?« in *Der gläserne Zaun. Aufsätze zur ›Traumzeit‹ Hans Peter Duerrs*, eds. R. Gehlen/B. Wolf, Frankfurt/M. 1983.

Constantin Noica, geboren 1909 in Rumänien, studierte Philosophie in Bukarest (Thema der Lizentiatsarbeit: »Das Problem des Dings an sich bei Kant«), Militärdienst, danach zwei Jahre Universitätsbibliothekar (von 1932 bis 34), anschließend mathematische und klassisch-philologische Studien, ab 1938 Stipendiat des französischen Staates in Paris, Studium unter anderem bei L. Brunschvicq, 1940 Promotion an der Universität Bukarest mit einer Dissertation über »Wie ist etwas Neues überhaupt möglich?«, im Sommer 1940 réferent pour philosophie am Rumänischen Institut in Berlin, Studium bei Nicolai Hartmann und Martin Heidegger, bei Kriegseintritt Rumäniens im Juni 1941 Rückkehr in die Heimat, lebte bis 1948, als der Grundbesitz, den er von seinen Vorfahren geerbt hatte, enteignet wurde, auf dem Lande. Zehn Jahre Aufenthalt in einer kleinen rumänischen Stadt, die ihm zugewiesen wurde, dort philosophische Studien und Entwurf des ersten Teiles seiner *Ontologie,* von 1958 bis 64 Gefängnishaft mit Tausenden anderer Intellektueller als Spätfolge des ungarischen Aufstandes, 1964 durch Generalamnestie freigekommen, Anstellung als Chercheur principal am Centre de Logique de l'Académie, dort zehnjährige Tätigkeit, seit 1975 Pensionär. Veröffentlichungen: *Mathesis sau bucuriile simple,* Bukarest 1934, *Concepte deschise în istoria filosofiei la Descartes, Leibniz şi Kant,* Bukarest 1936, *Viaţa şi filosofia lui René Descartes,* Bukarest 1937, *De caelo. Încercare asupra individul ui şi cunoaşterii,* Bukarest 1937, *Schiţă pentru istoria lui cum e cu putinţă ceva nou,* Diss., Bukarest 1940, *Două introduceri şi o trecere spre idealism,* Bukarest 1943, *Jurnal filosofic,* Bukarest 1944, *Pagini despre sufletul românesc,* Bukarest 1944, *Douăzecişişapte trepte ale realului,* Bukarest 1967, *Lysis sau despre înţelesul grec al filosofiei,* Bukarest 1969, *Rostirea filosofică românească,* Bukarest 1969, *Creaţie şi frumos în rostirea românească,* Bukarest 1973, *Despărţirea de Goethe,* Bukarest 1976, *Eminescu. Ginduri despre omul deplin al culturii româneşti,* Bukarest 1976, *Sentimentul românesc al fiinţei,* Bukarest 1978, *Şase maladii ale spiritului contemporan,* Bukarest 1978, *Povestiri depre om după o carte a lui Hegel,* Bukarest 1978, *Devenirea întru fiinţă. Tratat de ontologie,* Bukarest 1981, Übersetzungen von Texten Descartes', Kants, Augustinus', Hegels, Platons, Porphyrius', Dexippus', Ammonius', Stephanus' und Théophile Corydalées ins Rumänische, sowie zahlreiche Artikel, darunter »Adevaratul înteles al'Sacrului«, *Saptamana* 1975 »Réflexions d'un paysan du Danube über Paul Feyerabend oder: Ama et fac quod vis« in *Der Wissenschaftler und das Irrationale,* Bd. II, ed. H. P. Duerr, Frankfurt/M. 1981, »Traumzeit der europäischen Kultur« in *Der gläserne Zaun. Aufsätze zu Hans Peter Duerrs ›Traumzeit‹*, eds. R. Gehlen/B. Wolf, Frankfurt/M. 1983. Ein rumänischer Gelehrter schrieb dem Herausgeber in einem Brief: »After World War II, Constantin Noica was one of the few ›spared‹ – although the authorities did not spare him at all. However, he survived and set forth a unique activity, an activity which helped thousands of young people to understand those perennial intellectual values which the official marxism had attempted to bury. If there are still people in Roumania who read Plato's dialogues, this is due to Noica; if the Roumanian language is still able to carry other information than political, (pseudo)scientific or humoristic, this is entirely due to Noica; if deep, unknown expressive values have been discovered in that language, their discoverer is Mr. Noica.« (Anm. d. Hrsg.)

Joseph Mitsuo Kitagawa, geboren 1915 in Osaka, Japan, 1937 Bungakushi an der Rikkyo-Universität, studierte 1941 Theologie an der Church Divinity School of the Pacific, nach dem Kriegseintritt Japans vier Jahre lang interniert, 1947 Bachelor of Divinity am Seabury Western Theological Seminary, studierte anschließend an der Divinity School der University of Chicago bei Joachim Wach, 1951 Ph. D. mit einer Dissertation über *Kō-bō-Daishi and Shingon Buddhism,* zur Zeit Professor für Religionsgeschichte an der Divinity School und am Department of Far Eastern Languages & Civilizations der University of Chicago, Gastprofessor an verschiedenen Universitäten Amerikas und Japans und früherer Präsident der American Society for the Study of Religions. Veröffentlichungen: *Religions of the East,* Philadelphia 1960 (französische, japanische, chinesische und koreanische Ausgaben), *Contemporary World Religions,* Chicago 1962, *Gibt es ein Verstehen fremder Religionen?,* Leiden 1963, *Religion in Japanese History,* New York 1966, Herausgeber von *Joachim Wach: The Comparative Study of Religions,* New York 1958, *The History of Religions* (mit M. Eliade), Chicago 1959, *Modern Trends in World Religions,* La Salle 1959, *Kindai Bukkyō Meicho Zenshū* (mit H. Nakamura/F. Masutani), 8 Bände, Tokyo 1961, *The History of Religions: Essays on the Problem of Understanding,* Chicago 1967, J. Wach: *Understanding and Believing,* New York 1968, *Ichiro Hori: Folk Religion in Japan,* Chicago 1968, *Myths and Symbols: Studies in Honor of Mircea Eliade* (mit Ch. H. Long), Chicago 1969, *Understanding Modern China,* Chicago 1969, sowie zahllose Artikel, darunter

»J. Wach et la Sociologie de Religion«, *Archives de Sociologie des Religions* 1956, »Theology and the Science of Religion«, *Angelican Theological Review* 1957, »The History of Religions in America« in *The History of Religions,* eds. Eliade/Kitagawa, Chicago 1959, »Kaiser und Schamane in Japan«, *Antaios* 1961, »Ainu Bear Festival (Iyomante)«, *History of Religions* 1, 1961, »Prehistoric Background of Japanese Religion«, *History of Religions* 2, 1963, »Religious and Cultural Ethos of Modern Japan«, *Asian Studies* 1964, »The Buddhist Transformation in Japan«, *History of Religions* 4, 1965, »Three Types of Pilgrimage« in *Studies in Mysticism and Religion: Presented to G. Scholem,* ed. E. Urbach et al., Jerusalem 1967, »Chaos, Order and Freedom in World Religions« in *The Concept of Order,* ed. P. Kuntz, Seattle 1968, »Ainu Myth« in *Myths and Symbols,* eds. Kitagawa/Long, Chicago 1969, »Kūkai as Master and Savior« in *The Biographical Process,* eds. F. E. Reynolds/D. Capps, The Hague 1976, »Early Shintō« in *Science of Religion,* ed. L. Honko, The Hague 1979, »Reality and Illusion«, *Journal of the Oriental Society of Australia* 1979. Ein umfangreiches Schriftenverzeichnis Professor Kitagawas findet sich in *Transitions and Transformations in the History of Religions. Essays in Honor of J. M. Kitagawa,* eds. F. E. Reynolds/T. M. Ludwig, Leiden 1980.

Claude-Henri Rocquet, geboren 1933 in Dunkerque, Nordfrankreich, Professeur d'Esthéthique et d'Histoire de l'art à l'Ecole Nationale Supérieure des Arts Décoratifs, Paris, 1969 bis 70 Professeur-invité à l'Université de Montréal, Département d'Etudes Françaises, Producteur-délégué à Radio-France, France-Culture. Theaterstücke: *La ville sous les armes,* Paris 1965, *Oreste,* nach Alfieri, Festival d'Arras 1965, *La guerre picrocholine,* Lyon 1965, *Don Juan,* freie Bearbeitung von *El Burlador de Sevilla* von Tirso de Molina, mit Maurice Clavel, Paris 1963. Poesie: *Paris des rues,* Paris 1954, *Liminaire,* Bordeaux 1962, *De l'Odyssée,* Texte nach dem Griechischen, Gordes 1978, *Architecture évoquée,* verbunden mit *A la mesure des hommes* von Robert Auzelle, Paris 1980, *Poèmes,* Paris 1980 (revue *Esprit,* Mai 1980), *Verso,* Paris 1980, *Le chemin de l'Enfant prodigue,* Radio-France, France-Culture, 10. 10. bis 3. 11. 1981. Fernsehsendungen: *Parmi tant d'autres feux. Raymond Guérin,* F. R. 3, Bordeaux 1979, *Louis Teyssandier ou les chemins de l'origine,* F. R. 3, Bordeaux 1980. Bücher: *L'épreuve du labyrinthe. Entretiens avec Mircea Eliade,* Paris 1978, *Les facettes du cristal. Entretiens avec*

Lanza del Vasto, Paris 1981, *Les racines du monde. Entretiens avec André Leroi-Gourhan*, Paris 1982, sowie zahlreiche Artikel, darunter »Bosch« und »Bruegel« in *Encyclopaedia Universalis*, Paris 1969, »Sur la Leçon d'anatomie de Rembrandt« in *Catalogue L'Ecorché*, Rouen 1977, »Jules Verne – grand-père initiatique«, *Esprit*, Oktober 1978, »Les icones de Malevitch«, *Esprit*, Juni 1978, »L'atlas divinatoire«, *Esprit*, März 1979, »Liturgies de James Guitet«, *Esprit*, November 1979, »Norge«, *Esprit*, November 1979, »L'expression ›lecture de l'image‹« in *Lire l'image*, Paris 1979, »Avant l'aube«, *Couleur 2*, 1980, »Roland Barthes: la chambre claire«, *Esprit*, Juli 1980, »Du sens et de la mort« in *Art et société*, Paris 1981, »Les Talismans de Steffens« in *Hans-Hermann Steffens*, Hamburg 1981, »Dans la coupe d'une barque«, *Esprit*, Januar 1982 (Dossier Picasso), »Lessico – quattro voci di un dizionario«, *Lotus international 32*, 1982.

Daniel C. Noel, geboren 1936 in Jackson, Mississippi, studierte Philosophie, Religionswissenschaft und Literaturgeschichte an der Ohio Wesleyan University, der University of Chicago und der Drew University, promovierte 1967 mit einer Dissertation über Herman Melville, bis 1972 Assistant Professor am Lafayette College, seit 1973 Professor am Goddard College in Plainfield, Vermont, seit 1981 Professor am Vermont College der Norwich University in Montpelier, Vermont. Er ist verheiratet und hat zusammen mit seiner Frau vier Kinder. Veröffentlichungen: »Still Reading His Will? Problems and Resources for the Death-of-God Theology«, *Journal of Religion* 1966, »Thomas Altizer and the Dialectic of Regression« in *The Theology of Altizer: Critique and Response*, ed. J. B. Cobb, Philadelphia 1970, »Nathan Scott and the Nostalgic Fallacy«, *Journal of the American Academy of Religion* 1970, »God-Language Grounded«, *Anglican Theological Review* 1971, »Metaphor« in *Echoes of the Word-less Word*, ed. D. C. Noel, Missoula 1973, »Veiled Kabir: C. G. Jung's Phallic Self-Image«, *Spring* 1974, »Taking Castaneda Seriously«, *Parabola* 1976, »Seeing Through the Pseudo-Myth of Modernity«, *Arché* 1979, »Earth Images in Post-Apollo Culture«, *Michigan Quarterly Review* 1979, »Seeing and Seeing Through Castaneda« in *The Don Juan Papers*, ed. R. de Mille, Santa Barbara 1980, »Approaching Earth: Reminiscences on Megaliths and Method«, *Corona* 1980, »›Muthos is Mouth‹: Myth as Shamanic Utterance in Postmodern American Poetry«, *Journal of the American Academy of Religion* 1981,

»Auf dem Weg zum Irrationalen durch fiktive Zauberei und feministische Spiritualität« in *Der Wissenschaftler und das Irrationale*, ed. H. P. Duerr, Bd. II, Frankfurt/M. 1981. Professor Noel ist Herausgeber von *Seeing Castaneda. Reactions to the ›Don Juan‹ Writings of Carlos Castaneda*, New York 1976. In Kürze erscheint sein Buch *Approaching Earth: In Search of a Space-Age Mythos Through Metaphor and Serendipity*.

Adrian Marino, geboren 1921 in Jassy, Studium an den Universitäten Jassy, Bukarest und Genf, zur Zeit Universitätsdozent (Docteur Docent) an der Universität von Bukarest, von 1972 bis 80 Redaktionssekretär der *Cahiers roumains d'études littéraires* und Mitglied des Koordinations-Komitees der *Association Internationale de Littérature Comparée.* Veröffentlichungen: *Viata lui Alexandru Macedonski*, Bukarest 1965, *Opera lui Alexandru Macedonski*, Bukarest 1967, *Introducere in critica literara*, Bukarest 1968 (ungarisch 1979), *Modern, modernism, modernitate,* Bukarest 1969, *Rumänische Erzähler der Gegenwart*, Bern 1972, *Dictionar de idei literare*, Bukarest 1973, *Critica ideilor literare,* Cluj-Napoca 1974 (deutsch 1976, französisch 1978), *!Ole! España*, Bukarest 1974, *Carnete europene,* Cluj-Napoca 1976, *Prezențe romanești si realități europene,* Bukarest 1978, *Hermeneutica lui Mircea Eliade,* Cluj-Napoca 1980 (französisch *L'herméneutique de Mircea Eliade,* Éditions Gallimard 1981), *Littérature roumaine, littératures occidentales, rencontres,* Bukarest 1981, sowie zahlreiche Aufsätze in Fachzeitschriften und Sammelbänden, darunter »Hermeneutica lui Mircea Eliade«, *Revista de istorie si teorie literara 26, 1977.*

Eugen Simion, geboren 1933, Literaturkritiker, promovierte 1969 zum D. Litt.,
1970 bis 73 Lehrbeauftragter für Rumänische Sprache und Literatur an der
Sorbonne in Paris, zur Zeit Professor für
Moderne Rumänische Literatur an der
Universität Bukarest. Er erhielt den Lite-
raturkritik-Preis des Rumänischen
Schriftstellerverbands der Rumänischen
Akademie. Veröffentlichungen: *Eminescu's Prose,* 1964, *Bearings in Contemporary Literature,* 1965, *E. Lovinescu,
the Absolved Sceptic,* 1971, *Romanian
Writers of Today,* 2 Bände, 1974 und
1976, *A Time for Living, a Time for Confession. Parisian Diary,* 1977,
Poets' Morning, 1980, *The Return of the Author,* 1981, sowie zahlreiche
Beiträge zu Sammelbänden und Fachzeitschriften, darunter »Fantasticul
la Mircea Eliade«, *Luceafarul,* 17. und 24. Januar 1976.

Matei Calinescu, geboren 1934 in Bukarest, Lizentiat 1957 in Bukarest, Promotion 1972 in Cluj mit einer Dissertation
über *Conceptul modern de poezie: De la
romantism la avangarda,* lehrte von 1963
bis 72 an der Universität Bukarest, 1973
bis 75 Gastprofessor an der Indiana
University in Bloomington und an der
Carleton University in Ottawa, zur Zeit
Professor für Vergleichende Literaturwissenschaft und Westeuropäische Studien
an der Indiana University. Veröffentlichungen: *Titanul şi Geniul în poezia lui
Eminescu,* Bukarest 1964, *Aspecte lite-
rare,* Bukarest 1965, *Semn. Poeme,* Bukarest 1968, *Viaţa şi opiniile lui
Zacharias Lichter,* Bukarest 1969, *Versuri,* Bukarest 1970, *Eseuri despre
literatura modernă,* Bukarest 1970, *Clasicismul european,* Bukarest
1971, *Umbre de apa. Poeme,* Bukarest 1972, *Conceptul modern de poezie,* Bukarest 1972, *Fragmentarium,* Cluj 1973, *Faces of Modernity:
Avant-Garde, Decadence, Kitsch,* Bloomington 1977, sowie zahlreiche
Artikel, darunter »Structura fantasticului in proza lui Edgar Allan Poe« in
E. A. Poe: Prăbuşirea casei Usher, Bukarest 1965, »L'avant-garde litté-
raire en Roumanie« in *Proceedings of the 5th Congress of the International and Comparative Literature Association,* Amsterdam 1969, »The
Benevolent Monster«, *Clio* 1976, »Imagination and Meaning: Aesthetic

Attitudes and Ideas in M. Eliade's Thought«, *Journal of Religion* 1977, »The Disguises of Miracle: Notes on M. Eliade's Fiction«, *World Literature Today* 1978, »Hermeneutics or Poetics«, *Journal of Religion* 1979, »Marxism as a Work of Art: Poststructuralist Readings of Marx«, *Stanford French Review* 1979, »Between History and Paradise: Initiation Trials«, *Journal of Religion* 1979, »Literature and Politics« in *Interrelations of Literature,* ed. J.-P. Barricelli/J. Gibaldi, MLA 1980, »›The Function of the Unreal‹: Reflections on the Fantastic in M. Eliade's Short Fiction«, *South-East Europe* 1980, »The End of Man in 20th Century Philosophy« in *The End of Mankind in Western Imagination,* ed. S. Friedländer et al., Holmes & Meier 1981.

Virgil Nemoianu, geboren 1940 in Bukarest, 1971 Ph. D. an der University of California, lehrte an den Universitäten Bukarest, London und Berkeley und ist zur Zeit Associate Professor für Anglistik und Director des Program of Comparative Literature der Catholic University of America in Washington, D. C. Veröffentlichungen: *Structuralismul,* Bukarest 1967, *Calmul Valorilor,* Cluj 1971, *Utilul şi plăcutul,* Bukarest 1973, *MicroHarmony. The Growth and Uses of the Idyllic Model in Literature,* Bern 1977, Mitherausgeber dreier Essay-Anthologien, eines Bandes literarischer Prosa und von vier Büchern mit Übersetzungen, sowie zahlreiche Artikel in Fachzeitschriften und Sammelbänden, darunter »The Dialectics of Movement in Keats' *To Autumn*«, *PMLA,* März 1973, »Structuralism: Maturity and Future«, *Stanford French Review,* Winter 1977, »Is There an English Biedermeier?«, *Canadian Review of Comparative Literature 2,* 1979, »The Semantics of Illness in Smollett's *Clinker*«, *Clio,* Januar 1980, »Wrestling With Time: Nabokov's and Eliade's Later Prose«, *Southeastern Europe* 1980. Zur Zeit arbeitet Professor Nemoianu über die europäische Romantik.